重庆蓝皮书

BLUE BOOK OF CHONGQING

重庆文化和旅游

发展报告（2021）

刘 旗 主编

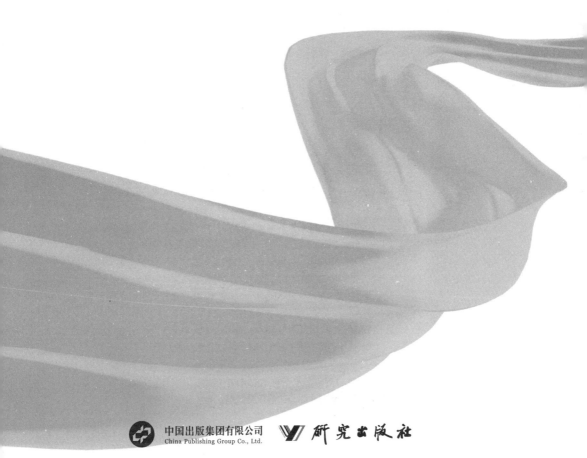

中国出版集团有限公司
China Publishing Group Co., Ltd.

研究出版社

图书在版编目 (CIP) 数据

重庆文化和旅游发展报告. 2021 / 刘旗主编. —— 北京：
研究出版社，2022.11
ISBN 978-7-5199-1046-4

Ⅰ. ①重… Ⅱ. ①重… Ⅲ. ①文化产业 – 产业发展 –
研究报告 – 重庆 – 2021②地方旅游业 – 旅游业发展 – 研究
报告 – 重庆 – 2021 Ⅳ. ①G127.719②F592.771.9

中国版本图书馆CIP数据核字(2022)第208326号

出 品 人：赵卜慧
出版统筹：丁　波
责任编辑：寇颖丹
助理编辑：何雨格

重庆文化和旅游发展报告（2021）
CHONGQING WENHUA HE LÜYOU FAZHAN BAOGAO(2021)
刘　旗　主编
研究出版社　出版发行
（ 100006　北京市东城区灯市口大街100号华腾商务楼 ）
北京中科印刷有限公司　新华书店经销
2023年2月第1版　2023年2月第1次印刷
开本：710毫米 × 1000毫米　1/16　印张：26.5
字数：406千字
ISBN 978–7–5199–1046–4　定价：198.00元
电话（010）64217619　64217612（发行部）

版权所有·侵权必究
凡购买本社图书，如有印制质量问题，我社负责调换。

编委会

主　　　编　刘　旗

副　主　编　刘晓年　秦定波　李家发　幸　军　朱　茂

　　　　　　钟建波　钟前元　赵明全　王增恂　江卫宁

　　　　　　谢　宾　侯玉峰　沈铁梅　陶宏宽

编　　　委　冯宇亮　刘建国　吴明勇　潘文亮　许战奇

　　　　　　谭光龙　王　皞　郑秋柱　刘　静　韩小刚

　　　　　　谭　陈　刘雪峰　张富伟　宋俊红　严小红

　　　　　　高　扬　罗绍禄　郭　钢　陈永雄　方林江

　　　　　　赵兴举　文　科　容　琦　李　彤　李春光

　　　　　　熊子华　樊莉莉　王发荣　周敢寿　程　序

　　　　　　李　灿　庞微波

编辑部主任　刘德奉

编辑部副主任　张书源　刘春泉

责任编辑　成彦希　余　焰　魏　锦　陶　宇　杜　娜

序　言

　　2021年是极其不平凡的一年。面对新冠疫情的冲击和挑战，重庆市文化和旅游系统深学笃用习近平新时代中国特色社会主义思想，深入贯彻习近平总书记关于文化和旅游工作的重要论述和指示批示精神，坚决落实党中央、国务院决策部署和市委、市政府工作要求，聚焦庆祝中国共产党成立100周年这一主线，以建设文化强市和世界知名旅游目的地为目标，推动全市文化和旅游深度融合、高质量发展，实现了"十四五"良好开局。

　　2021年，全市文化和旅游发展亮点纷呈。持续加强意识形态工作。严格论坛、文化演出等阵地管控，开展文娱领域综合治理，严厉打击"饭圈"等不良现象。建党100周年活动精彩纷呈。3部舞台艺术作品入选庆祝中国共产党成立100周年展演名单，《初心·使命·奋斗——中国共产党重庆100周年光辉历程展》等主题展览入选中宣部、国家文物局精品展览，"红岩革命故事展演"获国家文物局肯定并向全国推广。广播剧《英雄的守护》《黄葛树下》入选全国展播名单。"巴渝儿女歌唱党"群众文化活动在重庆多地同时举行。4条精品线路入选全国"建党百年百条精品红色旅游线路"。文旅融合发展新格局加速构建。编制完成"十四五"文化旅游"1+N"系列发展规划。打造巴蜀文化旅游走廊，推进"一区两群"文旅协调发展。印发《加快建设重庆旅游发展升级版实施意见》及"大都市、大三峡、大武陵"旅游发展升级版实施方案。传统风貌区十八梯、金刚碑等对外开放。大三峡旅游集散中心建成投用，成功举办第十二届长江三峡国际旅游节、世界大河歌会等节会活动，发起成立武陵山文旅发展联盟，承办"2021中国原生民歌节"。

文旅品牌打造持续发力。奉节白帝城·瞿塘峡、涪陵武陵山大裂谷、巫山巫峡·神女景区5A创建工作有序推进。五里坡国家级自然保护区纳入世界自然遗产地。策划开展"打卡巴渝美景"全媒体推介活动，成功举办"2021'舞动山城'国际街舞大赛"系列活动，启动《巴山渝水踏歌行》2021年重庆文旅全国巡回推介活动，挂牌成立中国（重庆）—上海合作组织智慧旅游中心，成功举办澜湄旅游城市合作联盟大会暨澜湄市长文化旅游论坛等国际会议。文旅产业发展提质增效。出台《支持文旅企业复工复产和生产经营的政策措施》等文件。三峡文物科技保护基地建成开放。成功创建西部唯一的文化和旅游部重点实验室。入选全国智慧旅游优秀案例2个、智慧广电优秀案例1个。成功举办第七届中国西部旅游产业博览会和2021年重庆（国际）文化旅游产业博览会。第六届重庆文化旅游惠民消费季贯穿全年。渝中解放碑——洪崖洞街区、沙坪坝磁器口古镇等6个街区成功创建国家夜间文化和旅游消费集聚区，九龙坡、江北、南岸入选第二批国家文化和旅游消费试点城市。文旅产品和公共服务供给更加丰富。《一双绣花鞋》《天坑问道》《绝对考验》等成功首演。《仙豆》《双枪惠娘》《尘埃落定》等荣获国际、国家级大奖。实施中国顶尖舞者成长计划。推出《记艺·山城》《雾重庆》《重庆·1949》等驻场演出，《魔幻之都·极限快乐Show》成为国有文艺院团"双效"改革的样板项目。南岸获评第四批国家公共文化服务体系示范区。梁平、綦江、荣昌等5地被命名为"中国民间文化艺术之乡"。文化馆一级馆等级率居全国第二位，公共文化服务满意度居全国第五位。武隆沧沟乡大田村等3地入选2021年中国美丽休闲乡村，认定长寿葛兰镇沙河村、永川永荣镇云谷村、城口高楠镇黄河村等232个村为重庆市第三批美丽宜居乡村。山东乡村振兴"郝峪模式"在丰都等地成功植入推广。合川区双槐镇"河马村晚"成为全国"村晚"示范点。酉阳县车田乡入选《2021世界旅游联盟——旅游助力乡村振兴案例》。文化遗产保护利用不断加强。全面摸清全市革命文物资源底数。完成"红色三岩"31栋文物建筑保护展示，红岩文化公园首期项目对外开放。长征国家文化公园（重庆段）建设取得阶段性成果。开工建设天生城遗址、白帝城遗址、三峡国家考古遗址公园。持续推进钓鱼城遗址、白鹤梁题刻申报世界文化遗产。完成石窟寺保护利用12项重点工程。完成潼南大佛寺、忠县临江摩崖造像保护修复。"重庆巫山大溪遗址"入选全国"百年百大考古发现"名单。17家博物馆纪念馆列入全国红色旅游经典景区名录。建成开放全国首个文物保护装备产业基地。红岩革命历史博物馆纸质藏品和纺织品文物保护修复项目获评"2021全国十佳文物藏品修复项目"。举办精品展览400余个、社教活动2000多场次，服务观众超2亿人次。秀山苗族羊马节、巫溪嫁花、大足石雕等9个非遗项目成功入选第五批国家级非物质文化遗产代表性项目名录。举办重庆非遗购物节等主题活动200余场次，23件（套）非遗产品入选中国传统工艺邀请展。万州成功申报为中国曲艺之乡。广播电视和网络视听守正创新。《美好终将来——谢谢你来了》抗疫系列特别节目入选全国广播电视创新创优节目，4部作品入选国家广电总局广播电视公益广告扶持项目，《梦圆千年脱贫路——重庆市打赢脱贫攻坚战纪实》获国家广电总局通报表扬。8个产业项目入选国家广播电视和网络视听产业发展项目库。建设影视拍摄服务一站式平台，推进"纪录片之都"建设。策划举办沉浸式"剧本杀"全国交易大会暨成渝"剧本杀"联展。成功举办第十三届中国西部动漫文化节，重庆市2家企业进入国家动漫企业名单。通过深化文旅领域改革、规范文旅市场秩序、强化行业发展保障、抓实安全稳定工作推动文旅行业治理效能持续提升。

2022年是党和国家事业发展中具有重要意义的一年。2022年，文化和旅游工作面临诸多不确定因素。做好2022年工作，要求高、难度大、责任重。重庆市文化和旅游系统将坚决拥护"两个确立"、做到"两个维护"，进一步推动文化强市建设，促进文化旅游业高质量发展，营造主客共享城市氛围，加强世界知名旅游目的地建设，以优异成绩迎接党的二十大和重庆市第六次党代会胜利召开！

2021年12月

目 录

>> 专题篇

>> 区县篇

>> 特载篇

2021年规范性文件

2021年大事记

综 合 篇

2021年重庆文化旅游发展综述

办公室

2021年，市文化和旅游系统着眼"两个大局"、心系"国之大者"，坚持以习近平新时代中国特色社会主义思想为指导，深入贯彻落实党的十九大和十九届中央历次全会精神，深化落实习近平总书记对重庆提出的系列重要指示要求，围绕建党百年主题，紧扣高质量发展主线，统筹新冠疫情防控和行业发展，推动全市文化和旅游业发展呈现出全面发力、多点突破、亮点纷呈的良好态势，实现"十四五"良好开局。

一、推动全面从严治党向纵深发展

（一）党史学习教育走深走实

以"用功学、用情讲、用心看、用力做"为抓手，引导系统各级党组织和党员干部学党史、悟思想、办实事、开新局，先后召开35次党委会、12次党委理论中心组学习会。邀请市委宣讲团成员作专题宣讲，委党委班子成员带头上党课、抓宣讲，组织开展党史党务知识竞赛等活动，将红色资源作为党史学习教育的生动教材，组织系统党员干部参观革命遗址、党史展览，赓续红色血脉、传承红色基因。扎实开展"三进三服务"党员志愿服务活动、"我为群众办实事"实践活动，完成市级层面重点民生项目4件，解决群众"急难愁盼"问题74件，将学习成果转化为为民服务的生动实践。

（二）全面从严治党深入推进

建立委党委、党委书记、党委班子成员3个责任清单，开展"两优一先"

表彰等工作，指导6个基层党组织按期换届，培训党组织书记56名。重庆图书馆党委被评为全市先进基层党组织，组织干部处党支部被评为市直机关先进基层党组织，5个单位（处室）荣获省部级以上荣誉表彰。推进全面从严治党，完成中央巡视反馈问题整改销号，市委巡视反馈问题整改落实率达100%，市文化旅游委在被评估市政府部门中排名第一；对4个委属单位党组织开展了巡察，对4个被巡察党组织巡察整改成效进行了验收，以从严监督执纪营造良好政治生态。

（三）意识形态阵地巩固加强

全面落实意识形态工作责任制，完成中央巡视意识形态反馈问题整改18项。认真开展非公有资本进入传媒领域梳理排查，严格管理论坛、讲座、报告会、研讨会等阵地，审核把关展览展演、论坛讲座、文化演出等内容，扎实开展文娱领域综合治理，加强电视、网络视听、综艺节目、演出机构、经纪人、网络平台、演出活动的监管，严厉打击"娘炮形象""流量明星""圈粉""饭圈"等不良现象，下架违法失德艺人相关节目（剧）共2242个（部），廓清行业风气。强化安全播出管理，实现了重大活动、重点时段和重要节目的安全播出。

二、推动建党100周年系列活动出新出彩

（一）举办系列精品展演展出

舞剧《杜甫》等8部剧目入选"庆祝中国共产党成立100周年舞台艺术精品创作工程"剧目，川剧《江姐》等3部剧目入选"庆祝中国共产党成立100周年展演"名单，遴选15部优秀舞台艺术作品在全市巡演。《初心·使命·奋斗——中国共产党重庆100周年光辉历程展》等入选中宣部、国家文物局庆祝中国共产党成立100周年精品展览，"红岩革命故事展演"项目获国家文物局肯定并向全国推广。圆满完成"永远跟党走"——重庆市庆祝中国共产党成立100周年文艺演出，获得社会各界一致好评。

（二）推出系列精品栏目剧目

策划推出主题报道《中国共产党百年瞬间》《百年追梦人》、特别节目《永远记住你——红岩英烈系列故事》、微纪录片《百炼成钢：中国共产党的100年》等，广播剧《英雄的守护》入选中宣部"庆祝中国共产党成立100周年展播"名单，《黄葛树下》入选全国"百年百集"广播剧精品展播名单。"第1眼"App联合全国主流媒体共同推出特别策划《百年芳华　初心传承》，获中宣部表扬。

（三）开展系列文旅主题活动

策划开展"唱支山歌给党听"大家唱群众歌咏活动，成功举办"巴渝儿女歌唱党"万人同唱一首歌群众文化活动，组织开展"永远跟党走"——2021"欢跃四季·舞动山城"重庆市广场舞展演、"信仰的力量——庆祝中国共产党成立100周年川渝阅读之星诵读大赛"等品牌活动。全市累计举行各类群文活动2.4万场，吸引9200余万人次参与。全市博物馆开展建党100周年各类庆祝活动180项，参与人次超1000万。发布红色旅游精品线路20条，其中4条入选全国"建党百年百条精品红色旅游线路"。

三、推动文旅融合发展新格局加速构建

（一）"十四五"文旅发展规划优化新布局

认真贯彻党的十九届五中全会、市委五届十次全会精神，主动对接国家有关部委系列发展规划，认真编制全市文化和旅游发展"十四五"总体规划和公共服务、文化产业、旅游业发展、广播电视和网络视听、文博事业等系列专项规划，着力构建"1+N"规划发展体系。

（二）巴蜀文化旅游走廊建设实现新突破

参与编制《巴蜀文化旅游走廊建设规划》，推动实施重点工作42项，发

起成立巴蜀文化旅游推广等组织联盟，联合组建"宽宏大量CP"，策划开展"解放碑和春熙路"等融合创意主题宣传，策划推出旅游精品线路70余条，联袂建设"智游天府""惠游重庆""川渝阅读一卡通"等公共服务平台，联合承办首届巴蜀合唱节，举办2021年西南地区暨成渝双城文化和旅游公共服务产品采购大会线上活动，互动开展文旅推介、展览展示等活动118个。

（三）"一区两群"文旅协调发展取得新成效

印发《加快建设重庆旅游发展升级版实施意见》以及"大都市、大三峡、大武陵"旅游发展升级版实施方案。主城都市区十大精品旅游线路对外发布。大三峡旅游集散中心建成投用，新打造2艘星级游轮并下水首航，成功举办长江三峡国际旅游节、世界大河歌会、三峡旅游一体化宣传营销大会等活动。发起成立武陵山文旅发展联盟，武陵文旅融合发展有限公司组建运营，武陵文旅推广中心启动建设，渝东南国家级文化生态保护实验区建设推进有力，成功举办"2021中国原生民歌节""2021·中国武陵文旅峰会"。

四、推动文化产业和旅游业发展提质增效

（一）利用旅游资源打造特色品牌

完成全市旅游资源普查，形成《重庆市旅游资源普查报告》系列成果。完成涪陵、武陵山、大裂谷3个景区5A创建任务，评定A级景区25个，认定市级旅游度假区2个、市级全域旅游示范区8个、首批市级旅游休闲街区10个，获评国家级旅游休闲街区3个。出台《利用存量闲置房屋发展旅游民宿试点方案》，垫江县飞茑集—巴谷·宿集、石柱县不舍民宿分别被认定为全国首批甲级、乙级旅游民宿。成功举办"重庆好礼"旅游商品（文创产品）大赛和展销系列活动，组团参加"2021中国特色旅游商品大赛"等，获得金奖数量位居全国前列。

（二）加大投资力度推进项目建设

策划储备2021—2023年市级重点文旅产业项目129个，组团赴上海、深圳

等地开展专题招商15次，举办招商推介30次，协议引资110亿元；组织举办2021·中国武陵文旅峰会招商推介会，意向签约项目26个、签约金额1432.75亿元。86个市级重大文旅项目建设扎实推进，全市文化和旅游投资总额（全口径）为1740亿元，同比增长15%。

（三）科技创新赋能文旅产业发展

依托重庆邮电大学成功创建"旅游多源数据感知与决策技术文化和旅游部重点实验室"，积极申报、成功立项各级科研项目。完成重庆智慧文旅广电云平台一期建设并上线使用，接入文旅场景400多个。三峡文物科技保护基地建成开放。市文物考古研究院"重庆地区出土鎏金青铜器价值认知与保护关键技术研究"项目获得重庆市科技进步二等奖。

（四）助企纾困增强产业发展实力

出台《支持文旅企业复工复产和生产经营的政策措施》《银行业金融机构支持文旅产业高质量发展政策措施》，举办重庆文化产业和旅游产业金融专场对接会，为10家文旅企业放款14亿元；举办2021年重庆文化产业和旅游产业供需对接会，协议引资249亿元。安排451万元市级文化产业专项资金扶持17个重大项目，推进产业园区（基地）建设。文化产业增加值1050亿元、同比增长8.3%，旅游产业增加值1076.09亿元、同比增长9.9%。全年接待境内外游客4.93亿人次，实现旅游总收入4590亿元，同比分别增长11.16%、14.55%。

（五）依托活动品牌拉动文旅消费

成功举办第七届中国西部旅游产业博览会和2021年重庆（国际）文化旅游产业博览会，拉动文旅消费8200万元。第六届重庆文化旅游惠民消费季贯穿春夏秋冬四季，累计发放财政惠民补贴3460多万元，撬动资源优惠让利1.2亿元。策划开展了"重庆市民免费泡温泉""这么近那么美周末游重庆"等活动，刺激拉动文旅消费。授牌7个市级夜间文化和旅游消费集聚区，成功创建6个国家夜间文化和旅游消费集聚区，3个区入选第二批国家文化和旅游消费试点城市。

（六）拓展宣传营销提升国际影响力

策划开展"打卡巴渝美景"全媒体推介活动，传播受众14.56亿人次；成功举办第二届山水重庆夜景文化节、"巴山渝水踏歌行"2021重庆文旅全国巡回推介活动，组织开展"百万市民游重庆""魔幻重庆"大型城市剧场沉浸式旅游活动，组团参加第十届澳门旅游产业博览会并同期举办澳门"重庆文化旅游周"活动。挂牌成立中国（重庆）—上海合作组织智慧旅游中心，成功举办中国—上海合作组织数字经济产业论坛智慧旅游分论坛、澜湄旅游城市合作联盟大会暨澜湄市长文化旅游论坛，圆满完成"欢乐春节""美丽中国"等国际品牌活动推广任务。中国旅游研究院最新调查数据显示，目前中国人最想去的城市旅游目的地，重庆位居第一。

五、推动文旅产品和公共服务供给多元化

（一）文艺创作生产成果丰硕

杂技剧《一双绣花鞋》、话剧《天坑问道》、歌剧《一江清水向东流》等一批新创剧目成功首演，舞剧《绝对考验》完成试演，京剧《双枪惠娘》荣获第十七届中国戏剧节优秀剧目奖，歌剧《尘埃落定》荣获第二十四届曹禺剧本奖等多个国家级奖项，原创魔术《仙豆》荣获第十一届中国杂技金菊奖、全国魔术·滑稽比赛金奖。实施中国顶尖舞者成长计划，将中国青少年舞蹈人才选拔工程与重庆"舞动山城"舞蹈品牌建设有机结合。打造街舞剧《超燃的青春》（暂定名），成功举办2021"舞动山城"——国际街舞和"欢跃四季·舞动山城"——2021重庆市街舞大赛（市级争霸）等系列活动，吸引全国各省市（自治区）参赛选手人数861人，颁发了3个类别21个奖项，使街舞从小众艺术逐渐走向大众舞台，"舞动山城"品牌影响力得到进一步彰显。成功推出舞台剧《重庆·1949》、曲艺剧《记艺·山城》、芭蕾剧《胡桃夹子》等文旅融合驻场演艺，打造沉浸式芭蕾舞剧，《印象·武隆》《魔幻之都·极限快乐Show》《归来三峡》等驻场演出成为推广重庆的文化名片。

（二）公共服务效能不断提升

改造提升39个基层综合文化服务中心，新建文图两馆总分馆32个，打造"城市书房""文化驿站"等新型文化空间140余家。投入4598万元推进重庆广播电视发射新塔建设，34个区县50个台站完成重庆本地电视无线数字化升级改造，实现6569个行政村光缆通达。安装应急广播终端5.3万组，覆盖7374个行政村（社区）。3个区县顺利通过第四批国家公共文化服务体系示范区（项目）验收。铜梁区等5地被命名为"中国民间文化艺术之乡"。"三馆一中心"年服务群众7200万人次。公共文化服务满意度居全国第五位。

（三）文旅助力乡村振兴成效明显

市文化旅游帮扶集团选派26名驻乡驻村干部赴巫山县竹贤乡等14个乡镇开展帮扶工作，争取中央、市级项目资金2960万元，对4个国家乡村振兴重点帮扶县制定了支持政策措施。推荐申报第二批全国乡村旅游重点村35个、重点镇3个，认定万州区龙驹镇分水村等232个村为重庆市第三批美丽宜居乡村。实施乡村振兴文物保护项目120个，新建鲁渝共建乡村振兴非遗工坊4个，山东乡村振兴"郝峪模式"在石柱、丰都等地成功植入推广。2021年，合川区双槐镇"河马村晚"成为全国"村晚"示范点。酉阳县车田乡入选《2021世界旅游联盟——旅游助力乡村振兴案例》。

六、推动文化遗产保护利用不断加强

（一）革命文物保护利用加快推进

市委、市政府召开全市革命文物工作会议，专题部署革命文物保护工作。全面摸清全市革命文物资源底数，完成新一批革命文物类市级文物保护单位遴选。一体推进红岩村、曾家岩、虎头岩"红色三岩"保护提升，完成31栋红岩革命文物建筑保护展示并对外开放，红岩干部学院建成投用，红岩文化公园首期项目建成开放。长征国家文化公园（重庆段）建设取得阶段性成果。

（二）三峡文物和石窟寺保护全面加强

完成三峡历史文化资源"起底式"调查，启动1.2万件三峡出土文物修复，完成47个三峡文物重点保护项目，万州天生城遗址、奉节白帝城遗址、三峡国家考古遗址公园开工建设。钓鱼城遗址、白鹤梁题刻申遗工作持续推进。完成石窟寺专项调查，实施中小石窟保护三年行动计划，完成南岸区弹子石摩崖造像等12项重点工程。忠县皇华城遗址等考古发掘取得重要收获，"重庆巫山大溪遗址"入选全国"百年百大考古发现"名单，重庆女子考古队队长燕妮作为扎根基层文博工作者五个代表之一，出席中宣部对外新闻发布会。

（三）博物馆事业发展取得新成效

制定《关于推进重庆市博物馆改革发展的实施方案》，全年新备案博物馆6家，全市博物馆备案数达111家，17家博物馆纪念馆列入全国红色旅游经典景区名录。举办线上线下精品展览400余个、社教活动2000多场次，服务观众超2亿人次。成功承办"文物映耀百年征程"——2021年文化和自然遗产日全国主场城市活动，故宫文物南迁纪念馆开馆；红岩革命历史博物馆纸质藏品和纺织品文物保护修复项目获评"2021全国十佳文物藏品修复项目"。建成开放全国首个文物保护装备产业基地，开发各类文创产品2399种。

（四）非遗保护传承能力持续提升

大足石雕等9个非遗项目成功入选第五批国家级非物质文化遗产代表性项目名录，全市国家级非遗代表性项目增至53项。举办重庆非遗购物节、第六届重庆非物质文化遗产暨老字号博览会等主题活动200余场次，23件（套）非遗产品入选中国传统工艺邀请展。重庆非物质文化遗产研究基地挂牌成立，非遗曲艺书场试点工作有序推进，万州区成功申报为"中国曲艺之乡"，铜梁龙舞荣获第十四届全运会群众展演广场舞项目决赛第一名。

七、推动广播电视和网络视听守正创新

（一）精品力作持续涌现

纪录片《夏芳的暑假》荣获"中国广播电视大奖2019—2020年度广播电视节目奖"，《美好终将来——谢谢你来了》抗疫系列特别节目入选全国广播电视创新创优节目，2部作品入选国家广电总局优秀少儿节目扶持项目，4部作品入选国家广电总局广播电视公益广告扶持项目，《点亮红色旅游 传承红岩精神》获评首届全国旅游公益广告作品优秀电视作品，纪录片《梦圆千年脱贫路——重庆市打赢脱贫攻坚战纪实》获国家广电总局通报表扬。电视剧《绝密使命》登录CCTV-1播出。

（二）媒体融合持续深化

制定《加快推进媒体深度融合发展实施方案》，打造"两江—上游云"市级技术平台、重庆广电移动传播中心，推动重庆有线电视网络整合、IPTV集成播控平台和传输运营机构播控平台规范对接，重庆地区"全国一网"工作任务圆满完成。推动完成区县融媒体中心规范建设和传媒影视机构年度检验工作，完善互联网文化经营单位的市场准入和退出机制，推进持证机构和互联网文化经营单位依法规范运营，8个产业项目入选国家广播电视和网络视听产业发展项目库。

（三）特色品牌持续打造

整合广电优势资源，建设影视拍摄服务一站式平台，推进"纪录片之都"建设。挂牌成立重庆沉浸式"剧本杀"测本中心，举办沉浸式"剧本杀"全国交易大会暨成渝"剧本杀"联展，打造优秀"剧本杀"项目深度开发合作交流平台。成功举办第十三届中国西部动漫文化节，我市2家企业进入国家动漫企业名单。重庆广播电视集团（总台）"12320优医生"融合智慧医疗服务平台入选全国广播电视媒体融合成长项目提名。

八、推动文旅行业治理效能持续提升

（一）文旅领域重点改革扎实推进

推进"证照分离"改革，优化涉企行政审批21项，取消审批4项，实行告知承诺制和"一件事一次办"，让数据多跑路、群众少跑腿。文化市场综合执法改革年度任务圆满完成，国有文艺院团改革取得成效，完成重庆演出有限公司首轮混改。推进文物保护利用改革，区县文化旅游主管部门加挂文物局牌子，争取市委编委增加市级文博单位编制63个，出台《重庆市文物督察约谈办法》，推行文物安全工作联席会议制度，建立了市级文物部门与检察机关文物保护协作机制。

（二）文旅市场环境更加持续向好

推进信用体系建设，铜梁、武隆入选全国文化和旅游市场信用经济发展试点地区。持续开展文化旅游市场专项整治行动，解决了长达20年的歌乐山"黑车"乱象问题，督办整改市场经营秩序问题4000余个，稳妥办理投诉举报2100余件，我市在2019—2021年度全国文化市场综合执法案卷评查中排名第一，游客满意度位居全国第三。完善"月点评、季通报、年考核"管理机制，对全市旅游市场乱象进行"体验式"暗访拍摄，适时在市政府常务会上曝光，市政府主要领导督办整改。承办全国文化和旅游市场监管工作会议，我市作经验交流发言。

（三）文旅行业保持安全稳定态势

严格落实常态化新冠疫情防控要求，动态调整全市文旅行业新冠疫情防控措施，加强重点场所防控、关键环节管控和文旅活动监管，妥善处置因文旅活动暂停引发的相关退费和投诉纠纷处置，全市未发生一起因文化场所人员聚集造成的疫情传播。基本厘清安全生产边界职责，持续开展安全生产三年专项行动，推动实施文物安全直接责任人公告公示制度，扎实开展古镇古寨文物消防安全隐患排查整治，全力抓好"喜迎建党百周年、忠诚履职保平安"专项工作，排查整治各类隐患2859个，全系统未发生一起安全生产责任事故。

（四）文旅行业发展保障更加有力

强化法治保障，启动重庆市红色资源保护利用地方立法，出台《重庆市文化和旅游标准化工作管理办法》《重庆红岩遗址保护区管理办法》。强化财力保障，承办2021年全国文化和旅游财务工作会议，争取中央和市级财政投入16.71亿元。强化人才保障，为委系统补充各类人才90余名，启动舞台艺术国家级领军后备人才培养工作，评选10名重庆英才文化旅游名家名师，6人入选文化和旅游部2021年度乡村文化和旅游能人。后勤保障工作更加有力，离退休同志服务管理工作更加到位。

重庆市2021年文化和旅游发展情况分析报告

财务处、科技与大数据处

2021年，是"十四五"开局之年，是文旅行业克服新冠疫情影响、加快复苏提振的一年，市文化旅游系统坚持以习近平新时代中国特色社会主义思想为指导，全面贯彻习近平总书记对重庆提出的营造良好政治生态，坚持"两点"定位、"两地""两高"目标，发挥"三个作用"和推动成渝地区双城经济圈建设等重要指示要求，以建设国际知名文化旅游目的地为目标，围绕建党百周年主题，紧扣高质量发展主线，统筹新冠疫情防控和行业发展，推动全市旅游业发展取得新成效。中国旅游研究院最新调查数据显示，后疫情时代中国人最想去的城市旅游目的地，重庆位居第一。

一、主要指标保持基本稳定

（一）机构人员情况

2021年纳入统计范围的全市各类文化文物和旅游机构共有8450个，同比下降10.7%；从业人员87398人，同比下降1.6%（见表1）。

表1　2021年重庆市文化及相关产业机构及人员情况

单位	机构数（个）			从业人员数（人）		
	2020	2021	同比增幅（%）	2020	2021	同比增幅（%）
总计	8450	7549	−10.7	88798	87398	−1.6
公有制艺术表演团体	20	20	—	1546	1583	2.4
公有制艺术表演场馆	19	19	—	79	83	5.1

单位	机构数（个）			从业人员数（人）		
	2020	2021	同比增幅（%）	2020	2021	同比增幅（%）
图书馆	43	43	—	953	1046	9.8
文化馆	41	41	—	922	932	1.1
文化站	1030	1031	0.1	4108	4034	−1.8
艺术创作展览机构	13	14	7.7	127	131	3.1
艺术教育业	2	2	—	411	572	39.2
文化科研	1	1	—	37	37	—
行政主管部门	40	40	—	1828	1704	−6.8
其他文化机构	55	59	7.3	1397	1543	10.5
娱乐场所	1543	1405	−8.9	13833	14160	2.4
互联网上网服务营业场所（网吧）	2746	2004	−27.0	10088	8370	−17.0
非公有制艺术表演团体	1264	1266	0.2	18066	17779	−1.6
非公有制艺术表演场馆	44	43	−2.3	1582	1680	6.2
经营性互联网文化单位	397	278	−30.0	5867	4105	−30.0
艺术品经营机构	53	102	92.5	473	803	69.8
演出经纪机构	70	79	12.9	1307	2141	63.8
旅行社	714	753	5.5	10349	9834	−5.0
星级饭店	163	150	−8.0	12154	13167	8.3
文物业	192	199	3.6	3671	3694	0.6

（二）经费情况

1. 文化总收入稳中有升

受新冠疫情影响，全市文化部门2021年总收入为38.61亿元，较2020年的43.67亿元下降11.6%。财政拨款预算收入稳步增长，2021年为24.98亿元，较2020年的23.36亿元增长6.9%。

从2017年到2021年的五年时间里，我市的文化事业费年平均增长3.4%（见图1）。

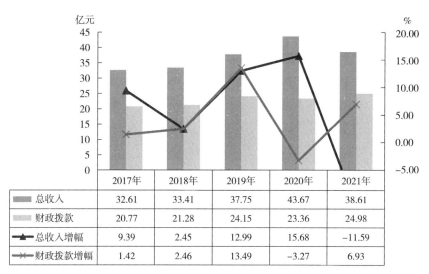

	2017年	2018年	2019年	2020年	2021年
▮ 总收入	32.61	33.41	37.75	43.67	38.61
▮ 财政拨款	20.77	21.28	24.15	23.36	24.98
▲ 总收入增幅	9.39	2.45	12.99	15.68	−11.59
✕ 财政拨款增幅	1.42	2.46	13.49	−3.27	6.93

图1　2017—2021年文化部门经费情况

2. 文物经费增幅明显

2021年全市文物业总收入为12.24亿元，较2020年的10.32亿元增长18.6%，其中财政拨款9.76亿元，较2020年的8.68亿元增长12.4%。由于近年来各级政府对文物工作的重视，财政对文物事业发展在大幅增加后进入相对稳定状态。

从2017年到2021年的五年时间里，我市文物业财政拨款年平均增长9.3%（见图2）。

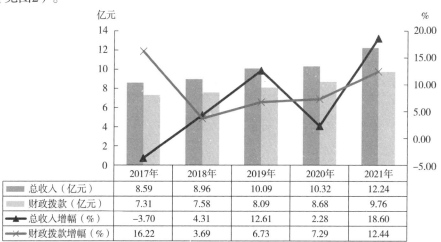

	2017年	2018年	2019年	2020年	2021年
▮ 总收入（亿元）	8.59	8.96	10.09	10.32	12.24
▮ 财政拨款（亿元）	7.31	7.58	8.09	8.68	9.76
▲ 总收入增幅（%）	−3.70	4.31	12.61	2.28	18.60
✕ 财政拨款增幅（%）	16.22	3.69	6.73	7.29	12.44

图2　2017—2021年文物业收入情况

二、旅游业发展态势稳中向好

据初步统计测算，全市接待过夜游客8834.86万人次，同比增长37.2%；A级景区接待游客17546万人次，同比增长9.0%。旅游产业实现增加值1076.09亿元，增速为9.9%，占全市GDP比重为3.9%（见表2）。

表2　2021年重庆市旅游接待及收入情况表

指标	计量单位	绝对值	比上年增长（%）
接待过夜游客	万人次	8834.86	37.2
A级景区接待游客	万人次	17546	9.0
旅游产业增加值总额	亿元	1076.09	9.9
旅游产业增加值占全市GDP比重	%	3.9	与上年持平

（一）区域旅游协同联动发展

2021年，"一区两群"各区域旅游业彰显特色、协同发展，均呈稳定复苏态势（见表3）。

表3　"一区两群"旅游产业增加值情况表

区域	旅游产业增加值（亿元）	增加值增速（%）	占GDP比重（%）
主城都市区	775.08	8.8	3.6
渝东北三峡库区城镇群	189.89	14.1	3.9
渝东南武陵山区城镇群	81.45	12.8	5.3

（二）旅游市场主体更加健全

2021年，尽管持续受到新冠疫情影响，全市旅游业却总体呈现出业态体系不断丰富、旅游市场主体更加健全的良好态势。

1. 旅行社

2021年末，全市共有旅行社753家。其中：出境游旅行社92家（含赴台社9家），一般旅行社661家。全年共审批设立一般旅行社75家。

2. 星级旅游饭店

2021年末，全市拥有星级旅游饭店150家，其中：五星级28家，四星级47家，三星级63家，二星级12家。

3. 旅游景区

2021年末，全市拥有国家A级旅游景区269个，其中：5A级景区10个，4A级景区131个，3A级景区84个，2A级景区43个，1A级景区1个。新评定25个A级景区，其中：4A级景区11个，3A级景区10个，2A级景区4个。

4. 旅游度假

2021年末，全市拥有市级以上旅游度假区25个，含国家级旅游度假区2个（武隆仙女山旅游度假区、丰都南天湖旅游度假区）。市级五星级温泉旅游企业3家。

5. 旅游船

2021年末，全市拥有三峡游轮33艘，其中已评五星级游轮24艘，五星级标准7艘（含正申报评定2艘），经济型游轮2艘；经营重庆"两江游"企业3家，共有"两江游"游船8艘。

6. 全域旅游

2021年末，全市拥有国家级全域旅游示范区4个，即武隆区、巫山县、万盛经开区和渝中区；国家级全域旅游示范区创建单位4个，即南川区、大足区、奉节县和石柱县；市级全域旅游示范区9个，创建单位13个。

7. 文化和旅游消费示范、试点城市

2021年，江北区、南岸区、九龙坡区3个区入选第二批国家文化和旅游消费试点城市。截至2021年末，全市已创建国家文化和旅游消费示范城市1个、试点城市5个。

2021年末，全市旅游从业人员227.72万人，其中：直接从业人员36.21万人。全市持有电子导游证导游12091人，其中：特级1人，高级54人，中级327人，初级11709人。

（三）乡村旅游助力乡村振兴

2021年末，全市拥有全国乡村旅游重点村35个、重点镇3个，市级乡村旅

游重点村94个；全国休闲农业和乡村旅游示范县（区）12个、示范点23个，市级休闲农业和乡村旅游示范乡镇168个、示范村（社区）471个、示范点666个。酉阳县车田乡入选《2021世界旅游联盟—旅游助力乡村振兴案例》；4个典型案例入选文化和旅游部"体验脱贫成就·助力乡村振兴 全国乡村旅游扶贫示范案例"。

（四）文旅重点项目扎实推进

2021年，86个市级重大文旅项目建设扎实推进。策划储备2021—2023年市级重点文旅产业项目129个，促成武隆白马山文旅康养小镇、巴南东盟影视文创园、中国西部科技影视城等项目签订协议；组织举办2021中国武陵文旅峰会招商推介会，意向签约项目26个、签约金额1432.75亿元，在全市招商活跃指数考核中位居前列。

（五）旅游资源开发成效显著

完成全市旅游资源普查，形成《重庆市旅游资源普查报告》系列成果。完成涪陵武陵山大裂谷3个景区5A创建任务，评定A级景区25个，认定市级旅游度假区2个、市级全域旅游示范区8个、首批市级旅游休闲街区10个，获评国家级旅游休闲街区3个。出台《利用存量闲置房屋发展旅游民宿试点方案》，编制实施试点项目计划和品牌创建计划，成为全国盘活存量闲置房屋、推动旅游民宿发展的创新性举措。垫江县飞茑集—巴谷·宿集、石柱县不舍民宿分别被认定为全国首批甲级、乙级旅游民宿。

三、文化旅游市场有序回暖

（一）演出市场规范有序发展

2021年末，共有非国有艺术表演团体1266个，较2020年增长0.16%，全年国内演出活动13.29万场次、观众1607.22万人次，其中农村演出8.44万场次、观众786.5万人次，在新冠疫情防控逐渐向好、演出市场逐步开放的情况下，较好地满足了广大农村群众观看演出的需求。共有非国有艺术表演场馆43家，较2020年下降2.3%，全年演出场次5576场，较2020年下降35.3%。在新冠疫情的影响下，剧院因防控政策的要求，承接演出项目受影响较大，演出场次呈下降态势。

（二）娱乐业健康良性发展

2021年末，共有娱乐业机构1405家，较2020年下降8.9%，但从业人员增长2.4%、资产总计增长11.9%、营业收入增长15.0%。因新冠疫情影响以及我市持续开展文化市场清理，大量"僵尸企业"被清除，同时，小、散、差的经营场所逐渐退出市场，导致娱乐机构数量下降。但是，在各级政府的纾困政策帮扶下，企业经营状态逐渐稳定，经营质量提升（见表4）。

表4 娱乐场所两年对比情况表

指标	2020年度	2021年度	变化幅度（%）
机构数（个）	1543	1405	-8.9
从业人数（人）	13833	14160	2.4
资产总计（亿元）	18.26	20.44	11.9
营业收入（亿元）	12.56	14.44	15.0

（三）上网服务营业场所转型升级

随着互联网的发展和移动终端产品大量普及，以及网络文化产品特别是大型游戏产品的不足，上网服务场所进一步转型升级，行业各主要指标大幅下降（见表5）。

表5 上网服务营业场所两年对比情况

指标	2020年度	2021年度	变化幅度（%）
机构数（个）	2746	2004	-27.0
从业人数（人）	10088	8370	-17.0
资产总计（亿元）	14.73	12.45	-15.5
营业收入（亿元）	7.99	7.76	-2.9

四、文艺创作生产成果丰硕

杂技剧《一双绣花鞋》、话剧《天坑问道》、歌剧《一江清水向东流》等一批新创剧目成功首演，舞剧《绝对考验》完成试演，京剧《双枪惠娘》荣获第十七届中国戏剧节优秀剧目奖，歌剧《尘埃落定》荣获第二十四届曹禺剧本奖等多个国家级奖项，原创魔术《仙豆》荣获第十一届中国杂技金菊奖全国魔术·滑稽比赛金奖。实施中国顶尖舞者成长计划，打造街舞剧《超燃的青春》（暂定名），成功举办2021"舞动山城"——国际街舞系列活动。成功推出舞台剧《重庆·1949》、曲艺剧《记艺·山城》、芭蕾剧《胡桃夹子》等文旅融合驻场演艺，打造沉浸式芭蕾舞剧，《印象·武隆》《魔幻之都·极限快乐Show》《归来三峡》等驻场演出成为营销重庆的文化名片。

全市文化部门共有艺术表演团体20个，原创首演剧目23个，同比增长27.8%，国内演出场次0.22万场，同比增长15.8%，国内演出观众人次111.83万人，同比增长21.0%，演出收入4425.9万元，同比增长30.7%（见表6）。

表6　文化部门艺术表演团体情况

		2020年	2021年	同比增幅（%）
本团原创首演剧目	个	18	23	27.8
国内演出场次	万场	0.19	0.22	15.8
国内演出观众人次	万人	92.39	111.83	21.0
演出收入	万元	3386.1	4425.9	30.7

五、公共文化服务水平不断提升

改造提升39个基层综合文化服务中心，新建文图两馆总分馆32个，打造"城市书房""文化驿站"等新型文化空间140余家。3个区县顺利通过第四批国家公共文化服务体系示范区（项目）验收。铜梁区等5地被命名为"中国民间文化艺术之乡"。创新打造了140余家融合图书阅读、艺术展览、文化沙龙、轻食餐饮等服务的"城市书房""文化驿站"等新型文化业态，在"2021长三角及全国部分城市最美公共文化空间大赛"中，我市2个空间被评为十佳最美公共文化空间奖。公共文化服务满意度居全国第五位。

（一）公共图书馆服务能力不断增强

全市公共图书馆各类服务及活动增长明显。现有总藏量2340.69万册，全年总流通人次1465.21万人次，书刊文献外借484.97万人次、1184.27万册次。阅览室坐席数33944个，本年新增藏量183.25万册，全市公共图书馆为读者组织各类讲座1535次，15.92万人次参加；举办展览1379次，139.25万人次参观；举办培训班1438个，10.43万人次参加。实际使用房屋建筑面积40.05万平方米（见表7）。

表7　2020、2021年公共图书馆基本情况

		2020年	2021年	同比（%）
总藏量	万册	1997.49	2340.69	17.2
总流通人次	万人次	1190.2	1455.21	22.3
组织各类讲座	次	1381	1535	11.2
举办展览	次	1098	1379	25.6
举办培训班	个	1158	1438	24.2
阅览室座席数	个	31936	33944	6.3
建筑面积	万平方米	38.26	40.05	4.7

（二）群众文化生活更加丰富

全市共有群众文化机构1072个，共举办展览6056个，组织文艺活动27309次，同比增长11%；举办展览6056场，同比下降3.1%；举办各类训练班26185次，同比增长18.6%；组织公益性讲座590次，同比下降10.6%；文化服务惠及人次达1648.79万人次，同比增长10.0%（见表8）。

表8　文化馆（站）基本情况

		2020年	2021年	同比增幅（%）
文艺活动	次	27026	27309	11.0
展览	场	6247	6056	−3.1
训练班	次	22083	26185	18.6
讲座	次	660	590	−10.6
总计	次	56016	60140	7.4
惠及人次	万人次	1831.77	1648.79	10.0

六、文博事业蓬勃发展

（一）三峡文物保护丰富长江文化内涵

一是完成三峡文物"起底式"调查工作。全面摸清三峡库区不可移动文物、三峡出土文物、非物质文化遗产、历史文化名镇名村和传统村落等资源家底。二是加快建设长江三峡国家考古遗址公园。编制《三峡库区文物保护利用专项规划》《重庆三峡库区出土文物修复三年行动计划》，按照"一园多点"模式，加快建设忠县皇华城遗址、万州天生城遗址、奉节白帝城遗址等国家考古遗址公园，深化文旅融合，服务三峡库区经济社会发展。三是加大三峡文物考古研究力度。加快"考古中国"巴蜀文明进程研究，重点实施涪陵小田溪墓群、奉节白帝城遗址、万州天生城遗址、丰都犀牛洞遗址等考古发掘，出土文物2693件。重庆巫山大溪遗址入选全国"百年百大考古发现"。加大三峡文物考古研究报告出版力度，44项三峡考古研究报告工作全面推进。四是三峡库区博物馆建设位居全国前列。建成重庆中国三峡博物馆、重庆三峡移民纪念馆、巫山博物馆等综合性公共博物馆达17家，基本实现三峡库区公共博物馆全覆盖；三峡博物馆、万州等三峡库区博物馆，举办《世纪工程　国家行动——三峡文物抢救保护工程成果展》等重要展览。

（二）石窟寺保护走在全国前列

一是摸清重庆市石窟寺资源家底。通过石窟寺专项调查，全面摸清全市

716处石窟寺资源家底。二是建立完善石窟寺保护工作体系。重庆相继出台《重庆市大足石刻保护条例》《重庆市加强石窟寺保护利用工作方案》《大足石刻研究院建设世界知名研究院实施方案》《重庆市"十四五"石窟寺保护利用专项规划》，建立起全市石窟寺保护工作体系。三是强化石窟寺保护机构建设。大足石刻研究院转隶升格为市文化旅游委直属副厅级事业单位，重庆市文物考古研究院增设石窟寺考古机构，增加石窟寺保护专业力量，各区县文化旅游委加挂"文物局"牌子，进一步加强基层石窟寺保护管理力量。四是着力石窟寺系统性保护利用。"十三五"期间，投入专项资金2.1亿元，实施大足石刻、合川涞滩二佛寺、南岸弹子石大佛等重点项目42个，全市主要石窟寺保存状况良好。在全国率先开展中小石窟保护利用示范，完成大足石刻峰山寺、普圣庙等10多处中小石窟保护利用示范项目，建设小型乡村遗址公园，助力乡村振兴。大足石刻文化公园的大足石刻数字展示中心、大足石刻文物医院、游客服务中心建成并对外开放，8K高清球幕和4K宽银幕电影给观众带来全新体验。大足石刻在国家博物馆、苏州博物馆、深圳南山博物馆举办特展，深受广大观众好评。五是石窟寺考古和科技保护卓有成效。《大足石刻全集》填补我国大型石窟寺编写系列考古报告的空白。大足石刻研究院与复旦大学开展的砂岩质石窟岩体裂隙渗流精细探测与防治关键技术研究、与上海大学合作开展的石窟文物本体风化病害评估系统及保护技术研究等科技部重点项目加快推进；国家社科基金重点项目重庆地区石窟寺及石刻铭文资料抢救性收集与整理研究全面启动。

（三）革命文物保护焕发新彩

一是构建完整保护体系。组织开展全市革命文物专项调查，摸清417处资源底数，编制完成《重庆市革命文物保护利用总体规划》，出台《重庆市红岩革命旧址保护区管理办法》，颁布《重庆市红色资源保护传承规定》。二是加强红岩精神保护传承。印发《红岩革命文物保护工程实施方案》，实施红岩革命文物保护展示项目31个，红岩文化公园首期项目建成开放，红岩干部学院挂牌运行，持续推进红岩革命故事展演415场次，现场观众约41万人次。红岩革命文物承载的红岩精神成为第一批纳入中国共产党人精神谱系的伟大精神。三是着力革命文化传承弘扬。由国家文物局与市政府联合主办的"文物映耀百年征程"——2021年文化和自然遗产日全国主场城市活动在重庆成功举办。出台《长征国家文化公园（重庆段）专项规划》。创新将革命文物保护利用项目纳入全市党史学习教育"我为群众办实事"市级层面清单并完成目标任务。革命文物与红色旅游融合发展，共有全国红色旅游经典景区16处，红色旅游景区景点112处，红色A级景区22处。

（四）文物科技创新引领高质量发展

重庆市坚持科技创新引领，助力文物事业高质量发展。建成重庆市文物考古研究院综合实验楼。2021年与中国科学院古脊椎动物与古人类研究所合作，在涪陵小田溪墓群首次成功提取古巴人DNA。建成三峡文物科技保护基地。启动三峡出土文物修复三年行动计划。重庆中国三峡博物馆成为国家文化和科技融合示范基地、西南地区首个国家文物局重点科研基地。三峡地区鎏金青铜器价值认知与保护关键技术研究获重庆市科技进步二等奖。大足石刻研究院开创了我国大型贴金彩绘不可移动石质文物修复的先河，为我国南方地区石窟寺保护修缮提供了可资借鉴的成功经验。2017年至2019年大足石刻监测年度报告连续三次被评为"中国世界文化遗产优秀监测年度报告"。红岩革命历史博物馆利用720度全景技术、HDR技术建成网上展馆，完成了三大主题陈列馆、红岩村景区全景漫游和文物环拍。依托重庆文旅广电云平台，建成集文物资源库、巡查检查、远程监管、督察督办、统计分析等一体的重庆市文物安全巡查督察系统，开创文物安全科学管理新格局。

七、存在的主要问题

财政投入增幅有所提高但总量不足。文化和旅游的总收入和财政投入虽然每年都有所增长，但起点低、基础差、总量不足，两项收入均排在全国各省市中间偏后，在四个直辖市中处于落后水平，在西部十二个省市中分别排在第九位和第七位。总收入和财政拨款均不到上海的二分之一（见表9和表10）。

表9　2021年文化收入情况对比（直辖市）

地区	总收入（亿元）	位次	财政拨款（亿元）	位次
重庆	38.61	3	24.98	3
北京	69.25	2	45.15	2
天津	25.55	4	13.56	4
上海	76.49	1	61.11	1

表10　2021年文化收入情况对比（西部）

地区	总收入（亿元）	位次	财政拨款（亿元）	位次
重庆	38.61	9	24.98	7
四川	137.89	1	56.41	1
贵州	114.23	2	20.4	8
云南	80.77	3	34.15	2
西藏	16.97	12	11.18	10
陕西	48.76	8	27.07	5
甘肃	49.59	7	18.56	9
青海	19.81	10	9.96	11
宁夏	19.66	11	9.37	12
新疆	64.07	5	27.08	4
内蒙古	50.9	6	31.84	3
广西	65.19	4	25.43	6

2021年重庆文化旅游公共服务体系建设报告

公共服务处

坚持以习近平新时代中国特色社会主义思想为指导，深入贯彻党的十九大和十九届二中、三中、四中、五中、六中全会精神，全面落实习近平总书记对重庆提出的重要指示要求，紧扣市委、市政府关于文化旅游工作的部署，公共服务工作取得了新的突破，各项任务按序推进，公共服务领域改革发展迈出了坚实步伐。公共文化服务满意度81.55%，比上年提高1.05个百分点，在全国31个省（自治区、直辖市）中位居第五名，继续保持在满意度最高等级"满意"区间。

一、坚持共建共享，服务阵地提档升级

推动公共服务阵地网格化纵深覆盖，重大文化惠民工程成效明显。一是服务设施全覆盖。为满足城乡居民对高品质文化生活的新期待，创新拓展城乡公共文化空间，全市共改造提升39个基层综合文化服务中心，新建12个24小时城市书房，新建文、图两馆总分馆32个，其中社会参与建设的有20个。公共文化服务覆盖面不断扩大，公共服务基础不断夯实。建设旅游厕所80座，其中示范性旅游厕所20座，结合五一、十一等节假日主要景区景点旅客流量，组织20个区县开展重大节假日等旅游高峰期景区旅游厕所服务与现状调研，拟制了加强移动厕所配置、提高旅游高峰期旅游厕所服务质量的可行性措施。目前，全市现有公共图书馆43个、文化馆41个、公立美术馆11个；基层综合文化服务中心全覆盖，其中乡镇（街道）1030个、村（社区）11119个；截至2021年底，全市每万人拥有"三馆一中心"面积达到700平方米，超

过全国平均水平。文化馆达国家一级馆率95%，位居全国第二、西部第一；公共图书馆一级馆率83.3%，位居全国第五、西部第一。二是数字化平台全覆盖。建成数字图书馆43个、文化馆41个，数字阅读资源总量2027.62 TB。整合市级公共文化服务平台、文化旅游志愿者管理培训系统、重庆群众文化云平台，建成重庆公共文化云平台，目前已投入试运行。截至2021年底，平台访问量达9917.13万人次，注册用户达964666人次，其中"80后""90后"占54.34%。开展文化活动网络直录播40场，全国各地群众网络参与达2336.32万人次，视频收看达1084.41万人次。三是流动文化活动全覆盖。截至目前，完成3.3万场流动文化进村服务。公共文化志愿服务产品涉及7大类7.51万个，全市群众文化志愿者总数达3.2万人（含志愿团队2234个），累计受理群众"点单"预约服务13.1万次，完成配送13.1万次，惠及群众2963.8万人次。"重图到家"线上线下外借图书9800万人次、2.7万册次，较去年同期增长了134%。重庆书城"你阅读，我买单"服务线上线下外借图书分别达到1.3万人次、1.9万册次。

二、发挥示范引领，服务水平不断提高

从群众需求出发，不断深化改革，积极探索文化旅游领域公共服务改革举措，开展试点示范，激发文化旅游公共服务发展活力。一是示范区建设卓有成效。高标准、高质量推进创建工作，指导南岸区、忠县、丰都县顺利通过第四批国家公共文化服务体系示范区（项目）验收。示范创建区县探索建立了公共文化服务体系可持续发展的长效保障机制。召开了示范区复核专题工作会，对渝中区、北碚区进行了实地复核，指导江津区、南岸区对照《国家公共文化服务体系示范区创新发展管理办法》和复核指标，认真开展自查，及时整改提升，迎接2022年复核。二是公共服务机构功能融合试点有序推进，成功创建7个国家文化和旅游公共服务机构功能融合试点单位。自试点工作开展以来，我市按照"宜融则融、能融尽融"的总体思路，7个试点单位坚持高质量规划，高标准投入，充分挖掘旅游和文化资源，坚持以文塑旅、以旅彰文，积极探索文化和旅游融合发展新路径，试点工作推进有力、进展

有序，取得了明显的工作成效，顺利通过示范验收。三是积极推进新型公共文化空间建设，创新打造了140余家融合图书阅读、艺术展览、文化沙龙、轻食餐饮等服务的"城市书房""文化驿站"等新型文化业态。在文化和旅游部公共服务司指导的"2021年长三角及全国部分城市最美公共文化空间大赛"中，我市推选的曾家岩书院、重庆图书馆冷水·风谷分馆被评为最美公共文化空间奖；13个公共文化空间被评为"百佳公共文化空间奖"；经典书店、建川博物馆被评为"优秀运营奖"。

三、整合优势资源，服务活动丰富多彩

围绕中心，服务重点，整合文化旅游公共服务资源，打造培育本土原创品牌，为人民群众提供内容丰富、优质高效的产品和服务。一是围绕庆祝中国共产党成立100周年主题。在全市范围内组织开展形式多样、内容丰富的主题庆祝活动。全市累计开展各类群众文化活动2465场，参与人次（含线上参与人次）达到2705.86万人次。与中国舞蹈家协会积极对接，成功举办国际街舞大赛和街舞盛典等系列活动，扩大了"舞动山城"品牌的影响力。"唱支山歌给党听"大家唱群众歌咏活动自启动以来，全市共有3600余支队伍、110万名歌咏爱好者参与，整个活动累计线上参与人次达到1437.76万人次。2021年6月25日在人民广场举行了"巴渝儿女歌唱党"万人同唱一首歌群众文化活动，共设1个主会场、11个分会场，全市联动，以快闪的形式共同唱响《唱支山歌给党听》《没有共产党就没有新中国》等歌曲，掀起庆祝建党百年高潮。陆续开展了"永远跟党走"——2021"欢跃四季·舞动山城"重庆市广场舞展演、"永远跟党走"——第二十届重庆市美术书法摄影联展、"我们永远向太阳——庆祝中国共产党成立100周年重庆市'红岩少年'阅读大赛"、"和谐社区·幸福生活"第六届重庆市社区艺术节等多个市级群众文化活动。二是围绕惠民便民服务工作。"三馆一中心"全部面向社会免费开放，年服务群众达7200万人次。2021年，全市图书馆流通人次达1455.23万人次，书刊文献外借1142.81万人次，举办各类讲座1535场、展览1379次、培训班1438次。文化馆举办文化培训班9296次、展览展示活动699场、公益性讲

座596场，组织文艺活动2567场。乡镇（街道）综合文化服务中心举办各类文化活动4.71万场，极大地丰富了全市人民群众精神文化生活。统筹做好特殊群体公共文化服务供给。深入实施"春雨工程""阳光工程""圆梦工程"等重点志愿服务项目。举办"常青e路 幸福夕阳"老年人数字阅读系列培训，重庆图书馆联合12家公共图书馆开展培训35场，培训老年读者1300余人，帮助老龄群体灵活运用互联网、手机掌握就医问诊、消费购物、交通出行、政务咨询、事务办理等技巧，紧跟信息时代发展潮流。三是围绕助力脱贫攻坚与乡村振兴有效衔接。按照市乡村振兴要求，顺利完成了酉阳县车田乡工作队与产业组的交接，文化旅游帮扶集团重点帮扶巫山县竹贤乡驻乡驻村工作队组建和进驻、工作的开展、帮扶规划的制定、项目衔接、资金保障以及调研、联席会议的召开，动员相关部门和社会力量开展帮扶。指导开展了2021年合川区双槐镇"河马村晚"。本次活动作为2021年全国"村晚"示范点，以"欢乐过大年·迈向新征程——我们的小康生活"为主题，为乡村村民带来了精彩的视听享受，线上线下30余万人次参与活动。成功创建3个全国乡村旅游重点镇、6个全国乡村重点村、44个市级乡村旅游重点村，推荐乡村旅游重点线路125条，分别对铜梁、梁平、酉阳的乡村旅游做了重点宣传推广。圆满完成东西部协作任务，"十万山东人游重庆"和"十万重庆人游山东"品牌持续培养，共开展12批1100人的乡村旅游人才培训，助力乡村产业振兴。

四、加强川渝合作，服务范围不断拓展

为把成渝地区文旅公共服务一体化发展工作做实做好，两地签署了《关于推动成渝地区双城经济圈文化和旅游公共服务协同发展合作协议》，成立了成渝地区公共图书馆联盟、成渝区域文化馆联盟，共推重点工程、共育区域品牌。一是开展"成渝地·巴蜀情"区域品牌文化活动。以"成渝地·巴蜀情"品牌为引领，两地省（市）级和各区县文化旅游部门、公共文化服务机构开展了广泛的交流与合作，举办"川渝乐翻天"喜剧节目交流展演、"成渝德眉资"文旅区域联动才艺赛等系列活动近百场。其中，"巴蜀大合唱·颂歌献给党"全国大家唱活动暨首届巴蜀合唱节吸引川渝等西部12省

（自治区）27支合唱队2000余人参加，现场参与人数约1万人次，2021年5月16日开幕式当日，线上观演超1亿人次。举办"信仰的力量——庆祝中国共产党成立100周年川渝阅读之星诵读大赛"，大赛历时4个月，川渝两地135个区县图书馆、10万余人参加，报送作品21825件。大赛线上观看人次达到100万人次。媒体宣传报道近1000次。2021年6月6日，在重庆举办的个人赛总决赛邀请了敬一丹、严燕生等知名专家担任大赛评委，通过国家公共文化云、华龙网、重庆群众文化云以及18个省级文化馆数字平台直播联动，观众达69.33万人次，成为共促川渝两地公共图书馆一体化发展、推动全民阅读的合作典范。二是搭建区域一体化公共文化和旅游产品云平台。2020年，两地联合举办首届成渝地区文化和旅游公共服务及产品采购大会，来自全国各地的304家参展商携带849个项目参展。2021年，举办了西南六省市文采会线上活动，参展商品2268件，交易金额6441.7万元，线下活动前期工作全部就绪，但因新冠疫情影响未能如期开展。我市进一步构建起成渝地区文旅服务产品流通新机制，打通公共服务供需通道，实现资源共享、平台共建、活动共办。三是打造成渝地区文化旅游公共服务数字化品牌。推动打通川渝两地数字图书馆、数字文化馆网络，建设川渝公共文化数字化平台，逐步实现图书"通借通还"、场地活动"一键预约"、服务产品"一键采购"。目前，我市33家区县公共图书馆与四川省地级市公共图书馆先后开展48项合作项目。其中"川渝阅读一卡通"项目推进顺利，重庆图书馆、四川省图书馆、成都图书馆三馆已经系统互联、读者证互认，实现了读者证与社保卡的借阅功能互通。

2022年，我们将深入贯彻落实习近平新时代中国特色社会主义思想，把握新发展阶段，贯彻新发展理念，融入新发展格局，坚持以人民为中心，以社会主义核心价值观为引领，以高质量发展为主题，结合全市"十四五"规划，以更高的站位和标准加快推进现代公共服务体系建设，构建高品质公共文化服务体系和完善的旅游公共服务体系，推动文化和旅游公共服务融合发展，为人民群众提供更高质量、更有效率、更加公平、更可持续的公共服务，为建设文化强市和世界知名旅游目的地提供坚实支撑。

2021年重庆市文化旅游产业运行报告

产业发展处

2021年是"十四五"开局之年，也是文化和旅游产业历经谷底后实现韧性成长的一年。面对依然复杂多变的新冠疫情防控形势和艰巨繁重的纾困复苏任务，全市文化和旅游领域更加深入贯彻落实党中央、国务院和市委、市政府"六稳""六保"和"国内国际双循环"的重大部署，积极应变、主动求变，推动文化产业基本恢复新冠疫情前水平，旅游产业实现整体稳步复苏。

一、整体走势

2021年，全市文化产业经过前一年的纾困扶持、行业自治，发展韧性不断显现，线上数字业态的增长基本弥补了线下消费的不足，增长速度基本恢复到新冠疫情前正常水平。全年实现文化产业营业收入2724.23亿元，同比增长11.6%；实现文化产业增加值1057.11亿元，同比2020年增长8.9%，同比2019年增长9.3%，两年平均增长4.6%；文化产业增加值占GDP比重继2020年下降2%后，再次小幅下降约1%，至3.8%。现场服务型业态占绝大多数的旅游产业仍受到新冠疫情的持续性影响，全年出入境旅游基本仍处于停滞状态，导致全行业营业收入始终缺失重要部分，恢复程度明显慢于文化产业。全年实现旅游产业增加值1076.09亿元，同比2020年增长9.9%，同比2019年增长4.7%，两年平均增长2.3%；旅游产业增加值占GDP比重止住了2020年5个百分点的"速降"趋势，只小幅下降1个百分点左右，稳住了产业发展基本盘。

一年来，文化、旅游产业发展走势几乎相当于新冠疫情的"晴雨表"。如表1所示，第一季度，由于不鼓励春节期间出行，线上消费成为主流，旅游产业增加值较2019年第一季度下降4.1%，而文化产业增加值增速则达到9.4%。第二季度，文化、旅游市场在新冠疫情常态化防控基础上强势反弹，前两季度增加值分别较2019年增长12.1%、4.6%，旅游产业在新冠疫情发生以来首次较疫情前实现同比正增长。第三季度，包括重庆在内的部分城市出现零星疫情，市场活力再次降低，前三季度增加值较2019年增速分别降低至10.2%、3.4%。进入第四季度，精准化防控理念和措施逐渐推广成为常态，增速逐渐恢复正常。

表1　2021年第一至第四季度文化、旅游产业增加值整体走势

时间段	文化产业			旅游产业		
	绝对值（亿元）	同比2020年增幅（%）	同比2019年增幅（%）	绝对值（亿元）	同比2020年增幅（%）	同比2019年增幅（%）
第一季度	264.11	21.3	9.4	228.58	28.9	−4.1
上半年	536.64	19.5	12.1	507.91	22.1	4.6
前三季度	784.90	14.2	10.2	776.12	15.4	3.4
全年	1057.11	8.9	9.3	1076.09	9.9	4.7

二、产业结构

在2021年的文化和旅游领域，新冠疫情的复杂程度和影响深度远超预期，细分行业基本延续了2020年的发展趋势。多数现场服务型行业继续走低，线上数字型行业持续增长，文化和旅游产业结构继续深度调整。

（一）文化产业

如表2所示，首先，在2020年受到新冠疫情影响并经历一段时间停工停产的文化装备、消费终端生产等文化制造行业在2021年新冠疫情常态化防控下保持了正常生产，文化相关领域同比增长15.4%，文化核心领域与文化相关领域增加值比值逐渐由7.5∶2.5恢复到疫情前7∶3的格局。

其次，受新冠疫情影响最严重的文化娱乐休闲服务行业较2020年有所恢复，同比增长8.8%，但同比2019年仍下降14.4%，两年平均降幅为7.5%，占

整个文化产业增加值的比重已由疫情前的9.45%持续下降至7.4%，对于文化娱乐休闲消费较为发达的重庆来说，形势不容乐观。同时，与数字创意相关的新闻信息服务、内容创作生产、文化传播渠道等保持了快速增长态势，同比2020年分别增长11.6%、7.8%和11.2%，两年平均增速分别达8.8%、5.6%和6.2%。创意设计服务同比增速放缓至3.7%，但仍是文化产业第一大门类。文化投资运营增加值占比仍然徘徊在1%以下，仍需大力培育相关企业，活跃文化投融资市场。

表2　2021年全市文化产业分行业增加值

行业	2021年增加值（亿元）	同比2020年增幅（%）	同比2019年增幅（%）	两年平均增速（%）	占全行业比重（%）
一、文化核心领域	759.25	6.5	7.8	3.8	71.82
（一）新闻信息服务	30.11	11.6	18.4	8.8	2.85
（二）内容创作生产	168.16	7.8	11.6	5.6	15.91
（三）创意设计服务	360.01	3.7	9.8	4.8	34.06
（四）文化传播渠道	117.00	11.2	12.9	6.2	11.07
（五）文化投资运营	5.71	3.3	2.9	1.4	0.54
（六）文化娱乐休闲服务	78.26	8.8	−14.4	−7.5	7.40
二、文化相关领域	297.86	15.4	13.7	6.6	28.18
（七）文化辅助生产和中介服务	195.43	15.6	17.8	8.5	18.49
（八）文化装备生产	24.18	21.6	22.7	10.8	2.29
（九）文化消费终端生产	78.25	13.1	2.2	1.1	7.40

（二）旅游产业

全市接待过夜游客8834.86万人次，A级景区接待游客17546万人次，同比2020年分别增长37.2%和9.0%，恢复到2019年的88.5%和64.9%，拉高相关旅游服务业增加值同比2020年增长11.1%，但两年平均增速仍只有2.6%。如表3所示，旅游住宿和餐饮业、旅游零售业也在同步复苏，增加值同比分别增长9.7%和11.2%。旅游交通运输业恢复较慢，仍未达到2019年的水平，两年平均降幅1.8%，但应从中看到中短途自驾游快速增长的积极信号。旅游农业和渔业增加值持续快速增长，两年平均增速达7.7%，都市周边的乡村、生态、康养旅游迎来新的发展机遇。

表3　2021年全市旅游产业分行业增加值

行业分类	2021年增加值（亿元）	同比2020年增幅（%）	同比2019年增幅（%）	两年平均增速（%）	占全行业比重（%）
旅游农业和渔业	19.82	7.4	15.9	7.7	1.84
旅游零售业	304.03	11.2	10.6	5.1	28.25
旅游交通运输业	260.37	8.5	-3.7	-1.8	24.20
旅游住宿和餐饮业	267.59	9.7	4.4	2.2	24.87
旅游金融业	61.18	8.0	12.4	6.0	5.69
其他旅游服务业	163.10	11.1	5.2	2.6	15.16

三、区域发展

（一）主城都市区

2021年，主城都市区对全市文化、旅游产业形成强势拉动。文化产业总量达940.84亿元，整体同比增长11.3%，占区域GDP比重达4.4%，恢复到正常水平。大足区全力打造石刻文化创意产业园并初见成效，文化产业增加值大幅增长，增幅（40.5%）为本区域最高；巴南区通过引入国内头部电商广告企业，拉动文化产业增加值同比增长36.0%，占GDP比重达全市最高的9.4%；南岸区、涪陵区着力打造数字文创产业园，增速均达20%；江津、璧山、潼南大力推动文化企业升规发展或帮助规上文化企业纾困增效，文化产业增加值均取得较大增长；渝中、江北、九龙坡、南岸、北碚、巴南、璧山文化产业增加值占GDP比重达到5%及以上，达到支柱产业标准。旅游产业增加值整体同比增幅由上年的-6.3%提升到8.8%。都市旅游板块，渝中、江北、沙坪坝、九龙坡、南岸、北碚等均稳步恢复，旅游产业增加值同比增幅均超过10%；近郊乡村游强势反弹，特别是大渡口、璧山、万盛经开区等乡村游产品不断丰富，同比增幅均超过20%；渝中区旅游产业增加值占GDP比重达7.0%，在该区域一枝独秀、优势明显（见表4）。

表4　2021年主城都市区各区县文化和旅游产业增加值情况

区县		文化产业			旅游产业		
		增加值（万元）	同比增幅（%）	GDP占比（%）	增加值（万元）	同比增幅（%）	GDP占比（%）
主城都市区	渝中区	871130	2.9	5.7	1060203	16.0	7.0
	大渡口区	143683	15.7	4.6	66339	27.6	2.1
	江北区	931579	16.0	6.2	629998	13.7	4.2
	沙坪坝区	484526	5.4	4.6	453231	16.1	4.3
	九龙坡区	1140859	8.8	6.6	749559	10.3	4.3
	南岸区	436430	20.0	5.0	414532	13.5	4.7
	北碚区	385052	-1.6	5.4	175620	16.8	2.4
	渝北区	869697	6.2	3.9	919100	-6.0	4.1
	巴南区	909148	36.0	9.4	242193	14.6	2.5
	涪陵区	431882	20.1	3.1	314719	12.5	2.2
	长寿区	128591	-6.3	1.5	188145	9.3	2.2
	江津区	363180	20.4	2.9	187797	-2.9	1.5
	合川区	286233	-10.3	2.9	394586	-4.6	4.1
	永川区	264810	-8.1	2.3	298396	-2.0	2.6
	南川区	108099	10.9	2.6	191583	10.8	4.7
	綦江区	114516	2.6	2.3	183051	8.1	3.6
	万盛经开区	75698	7.9	3.2	115992	20.2	4.9
	大足区	297898	40.5	3.7	192365	12.0	2.4
	璧山区	467284	19.6	5.3	265825	20.5	3.0
	铜梁区	257957	2.2	3.7	225135	8.5	3.2
	潼南区	147819	29.7	2.7	254729	15.4	4.7
	荣昌区	292317	5.7	3.6	227748	8.7	2.8
合计		940.84万	11.3	4.4	775.08万	8.8	3.6

（二）渝东北三峡库区城镇群

如表5所示，渝东北三峡库区城镇群旅游产业发展明显优于文化产业，实现旅游产业增加值189.89亿元，同比增长14.1%，远高于2020年同比增幅，在全市的恢复程度也最好；然而文化产业仍旧疲软，同比增幅只有5.7%，且只占区域GDP的2.0%。万州区继续发挥中心城市引领作用，文化产业、旅游产业增加值总量均保持领先，且同比增幅均超过10%；万州区、丰都县、奉节县、云阳县等也在围绕打好"三峡"牌加大投入，丰富文旅产品，文化、旅游产业均实现了良性增长。

表5　2021年渝东北三峡库区城镇群各区县文化和旅游产业增加值情况

区县		文化产业			旅游产业		
		增加值（万元）	同比增幅（%）	GDP占比（%）	增加值（万元）	同比增幅（%）	GDP占比（%）
渝东北三峡库区城镇群	万州区	197604	10.9	1.8	352302	13.5	3.2
	开州区	104846	8.2	1.7	275469	18.8	4.6
	梁平区	130312	−7.6	2.4	212264	10.0	3.9
	城口县	7559	−1.3	1.2	24160	6.9	4.0
	丰都县	88226	10.0	2.3	183705	18.4	4.9
	垫江县	133840	5.8	2.7	192584	12.4	3.8
	忠县	100549	8.8	2.1	174228	18.2	3.6
	云阳县	98976	9.1	1.9	262499	14.8	5.0
	奉节县	39662	13.3	1.1	102772	24.1	2.8
	巫山县	32148	−2.9	1.5	71894	2.7	3.4
	巫溪县	22612	−0.9	1.9	47019	−6.5	3.9
合计		95.63万	5.7	2.0	189.89万	14.1	3.9

（三）渝东南武陵山区城镇群

如表6所示，渝东南武陵山区城镇群在文旅融合发展战略部署下，各区县对文化和旅游产业的重视程度、投入力度、政策强度明显增强，发展质效取得初步突破。实现文化产业增加值38.04亿元、旅游产业增加值81.45亿元，同比分别增长8.5%、12.8%，占GDP比重分别达2.5%、5.3%。武隆区带头引领作用明显，在保持旅游产业持续增长的同时，实现文化产业同比大幅增长45.8%，文化、旅游产业合计占GDP比重达9.7%。秀山县紧随其后，文化、旅游产业合计占GDP比重达9.4%，为文旅融合发展探索了道路。

表6 2021年渝东南武陵山区城镇群各区县文化和旅游产业增加值情况

区县		文化产业			旅游产业		
		增加值（万元）	同比增幅（%）	GDP占比（%）	增加值（万元）	同比增幅（%）	GDP占比（%）
渝东北三峡库区城镇群	黔江区	57698	-3.4	2.1	143423	14.5	5.3
	武隆区	66265	45.8	2.5	189174	16.1	7.2
	石柱县	39239	21.8	2.1	85653	12.3	4.6
	秀山县	139018	5.1	4.1	179607	19.8	5.3
	酉阳县	20194	-12.7	1.0	102423	1.8	4.8
	彭水县	57942	0.2	2.1	114236	6.5	4.2
合计		38.04万	8.5	2.5	81.45万	12.8	5.3

四、市场主体

（一）文化市场主体

如表7所示，全年新设立文化市场主体22871家，其中公有制企业116家、私营企业12407家、个体工商户10348家。年末总数达135857家，其中公有制企业1402家、私营企业68466家、个体工商户65989家。全年新增市场主体数量比上年多2000余家，但注销的市场主体达1.5万家，同时显示出市场信心逐渐提升和行业洗牌进一步加剧。

表7 全市文化市场主体数据

类别	文化市场主体总量（家）	公有制企业（家）	私营企业（家）	个体工商户（家）
2020年新设立	20803	100	11945	8758
2021年新设立	22871	116	12407	10348
2020年底实有	128223	1505	63061	63657
2021年底实有	135857	1402	68466	65989

组织开展市级文化产业示范园区（基地）实地巡检，对4个市级示范园区、11个示范基地作取消称号处理，对9个示范基地作限期整改处理。年末共

有国家级文化产业示范基地7家，已建成35个市级文化产业示范园区和81个市级文化产业示范基地。新增万物有灵和奇易门两家国家动漫企业，总数达4家。帕斯亚科技的"时光系列"游戏项目获评2021—2022年度国家文化出口重点项目。

（二）旅游市场主体

如表8所示，全年新设立旅游市场主体2801家，其中公有制企业91家，私营企业1393家，个体工商户1317家。年末总数达21326家，其中公有制企业803家，私营企业7157家，个体工商户13366家。

表8　全市旅游市场主体数据

类别	旅游市场主体总量（家）	公有制企业（家）	私营企业（家）	个体工商户（家）
2020年新设立	2274	74	944	1256
2021年新设立	2801	91	1393	1317
2020年底实有	20527	830	6400	13297
2021年底实有	21326	803	7157	13366

2021年，新评定25个A级景区，其中4A级景区11个，3A级景区10个，2A级景区4个；共审批设立一般旅行社75家。截至2021年末，全市国家A级旅游景区总数达269个，其中5A级景区10个，4A级景区131个，3A级景区84个；市级以上旅游度假区25个，含国家级旅游度假区2个；旅行社753家，其中出境旅行社92家（含赴台社9家）；拥有星级旅游饭店150家，其中五星级28家，四星级47家；五星级温泉旅游企业3家；拥有三峡游轮33艘，其中已评五星级游轮24艘，经营重庆"两江游"企业3家，共有"两江游"游船8艘。垫江县飞茑集—巴谷·宿集、石柱县不舍民宿分别被认定为全国首批甲级、乙级旅游民宿。

五、重大项目

2021·中国武陵文旅峰会招商推介会顺利举办，现场意向签约项目26个、意向签约金额1432.75亿元。组织开展2021重庆文化产业和旅游产业供需对接会，北碚"静观里"、金佛山国际康养度假区、古建筑博览园等28个文旅项目现场签约，签约总额达249亿元。市文化旅游委克服新冠疫情困难，先后组织赴无锡、杭州、上海、南昌、广州、济南等地开展专题招商15次，举办相关招商推介活动30次；促成武隆白马山文旅康养小镇、巴南东盟影视文创园、中国西部科技影视城等项目签订正式协议，协议金额达170亿元；在市文化旅游委门户网站开设"文旅产业招商项目"专栏，推介招商项目200个。策划储备2021—2023年市级重点文旅产业项目129个，涉及总投资8995.4亿元。安排2021年市级文化产业专项资金451万元，扶持17个重大项目。十八梯传统风貌街区、金刚碑历史文化街区建成开放，积极跟进市级重大文旅项目，涪陵北山国际文旅康养度假区、武隆懒坝LAB、重庆白俄罗斯风情小镇项目等推进顺利。

六、品牌活动

一是举办第七届中国西部旅游产业博览会和2021年重庆（国际）文化旅游产业博览会，展览面积扩大到6.6万平方米，为历届最大。同步组织中国（西部）数字文旅产业发展论坛、全球旅行商重庆考察活动等6大主题、30余场配套活动，吸引云南省、山东省等30个省（区）市，韩国、意大利等9家驻蓉驻渝使领馆和旅游推广机构，1000余家文旅企业参展参会。

二是在璧山区举办第十三届西部动漫文化节，共吸引了来自全国20个省市的游客近3万人次；现场参展的各类动漫企业突破50家，爱奇艺IFC、网易Lofter、暴雪、艾漫、HEC、VeeR零号空间、1∶1工作室等知名展商纷纷携旗下原创IP来西部首展和首秀；除举办人气配音员（CV）、角色扮演者（Coser）互动表演及现场签售外，还成功举办了全国二次元大赛"Jump！

Jump！舞蹈大赛"全国总决赛、第十二届中华少儿电影配音大赛、第三届全国配音大赛暨最强声挑战赛等精彩赛事，以及"三坑"服饰展、二次元周边手办展、动漫"痛车"展、成渝双城文旅融合展、特色美食展、沉浸式游园互动等类型多样的活动。

三是先后举办"温泉康养文化与水中运动康复"高端论坛、首届中国温泉产业博览会暨第四届中国温泉与气候养生旅游国际研讨会，"温泉之都"带动力进一步增强。

四是联合主办沉浸式"剧本杀"全国交易大会暨成渝"剧本杀"联展，聚集全国各地2000余名店家和160余家发行单位，共发行了300余个剧本，是成渝地区文化旅游、科技产业与"剧本杀"产业深度融合的先行实例；正式挂牌重庆沉浸式"剧本杀"测本中心，为川渝乃至西南地区的优秀"剧本杀"项目提供优质的测本场地和深度开发合作交流平台；召开沉浸式"剧本杀"项目资源整合专项对接会，重点围绕我市城市特色和景区资源打造这一高人气项目，推进文旅融合发展。

七、促进消费

完成第二批国家文旅消费试点城市推荐申报，江北区、南岸区、九龙坡区成功入选。截至2021年末，全市已创建国家文化和旅游消费示范城市1个、试点城市5个；全市拥有国家级全域旅游示范区4个、创建单位4个；市级全域旅游示范区9个，创建单位13个。完成首批市级夜间文化旅游消费集聚区评审认定工作，公布并授牌江北大九街、融创文旅城等11个集聚区。完成首批国家级夜间文旅消费集聚区推荐申报，洪崖洞街区等6个集聚区入围；江北区大九街、沙坪坝区磁器口、南岸区弹子石同时获评首批国家旅游休闲街区。第六届重庆文化旅游惠民消费季分春夏和秋冬两季举办，全市共计投入财政资金19960.7万元、撬动社会资金3.6亿元，举办文旅消费系列活动超过2000场，发放惠民补贴6076.3万元（市级财政发放补贴599.6余万元），覆盖9147家文化旅游企事业单位，惠及1658.2万人次文旅消费，带动文化旅游及相关产业消费18.2亿元。

八、优化环境

一是《重庆市文化产业发展"十四五"规划》《重庆市旅游业发展"十四五"规划（2021—2025年）》正式印发。文化产业、旅游产业相关规划布局有效衔接和融入《巴蜀文化旅游走廊建设规划》《重庆市文化和旅游发展"十四五"规划》，市委、市政府《加快发展新型消费释放消费潜力若干措施》和重庆国际消费中心城市建设等重大方案和政策。

二是抗疫纾困与优化发展环境有机结合。市文化旅游委等5部门联合印发《支持文旅企业复工复产和生产经营政策措施》，与人行重庆营管部联合印发《重庆市银行业金融机构支持文化产业和旅游产业高质量发展政策措施》。举办重庆文化产业和旅游产业金融专场对接会，10家银行为10家文旅企业放款14亿元、授信29亿元、提供债券承销支持23亿元。开展全市文化和旅游投融资项目遴选，向银行推荐重点文旅项目82个、融资需求552.2亿元，银行为推荐项目中48家文旅企业放贷70.5亿元。在"渝融通"银企融资对接平台新设文旅融资对接板块，年内新增授信17户32.74亿元，新增放款23户33.46亿元。

三是举办2021—2022年重庆文化旅游产业大讲坛共8期，线上观看人数累计超过80万人次。先后组织开展"重庆文旅产业大讲坛"之"走进杭州"文旅产业人才培训，以及2021年重庆市促进文化和旅游消费暨文化产业示范园区（基地）专题培训，举办"文化和旅游部扶持项目"长江文化产业带文化和旅游高质量产业人才培训班。

2021年重庆文化旅游市场发展报告

市场管理处

2021年是"十四五"开局之年，全市文化旅游系统在市委、市政府的正确领导下，坚持以习近平新时代中国特色社会主义思想为指导，全面贯彻党的十九大和十九届中央历次全会精神，以建设文化强市和世界知名旅游目的地为目标，以高质量发展为主题，以新发展理念为引领，以改革创新为动力，坚持把社会效益放在首位，深化"放管服"改革，推进源头治理，提高监管效能，大力规范市场秩序，文化旅游市场整体呈现出业态体系不断丰富、市场主体健康发展的良好态势。重庆被世界旅游业理事会评为全球旅游增长最快城市，游客量和满意度多年排名全国前列，中国旅游研究院最新调查数据显示，2021年，中国人最想去的城市旅游目的地，重庆位居第一。

一、文化旅游市场基本情况

截至2021年底，全市有文化旅游市场经营单位存量11963家，从业人员43.71万人。其中，文化市场经营单位存量10767家，包括文艺演出团体2474家、娱乐场所经营单位2616家、互联网上网服务营业场所3723家、演出场所经营单位85家、演出经纪机构316家、经营性互联网文化单位1113家和艺术品经营机构440家；文化产业实现增加值1057.11亿元，增速为8.9%，占全市GDP的比重为3.7%。旅行社753家，包括出境旅行社92家（含赴台社9家），一般旅行社661家，持有电子导游证导游12091人；星级饭店150家，包括五星级28家，四星级47家，三星级63家，二星级12家；A级景区269个（5A级10个，4A级131个，3A级84个，2A级43个）；有五星级游轮24艘，"两江游"游船

8艘。全市接待过夜游客8834.86万人次，同比增长37.2%；A级景区接待游客17546万人次，同比增长9.0%；旅游产业实现增加值1076.09亿元，增速为9.9%，占全市GDP的比重为3.9%。

2021年以来，文化旅游市场不断提高服务和管理水平，全面落实新冠疫情防控措施，积极推动行业复苏，大力规范市场秩序，全市文化旅游行业系统实现疫情"零感染"、安全"零事故"、舆情"零事件"、意识形态"零事件"目标，文化旅游市场平稳运行。

二、文化旅游市场管理工作情况

（一）强化制度建设，做好监管保障

创新监管机制，推动规范高效管理。深入推进实施"月点评、季通报、年考核"机制，完善《2021年度全市文化和旅游市场督查通报方案》，进一步压实区县政府、行业管理与经营主体等属地属事责任。请第三方机构对全市旅游市场乱象进行"体验式"暗访拍摄，并进行曝光、通报，及时下发通知整改督办；充分运用文化市场"一户一档"、重大执法决定法制审核、"双随机、一公开"、信用中国—重庆、"旅游云"在线监管等机制；持续推进信用体系建设，探索"信易+"模式，推动"信易游"试点，产生"双公示"信用信息5000余条、50家文化经营单位被列入文化市场"黑名单"、1家旅游经营单位和1个旅游从业人员被纳入旅游市场"黑名单"、86家旅游经营单位及个人被列入"重点关注名单"、1350家违规企业整改情况计入企业信用记录，对严重失信主体，依法在限制或者禁止市场准入、限制获取专项资金等方面实施联合惩戒；会同相关部门制定实施了文化综合执法部门协作机制、歌乐山景区旅游市场联合治理机制、川渝文旅市场审批管理事项通办和行政执法联动机制、行政执法和刑事司法衔接合作机制、"扫黄打非"与文化旅游市场综合执法协同机制和异地联合执法办案机制等。

（二）深化"放管服"改革，优化营商环境

进一步简化行政审批（备案）办理流程，强力压缩办理时限，指导并开

展办理审批事项1620件，全面落实在线平台办理，未发生一件投诉举报、复议和诉讼；加强演艺市场管理，推进落实演出管理"三项制度"和农村演出活动"七个必须"，对重大营业性演出活动，实施约谈、审批、监管、票务、舆情等全流程跟踪管理，约谈举办单位40余家次，企业作出承诺2000余份。印发《重庆市文化和旅游发展委员会关于开展文明旅游示范单位评价有关工作的通知》（渝文旅发〔2021〕70号），积极开展文明旅游示范单位创建评定，涪陵武陵山大裂谷景区、南川金佛山景区获评全国首批国家级文明旅游示范单位，重庆红岩联线文化发展管理中心等10家单位获评市级文明旅游示范单位。印发《重庆市文化和旅游发展委员会关于印发加强旅游服务质量监管提升旅游服务质量实施方案的通知》（渝文旅发〔2021〕171号），渝中区等11个区县确定为旅游服务质量提升试点区县。

（三）强化行业监管，持续整治市场乱象

召开全市文化旅游市场整治和专项检查行动动员部署会，开展全市文化和旅游市场监管暨现场培训，承办全国文化和旅游市场监管工作会；下发《全市文化旅游市场综合整治方案》《全市文化旅游市场安全百日保障行动的通知》《旅行社专项整治工作方案》《在线旅游市场整治工作的通知》《全市文化旅游系统文娱领域综合治理工作方案》等文件，加强重点时段、重点场所文化旅游市场监管。强力整治文娱领域乱象问题，按照有关要求，从市场秩序、平台责任、内容审批监管、行业管理、教育培训、保障体系和组织领导七个方面着手，廓清行业风气、营造良好文娱环境和氛围。加强部门协作，先后开展扫黄打非、知识产权保护、校园及周边环境、环境噪声污染等专项整治行动，净化文化市场环境。针对歌乐山、白公馆、渣滓洞景区乱象问题，联合市委宣传部、市交通局、沙坪坝区政府和红岩联线等制定针对性方案，彻底纠治景区乱象，解决了困扰景区20多年的顽疾；针对"长江黄金5号"邮轮涉旅群体性纠纷事件和违规经营行为，对朝天门"两江游"旅游市场进行全方位摸排，约谈经营者，限时督导整改；加强对旅行社、导游监管，重点查处不合理低价游、未经许可经营旅行社业务、擅改行程、强迫购物、漫天要价等欺诈行为，打击"四黑"问题，纠治"票串串"、"带

路党"、保健品会销活动等违法违规行为；加大在线旅游和网络表演市场整治，通过企业自查、线上巡查、执法检查等，巡查网站3000余家次，删除有害信息430条，筛查违法行为网站139家。一年来，全市共出动执法人员6.5万余人次，检查经营场所2.5万余家，发现市场经营秩序问题4000余个、安全隐患问题3000余个，全部责令整改7000余家，当场实施行政处罚101件，办结案件866件，罚款金额达401.2余万元。市文化旅游委下发督办通知25份、督办15家场所、整改问题51个，分两批对外发布了我市2021年旅游市场秩序整治"二十件"典型性案件。在文化和旅游部组织开展的2019—2021年文化综合执法案卷评查中，重庆市荣获全国第一名。市场管理处被文化和旅游部评为全国文化市场管理先进集体，被市总工会评为工人先锋号。

（四）强化舆情管控，及时化解矛盾纠纷

运用舆情处置"黄金4小时"法则，总结推广舆情处置流程图，加强预设预演，畅通12345投诉举报热线，落实半小时内电话简报、2小时内详报、领导值班、团队作战的快反机制，做到快速预警、动态感知、高效处置。全年妥处投诉举报1900余件，涉疫退团退费纠纷4500余件，涉及游客1.2万余人、金额约1.3亿元，为游客挽回旅游经济损失金额列全国前十，投诉结案率达100%，投诉处理率、调解成功率、旅游执法案件连续三年受到文化和旅游部通报表扬。

（五）坚持统筹兼顾，助力行业复苏

认真落实各类场所新冠《防控指南》，加大宣传力度，利用广电、微信公众号、短信、抖音等载体发布温馨提示，提升游客防范意识。督促文化旅游主体，认真落实防疫要求，启动新冠疫情应急处置响应，完善防疫物资，为旅客安全出游奠定坚实基础。同时，结合文化和旅游部"关于支持文化旅游市场主体纾困发展政策解读"，会同相关部门出台《关于应对新冠肺炎疫情影响恢复提振文旅企业发展的政策措施》，梳理支持帮扶事项40余项，为全市上网服务场所减免宽带使用费1200余万元，组织召开全市网络服务行业创新大会，不断推动行业转型升级发展。

三、文化旅游市场发展存在的问题

（一）新冠疫情防控形势依然严峻

新冠疫情背景下，国际国内环境错综复杂，"外防输入、内防反弹"形势依然严峻，局部聚集性疫情多发的风险依然存在，对文旅行业的冲击不容小觑，部分人员还存在"轻视、无所谓、自以为是"等思想，值得警惕，需深入研究和解决。

（二）新兴领域政策法规滞后

立法的前瞻性和涵盖面仍有不足，文化领域出现的新产业形态、新经营模式还存在法律空白或灰色地带，"云展览""云旅游""云演艺"等新文化业态和邮轮旅游、房车露营、冰雪旅游等旅游业态，都面临着行业发展不规范、旅行者权益得不到有效保障等问题。

（三）部门监管职责还需进一步厘清

随着"放管服"改革的不断深入，文化旅游市场监管与公安、交通、市场监管、自然资源、住建等多个部门、多领域都有不同程度的交集，在一些程序上还存在界限不清、职责不明的情况。例如，演出、上网服务、歌舞娱乐等活动的治安、消防、噪声防治等问题，其审批、备案、承诺制度需要落实，需要推动修订现行规定、协调具体事项办理措施和方法。

四、下一步工作思路

2022年，以习近平新时代中国特色社会主义思想为指导，认真学习贯彻习近平总书记关于文化和旅游工作的重要论述，按照文化和旅游部及市委、市政府的部署要求，坚持在新冠疫情防控常态化前提下，不断推进文化旅游市场规范发展，为党的二十大和市第六次党代会顺利召开营造安全稳定的政治社会环境。重点抓好以下几项工作。

（一）强化底线思维，坚决守住意识形态底线

加强文化市场管理及行业培训，提高依法经营、依法管理意识，以营业性演出、网络文化和旅游在线经营为重点，抓细抓实涉外演出审批与监管，继续推进农村演出市场"七个必须"管理等制度深入有效落实。持续深入开展"清源"、"净网"、"秋风"、"护苗"、"固边"、网络表演、网络直播、"双打"工作，净化校园周边环境，全力以赴清扫文旅垃圾、净化文旅生态。

（二）压实主体责任，落实新冠疫情防控工作要求

坚决克服认识不足、准备不足、工作不足等问题，坚决克服"轻视、无所谓、自以为是"等思想，压实企业主体责任，落实各类文化旅游场所《防控指南》要求，久久为功，严防死守，加大督导检查力度，确保全市文化旅游行业安全、平稳、有序。

（三）狠抓队伍建设，不断提高服务和管理能力

强化守土有责的意识，提升指导服务和管理能力，加强执法队伍素质建设。规范执法程序，提升执法能力，树好执法形象。积极探索新形势下监管执法的方法、手段，用好用巧智慧科技、网络平台，提高监管执法效能。

（四）坚持防治结合，持续规范市场秩序

一手抓预防、一手抓整治，落实日常监管职责，有针对性地开展专项整治行动，持续巩固"两江游"、歌乐山乱象、文娱领域治理成效，进一步优化市场环境，提升我市文化和旅游品牌形象。

（五）开展质量建设，不断提升文化和旅游品质

用好质量考评这把利剑，优化完善年度全市文化和旅游市场督查通报方案，持续抓好"月点评、季通报、年考核"等管理机制，进一步压实属地属事责任，强化齐抓共管工作格局。扎实推进试点和激励推广工作机制，指导

和督促落实有关标准与要求，开展好旅游服务质量试点、信用经济试点和"提高旅游市场管理水平"激励措施等相关工作，总结推广工作亮点和先进经验，提高服务质量，推动行业转型升级。

2021年重庆文化旅游系统对外和对港澳台交流合作工作报告

国际交流合作处

2021年以来，市文化旅游委深化落实习近平总书记对重庆提出的营造良好政治生态，坚持"两点"定位、"两地""两高"目标，发挥"三个作用"和推动成渝地区双城经济圈建设等重要指示要求，贯彻落实习近平总书记关于共建"一带一路"的重要讲话和指示批示精神，以及我市关于共建"一带一路"的各项决策部署，以非常之举应对特别之年，着力加快国际文旅交往平台打造，创新开展"一带一路"文旅宣传推广，努力做到宣传不停、交流不断，有效推进了"一带一路"文旅交流工作。

一、2021年工作情况

（一）以地方文化旅游交往服务国家总体外交

持续提高重庆地方文化旅游对外交往水平，依托共建"一带一路"、上海合作组织、"澜湄合作"等多边合作机制，增进重庆文旅国际交流，展示重庆独特的城市魅力。

一是我委与九龙坡区人民政府共同承办文化和旅游部"澜湄旅游城市合作联盟大会暨澜湄市长文化旅游论坛"，湄公河国家驻华使节、旅游主管部门负责人以及联盟成员城市、相关国际组织代表等线上线下参会，围绕"共享陆海通道新机遇·共促澜湄文旅大发展"主题，共商疫后澜湄各国文化和旅游业复苏提振办法，共促"澜湄合作"文化旅游高质量发展。

二是在2021中国国际智能产业博览会期间，举办"中国—上海合作组织数字经济产业论坛智慧旅游分论坛"，近10个国家的150余名嘉宾线上线下同时出席，围绕"数智赋能：中国—上合组织国家文旅融合新时代"的主题，集中展示智慧旅游产业新成果，积极交流智慧旅游应用新模式，共同展望智慧旅游发展新前景，并挂牌成立"中国（重庆）—上海合作组织智慧旅游中心"。

三是积极参加中国—东盟建立30周年对话关系特别外长会、上合组织地方领导人会晤、"澜湄合作"第六次外长会、第十四届中国—拉美企业家高峰会、美国辛辛那提2021亚洲艺术节、迪拜世博会等国际性会议和活动，通过开展文旅推介、非遗展示、交流发言等，持续对外发声、讲好重庆故事。

四是加大与各国领事机构的交流力度，与驻华领事机构合计开展相关合作49次，同比增长96%。开展"发现中国之旅·重庆行"和"老外@Chongqing·百年探迹"活动，邀请多国驻华使节、驻渝蓉领事官员来渝考察调研，增进驻华外交使节对重庆历史文化和城市风貌的了解，提升重庆城市国际形象美誉度，体现了中国开放包容、从容友善的大国风范和外交态度；积极联动白俄罗斯、日本、柬埔寨、埃塞俄比亚等国驻渝领事机构举办"重庆·明斯克电视周""共植少年林·同创碳中和"自然生态专题教育实践活动；全力支持意大利、白俄罗斯、匈牙利、乌拉圭、日本、加拿大等在渝举办音乐会、艺术展览、图片摄影展等文旅交流活动。

（二）开展多层次文化旅游交流推广活动

面对新冠疫情阻困，及时转变思路重点，突出线上线下相结合的传播策略，从国家到市、区多级联动，多层次开展文旅交流推广，确保交流不断线，合作不停摆。

一是依托文化和旅游部"欢乐春节""部省合作"项目，支持我国驻墨西哥大使馆举办2021线上新春招待会，并通过墨西哥中国文化中心的宣传平台常年开展重庆文旅精品图片及视频线上展示活动。

二是加大与世界旅游联盟、世界旅游城市联合会、世界遗产联盟、国际山地旅游联盟等国际性旅游组织的交流对接力度，举办或参加相关峰会、论坛、对话等活动，拓展国际交往"朋友圈"。

三是率先启动港澳旅游市场巩固拓展工作，加强与粤港澳大湾区的交流合作，促进共建"一带一路"；举办2021"美丽中国·心睇验"线上推介会，借助文化和旅游部平台，面向港澳及海外旅游业界推出重庆文化旅游资源和精品线路产品；开展2021年渝港澳大学生研学交流活动，展示重庆优秀的巴渝文化和丰富的研学资源；赴澳门参加第九届澳门国际旅游（产业）博览会，并举办"重庆文化旅游周"主题推介活动，为渝澳文化旅游合作注入新的生机活力。

四是在渝成功举办第七届中国西部旅游产业博览会、2021世界大河歌会、2021·中国武陵文旅峰会、2021国际山地旅游日世界遗产名山（金佛山）峰会等重庆文化旅游国际性品牌节会活动，动员万州、渝中、九龙坡、南岸、南川、大足、武隆等相关区县通过共同承办活动或承接嘉宾调研考察接待等形式，提升各区县协作开展对外交往的积极性，加强中外文明交流互鉴，高质量推进重庆与"一带一路"国家或地区的文旅交流，深化项目合作。

五是持续提升"大足石刻""三峡博物馆""涪陵白鹤梁水下博物馆"等文博机构的国际影响力，推出一批历史古迹保护修复、联合考古、展览合作示范项目，培育文物外展精品。鼓励和支持重庆本土企业、行业协会、基金会等各类主体开展丰富多样的民间交流，支持重庆演艺集团、重庆芭蕾舞团等单位引进外籍优秀艺术家和演员，加大国际艺术人才引进力度，促进文化艺术领域的国际合作与交流互鉴。

（三）打造对外宣传平台，提高国际传播能力

以讲好重庆故事为着力点，以强化提高重庆文化旅游国际化水平为目标，创新推进国际传播，搭建重庆文旅国际外宣矩阵，打造"全链式"国际文旅综合服务平台。

一是以iChongqing（重庆国际传播中心）为核心，搭建"1+N+X"重庆文旅国际外宣矩阵。线上，注重数字内容建设，提高产品供给质量，与国际热门社交媒体和国内外主流媒体同步更新、同时触达、同频共振，培育一批"高黏度"访问用户；线下，办好《爱重庆》国际刊物，升级打造为重庆文旅资讯对外交流平台和城市国际形象对外展示平台，并同步开展"海外社交媒体大V游重庆"等系列活动。

二是打造由重庆国际文旅之窗、重庆文化和旅游国际交流中心构成的重庆文化旅游国际交流服务平台，为外国驻华使领馆等在华涉外机构提供"全链式"和"一站式"高质量服务，落地一批涉外文化旅游精品活动，广泛吸引世界各友城、境外重点旅游城市、知名旅游企业来渝设立旅游形象展示窗口，并常态化链接海外中国文化中心、驻外旅游办事处等海外营销阵地，实现1+1>2的倍增效应。

三是充分用好各类驻外机构等渠道，开拓宣传营销途径，遴选一批巴蜀文化旅游形象推广大使，鼓励全民共同参与，发挥出境游客、留学生、社交平台大V、海外务工人员、华侨华人的作用，传播弘扬中华文化，做好海外客源宣传推广工作。

（四）推动成渝文旅合作，加强巴蜀横向联合

成渝两地以巴蜀文化为纽带，以文化旅游融合发展为突破口，形成对外交往合力，着力将巴蜀文化旅游走廊打造成为双城经济圈亮点。签订行政执法、公共图书馆、文旅推广协作等各类文化旅游合作项目协议11份，开展书画展、摄影展、研讨会、文旅产品推介等多种形式活动118场；配合文化和旅游部、国家发展改革委推动《巴蜀文化旅游走廊建设规划》编制工作，编制形成《巴蜀文化旅游走廊（四川区域）建设实施方案》，启动编制《巴蜀文化旅游走廊（重庆区域）建设实施方案》；共同承办国家级文旅项目"唱支山歌给党听"大家唱群众歌咏活动暨首届巴蜀合唱节，联合开展"川渝双城艺术季"活动和庆祝建党百年系列展览展示活动；成立巴蜀文化旅游推广联盟，打造跨省区精品旅游联线产品，在2021年港澳"美丽中国·心睇验"线上推介活动上以"川渝一家亲·巴蜀千古情"为主题开展联合推介；有序推进重点文旅基础设施项目，实施成渝"互联网+公共文化服务"工程，推动"川渝演艺联动机制"建设，建立非遗保护工作联络机制，在文艺交流、非遗传承、文物保护、文旅产业发展等方面共同发力，将巴蜀文化旅游走廊建设成为弘扬新时代中华文明的文化高地、世界知名旅游目的地、国际经济合作和文化交流的重要平台。

二、2022年工作设想

（一）发挥平台聚集引领作用

依托"中国（重庆）—上海合作组织智慧旅游中心"，充分发挥文旅交流服务平台的功能，积极推动相关交流合作工作，扩大国际影响力，并在文化和旅游部的指导下进一步加强与上合组织的沟通与对接，努力达成合作共识，争取在重庆设立上合国家国际性旅游组织，为推动上合组织文旅合作发挥实际功效。发挥好重庆国际文旅之窗、重庆文化和旅游国际交流中心等平台的功能作用，整合好市级部门资源、调动区县力量、统筹文艺院团优势，着力构建全市文旅对外交流合作新格局，全力助推重庆文化旅游"走出去"。

（二）依托国际旅游组织平台

作为澜湄旅游城市合作联盟首批会员城市，充分发挥中西部唯一直辖市、"一带一路"和"长江经济带"联结点、西部陆海新通道物流和运营组织中心等独特区位优势，认真学习先进城市吸引国际组织总部入驻的成功经验，力争在文化和旅游部的指导下，落户澜湄旅游城市合作联盟总部。同时提升对澜湄旅游城市合作联盟、世界旅游城市联合会、世界旅游联盟、中日青少年修学旅行委员会、港澳青少年内地游学联盟等国际旅游组织的"黏着度"，用好国际文旅交往平台，通过积极申办国际组织系列品牌活动，提升国际朋友圈的"关注度"。

（三）开展多种文化旅游活动

推动实施部省合作项目，与卢森堡中国文化中心合作开展文旅双晒、线上展演、中医康养、美食品鉴等系列线上专题活动，提高重庆文旅资源在欧洲市场的知名度；组织召开中国西部旅游产业博览会、中国长江三峡国际旅游节、世界大河歌会、中国温泉产业博览会、世界温泉之都养生文化节等大型文旅节会活动，提升"山水之城·美丽之地"的品牌影响力；邀请驻华领事机构，国际旅游组织，相关国家文旅部门、机构、企业等驻华代表，媒体等来渝考察踩线及开展交流活动，以文化旅游交流互鉴进一步促进民相亲、心相通。

（四）持续推动成渝文旅合作

进一步深化成渝两地合作，整合各方资源，优化要素配置，利用成渝周边旅游城市的"溢出效应"，统筹渝鄂三峡推广联盟、长江经济带推广联盟、南下通道联盟等，共同搭建对外文旅交流推广机制；充分发挥各类平台和渠道的效用，在重大国际活动、友城交往、地方交往、省市领导出访中，将文化和旅游作为重要议题，积极强化"旅游+"联合推广策略；充分挖掘成渝自然生态美和历史人文美，深度提炼成渝旅游品牌元素，进一步培育"成渝地·巴蜀情"区域文化旅游品牌，协同提升"行千里·致广大""天府三九大 安逸走四川"品牌形象；着力打造国际性文旅节会品牌，形成"1+N"系列国际文旅节会平台体系，建立完善成渝节会合作机制，共同探索品牌节会"一会两地""共同举办""轮流举办"等新模式；运用大数据智能化技术，提升文旅系境内外游客服务能力，协同推进文化旅游公共服务国际化；共同开展成渝地区双城经济圈全球推介活动，提升成渝城市群的国际知名度和美誉度，并依托活动选拔培养一批高素质的重庆籍青年担任重庆文旅国际推介大使，打造讲好重庆故事的移动视窗。

（五）加强线上交流推广辐射

构建精品旅游路线推广、区县"双晒"资源汇集、舞台艺术展演、文物线上展览及非遗项目培训、海外重庆电视周五大线上推介板块。依托重庆文化旅游国际传播中心共建项目，用好"1+N+X"的文化旅游外宣平台，并向海外中国文化中心、旅游办事处延伸，扩大巴渝文化旅游海外知名度。

2021年重庆市文化和旅游系统人才队伍建设报告

人事处

2021年，我市文旅人才工作认真贯彻落实习近平总书记关于文化和旅游工作系列重要指示精神和新时代人才工作的新理念、新战略、新举措，以制度建设、队伍充实、项目引领、培训提升、激励体系等为重点，为文化强市和国际知名旅游目的地建设提供了强有力的人才保障。

一、夯基垒台，注重规划规范

一是强化规划引领。精心编制"十四五"文化旅游人才规划，明确指导思想、发展原则、目标任务等，营造"近悦远来"人才发展环境，打造一支总量稳步增长、素质明显提高、结构基本合理、分布总体协调、城乡均衡分布，与文化强市、国际知名旅游目的地、文化和旅游深度融合发展相匹配的人才队伍。

二是规范人员流动。开展机关及所属事业单位人员流动工作调研，对《机关及所属事业单位人员流动管理办法》进行修订与完善，进一步规范直接商调工作程序。

三是细化考勤管理。印发《重庆市文化和旅游发展委员会机关工作人员请假和考勤管理办法》，明确适用范围、请假类别、请假程序、层级管理、考勤方式等内容，严格请假管理、简化请假程序，强化对考勤结果的运用，促进进一步转变工作作风、严肃工作纪律、提升机关形象。

四是规范日常考核。按照市委组织部统一部署，修订机关公务员平时考核办法，制定《机关公务员平时考核实施办法》，简化考核程序，提高

"好"等次比例10%，专门用于奖励在承担急难险重任务、处理复杂问题、应对重大考验时表现突出，有显著成效和贡献的公务员。

五是规范培训管理。根据《干部教育培训工作条例》和市委组织部有关要求，制定《重庆市文化和旅游发展委员会干部教育培训管理办法》，推进干部教育培训工作科学化、制度化、规范化。进一步规范管理机制、明确职责分工、规范组织实施及考核评估。

二、拓宽渠道，充实人才队伍

一是用好考核招聘。根据川剧艺术传承发展需要，组织市川剧院考核招聘1名唢呐演员。组织市文物考古研究院考核招聘1名考古专业博士，进一步强化考古研究工作力量。组织重庆中国三峡博物馆、重庆红岩联线文化发展管理中心、重庆图书馆、重庆自然博物馆等单位参加重庆英才大会专场考核招聘活动，招聘4名博士，充实考古研究、考古修复、古籍保护等岗位。

二是积极公开招选。组织委办公室、科大处等处室参加市级机关遴选公务员工作，补充工作人员5名。组织重庆红岩联线文化发展管理中心、重庆文化艺术职业学院、重庆图书馆、重庆市群众艺术馆、重庆美术馆等9个事业单位，参加市属事业单位公开招聘，招聘专业技术人员70余名，充实教师、图书、文物保护、美术等专业人才，其中具有研究生以上学历的占80%以上。

三是严格直接商调。对机关及所属事业单位急需紧缺岗位，通过直接商调补充工作人员，满足事业发展需要。事业单位方面，为重庆文化艺术职业学院、重庆艺术学校等单位补充优秀管理、专业人才12名；机关方面，通过转任，为办公室、规划发展处、艺术处、产业处等处室补充4名工作人员，优化了干部队伍结构。

四是妥善安置退役军人。严格执行市委退役军人事务工作领导小组要求，圆满完成2021年度接收安置退役军人工作，机关市场管理处、安全处、传媒机构管理处、国际处、机关党委等处室安置退役军人5名，重庆红岩联线文化发展管理中心、重庆市歌剧院、重庆艺员管理培训中心等单位安置退役军人3名。

三、精准高效，实施人才项目

一是做好人才推荐。遴选推荐文化旅游行业领军拔尖人才申报国家级、省部级人才项目，全年推荐中宣部"四个一批"人才1人、特支计划青年拔尖人才3人、乡村文化和旅游能人6人。

二是开展人才培养。按照文旅部要求，完成2021年文化工作者服务支持艰苦边远地区和基层一线专项，为受援区县招募315名文化工作者，上挂培养14名文化工作者。牵头实施2021年重庆英才计划·名家名师项目（文化旅游领域），评出10名人选，给予科研经费支持其创作研究。实施舞台艺术国家级领军后备人才培养计划，采取"一人一策"方式，精准选拔培养一批舞台艺术国家级领军后备人才。依托用人单位，对30余名中青年文化人才进行针对性培养。加大后备人才培养力度，招收杂技、芭蕾舞班学员，目前芭蕾舞班及第二批杂技班学员均已入学。

三是推进教育培训。按要求完成文化和旅游部、国家广电总局、国家文物局等单位的调训任务，拓宽视野增强素质，全年共选派760余人参加全国地市文化和旅游局长培训、景区规划设计人才培训等。统筹实施干部教育培训，采取线上与线下相结合的方式，不断提高培训质量。2021年共举办培训16期，培训65万余人次，为促进文旅融合发展和乡村振兴培养高素质专业化干部队伍，推动巴蜀文化旅游走廊建设，加强川渝干部教育培训工作协作，推动资源共享、经验共鉴。

四是加强资格管理。严格职业资格管理，克服新冠疫情带来的不利影响，成功组织436人参加2021年全国广播电视编辑记者播音员主持人资格考试（重庆考区），其中编辑记者282人，播音主持154人。加强广播电视播音员主持人执业注册管理，办理播音主持证260余件。发放资格考试合格证300余件。我委荣获国家广电总局颁发的2020年广电资格考试组织工作一等奖。

四、注重激励，激发创新活力

一是荣誉激励。严格按照表彰奖励程序，开展了"全国文化和旅游系统先进集体、先进工作者和劳动模范""重庆市劳动模范和先进工作者"等30项评比表彰推荐工作，共有14个集体、29名个人受到表彰。

二是收入激励。争取市人社局支持，委属各事业单位超额绩效参考线较去年平均增加10000元，2家单位申报超过超额绩效参考线获市人力社保局、市财政局审核同意。

三是评价激励。推进文化旅游所属系列各专业职称评价标准修订，播音专业已完成初稿并召开专家论证会，图书、艺术等专业已完成初稿。全面完成2021年文化系列各专业技术职称评审工作，全市新增542人取得艺术、播音、文物博物、图书资料、群众文化专业技术职称，其中艺术专业133人、播音专业24人、文物博物专业95人、图书资料专业109人、群众文化专业181人；高级职称114人、中初级职称428人。按规定完成17人职称初定和确认工作。

四是编制激励。积极争取市委编办支持，强化对文旅事业的编制保障，激发相关单位干事创作活力。重庆中国三峡博物馆、重庆红岩联线文化发展管理中心、重庆市文物考古研究院、重庆自然博物馆4家文物单位增加编制63个，专门用于文物考古、研究、修复等领域。市委编办同意重庆艺员管理培训中心利用院团改制后用于身份管理逐步腾出的50名编制，引进急需紧缺高层次艺术人才，将有效破解改制院团人才引进难问题。

2021年重庆市文化旅游委系统党建工作报告

组织干部处

2021年，市文化旅游委党委坚持以习近平新时代中国特色社会主义思想为指导，深入贯彻落实党的十九大和十九届二中、三中、四中、五中、六中全会精神，全面贯彻落实新时代党的建设总要求和党的组织路线，以党的政治建设为统领，以庆祝中国共产党成立100周年为主题，以党史学习教育为主线，推动市文化旅游委系统党的建设全面加强。

一、强化责任担当，聚焦主责抓主业

（一）全面落实讲政治根本要求

坚持以习近平新时代中国特色社会主义思想为指导，引领委系统党员干部增强"四个意识"，坚定"四个自信"，做到"两个维护"，纯洁党内政治生态。始终心怀"国之大者"，不断提高政治判断力、政治领悟力、政治执行力，切实把党的领导贯穿文化和旅游工作全过程，确保全市文化旅游工作始终沿着习近平总书记指引的方向前进。

（二）压紧压实主体责任

认真贯彻《党委（党组）落实全面从严治党主体责任规定》，制定委党委落实全面从严治党主体责任清单15条、委党委书记责任清单9条、委党委其他班子成员责任清单9条，推动委系统各级党组织制定完善工作责任清单和年度任务清单，以单明责、照单履责、按单问责。组织党委班子成员述责述廉，组织86名基层党组织书记开展述职评议，强化党建主业意识。落实党建工作专题会议制度，分类研究部署机关处室、事业单位、国有企业党建重点任务。

（三）牢牢掌握意识形态工作领导权

全面落实意识形态工作责任制，完成中央巡视意识形态存在问题整改18项，持续推进3项整改工作。严格论坛、讲座、报告会、研讨会、展览展演、文化演出等阵地管控，扎实开展文娱领域综合治理，加强对电视、网络视听、综艺节目、演出机构、经纪人、网络平台、演出活动的监管，下架违法失德艺人相关节目（剧）共2242个（部），廓清行业风气。强化安全播出管理，实现了重大活动、重点时段和重要节目的安全播出。

二、突出政治引领，多措并举抓教育

（一）深化习近平新时代中国特色社会主义思想学习教育

把习近平总书记最新重要讲话、重要指示批示、重要文章和党中央作出的最新决策部署、出台的最新文件作为党委会议、理论学习中心组、"三会一课"的"第一议题"，第一时间组织党员干部认真学习领会。围绕学习贯彻习近平新时代中国特色社会主义思想和党的十九届五中、六中全会精神，以及市委五届十次、十一次全会精神等，委党委先后召开33次党委会、12次党委理论中心组学习会，开展专题培训139班次，引导党员干部自觉做习近平新时代中国特色社会主义思想的坚定信仰者、忠实实践者。

（二）组织开展建党100周年庆祝活动

组织召开庆祝建党100周年座谈会，开展"两优一先"推荐及评选表彰，1个基层党委被评为全市先进基层党组织，2名个人和1个支部被评为市直机关优秀共产党员、优秀党务工作者和先进基层党组织；委系统共表彰优秀共产党员149名、优秀党务工作者64名、先进基层党组织31个，108名老党员获颁"光荣在党50年"纪念章。组织开展党史党务知识竞赛、征文比赛、红色经典诗词故事诵读等系列活动，坚定党员干部听党话、跟党走的思想自觉和行动自觉。推出《初心·使命·奋斗——中国共产党重庆100周年光辉历程展》、红岩革命故事展演等系列精品展演展出，以及《中国共产党百年瞬间》《永远记住你——红岩英烈系列故事》《英雄的守护》等系列精品栏目剧目；策划开展"唱支山歌给党听""巴渝儿女歌唱党""信仰的力量——庆祝中国共产党成立100周年川渝阅读之星诵读大赛"等系列群众文化活动；发布红色旅游精品线路20条，其中4条入选全国"建党百年百条精品红色旅游线路"。选派干部和演员赴京参演《伟大征程》文艺演出，获得文化和旅游部嘉奖。

（三）扎实推进党史学习教育

按照学史明理、学史增信、学史崇德、学史力行要求，把学党史、悟思想、办实事、开新局贯穿党史学习教育全过程。深入学习习近平总书记系列重要讲话精神和指定读本，引导系统广大党员干部从百年党史中汲取智慧和力量。邀请市委宣讲团成员作专题宣讲，委党委书记和班子成员深入委属各单位上党课、抓宣讲20余次；开展"新时代红岩讲习所"集中讲习2次；委系统党支部开展专题党课215次，受众7966人次；组织参学革命遗址、纪念馆等党史教育基地67批次1184人次；组织观看红色影片2344人次、参观廉政教育基地1764人次。持续开展"党课开讲啦""跟着影视学党史"活动。扎实开展"我为群众办实事"实践活动，解决群众"急难愁盼"问题74件。

三、夯实组织体系，统筹推进抓基层

（一）抓实基层党组织建设

落实委系统党委班子成员联系党支部工作点等制度，帮助基层党支部厘清工作思路、解决突出问题。加强党支部标准化规范化建设，严格落实组织生活制度，印发4期党建工作指导意见，指导6个基层党组织按期换届，127个委属单位党支部按照要求召开专题组织生活会，1808名党员参加民主评议。培训党组织书记56名、党员发展对象119名，动员接收预备党员168名。深入推进机关党建工作"三基"建设，开展党员"三报到"和机关"三服务"活动，机关党办被市直机关工委表彰为"创建模范机关先进集体"。

（二）深化统一战线工作

深入学习贯彻《中国共产党统一战线工作条例》，全年委党委会、委统一战线工作领导小组会议学习研究统战工作议题8次；研究制定《重庆市文化和旅游发展委员会贯彻〈中国共产党统一战线工作条例〉的具体措施》，健全委系统统一战线工作领导小组会议机制，充分发挥重庆知联会文旅分会作用；推荐委机关1名无党派人士提任市管领导干部，推荐委系统2名党外干部成为重庆知联会会员，认定无党派人士3人；委系统各级统战部门举办无党派人士、党外知识分子理论培训班40班次、1093人次参加，实地参观学习、社会服务等实践活动30次、391人次参加。

（三）真情做好群团工作

落实工会福利和保障，举办2021年国际博物馆日主题联谊会。落实《重庆市中长期青年发展规划》要求，形成文化旅游系统青年规划贯彻落实重要工作清单，指导2个委属单位团组织完成换届选举，发展团员69名。2个集体成功创建第二十届全国青年文明号，2个处室分别荣获"全国巾帼文明岗""重庆市工人先锋号"称号，1个团支部被评为"重庆市五四红旗团支部"，1个集体被评为"重庆市三八红旗集体"。

（四）加强行业社会组织管理

推进党的组织和党的工作全覆盖，优化调整5家重点行业社会组织党组织书记；强化党建引领，组织党的十九届六中全会精神专题培训，开展"中国画话中国""传承红色文化，赓续精神文脉"等建党100周年庆祝活动上百场次。强化社会组织管理服务，完成58家市级文化旅游行业社会组织年检前置审查，对17家市级文化旅游行业协会商会开展收费情况专项清理行动，组织开展打击整治市文化旅游领域非法社会组织专项行动，清理整治行业社会组织违规评选评奖工作。

四、坚持以人为本，事业为上抓队伍

（一）认真做好干部选任调配工作

落实新时期好干部标准，严格把好选人用人政治关、廉洁关、能力关，确保干部德配其位、才配其位。持续抓好委属单位领导班子建设，进一步优化年龄结构、专业结构和经历结构。全年推荐提拔市管领导干部2名，提拔机关处级领导干部和委属单位领导班子成员10名，职级晋升公务员45人次，交流轮岗9名，试用期满转正12名，委属单位晋升六级职员3名。加强岗位历练，组织19名机关干部和委属单位干部进行双向交流锻炼，选派6名同志加入巫山县竹贤乡乡村振兴工作队，开展成渝两地干部互派挂职工作。修订完善《机关及所属事业单位人员流动管理办法》，机关遴选公务员5名、转任4名、安置退役军人5名，通过公开招聘、考核招聘等方式，为委属事业单位补充工作人员90余名。

（二）强化干部管理监督

落实巡视巡察、经济责任审计、重大事项请示报告、"一报告两评议"、提醒函询诫勉等制度，开展班子回访调研，做到管思想、管工作、管作风、管纪律相统一。巩固深化领导干部个人有关事项报告专项整治成果，全年开展领导干部个人事项重点和随机核查8批61人次，报告一致率90.2%。召开军转干部和主任科员集体谈心谈话会，加强干部政策宣传解读，深入了解干部思想动态，激励干部担当作为。积极推进干部人事档案数字化信息化管理，进一步加强和规范领导干部兼职审批管理。

（三）开展专业化培训

坚持分类指导、按需施教，不断增强领导干部适应新常态、贯彻新理念的素质和能力。全年选派领导干部参加上级部门调训21人次，其中厅局级领导干部14人次。采取线上与线下相结合的方式，举办培训项目16期，培训65万余人次，完成文化和旅游部、国家广电总局、国家文物局等单位调训任务。共选派760余人参加全国地市文化和旅游局长培训、景区规划设计人才培训、广播电视原创节目模式研发培训等，夯实专业基础，增强能力才干。加强川渝干部教育培训工作协作，推动资源共享、经验共鉴。

（四）抓好人才队伍建设

坚持党管人才原则，精心编制"十四五"文化旅游人才规划，为事业发展聚贤揽才。牵头实施2021年重庆英才计划·名家名师项目（文化旅游领域），评出10名人选，给予科研经费支持其创作研究。与上海戏剧学院、重庆大学、厦门大学签订战略合作协议，联合培养文化旅游复合型人才。加强舞台艺术国家级领军后备人才培养，推荐中宣部"四个一批"人才1名、特支计划青年拔尖人才3名、乡村文化和旅游能人6名。完成2021年文化工作者服务支持艰苦边远地区和基层一线专项，为受援区县招募315名文化工作者，上挂培养14名文化工作者。

五、从严正风肃纪，一以贯之抓廉政

（一）以案示警，筑牢廉政防线

加强党性党风党纪教育，全年组织廉政教育、观看警示片、转发典型案例、推送廉政教育学习资料和廉政信息提醒累计32次。召开"以案四说"警示教育会，委党委4名班子成员带头开展党风廉政教育。指导委系统围绕发生在身边的典型违纪违法案件，开展"以案四改"。培训纪检干部和巡察干部120余人。

（二）从严问责，严明廉政纪律

制发《2021年党风廉政建设和反腐败工作要点及责任分解》，梳理4个方面内容共22条工作举措。分层级开展党风廉政例行谈话。结合重要时间节点，开展明察暗访10次。深化运用监督执纪"四种形态"，对1名单位主要负责人进行书面函询、责成2个单位作出情况说明、对2名党员给予党纪处分、对1名党员领导干部进行诫勉谈话。

（三）强化落实，推动问题整改

完成中央巡视反馈问题整改销号，市委巡视反馈问题整改措施落实率达100%。我委巡视整改成效顺利通过市委巡视整改综合评估，被评为"好"等次，在48个被评估市级部门和单位中排名第二，在市政府部门中排名第一。开展巡察监督，制发《市文化旅游委党委巡察工作实施办法（试行）》，分6个类别建立委系统巡察人才库，组建4个巡察组对4个委属单位党组织开展巡察，对4个被巡察单位的整改情况进行检查验收。

六、服务中心大局，凝心聚力抓发展

（一）强化党的全面领导，围绕中央和市委重大决策部署谋划推动重点工作

积极主动将党的重大决策部署转化为政策政令，加速构建文旅融合发展新格局。认真编制全市文化和旅游发展"十四五"总体规划和系列专项规划，形成"1+N"规划发展体系。助推成渝地区双城经济圈建设，配合文化和旅游部编制《巴蜀文化旅游走廊建设规划》，会同四川文旅部门签订各类协议11份，推动重点项目42项，发起成立巴蜀文化旅游推广联盟等，协同打造"'天府文化旅游中心'+'重庆国际文旅之窗'"文旅交流展示平台，基本实现"川渝阅读一卡通"，联合承办首届巴蜀合唱节，互动开展文旅推介、展览展示等活动118个。推进"一区两群"文旅协调发展，印发《加快建设重庆旅游发展升级版实施意见》以及"大都市、大三峡、大武陵"旅游发展升级版实施方案。发起成立武陵山文旅发展联盟，成功举办2021中国原生民歌节、2021·中国武陵文旅峰会等品牌活动，策划推出武陵山十大精品旅游景区、十佳文旅融合景区、十大精品旅游线路。

（二）发挥党建引领作用，助推文旅事业高质量发展

坚持把党的建设贯穿文化旅游工作的各方面、各环节，汇聚文旅事业高质量发展的强大合力。文艺创作生产成果丰硕，广播电视和网络视听守正创

新，公共服务效能不断提升，公共文化服务满意度居全国第五位。抓好新冠疫情防控常态化下文旅企业纾困提振，文化旅游消费持续回暖，文旅产业发展质效持续提高，2021年实现文化产业增加值1144亿元、同比增长18%，旅游产业增加值1100亿元、同比增长12.3%。文化遗产保护利用不断加强，一体推进红岩村、曾家岩、虎头岩"红色三岩"保护提升，红岩文化公园首期项目建成，长征国家文化公园（重庆段）建设取得阶段性成果，红岩精神成为第一批纳入中国共产党人精神谱系的伟大精神。重庆文化旅游品牌的美誉度和影响力持续提升。中国旅游研究院最新调查数据显示，近期，中国人最想去的城市旅游目的地，重庆位居第一。

（三）抓党建促乡村振兴，推动组织优势转化为发展优势

认真落实市委、市政府关于实现巩固拓展脱贫攻坚成果同乡村振兴有效衔接的部署要求，市文化旅游帮扶集团选派26名驻乡驻村干部赴巫山县竹贤乡等14个乡镇开展帮扶工作，争取中央、市级项目资金2960万元，对4个国家乡村振兴重点帮扶县制定了支持政策措施。加强乡村基础设施建设，4个县完成应急广播系统建设，7个区县建成应急广播平台，推荐申报第二批全国乡村旅游重点村35个、重点镇3个。实施乡村振兴文物保护项目120个，建成红色旅游景区24家，鲁渝共建乡村振兴非遗工坊4个。2021年，合川区双槐镇"河马村晚"成为全国"村晚"示范点。酉阳县车田乡入选《2021世界旅游联盟——旅游助力乡村振兴案例》。

2021年重庆舞台艺术发展报告

艺术处

2021年是中国共产党成立100周年和"十四五"开局之年，全市舞台艺术创作生产工作始终坚持以习近平新时代中国特色社会主义思想为指导，深入贯彻落实党的十九大和十九届中央历次全会精神及习近平总书记关于推动成渝地区双城经济圈建设的重要讲话精神，坚持与时代同步伐、以人民为中心、以精品奉献人民、用明德引领风尚，努力开创舞台艺术创作发展新局面，不断丰富群众精神文化生活，加快建设文化强市和世界知名旅游目的地。

一、聚焦重要时间节点，文艺创作成效显著

一是按照党中央关于庆祝建党100周年系列活动部署，精心选派演出队伍参加庆祝中国共产党成立100周年大型情景史诗《伟大征程》文艺演出，受到文化和旅游部通报表扬。川剧《江姐》、歌剧《尘埃落定》、话剧《红岩魂》入选庆祝中国共产党成立100周年优秀舞台艺术作品展演参演作品。其中，川剧《江姐》于2021年5月在清华大学、中国人民大学等高校演出5场，反响热烈。

二是按照重庆市委、市政府安排，圆满组织完成"永远跟党走"——重庆市庆祝中国共产党成立100周年文艺演出活动，引导党员干部群众从中汲取强大正能量，进一步牢记初心使命。市委主要领导观演后高度评价"大气磅礴，热烈隆重，鼓舞人心"。该场演出在重庆卫视首播取得同期全国35个城市卫视收视率排名第九的佳绩。

三是围绕党史学习教育组织开展"辉煌百年路，阔步新征程"艺术展演。遴选聚焦党史、新中国史、改革开放史、社会主义发展史创作的15部优秀原创舞台艺术作品在全市巡演120场，现场观众达30万人。话剧《红岩

魂》、川剧《江姐》被分别纳入重庆市委理论学习中心组党史学习教育读书班、市委宣传部等部门和企业党史学习教育活动安排。

四是组织开展"百年风华 百花齐放——庆祝中国共产党成立100周年第八届重庆市美术作品展""庆祝中国共产党建党100周年重庆市第二十届美术书法摄影联展"。

二、聚焦现实题材创作，文艺精品不断涌现

一是推进一批重点剧目登上舞台。以同名小说和电影故事为蓝本的红色题材杂技剧《一双绣花鞋》、以时代楷模毛相林脱贫攻坚事迹为素材的话剧《天坑问道》成功首演；以红岩英烈张露萍事迹为素材的舞剧《绝对考验》完成试演；体现习近平新时代生态文明思想的主题歌剧《一江清水向东流》成功首演。

二是文旅融合类艺术创作成果丰硕。新推出红色革命题材舞台剧《重庆·1949》、曲艺剧《记艺·山城》、沉浸式芭蕾剧《胡桃夹子》等文旅融合驻场演艺。启动"光辉闪耀抗建堂——重庆经典抗战话剧新创排演工程"，首部新创排话剧《雾重庆》成功首演，并在抗建堂剧场开展驻场演出。

三是红色题材芭蕾舞剧《归来红菱艳》、当代街舞剧《超燃的青春》（暂定名）等创排工作进一步推进。

三、聚焦群众文化需求，艺术展演成果丰硕

一是积极参与全国性重要展演活动。民族歌剧《尘埃落定》、京剧《秦良玉》、芭蕾舞《大足气韵》分别参演第四届中国歌剧艺术节、第九届中国京剧艺术节、第十三届全国舞蹈展演。《尘埃落定》获第二十四届曹禺剧本奖和第六届全国少数民族文艺会演最佳剧目奖、最佳编剧奖，原创魔术节目《仙豆》获第十一届中国杂技金菊奖、全国魔术·滑稽比赛金奖。

二是在渝举办"第五届中国油画展""盛世修典——中国历代绘画大系阶段性成果展"，汇集全国名家名作，不断增强文化自信，让中华优秀传统文化焕发时代光彩，累计接待观众超3万人次。

三是围绕成渝地区双城经济圈建设，开展话剧"双城记"、首届川渝曲艺展演大赛等艺术互动交流活动，促进巴蜀文化旅游走廊建设。

四是在渝开展纳入中宣部"名家传艺攀登工程"的"2021年中国顶尖舞者成长计划"活动，将中国青少年舞蹈人才选拔工程与重庆"舞动山城"舞蹈品牌建设有机结合。

五是开展惠民演出，助力恢复市场活力。2021年春节、五一、十一假日期间，市内重庆大剧院、欢乐谷恺撒宫剧场、国泰艺术中心、重庆1949大剧院、国际马戏城、川剧艺术中心等十余个剧场开展了包括戏剧、川剧、歌剧、曲艺、杂技、舞蹈、音乐会等多种类型的演出活动共计243场，接待观众7.4万人次；在武隆、忠县、奉节等区县开展实景演出20场，吸引观众2.5万人次。

四、聚焦改革系统谋划，人才队伍蓬勃发展

一是编制《重庆市"十四五"艺术创作规划》，科学谋划未来五年的舞台艺术创作发展目标和重点任务。

二是组织开展2021年度国有文艺院团社会效益评价考核工作，进一步明确市级国有文艺院团定位和发展目标。会同多部门出台重庆市市级文艺院团激励引导专项资金、舞台艺术精品创作资金、演出场次补贴资金3个管理办法，激发国有文艺院团舞台艺术创作生产的内生动力。

三是积极推荐选派我市优秀艺术人才参加文化和旅游部组织的全国红色题材艺术评论人才培训班、民族歌剧创作人才研修班、全国声乐领军人才培养计划等各类培训深造，助推艺术创作水准提升。

四是组织各委属文艺院团申报人才项目，区分领军人才、青年拔尖人才、后备人才，并开展有针对性的培养，目前已陆续开展实施10名领军人才、31名青年拔尖人才及2名后备人才培养班项目。与上海戏剧学院签订人才培养协议，选派12名学员进行为期一年的编剧研修培训。

五是加强新时代文艺评论工作，充实文艺评论人才队伍，完善工作机制和媒体宣传矩阵，做好文艺评论成果运用，营造健康评论生态，进一步提高我市文艺作品的文化内涵和艺术价值。

2021年重庆非物质文化遗产保护发展情况报告

非物质文化遗产处

一、2021年非遗保护工作开展情况

2021年，全市非遗保护工作以习近平新时代中国特色社会主义思想为指导，全面贯彻落实党的十九大和十九届中央历次全会精神，坚持以社会主义核心价值观为引领，坚持创造性转化、创新性发展，深入实施非遗传承发展工程，积极服务乡村振兴战略，助力成渝双城经济圈巴蜀文旅走廊建设，重点开展了以下工作。

（一）持续完善非遗保护传承制度体系

认真贯彻中共中央办公厅、国务院办公厅《关于进一步加强非物质文化遗产保护工作的意见》，起草我市《贯彻落实〈关于进一步加强非物质文化遗产保护工作的意见〉的具体措施》；起草市政府关于少数民族优秀传统文化保护传承工作报告，完成市人大常委会对我市少数民族优秀传统文化传承保护工作审议意见落实工作；印发《重庆市非物质文化遗产保护"十四五"规划》，启动《重庆市非物质文化遗产代表性传承人管理办法》修订工作；认真落实市委、市政府关于促进中医药传承创新发展、农产品加工高质量发展等重要文件精神，进一步优化非遗项目传承发展政策环境。

（二）不断提高代表性项目保护水平

大足石雕等9个项目成功申报为第五批国家级非遗代表性项目，其中"重庆蹬技"填补了重庆在传统体育、游艺、杂技类国家级非遗项目的空白。目

前，全市国家级非遗代表性项目增至53项，市级非遗代表性项目707项，区县级非遗代表性项目3770项。启动国家级非遗代表性项目资金绩效评估和检查验收工作，开展非遗代表性项目储备库建设。结合党史学习教育活动，开展"非遗中的红色资源"寻访活动，挖掘、整理具有红色基因的非遗项目127项。与市体育局、市地理信息和遥感应用中心合作推出《重庆传统体育地图》，对59个市级传统体育类非遗代表性项目进行全面展示。进一步强化理论研究，在重庆大学、重庆旅游职业学院设立重庆市非物质文化遗产研究基地。完成全国非遗曲艺书场试点工作，山城书场、巴渝书场、南浦剧场、何代科书场4个书场开展曲艺传承演出活动700余场次，万州区被中国曲协授予"中国曲艺之乡"称号。

（三）培育壮大非遗传承人群队伍

完成国家级非遗代表性传承人传承活动评估工作，10名传承人被评为优秀。配合文化和旅游部完成中国非遗传承人群研培计划"十三五"实施情况调研工作，顺利实施2021年度中国非遗研培计划，开展秀山花灯、苗绣等培训（共培训学员60人），向市外研培高校推荐重庆学员10人。依托市级传统工艺工作站、非遗工坊开展巩固脱贫成果、乡村振兴技艺人才培训6期，培训学员200人次；整合教育、残联、妇联等部门资源，指导各区县针对基层群众开展传统技艺培训7000人次；启动第六批市级非遗代表性传承人评审工作；会同市人力社保局培养巴渝工匠队伍，16名代表性传承人被评为重庆市首届"巴渝特级技师"；组织开展传统技艺技能大赛，22名传承人在"巴渝工匠"杯重庆市第三届非遗职业技能竞赛中获奖，6个非遗项目入选第二届中国妇女手工创新创业大赛百强项目。

（四）积极融入国家重大战略

深入贯彻落实习近平总书记关于保护传承长江文化的重要讲话精神，组织开展三峡库区非遗资源专项调查工作，起草完成《重庆三峡库区非遗资源调查报告》。深入贯彻落实党中央关于成渝地区双城经济圈建设重大决策部署，两省市签订《推动成渝地区双城经济圈非遗保护共建合作框架协议》，建立成渝地区非遗协同保护机制，成立川渝非遗保护联盟，联合举办"百绣百年颂党恩"首届川渝绣活大赛、成渝双城蜀绣名家名作联展暨成都蜀绣精品展、川渝曲艺展演大会等活动，助推巴蜀文旅走廊建设。深入贯彻落实乡村振兴战略，争取鲁渝协作资金100万元开展非遗技能培训，新建鲁渝共建乡村振兴非遗工坊4个，全市非遗工坊达到43个。

（五）加快推进文化生态保护区建设

2021年，在武陵山区（渝东南）土家族苗族文化生态保护实验区内建设6个文化生态保护示范点，并依托10个传统村落开展非遗保护工作。在文化生态保护实验区内全面开展非遗资源普查，完成《重庆市人民政府关于保护和弘扬我市少数民族优秀传统文化工作情况的报告》，并提交重庆市第五届人大常委会审议通过。2021年12月17日至19日，在渝东南成功举办2021中国原生民歌节，全国38支展演队伍184人参加现场展演，人民网、光明网、华龙网等30余家媒体平台对此次活动进行了宣传报道，直播在线观看量突破1700万人次。通过举办活动，生动呈现了全国传统音乐类非遗保护传承成果，为创建国家级文化生态保护区和推动文化旅游融合发展营造了良好氛围。

（六）策划实施非遗传播实践活动

成功举办2021年"文化和自然遗产日"重庆主场活动——重庆非遗购物节、第六届重庆非遗暨老字号博览会，展出非遗产品2000余种。积极参加"百年百艺　薪火相传"中国传统工艺邀请展、第五届中国非遗传统技艺大展等重大非遗活动10余项。全年开展非遗主题活动120余场次，铜梁龙舞获第十四届全运会群众展演广场舞项目决赛第一名和最佳人气奖，江津小彩龙入选2021非遗过大年视频直播家乡年活动最喜欢项目，59所学校入选全国中小学中华优秀传统文化传承学校名单，铜梁龙舞、梁山灯戏、农民版画、荣昌陶器制作技艺、金桥吹打5个项目所在地入选2021—2023年度"中国民间文化艺术之乡"。在2021中国特色旅游商品大赛中，非遗产品获得4项金奖、3项银奖、2项铜奖。围绕非遗保护传承工作，《重庆日报》推出专版12期，重庆电视台新闻联播推出系列报道20余则。

二、工作中存在的问题

（一）非遗传播实践受新冠疫情冲击

全市非遗主题活动场次、规模大幅压缩，传承人群参加展演、展销活动频次下降，收入减少，开展非遗普及教育和公益宣传的积极性有所下降。各区县在适应媒体深度融合趋势、丰富传播手段、拓展传播渠道等方面仍有较大提升空间。

（二）保护机制有待进一步完善

部分非遗保护机构对非遗的认知还存在误区，把非遗简单地理解为一个物件，把因材料、技术所限形成的生产方式简单地等同于传统的观念仍相当普遍。部分代表性项目保护单位在调查、记录、建档、保存、研究等基础性工作上投入不足，非遗资源数字化和数据库建设滞后，项目保护工作缺乏长期规划和有序推进。市级代表性传承人传承工作评估、市级文化生态保护区创建等制度设计需要深化。

三、2022年工作思路及重点任务

2022年，重庆市将坚持以习近平新时代中国特色社会主义思想为指导，全面贯彻党的十九大和十九届中央历次全会精神，不断提高非物质文化遗产系统性保护工作水平，加快推动中华优秀传统文化创造性转化、创新性发展，为服务经济社会发展，建设文化强市发挥重要作用，以出色的工作成绩迎接党的二十大胜利召开。

（一）抓好非遗保护重要文件政策实施工作

加大中共中央办公厅、国务院办公厅《关于进一步加强非物质文化遗产保护工作的意见》贯彻落实力度，出台我市《贯彻落实〈关于进一步加强非物质文化遗产保护工作的意见〉的具体措施》，将非遗保护工作纳入对区县政府的考核评价体系，健全非遗保护工作联席会议制度等系列措施，完成《重庆市非物质文化遗产代表性传承人管理办法》修订工作，进一步规范国家级、市级非遗代表性传承人年度考评和报告制度，积极配合相关部门开展老字号创新发展、中医药创新发展等重要工作。

（二）培育命名非遗代表性传承人

按照文化和旅游部统一部署，启动第六批国家级非遗代表性传承人申报推荐工作，力争全市国家级非遗代表性传承人数量实现新突破；完成第六批市级非遗代表性传承人评审命名工作，新增市级非遗代表性传承人不少于100名，全市累计命名市级非遗代表性传承人总量突破800名；指导区县培育一批区县级非遗代表性传承人，扎实开展非遗进社区工作，进一步增强社区群众的参与感、获得感、认同感。实施非遗传承人"研培"计划，2022年度计划开设研修、培训班4期，培训学员100名，帮助传承人群增强传承后劲。

（三）启动文化生态保护区创建验收工作

对照《国家级文化生态保护区管理办法》，落实地方政府主体责任，建立文化生态保护区建设专家库，分类指导渝东南区县加快实施文化生态保护区总体规划和重大项目建设，以创建验收为抓手，推动渝东南地区文化遗产保护工作提档升级，切实提高渝东南地区文化整体生态保护水平，力争顺利通过国家级文化生态保护区验收。

（四）努力推进非遗保护利用设施建设

推进重庆市非物质文化遗产博览馆建设，积极争取国家发展改革委、文化和旅游部支持我市建设综合性非遗馆，鼓励有条件的区县建设本级非遗馆，指导非遗代表性项目保护单位提高现有传承体验中心（所、点）的服务和管理水平，积极引导社会力量兴办集传承、体验、教育、培训、旅游等功能于一体的传承体验设施、空间，促进非遗与旅游融合发展。

（五）积极开展非遗传承传播实践活动

在强化新冠疫情防控的前提下，精心策划实施2022年视频直播家乡年、文化和自然遗产日、重庆非遗购物节、第七届重庆非遗暨老字号博览会、第十三届重庆文化遗产宣传月、川渝曲艺展演大会等市内非遗传承传播实践活动，积极参与文化和旅游部组织的各类重大非遗主题活动，深入实施"非遗进校园""年画重回春节""我们的节日"等系列活动，继续营造全社会参与非遗保护传承的良好氛围。

2021年文化体制改革发展综述

政策法规处

2021年全市文化旅游改革工作，坚持以习近平新时代中国特色社会主义思想为指导，深入贯彻党的十九大和十九届中央历次全会精神，全面落实习近平总书记对重庆提出的营造良好政治生态，坚持"两点"定位、"两地""两高"目标、发挥"三个作用"和推动成渝地区双城经济圈建设等重要指示要求，围绕立足新阶段、贯彻新理念、构建新格局，聚焦举旗帜、聚民心、育新人、兴文化、展形象的使命任务，扎实推动我市文化旅游改革工作走深走实，加快建设文化强市和世界知名旅游目的地，确保了"十四五"开好局、起好步。

一、深入传达学习贯彻上级精神

委党委高度重视改革工作，始终坚持以习近平新时代中国特色社会主义思想为指导，全面落实习近平总书记对重庆提出的营造良好政治生态，坚持"两点"定位、"两地""两高"目标、发挥"三个作用"和推动成渝地区双城经济圈建设等重要指示要求，先后召开7次党委会议，深入传达学习习近平总书记关于改革工作系列重要指示，深入贯彻落实中央全面深化改革委员会、重庆市委全面深化改革委员会系列会议精神。2021年5月31日，委主要领导主持召开改革工作专题会议，研究部署委系统年度改革工作任务，及时拟制并印发委系统改革工作要点。

二、积极完善文化旅游管理体制机制

一是深化文化市场综合行政执法改革。制定印发了《重庆市文化市场综合执法运行机制》，进一步明确文化市场综合执法责任边界，全面提高履职能力和协作水平。修改完善全市"扫黄打非"与文化旅游市场综合执法协同配合机制草案，不断完善文化综合执法与"扫黄打非"工作协调机制，畅通信息通报渠道。制定完善《重庆市文化市场综合行政执法事项指导目录》，共新增项目162项，进一步明确全市文化市场综合执法机构执法范围和权责。严格落实执法事项公开，坚持在市政府相关网站主动公开总队执法事项、职责、权限、依据、程序和随机抽查事项清单等信息，坚持每件行政处罚决定作出之日起7个工作日内在重庆市信用门户网站公开，切实完善事中事后监管，提升监管执法的公平性、规范性和有效性。

二是健全文化企业履行社会责任的引导机制。制定下发《委直属企业深化改革加快发展行动实施方案》，着力健全现代企业制度，推进委直属企业优化产业布局和结构调整，盘活演出资源，不断推进企业治理能力现代化。完善委属企业法人治理结构，制定下发《委直属企业党委、党支部（党总支）前置研究讨论事项清单（示范文本）》，切实把党的领导融入公司治理各环节，实现制度化、规范化、程序化。统筹现有支持政策，在项目资金、企业改革发展资金、精品创作、场次补贴等方面充分体现对履行社会责任的引导激励，经市委宣传部和市财政局审议，确定了2021年委属院团激励引导资金和重点项目资金分配方案。

三是深化文化旅游领域"放管服"改革。持续推进"川渝通办"，对纳入"川渝通办"的"从事经营性互联网文化活动审批"和"演出经纪机构从事营业性演出活动审批"2项审批事项统一制定办事指南，设置专窗，受理四川开办企业来渝申请材料，实现异地代收代寄。我委许可事项申报材料平均减少30%以上，承诺时限较法定时限平均缩减70.04%，平均跑动次数压缩到0.1次以下，大大低于文化和旅游部发文要求的承诺时限，处于全国前列。深入推进文化旅游市场管理水平通报制度落地落实，进一步完善全市文化和旅游市场"月点评、季通报、年考核"管理机制。推动成立市文化娱乐行业协会，建立文化旅游市场秩序监管督导和媒体通报机制。

三、着力深化文化企事业单位改革

一是深化国有文艺院团改革。严格对照中央文件精神和市委、市政府领导批示精神，印发《贯彻落实〈关于深化国有文艺院团改革的意见〉的具体措施》（渝委办发〔2021〕28号）并上报文化和旅游部备案。制定《重庆演出有限责任公司股份制改革实施方案》，积极推动演出公司股份制改革工作。重庆演出有限责任公司增资扩股项目于2021年7月5日正式在重庆联合产权交易所挂牌，10月29日完成3700余万元的投资款交割，占有18%股权的社会资本成功注入，演出公司首轮混改项目圆满完成。

二是推动博物馆改革发展。深入贯彻新时代博物馆改革发展指导意见，牵头起草了《关于推进重庆市博物馆改革发展的实施方案》，对我市博物馆改革发展的指导思想、总体目标、重点任务及保障措施进行细化。积极拓展博物馆利用途径，推进"革命历史类博物馆教育进校园"示范项目，提升社会化服务功能。推动剧场与博物馆一体化融合，精心打造"抗建堂·中国话剧黄金岁月精品文旅驻场演出"项目，让博物馆展陈传导的历史与文化价值通过话剧舞台得到更深层次的演绎与彰显。

三是深化影视业综合改革。印发《重庆市国有影视企业社会效益评价考核实施方案》，积极开展国有影视企业社会效益考核，推动国有影视企业把社会效益放在首位、实现社会效益和经济效益相统一，促进国有影视业健康繁荣发展。严格落实我市影视业综合改革分工方案，持续加强影视业行风建设，组织召开2021年重庆市电视剧管理工作会，传达2021年全国电视剧管理工作有关精神，通报关于加强电视剧片酬管理、强化电视剧细节把关等有关要求，加强内容生产引导。通过预警系统以及视频会议等形式，督导各播出机构全面清理媒资库，清理劣迹艺人参与广播电视节目有关信息。要求各级广播电视机构在综艺节目制作中不得邀请过度整容的演员，为观众尤其是未成年观众树立正确的价值导向。督导市内广播电视节目以及电视剧制作中邀请的演员加强自我管理，正确引导粉丝群体。

四、健全文艺创作生产引导扶持机制

一是实施文艺作品质量提升工程。及时与市文联、市作协座谈调研，建立工作联系机制。在深入调研论证的基础上，加快制定出台《重庆市"十四五"艺术创作规划》。多次开展文学创作与影视剧本调研，加大文艺精品资助扶持力度，完成歌剧《一江清水向东流》、川剧《江姐》等6部"百年百部"入选剧目的展演、专家点评工作。2021年对歌剧《尘埃落定》等入选剧目进行创作展演资助及奖励支持790万元。

二是加强新文艺群体建设。严格贯彻落实新文艺群体工作意见，公开发布《关于开展2021年度重庆市文艺创作项目资助工作的启事（广播电视和舞台艺术类）》，有效畅通申报机制，严密组织开展2021年度重庆市文艺创作项目资助工作，开展的各项工作均将新文艺群体纳入评选范围。

三是完善影视扶持政策。统筹资源，会同市电影局、重庆广播电视协会、重庆电影制片协会，建设覆盖电视剧、电影、网络影视剧、纪录片的一体化服务的影视拍摄一站式服务平台，推动我市影视服务规范化发展，为重庆影视产业发展营造良好氛围。

五、助推文化和旅游融合高质量发展

一是积极推进"巴蜀文化旅游走廊"一体化建设。配合国家发展改革委、文化和旅游部编制的《巴蜀文化旅游走廊建设规划》，跟进完成两省市文化和旅游部门意见征求工作。召开巴蜀文化旅游走廊建设专项工作组第三次联席会议。签订成渝地区双城经济圈文化旅游行政执法、公共图书馆、文旅推广协作等各类文化旅游合作项目协议11份，开展书画展、摄影展、研讨会、文旅产品推介等多种形式的活动118场，共同推动巴蜀文化旅游走廊建设2021年重点工作42项。联合川渝全部市（州）区（县）文旅部门、重点文旅企业等164家成员单位，成立巴蜀文化旅游推广联盟。启动"川渝阅读一卡通"项目，创新实现川渝图书馆跨行业信息系统、跨区域公共图书馆业务系统的"双打通"。

二是积极推动渝东南武陵山文旅融合发展。在市委宣传部的统筹协调下，成立非法人非营利性组织武陵山文旅发展联盟，召开武陵山文旅发展联盟发起人会议暨理事会第一次会议，审议通过了《武陵山文旅发展联盟章程》和组织机构建议名单。印发了《武陵山文旅发展联盟章程》《武陵山文旅发展联盟2021年重点任务》以及每月工作简报。联动渝、鄂、湘、黔4省市80余个市县举办2021·中国武陵文旅峰会，成功招商26个项目，总金额达1432亿元。推出武陵山十大精品旅游景区、十佳文旅融合景区、十大精品旅游线路。武陵文旅发展联盟秘书处拟制了《乌江旅游线路整体开发和运营整合工作方案》，"乌江画廊"联合开发有序推进。

三是推动旅游民宿试点示范。在充分吸纳各部门关于《重庆市旅游民宿管理暂行办法》（以下简称《办法》）意见和建议的基础上，结合文化和旅游部关于等级旅游民宿评定标准及六项刚性要求，将原《办法》调整形成了《关于促进旅游民宿规范有序健康发展的通知》，正征求意见并履行会签程序。拟会同相关部门联合印发《关于促进旅游民宿规范有序健康发展的通知》，将相关要求传达各区县，以引导旅游民宿规范有序健康发展。

四是深化文旅宣传推介机制。持续开展大型网上宣传活动，先后开展"打卡巴渝美景"全媒体推介活动、"重庆有美景"短视频形象展示活动、"5·19中国旅游日重庆分会场"活动、"这么近那么美周末游重庆"活动、"春夏秋冬"四季的旅游启动仪式等。积极指导各区县搭建"云上文旅馆"集合页面，聚合41个区县文旅资源，构建全市统筹运行的文旅网上推介平台。云上文旅馆展销区县文旅精品2500多种。

五是扎实推进文旅消费示范城市建设。积极开展第一批国家级夜间文化和旅游消费集聚区申报工作，目前渝中区解放碑——洪崖洞街区、渝中区贰厂文创街区、江北区观音桥文娱休闲区、沙坪坝区磁器口古镇、南岸区长嘉汇弹子石老街、北碚区滨江休闲区六地已纳入拟选公示名单。对31个市级文化产业示范园区进行全面巡检，对潜力好的市级园区下一步发展作深入指导，积极培育争创国家级文化产业示范园区。

六、持续提高公共服务水平

一是统筹推进公共文化服务体系建设。扎实抓好《公共文化服务保障法》有关政策办法的实施，持续深化标准化建设。推动现有文化惠民工程整合资源、创新机制，提升基层综合性文化服务中心效能。截至目前，已完成2.6万场流动文化进村服务。公共文化志愿服务产品涉及7大类7.51万个，全市群众文化志愿者总数达3.2万人（含志愿团队2234个）。整合市级公共文化服务平台、文化旅游志愿者管理培训系统、重庆群众文化云平台，建成重庆公共文化云平台，目前平台访问量达9917万人次，注册用户达964666人次，其中"80后""90后"占54.34%。

二是深化公共文化机构机制创新。有序开展公共文化机构法人治理改革试点工作，深化文化馆图书馆总分馆制。当前，市级文化馆、图书馆、美术馆以及区级文化馆、图书馆已全面完成法人治理结构改革。2021年以来，全市共改造提升39个基层综合文化服务中心，新建12个24小时城市书房，新建文图两馆总分馆32个。积极推进新型公共文化空间建设，创新打造了140余家融合图书阅读、艺术展览、文化沙龙、轻食餐饮等服务的"城市书房""文化驿站"等新型文化业态，公共文化服务覆盖面不断扩大，公共服务基础不断夯实。

三是推进文化重大基础设施建设。加快推进市青少年活动中心、重庆国际马戏城（二期）等市级功能性文化设施建设，当前均已完成主体施工。协助推进长江音乐厅建设，已完成方案设计及编制。推进广播电视发射新塔建设。积极协调召开重庆广播电视发射新塔一期建设专题会议和现场督导，协调市财政资金4598万元，解决新塔资金缺口问题，积极推进相关工作有序展开。

四是扎实推进乡村文化振兴。会同市发展改革委、市农业农村委、市乡村振兴局开展全国和市级乡村旅游重点村镇创建工作，目前，全市拥有全国乡村旅游重点镇3个，全国乡村旅游重点村35个，中国乡村旅游模范村41个，中国乡村旅游模范户30个，中国乡村旅游金牌农家乐300个，中国乡村旅游致富带头人300人；全国"景区带村"旅游扶贫示范项目3个，全国"能人带户"旅游扶贫示范项目3个；全国乡村旅游扶贫重点村612个。全国休闲农业与乡村旅游示范县（区）累计达12个、示范点23个，市级休闲农业与乡村旅游示范乡镇139个、示范村（社区）338个、示范点506个。

五是加快广电服务转型。统筹规划广电5G一体化发展。积极推动广电公共服务从"户户通"向"人人通""移动通"升级。认真做好本地电视节目无线数字化覆盖的频率迁移，按照总局调整的地面数字电视规划频点，重新建设3套本地地面数字电视节目覆盖网络。深入推进全市应急广播体系建设，启动实施民族地区有线高清交互数字电视机顶盒推广普及项目，现已发展10177台。

七、推动文化遗产保护利用传承发展

一是深化文物保护利用改革。全面贯彻中央和市委、市政府关于文物工作的决策部署，印发《关于进一步加强革命文物高质量保护利用的通知》，开展专项督察，落实主体责任、资源普查、安全防范等制度。积极推动红岩文化公园首期项目建设，统筹推进红岩村、曾家岩、虎头岩等"红色三岩"保护提升，完成红岩革命纪念馆主入口和周边环境改造、《新华日报》总馆旧址环境整治等红岩文化公园首期工程建设，完成中共中央南方局暨八路军驻重庆办事处旧址大楼、曾家岩50号（周公馆）、《新华日报》营业部旧址、《新华日报》总馆旧址、白公馆监狱旧址、中共代表团驻地旧址等31处红岩革命文物旧址的保护展示并开放。开通"红色三岩"精品旅游线——T777曾家岩至红岩村专线巴士。

二是完善文化遗产保护传承体系。启动《重庆市非遗代表性传承人管理办法》修订工作。推进非物质文化遗产传承发展，全市国家级非遗代表性项目增至53项。推进传统工艺保护振兴，23件（套）非遗产品入选中国传统工艺邀请展。指导渝东南六区县加快实施文化生态保护区总体规划和重大项目建设，加快将武陵山区域打造成全国知名的生态民俗文化旅游目的地。完成三峡历史文化资源"起底式"调查，启动全市考古资源调查，开展"两江四岸"区域、中国传统村落文物资源保护利用专项调查。抓好优秀传统文化对外交流，成功举办澜湄旅游城市合作联盟大会暨澜湄市长文化旅游论坛。三峡文物科技保护基地和重庆故宫南迁文物纪念馆正式开馆。

三是推进长征国家文化公园（重庆段）建设。编制完成长征公园重庆段建设专项规划，总体进展顺利。其中綦江主体建设区已全面完成石壕红一军团司令部旧址、红军桥、红军烈士墓及纪念碑、王良故居等保护展示项目并对外开放，完成长征国家文化公园重庆段标志性项目——重庆红军长征纪念馆设计。酉阳县主体建设区已完成南腰界红三军司令部旧址、赵世炎故居保护展示并对外开放，南腰界红三军旧址群整体保护展示启动实施。城口市级重点拓展区积极加快推进红三十三军旧址群保护展示和线路打造，及时启动实施川陕苏区城口纪念馆改陈改展及数字馆建设，全力推动完成城口红色文化知识图谱构建。

下一步，我委将持续深化改革成果，切实在服务保障人民工作、生活上见实效。认真梳理2022年度文化体制改革工作要点，积极推进新年度文化体制改革工作，力争取得更大成效。

2021年重庆旅游资源开发情况报告

资源开发处

2021年，全市文化和旅游系统坚持以习近平新时代中国特色社会主义思想为指导，深入贯彻落实党的十九大和十九届中央历次全会精神，深化落实习近平总书记对重庆提出的系列重要指示要求，以高质量发展为主线，以改革创新为动力，以资源普查成果转化为抓手，以全域旅游示范为引领，以A级旅游景区创建、星级旅游饭店和星级游轮等服务提升优化供给，以商品开发助力旅游消费，以红色旅游树旗帜，以旅游休闲街区、等级旅游民宿认定丰富旅游产品供给，统筹新冠疫情防控与全市旅游资源开发，统筹安全与发展，持续推进全市旅游资源开发再上新台阶，实现"十四五"良好开局，在经济社会发展大局中的贡献度、影响力进一步彰显。

一、聚焦"谋发展、促合作"，三峡牌打造持续用力

一是打好"三峡牌"，持续推进大三峡旅游高质量发展。2021年，虽受新冠疫情影响，三峡库区旅游仍实现旅游产业增加值146.99亿元，同比增长15.1%。

二是政策支撑不断强化。印发实施了《重庆长江三峡地区旅游一体化发展规划》《渝东北区域旅游协作组织2021年工作要点》，研究制定了《打造大三峡旅游发展升级版实施方案》，印发了《关于持续做靓大三峡旅游品牌助推渝东北三峡库区城镇群生态优先绿色发展的通知》，组织各区县策划推出"十四五"三峡重大旅游项目159个，概算投资2322.2亿元。

三是区域协作不断深化。联合湖北省举办第十二届长江三峡国际旅游

节，成功举办了2021长江三峡旅游一体化宣传营销大会、2021年世界大河歌会、长江三峡区域旅游合作渝鄂轮值主席会、渝东北区域旅游协作工作会等，继续实施大三峡旅游营销奖励。深化万达开川渝旅游协作，建立大巴山·大三峡文化旅游发展联盟，推动三峡旅游与周边省市合作发展。

四是文旅产品不断丰富。新打造推出了巫山"三峡之光"大型情景夜游项目、奉节三峡原乡·迷宫河景区等一批新项目，文旅供给不断丰富。支持游轮企业新打造2艘游轮并下水首航，助力三峡游轮旅游恢复发展。2021年，长江三峡游轮游船共发班3269艘次，接待游客61.78万人次，为2019年的55.67%，为2020年的256.77%。同时，与万州区、重庆旅游集团、重庆交运集团等合作，建成万州北站大三峡旅游集散中心，初步构建形成大三峡旅游集散服务体系。

二、聚焦"抓管理、提品质"，旅游景区发展提质增效

一是品牌创建提质增效。奉节白帝城·瞿塘峡、涪陵武陵山大裂谷、巫山巫峡·神女等景区完成国家5A级景区创建提升任务，多次组织专家按照5A级景区标准进行暗访，帮助景区及时发现整改问题。建立国家5A级景区创建名录库，形成5A级景区创建梯队，指导推进歌乐山·磁器口文化旅游区国家5A级景区创建工作。2021年共评定A级旅游景区25家，其中4A级景区10家，3A级景区11家，2A级景区4家。对两江新区智慧公园、渝北区鳄鱼馆、渝中区十八梯、重庆工业博物馆等创建国家A级景区进行了现场创建指导。

二是景区品质加快提升。制定出台《全市旅游景区品质提升行动实施方案》，召开旅游景区品质提升动员部署会，启动景区品质提升工作，重点推进50个品质提升示范项目，全力推动景区品相、品位、品类、品质升级。同时，组织开展了全市A级旅游景区"体验式"交叉暗访复核工作，全市271家A级旅游景区，通过复核243家，责令限期整改10家，取消等级评定7家，延期复核11家，要求各区县聚焦问题症结和薄弱环节，严格对照复核检查发现的主要问题，开展限期整改提升，切实把整改问题、补齐短板作为A级旅游景区品质提升的着力点。

三是景区管理规范有序。印发实施《关于加强开放式景区景点管理工作的通知》，强化了开放式景区景点属地属事管理责任。开展全市A级景区高风险旅游项目风险隐患排查整治，通过区县自查、督导检查、市级评估等，排查A级旅游景区高风险旅游项目303个，评估合格252个，停业整改项目41个、拆除10个。开展全市旅游景区消防隐患排查，对部分隐患较大的景区进行集中约谈，抓牢抓实景区安全工作。加强景区大型建（构）筑物建设审核把关，会同市发展改革委等6部门联合印发《关于加强旅游景区建设大型建（构）筑物审核把关工作的通知》，从项目审批、风貌管控、专项清理、责任落实等方面着手，推动旅游景区规范有序可持续发展。

四是抓新冠疫情常态化防控。开展景区执行预约制度暗访检查，督促景区抓牢抓实新冠疫情防控工作，筑牢旅游景区新冠疫情防控防线。全力做好假日旅游景区数据报送、舆情处理、安全维稳等工作，集中发布元旦、春节、五一等假日期间旅游景区预约和便民优惠信息，引导市民游客错峰出游。落实"西洽会"等重大节庆活动期间A级景区对嘉宾免费活动。妥善处理退役军人关于享受国有A级景区优待诉求。

三、聚焦"抓示范、促融合"，全域旅游纵深发展

充分发挥武隆区、巫山县、万盛经开区、渝中区等国家级全域旅游示范区的示范引领作用，积极推动全域旅游积厚成势。新认定南川区、奉节县、大足区、石柱县、北碚区、沙坪坝区、南岸区、涪陵区8个区县为市级全域旅游示范区，我市国家级全域旅游示范区达到4个，市级全域旅游示范区达到9个。完成《国民旅游休闲纲要（2013—2020）》落实情况总结评估工作，与市发展改革委共同研究提出《重庆市"十四五"时期推进旅游业高质量发展行动方案》，为全域旅游发展营造良好环境。

四、聚焦"出精品，树旗帜"，红色旅游蔚然成风

一是强化政策支持。紧扣建党100周年主题，研究出台《关于进一步加强

红色旅游景区管理的通知》，积极推动红色旅游品质提升、融合发展。

二是加大红色旅游宣传。会同市委宣传部、红岩联线发展中心组织举办"心中的旗帜"重庆红色故事讲解大赛，通过以赛代训、以赛促学，提升全市讲解员能力素质。组织参加全国红色旅游创意产品和红色旅游演艺创新成果展示，全市30件产品入选"全国优秀红色旅游创意产品"。遴选3名优秀讲解员参加全国红色故事讲解员大赛，其中1名讲解员进入全国决赛。组织开展了红色讲解员讲党史、百名红色讲解员讲百年党史等宣讲活动，策划推出88条红色旅游线路，并向文化旅游部推荐报送21条红色旅游精品线路，其中4条线路入选全国"建党百年百条精品红色旅游线路"。加入中国红色旅游推广联盟，进一步加强与全国各省市旅游部门的交流互鉴，加大宣传推广、共塑红色旅游品牌。

五、聚焦"打基础、促转化"，资源普查全面完成

历时2年多，全面完成了全市旅游资源普查，形成《重庆市旅游资源普查报告》《重庆市旅游资源普查报告便览》《重庆市特品级旅游资源图册》等一系列成果，建立了重庆市旅游资源数据库，普查成果同步报市委、市人大、市政府和市政协以及文化和旅游部。通过普查全面摸清了全市旅游资源家底，为文化旅游"十四五"规划编制、旅游资源开发等提供了基础支撑和依据，受到各方肯定。完成《"四山"区域旅游资源详查报告》《重庆主城四山生态旅游发展策划方案》，为相关区县有序开发"四山"旅游资源提供了指导。高质量承办文化和旅游部组织的2021年全国文化旅游资源普查培训班，同期配套举办全市旅游资源普查转化利用专题培训班，推动旅游资源普查成果宣传推广，探索推动转化利用工作。

六、坚持"提质量、树品牌"，旅游商品推陈出新

一是旅游商品再创佳绩。组织参加2021中国特色旅游商品大赛和2021中国旅游商品大赛，荣获国家级金奖8个、银奖9个、铜奖14个，为历年之最，

奖牌总数列全国第五，金牌数列全国第四。一大批资源好、潜力大的旅游商品纷纷涌现，推动旅游购物消费规模持续扩大。

二是旅游商品影响力进一步提升。坚持创意赋能、品质兴旅，成功举办2021"重庆好礼"旅游商品（文创产品）大赛，优秀商品大赛、外事礼品评选、产业发展论坛、旅游商品展示展销及直播带货等系列活动精彩纷呈。共有500余套1000余件旅游商品（文创产品）参加优秀商品大赛，产品范围包含19个类别。评选出优秀商品大赛金奖10个、银奖20个、铜奖50个。"重庆好礼"系列产品还通过线上展示销售，线下实体店运营，惠及广大消费者，取得良好市场反响。

七、聚焦"抓试点、创品牌"，旅游民宿创新推动

一是推动政策创新。赴铜梁等地调研旅游民宿发展，研究起草并提请市政府批准印发了《利用存量闲置房屋发展旅游民宿试点方案》（渝府办发〔2021〕17号），联合市公安局、市规划自然资源局、市住房城乡建委、市商务委、市应急局、市场监管局等部门印发了《关于促进旅游民宿规范有序健康发展的通知》等，提出了支持旅游民宿发展的系列政策措施，成为全国盘活存量闲置房屋、推动旅游民宿发展的创新性举措。

二是加快示范建设。组织各区县梳理编制了《重庆市利用存量闲置房屋发展旅游民宿试点项目计划》《重庆市旅游民宿品牌创建计划》，助推全市旅游民宿试点示范和品牌创建。

三是打造旅游住宿品牌。积极助推星级旅游饭店复苏，悦来温德姆酒店被评为国家五星级酒店，新评定云阳县三峡风大酒店、重庆熙美酒店2家酒店为国家四星级酒店；加强标准引领和品牌建设，垫江县飞茑集—巴谷·宿集获评全国首批甲级旅游民宿，石柱县不舍民宿获评全国首批乙级民宿；举办了2021年全市旅游星级饭店管理培训班，召开了全市旅游民宿现场推进会，有效提高了我市旅游星级饭店、旅游民宿管理水平。

四是积极向文化和旅游部推荐"世纪神话""世纪传奇"2艘游轮评定国家五星级内河旅游船。

八、聚焦"强基础、促发展"，重点专项高效推进

联合市发展改革委共同开展首批市级旅游休闲街区认定工作，认定弹子石老街等10家街区为首批市级旅游休闲街区，其中弹子石老街、磁器口街区、大九街旅游休闲街区3家街区获评首批国家级旅游休闲街区。完成长嘉汇大景区文旅标识标牌规划，接待推动长嘉会演艺聚集区建设。积极研究推动歌乐山·磁器口文化旅游区建设、巫溪红池坝片区综合开发、巫山五里坡世界遗产地保护管理等重点事项。办理人大建议政协提案41件，其中主办件13件、协办件28件。办理各类市长公开信箱、文旅信箱回复34件。

2021年重庆旅游市场拓展情况报告

市场拓展处

2021年，全市文化旅游市场拓展工作坚持以习近平新时代中国特色社会主义思想为指导，认真贯彻落实习近平总书记关于推动成渝地区双城经济圈建设的重要指示精神，严格按照文化和旅游部，以及市委、市政府工作部署，创新思路，务实谋划，主动克服新冠疫情影响，落实纾困惠企政策，扎实开展旅行社导游管理工作，切实做好文化和旅游市场营销推广，务实推进区域文旅协作，全面唱响"山水之城·美丽之地"，文化旅游市场进一步扩容提质。

一、总体情况

（一）营销推广精准有力

一是主动"走出去"，营销活动丰富多彩。全年组织区域旅游协作组织、区县文化旅游委、有关文旅企业等单位共计650余人次，分赴成都、济南、青岛、深圳、厦门、长沙等客源地，开展"山水之城·美丽之地"重庆文旅推介活动，组织参加第十七届中国（深圳）国际文化产业博览交易会、第八届四川国际旅游交易博览会、2021湖南文化旅游产业博览会。策划举办"渝鲁情深·武陵为证"重庆旅游山东推介会活动，并设立武陵文旅发展联盟营销专委会山东营销中心。

二是积极"请进来"，市场开拓卓有成效。联合重庆市旅游营销中心完成"追寻红色足迹，传承红色精神"重庆红色旅游全国旅行商踩线系列推介活动，发布重庆红色旅游精品线路20条。全力打造和展现红色文化的旅游特色产品，引导30余家市外旅行社组织多批红色旅游团共30000余名游客赴渝，去革命遗址、红色景区景点、纪念馆、博物馆及研学基地等旅游。

三是聚焦"新模式"，市场营销吸引眼球。联合全市20余家文旅单位启动"巴山渝水踏歌行"2021重庆文旅全国巡回推介活动，计划深入全国20个城市巡演路演，已在深圳、厦门、南昌3个城市举办。活动以全网曝光量逾23亿的顶级舞蹈IP、重庆歌舞团原创舞剧《杜甫》、片段群舞《丽人行》全程参与推介活动，并通过与当地特色歌舞的快闪互动等，线上线下融合推介重庆文旅，抖音话题播放量达3.1亿人次、参与视频达1.9万支，全网曝光量达3.5亿。"巴山渝水踏歌行"2021重庆文旅全国巡回推介活动被巨量引擎营销服务平台评为"2021年度十大IP营销案例共擎奖"。开展"魔幻重庆·城市剧场"大型沉浸式旅游活动，把重庆当作城市舞台，将湖广会馆、洪崖洞、统景温泉、大足石刻、仙女山等十余个热门景点"串珠成链"，推动沉浸式旅游活动传播和城市形象推广。开展"百万市民游重庆"活动，参与"美好目的地"重庆共建计划，通过"重庆有美景""跟着抖音拍重庆""重庆宠粉攻略"等一系列线上线下宣传推广活动，提升重庆文旅品牌声量。

四是政策"促活力"，营销奖励及时兑付。有序实施《重庆市"十三五"旅游营销奖励办法》，兑付340家旅游企业及16个区县2020年旅游营销奖励资金共计1013万元。制定出台《重庆市"十四五"旅游营销奖励方案（2022年版）》，通过实施旅游营销奖励，提升市场主体参与的积极性。

（二）区域协作态势良好

一是巴蜀文化旅游走廊建设初见成效。完善巴蜀文化旅游走廊建设工作机制，联合召开专项工作组第三次、第四次联席会议，推动成立164家文旅单位参加的巴蜀文化旅游推广联盟，支持各地签订合作协议11份，双城经济圈联合办公室简报登载走廊信息30余条，两地联动共建走廊的良好格局逐渐形成。推动走廊建设与重庆市文化和旅游发展"十四五"规划等专项规划的衔接，加强人才、资金、国土空间等支持力度。支持开展"2021四川大熊猫文化旅游周"等文旅活动118项，支持推进川渝阅读"一卡通"等重点文旅项目42项，积极打造巴蜀文化旅游品牌，不断提升巴蜀文旅形象。

二是"引客入昌"工作扎实开展。组织开展2021重庆旅行商及媒体组团赴西藏昌都采风踩线暨自驾游活动，系统梳理整合昌都市十一县（区）旅游资源，制定发布针对重庆客源市场的线路产品。联动西藏自治区旅发厅、昌都市人民政府策划实施重庆"万人游昌都"项目，十一期间组织发送游客5批171人次，实现旅行社进藏入昌旅游团"零突破"，并为后续在昌都设立首家旅行社打好基础。

三是鲁渝协作日趋活跃。持续开展"十万山东人游重庆"宣传营销活动，组织"鲁渝红色专列"《国学小名士》研学旅游勘线调研活动，采用"百万主播助鲁渝协作"、电视节目、媒体软文和网络直播等多种模式深入宣传重庆文化旅游资源。印发《鲁渝协作组织山东游客赴重庆脱贫区县旅游奖励方案》，助推鲁渝文旅扶贫协作走向深入。

（三）行业管理扎实规范

一是优化旅行社管理服务。改进旅行社设立行政许可，新增告知承诺制审批流程。深化交旅融合，强化旅游包车安全管理，及时打通重庆市旅行社监督管理系统与渝客行租车平台系统链接端口，扎实推进文旅信息和旅游车辆、驾驶员数据交互共享，贯彻落实文化和旅游部提出的"正规社、正规导、正规车"的要求，切实保障游客出行安全。截至2021年底，全市共有旅行社753家，其中新设立旅行社19家；共有导游12505名，新核发导游证2000余份。

二是全力应对新冠疫情影响。面对新冠疫情多点散发的新形势，切实把好旅游行业新冠疫情防控关卡，杜绝旅游团队疫情扩散风险，监督指导辖区旅行社企业做好退团退费工作。推动文旅企业纳入全市纾困惠企政策重点支持范围，积极探索质保金改革试点工作，暂退、减退全市600余家旅行社旅游服务质量保证金1.79亿元，有效支持旅行社企业降低资金成本，应对经营困难。

三是提高旅游服务质量。联合市委宣传部、市文明办共同举办重庆市第三届"山水之城·美丽之地"导游词讲解大赛暨第八届重庆市导游大赛，选出专业、优质的行业人才，择优选派全国导游大赛重庆市参赛人员，建立重庆对外文化旅游推介人才库和志愿者队伍。拓展宣传渠道，以"学习强国"

平台为依托，以重庆少儿频道为宣传主阵地，营造良好的竞赛氛围。成功推选4名导游成为文化和旅游部"金牌导游"的培养对象。

四是贯彻落实"122"机制专项工作。积极配合市"122"机制专项工作领导小组开展打击治理跨境赌博工作，指导旅行社及相关从业人员做好游客行前警示教育和行程中的监督管理工作，切实防范出入境游客组织和参与跨境赌博活动。

二、下一步工作思路

（一）持续抓好文旅营销推广

一是文旅融合创新推广。坚持以文塑旅、以旅彰文，将旅游营销与文化演艺、文物展览和广电播出等有机结合，特别是按照"十里不同风，百里不同俗"的区域特色，大力挖掘重庆民风民俗和非物质文化遗产，打造差异化体验产品，丰富重庆旅游内容。持续推进"巴山渝水踏歌行"重庆文旅全国巡回推介活动，加大产品的市场转化。加大"渝舞巴蜀"等都市文化品牌的宣传，促进文化消费。

二是跨界联动扩大效果。结合新冠疫情常态化防控大背景，针对跨界营销的现实需要，不断创新文化旅游营销推广理念，加大与商务、交通、农业、科技、教育等部门的合作，联合推出定制版"重庆小面"开展城市形象宣传，策划一批具有重庆特色的营销宣传推广活动，助力培育国际消费中心城市。

三是线上线下整合营销。紧紧抓住以云计算、物联网、人工智能、大数据等为代表的新一代信息技术为文化和旅游科技创新提供的契机，全面提升和转换文旅营销推广手段。认真研究"95后""00后"等"Z世代"年轻人的需求，找准适合他们的营销推广方式，充分利用新媒体的传播特点，将城市文化互联网化，并通过新媒体平台，推动城市形象在线上进行更大范围的传播。积极探索与邮政文化传播中心合作，在景区和街区建设特色邮局，扩大对外宣传矩阵。

（二）持续推进文旅区域合作

一是深化统筹指导。强化巴蜀文化旅游走廊建设专项工作组协同联动机制，加大引导、督促、考核力度。积极配合编制印发《巴蜀文化旅游走廊建设规划》《重庆巴蜀文化旅游走廊建设实施方案》。

二是深化品牌打造。培育"成渝地·巴蜀情"区域文化品牌，联动开展文化交流展演活动，共同打造成渝地区精品旅游线路和舞台艺术精品，丰富巴蜀文旅产品。

三是深化毗邻区域功能平台建设。推动"资阳大足文旅融合发展示范区""广安渝北红色旅游融合发展示范区"等区域合作平台建设，配合推进"川渝通办""川渝阅读'一卡通'"等项目建设。

四是深化支援与协作工作。持续推动对口援藏，强化渝昌文旅联动，深化"万人游昌都"旅游活动，协助昌都市成立旅行社，扎实做好渝昌旅游业界交流交往、引客入昌、市场互动等有关工作，促进引客入昌奖励政策落地落实。深化鲁渝文化旅游交流合作，深入开展"双十万"系列活动，合作举办人文系列主题展览、文艺作品互访演出。

（三）持续加强行业服务管理

一是推动旅行社纾困工作。深入调研新冠疫情影响下旅行社行业经营发展情况，了解企业诉求和困难，落实旅游服务质量保证金暂退、缓交政策，推动保险代替保证金改革试点工作，推动纾困政策落地实施，助力旅行社恢复发展。

二是抓好管理平台建设。完善全市旅行社管理系统建设，整合数据资源，优化行业管理，逐步完善重庆旅行社管理系统功能模块建设，拓展、延伸、优化旅游行业管理服务工作，进一步推广运用全国旅游监管服务平台。

三是提高从业人员水平。举办重庆市导游大赛，开展旅行社、导游专题培训，培养"金牌导游"和"特级导游"，着力提高领队（导游）专业水平和素养，持续提高旅游服务质量。

2021年重庆旅游宣传工作报告

宣传处

2021年，宣传处在委党委领导下，在机关各处室和委属单位支持下，紧紧围绕委党委确定的工作思路和目标任务，齐心协力，认真履职，圆满完成各项工作任务。重庆文旅形象进一步提升，市场影响力进一步扩大。

一、统筹抓好文化、旅游、广电和文物领域意识形态工作

一是认真落实市委办公厅印发的《党委（党组）意识形态工作责任制实施细则》，对照《2021年全市意识形态工作要点》，结合委系统工作实际统筹抓好意识形态工作，全年没有出现意识形态问题。

二是推进中央巡视反馈问题整改。建立"整改工作领导机制"和"整改工作推进落实督导机制"；注重"中央巡视反馈问题整改与党史学习教育相结合"和"中央巡视反馈问题整改与系统梳理问题整改相结合"；突出"'红岩'精神挖掘""渣滓洞、白公馆景区外环境整治""着力发挥红色资源的教育引导作用""推进项目建设与活动组织"和"抓好文化人才建设"5个重点，共梳理整改事项21项，全力推进巡视整改。目前，已完成18项整改工作，正加快推进剩余3项整改工作。

三是组织委党委理论学习中心组学习会12次，进一步抓好理论武装，提高政治站位。

二、创新开展文化和旅游重大主题宣传

通过部门联动、媒体合作、载体创新等方式，多措并举，开展文化和旅游专题宣传推广，逐步形成重庆文化和旅游宣传品牌。一是会同市委宣传部、市委网信办以"打卡巴渝美景，共享美好生活"为主题，推出全市区县"打卡巴渝美景"全媒体推介活动（以下简称"打卡巴渝美景"活动）。活动围绕全市首批50个有一定品质、有市场提升空间的景区，每周一、周四分别集中推荐1个景点，活动得到社会广泛关注和群众普遍认同。全网发布报道及活动信息7420条，全媒体传播受众14.56亿人次，对全市文旅行业回暖复苏起到积极推动作用。二是开展"重庆有美景"短视频形象展示活动。联合抖音平台，开展"重庆有美景"短视频形象展示活动，活动持续37天，发布短视频内容涵盖全市397个文旅资源点位，累计投稿数量3835条，话题总阅读量达到了6.6亿。《2021抖音五一数据报告》显示，重庆成为五一期间抖音网友打卡数量最多的城市，在抖音获赞景区上，万盛奥陶纪公园也荣登榜首。三是与新华网合办"第二届重庆旅游摄影大赛"，收到优秀摄影作品近4000幅。四是在新浪微博上开设"重庆旅游攻略""文艺重庆"双话题，阅读量高达5.2亿，超39万人参与到重庆旅游的讨论中来，在十一期间，重庆在微博上的热度全国排名前五。五是在《中国旅游报》连续推出12期"2021重庆红色旅游系列宣传"，并在其网站、微信、App上刊出。六是指导各区县在抓好新冠疫情防控的同时，通过"线上+线下"形式开展旅游文化节会推广活动，助力旅游业复苏。分别在垫江、万盛、黔江、南川举办了重庆市春、夏、秋、冬季启动仪式及新闻发布会，每次活动推出惠民措施及系列活动等200余项。

三、常态化开展文化和旅游新闻宣传

一是深化与重庆电视台、《重庆日报》、新华网、上游新闻、华龙网等新闻媒体的合作，形成规范化、常态化新闻报道机制。

二是制作修改2021年重庆旅游宣传片、《智游重庆》智慧旅游宣传片以及2021年《山水重庆　全域旅游》图书改版。联合四川省文化旅游厅编辑制作巴蜀文化旅游走廊宣传片。

三是牵头完成了2021·中国武陵文旅峰会、澜湄城市旅游联合大会在市政府新闻发布厅举办的发布活动；参与了重庆市新冠疫情防控工作新闻发布会第86、第93场发布会；自主举办新闻发布会活动15次。

四是指导委信息中心办好政务新媒体及《重庆文化旅游》杂志。全年审核官方微信331期779条信息，阅读量近200万，粉丝累计133万人；审核官方微博3220条，阅读量4458万，粉丝达到201.1万人；审核《重庆文化旅游》内刊11期，累计发文231篇，加强主题策划，做到了期期有特刊，期期有专栏。

四、精心组织文化旅游节庆推广活动

以节庆活动为抓手，以线下活动制造内容，以线上宣传扩大影响，通过线上线下互动的形式，不断制造文化和旅游宣传热点。一是2021年5月19日在涪陵区举办了"5·19中国旅游日重庆分会场"活动。活动期间全市推出针对旅游助老、助残，抗疫工作者、劳动模范等优惠政策以及公益性文艺演出、公共文化场馆扩大开放等计四大类142项利民惠民措施。40余家媒体对活动进行了报道，发布相关稿件共计80余篇次，百度关键字搜索结果达600多万次。二是开展了"这么近那么美周末游重庆"活动。围绕中办、国办《关于做好人民群众就地过年服务保障工作的通知》有关精神，以及市委、市政府工作部署，策划开展了"这么近那么美·重庆人游重庆"主题活动。2021年2月6日至7日，渝东南区域旅游协作组织在大坪时代天街举办了"这么近那么美·渝礼过大年"渝东南新年集市系列活动；2月8日，主城都市区旅游协作组织在南温泉举办了"这么近那么美·来主城都市区过幸福年"启动仪式。活动共推出了"重庆人游重庆"各类惠民措施80余条，开展特色主题活动200余场。三是2021年7月，成功举办了第五届渝东南生态民族旅游文化节。近60家中央、市级以及境外媒体深度参与宣传报道，累计刊发各类新闻稿件350余篇，人民网、央视频播出视频10余条，各大新媒体平台推送短视频100余条，主题公益晚会直播阅读量超过620万。四是完成了第二届山水重庆夜景文化节的筹备工作。活动主要内容包括启动仪式、魅力重庆系列活动、灯光艺术季、景区景点拓展夜游、文化艺术场馆延时服务、区县主题活动等。

五、着力抓好重点文化和旅游活动专项宣传

围绕文化和旅游行业的重点活动，策划宣传方案，形成浓厚氛围，扩大活动市场影响力和社会知晓度。一是"2021中国顶尖舞者成长计划"在渝举办期间，全网传播量超15亿次。二是完成了2021·中国武陵文旅峰会宣传工作，百度搜索关键字"武陵峰会"相关内容达112万条。华龙网推出的嘉宾系列采访15秒视频海报，对武陵山十大精品景区及十条旅游精品线路授牌发布仪式直播，累计42.7万人次线上浏览互动。三是圆满地完成了2021国际山地旅游日世界遗产名山（金佛山）峰会的宣传工作，刊发稿件100余条。四是十一期间，强力推出芭蕾舞剧《胡桃夹子》驻场演出的宣传，话题"欢乐芭蕾舞剧在重庆上演"登上新浪微博同城热搜榜。五是圆满完成2021中国原生民歌节的宣传报道，三天的节目直播在网络平台上的观看量超过1600万人次，全网总曝光近1亿人次。新浪话题"2021中国原生民歌节"登上当日热搜排行榜第四位。

六、加强文化旅游网络意识形态工作

一是实施常态化的文化旅游舆情监测。每日做到及时发现、及时上报。二是建立舆情监测台账和风险点预判机制。三是指导信息中心编辑、报送舆情监测专报315期，监测涉文化旅游舆情信息864万余条，形成舆情日报315期，月报11期，专报1期，纳入每日舆情监测专报信息共计4754条。所有偏负面舆情均做到第一时间发现、第一时间甄别、第一时间转办，未发生重大负面舆情漏发现、漏转办。四是进一步加强委系统和市文化旅游行业各社会组织新媒体管理，下发《关于加强行业社会组织新媒体管理的通知》，要求

市文化旅游行业社会组织要严格落实新媒体内容发布审核制度，建立"三审三校"机制，坚持分级分类审核、先审后发，明确审核主体、审核流程。推动市文化旅游行业社会组织切实增强政治意识，充分发挥新媒体网络传播优势，不断提高新媒体建设管理和服务水平。

七、加强对外文化和旅游宣传推广

2021年，持续推进重庆文旅国际传播中心建设，深耕重庆文旅海外传播，全年生产重庆文旅主题英文图文稿件846条，英文视频208条，海外社交媒体直播50余场，海外社交矩阵发布英文图文推文5395条、视频推文2507条。截至2021年10月底，iChongqing矩阵海外用户768万人，其中网站用户469.9万人、脸书用户280万人、推特用户11.5万人。2021年，重庆文旅内容海外网络曝光量新增3.2亿人次，互动量新增6650.7万次。

一是围绕建党百年主题策划推出《百年巨变》。推出以《百年巨变 山水重庆 中国桥都！》《百年巨变山水重庆：轨道上的都市区》为代表的一批多语种国际传播精品作品，多方联动新华社、CGTN、海外主流媒体及"海外大V"，在海内外获得亿级传播。

二是推出多场重庆文旅主题海外直播。全年共计进行海外文旅主题直播超过50场，推出《百年征程》传承、生态、变迁系列，探访重庆特色景点和非遗传人，在海外社交媒体多平台同步播出，海外播放量超过5000万次，收获海外评论量数千条。

三是持续做好重庆文旅海外报道。保持6个常规原创策划类栏目更新，做好重庆各季旅游节庆活动的对外报道。参与第二十二届牡丹节、万盛奥陶纪高空项目、黔江"鹊桥歌会"暨秋季文旅节开幕、万州大河歌会、巫山红叶节等市级文旅重点活动的对外报道。

四是联合"海外大V"多平台、多形式宣介重庆。深入推进与"海外大V"的合作，借嘴发声，借船出海。2021年共合作"海外大V"10位。

五是不断深化与外宣央媒和外媒的合作传播。与中国日报网签订图文稿版权互换协议，每日向其推送1～2篇iChongqing原创稿件；与中央广播电视总台联合制作"Why do we love Chongqing?（我们为什么爱重庆？）"5集英文短视频，在CGTN客户端、海外社交媒体多平台和iChongqing播出，被新华社推送；组织2021"感知中国·驻华外媒重庆行"，来自日、韩、越南和新加坡的11家驻华外媒的14名记者在重庆深度参访，撰写发布了系列稿件等。

2021年重庆文化旅游发展安全工作报告

安全应急处

2021年，市文化旅游委坚持以习近平新时代中国特色社会主义思想为指导，深入贯彻落实党的十九大和十九届中央历次全会精神，全面贯彻落实市委、市政府工作部署，围绕建党百年主题，紧扣高质量发展主线，统筹发展和安全，为全市文化和旅游业发展营造了安全稳定的环境，实现"十四五"良好开局。

一、事故（灾害）防控绩效

（一）全年生产安全责任事故（灾害）总体情况

2021年，全市文化旅游行业发生安全生产责任事故（灾害）0起，死亡0人。实现零死亡、零舆情、零责任事故，总体平稳、可控、有序。

（二）特点分析

虽然文化旅游行业未发生一起生产安全责任事故，但部分景区也出现了民房失火、客运索道故障停运、游客滞留、局部人流聚集等突发事件，涉旅安全突发事件发生后，所属区县文化旅游管理部门高度重视，均予以妥善处理。从事件发生原因来看，暴露出以下两个方面问题：一是旅游经营者应急处置能力有待提高，预案演练还需加强，部分景区虽然重视对索道的维护保养和索道突发故障的演练，但对于滞留游客转运力量储备和处置缺乏针对性的演练。部分文化旅游经营单位应对高峰期游客瞬时激增，缺乏有力有效的措施。二是游客安全意识淡薄、安全知识匮乏。虽然我市各级文化旅游部门经常性会同消防、市场监管、公安等部门开展检查排查，指导各文化旅游经营单位和场所加强安全管理、建立机制、开展演练培训，利用LED屏、"两微一端"、文化下乡等开展"安全生产月""安全生产渝州行""6·16安全宣传咨询日"等活动开展旅游安全宣传"五进"活动，但还需进一步加强安全风险分析，结合实际修订有针对性、可操作性更强的应急预案并加强演练，同时，加大旅游安全宣传力度和广度，进一步增强广大经营者和游客的安全意识。

二、主要工作成效和亮点收获

2021年，全市文化旅游安全应急工作总体平稳向好，行业安全发展，取得较好成效。我市文化旅游安全稳定工作经验做法在全国文化和旅游市场管理工作会议上交流。

（一）提高政治站位，统筹做好发展与安全两件大事

牢固树立安全发展理念，坚持底线思维，严格落实"党政同责、一岗双责、齐抓共管、失职追责"，定期召开委党委会、主任办公会、联席会，传达学习习近平总书记关于安全生产的重要指示精神和党中央、国务院关于安全生产的重大部署，落实市委、市政府工作安排，研究部署文化旅游系统安全生产和自然灾害防治工作，定期分析文化旅游安全生产形势，及时解决工作中的重难点问题。健全完善安全工作"一岗双责"职责体系，修订委领导安全工作职责清单和委系统安全职责分工，明晰各层级安全职责定位。委领导带队，通过座谈交流、书面调研等形式开展文化旅游安全管理体系建设、基层公共安全群防群治联防联控、提高各类风险预测预警预防水平专项调研，全面梳理现状和不足，制定解决措施，提出工作建议。认真办理重庆市第五届人大常委会第四次会议代表建议，建立台账，细化措施，统筹推进，狠抓落实，2项建议办理情况均被代表评价为"满意"。实现"两手抓、两促进"目标。

（二）构建长效机制，文旅安全工作合力不断凝聚

优化市安委会旅游安全办公室等统筹协调机制，召开成员单位会议，印发工作要点和任务分工，明确19个市级部门属事职责定位，加强与市安委办的沟通与协调，进一步厘清各部门对景区、民宿等经营场所和高空旅游设施、高空人行玻璃设施、载人游乐设施等的安全生产监管职责。将文化旅游安全工作纳入全市文化旅游市场管理水平考核、文物安全工作考核以及A级景区、旅游星级饭店年度复核，压实区县属地职责定位。完善"月点评、季通报、年考核"管理机制，委托第三方机构对全市文化旅游市场秩序和安全问题进行"体验式"暗访，市政府主要领导对暗访视频中发现的问题现场点评、督促整改。建立安全生产重大隐患挂牌督办机制，对委属单位6个重大安全隐患开展挂牌督办。召开旅游景区安全工作座谈会、旅游市场问题分析会及相关业务工作会，约谈委属单位、重点文化旅游企业，讲清责任要求，警示法律后果，推动文化旅游安全管理责任落细落实。市文化旅游委统筹指导、属地政府负总责、市级部门齐参与、企业抓落实、全社会共同监督的工作局面有效形成。

（三）坚持底线思维，文旅安全生产形势持续向好

以安全生产专项整治三年行动为抓手，我委主要领导多次召开党委会专题研究部署，先后召开全市文化旅游安全工作电视电话会议、全市文化旅游安全应急管理工作会、全市文化旅游市场监管工作会、委系统安全工作座谈会等，全面动员部署。印发《关于聚焦"两重大一突出"深入开展大排查大整治大执法百日行动为建党100周年营造安全稳定环境的通知》（渝文旅发〔2021〕82号）、《重庆市文化和旅游发展委员会大排查大整治大执法百日行动工作方案》（渝文旅办〔2021〕20号）等系列通知，明确7个方面重点任务和职责分工，落实"十项措施"，全面推进安全隐患排查整治。规范文化旅游行业领域安全生产责任牌上墙公示工作，督促指导各区县文化旅游部门和委属各单位公示"三个责任人"，进一步压实责任，接受监督。统筹开展大排查大整治大执法百日行动、高风险旅游项目系统性安全评估和清理

整治、古镇古寨消防安全排查整治等专项行动，持续开展歌乐山景区及周边乱象专项整治、文化市场专项治理、民用无人驾驶航空器专项整治等活动。2021年以来，共排查各类隐患2859个，已全部完成整改。在全市A级旅游景区范围内303个高风险旅游项目中，252个项目合格，拆除10家，41家停业未运营。下发问题整改督办通知20份，督导整改安全问题39个。全市文化旅游行业系统未发生一起安全生产责任事故。

（四）防抗救相结合，自然灾害防治工作有序推进

立足防大汛、抗大旱、抢大险、救大灾，及时安排部署，加强信息发布，强化措施落实。加强与气象、水利、应急等部门信息共享，利用应急广播与工作群相结合、传统媒体与新媒体相结合的方式，强化各类气象、水文灾情预报预警和出行安全提示。落实《重庆市旅游景区地质灾害防治工作方案》《重庆市文化和旅游发展委员会防汛抗旱综合应对工作方案》等预案方案，建立"市—区县—文旅单位"汛期应急响应机制、24小时值班制度和汛期"三查"制度，下发系列通知部署落实。洪峰过境期间，突出重点领域，认真组织汛期旱季隐患排查，加强重点时段及重点地段监管，统筹抓好A级旅游景区做好防汛工作落实。指导各沿江区县文化旅游部门组织专人排查沿江景区、文物风险隐患点，针对实际制定防范措施，组织对可能受灾的区域中的涉旅企业进行搬迁转移，对过水区域的文物古迹进行全面摸排和保护，全市文旅系统无重大财产损失、无人员伤亡，做到了响应及时、组织有力、救援到位。

（五）服务防控大局，常态新冠疫情防控体系逐步完善

全面贯彻落实市委、市政府关于新冠疫情防控工作部署，我委主要领导一线指挥，分管领导各负其责，委系统坚决落实，构建了高效顺畅、反应迅速、行动坚决的指挥运转执行体系。加强形势研判，及时动态调整全市文化旅游行业系统新冠疫情防控措施，指导各区县和委属各单位加强对重点场所防控、关键环节管控、重点人群排查和文旅活动的监管。压实"四方"责任，强化市场管控，开展常规性经常性明察暗访和执法巡查检查，督导防控

措施落实落地落细，切实阻断疫情通过文化旅游活动链条传播。多渠道发布场所暂停营业、演出活动推迟等信息，告知公众退票渠道和方式，妥善处置因文旅活动暂停引发的相关退费和投诉纠纷。加强对文化和旅游行业从业人员的组织动员和宣传倡导，充分发挥行业协会等组织作用，加快推进全行业从业人员加强疫苗免疫接种。全市未发生一起因文旅场所人员聚集造成的疫情传播，全系统未出现一例疑似或确诊病例，圆满经受住了新冠疫情防控和统筹经济社会发展、极端恶劣天气增加等多种因素的叠加考验。

（六）加强检查督导，行业安全管理基础更加坚实

常态化开展"体验式"明察暗访，我委主要领导亲自挂帅，分管领导靠前指挥，各党委委员各司其职，节假日以及重点时段带队赴重点区县、重点场所、重点项目开展督导检查。组织市安委会旅游安全办公室成员单位成立10个督查组赴区县开展旅游安全大检查。对全市A级旅游景区开展全覆盖"体验式"交叉暗访检查，视整改情况给予旅游景区取消等级、警告、通报批评等处理。组织区县和委属单位开展安全工作交叉检查，全面排查安全隐患。组织3个督导检查组赴乐和乐都、欢乐谷、涪陵美心红酒小镇重点高风险、旅游项目较为集中的景区进行现场督导检查，发现问题立即整改。持续委托第三方开展暗访，拍摄暗访视频，并将有关情况通报相关区县。市、区县两级文化执法机构按照部门层面"日周月"监管执法要求，全面提高执法检查巡查频次和力度。开展革命文物执法专项检查。配合协同市森防指、市道安办、市消安办以及公安、交通、市场监管等部门开展联合检查。2021年，全市两级文化执法队伍共出动执法人员16.5万人次，检查经营场所6.5万家，责令停业整顿25家，取缔无证照经营场所38家，吊销许可证8家，促进了各项安全管理措施有效落实。

（七）坚持固本强基，应急管理能力和水平稳步提升

强化风险分析，重点时段、重要节点，及时全面对涉文涉旅突发事件风险作出研判评估，并提出对策建议。认真组织安全应急培训，先后召开文化旅游安全管理、市场监管、文物管理和旅游质监执法等培训，邀请有关专

家，紧紧围绕安全生产专项整治三年行动、文旅场所消防安全管理、自然灾害防范、安全标准化管理、文化旅游安全管理等进行专题辅导授课。会同市消防救援总队在合川钓鱼城召开全市文化旅游消防安全管理工作现场会，开展多部门、多场景、多要素消防救援演练。组织涉文涉游企事业单位开展安全应急救援演练、安全培训活动50余场，直接参与人次达7000余人次，全面提高应急处置能力。加快推进旅行社、旅游景区等安全生产技术规范地方标准编制。全面增强大众旅游安全意识，开设安全咨询服务台41个，向群众发放"旅游安全实务手册——安全是旅游的生命线"3000余册、文化旅游安全宣传资料20000余份，进一步增强群众旅游安全意识，提高自救、避险能力。

三、面临的主要问题

（一）监管链条点多面广

旅游业与其他产业不同，它不是一个单一产业，而是一个产业群，涉及吃、住、行、游、购、娱各行各业，是一个综合性的产业，具有多样性、分散性，需要市级各相关部门和各区县主动履职，加强配合，共同构建安全发展环境。

（二）抵御风险能力脆弱

旅游业的业态多样，外部面临新冠疫情、火灾防控、旅游交通、高风险游乐项目、自然灾害、社会治安等风险和隐患，内部众多小型企业、个体工商户存在安全管理不规范、制度缺失、安全意识薄弱等矛盾问题，任何一环、任意一个点位出现问题，都会影响全局。

四、2022年风险趋势简要分析

进入新时代，人民群众对美好生活的需要不仅体现为对物质文化生活的更高要求，而且在安全方面的要求日益强烈。2022年是进入全面建设社会主义现代化国家新征程、向第二个百年奋斗目标进军的重要一年，同时，相继举办了北京冬奥会和冬残奥会等大型赛事活动，迎接召开党的二十大，安全稳定压力较大。

（一）总体形势预判

从近5年的数据分析来看，旅游风险增加的同时，旅游风险管理水平与应急能力也在不断提升，全市文化旅游行业领域将持续保持安全稳定的总体态势。

（二）主要风险分析

一是消防安全风险。部分文化旅游经营场所在不同程度上存在消防通道堆放杂物、应急疏散标志指示不清、应急疏散物资储备不全、消防设施缺乏保养维护、线路接头裸露等问题。娱乐场所、互联网上网服务场所人员密集，多为密闭空间，采用易燃装修材料。节日期间，祈福活动较多，燃香烧纸不规范现象时有发生，给文物和森林草原型景区安全带来较大的火灾隐患。二是旅游交通安全风险。我市多数地区特别是渝东南、渝东北地区及部分乡村旅游点路况复杂，高山景区道路易受大雾、雨雪等恶劣天气影响，出现能见度低、道路湿滑、结冰等情况。部分社会车辆与内部接驳车辆共用道路的景区，交通风险较大。三是特种设备及高风险游乐设施风险。高风险旅游项目关注度持续保持高位，群众游玩需求增加，项目、设备长时间运行带来的设备运行风险和游客自身安全意识不足等因素叠加，该风险仍要高度重视。四是新冠疫情传播风险。文化旅游消费需求旺盛，疫情输入和传播风险加大，从经常性常态化检查情况看，测温、扫码、规范佩戴口罩、员工健康监测等常态化措施均能较好地落实，但部分文化旅游经营场所应急预案的针对性和可操作性不强、环境卫生消杀不规范、宣传引导力度不够等问题仍然存在。五是人流管控风险。热门景区、热点项目、索道接驳点仍存在人群拥挤可能，如果人流疏导、转运不及时，则存在拥挤踩踏、暴恐袭击等风险。六是自然灾害风险。文物建筑、高山峡谷景区、水上游乐项目等发生自然灾害的风险较高，高山峡谷类景区发生泥石流、滑坡等地灾风险较大。强降雨、洪峰、大雾浓雾、突发性大风等极端天气和洪水给长江游轮、"两江游"游船等带来较大风险。

五、2022年主要工作思路

（一）坚持抓好常态化新冠疫情防控不放松

按照文化和旅游部、市新冠疫情防控工作领导小组有关要求，动态调整防控部署，开展常规性经常性检查，督促指导行业系统落实常态化新冠疫情防控措施。加强对以我委名义举办的重大活动的新冠疫情防控检查指导，确保各项防控措施落实到位。配合相关部门做好中高风险地区来渝返渝人员精准排查工作，加强文化旅游场所渝康码"黄码"人员管理。

（二）扎实抓好安全生产和自然灾害防治

扎实做好专项办公室工作，持续推动各部门落实旅游安全专项监管责任，召开市安委会旅游安全办公室成员单位会议，统筹协调解决重点难点问题。落实常态化安全监管"十条措施"有关要求，抓好"两重两新"部署，进一步压实部门监管责任、属地责任和企业主体责任。推进企业一线员工全员安全生产责任落实，完成试点任务，组织重点推广。按照安全生产专项整治三年行动任务清单，全面完成任务目标。全面加强自然灾害防范治理，强化协调联动，做好自然灾害预警预报和预防工作，配合开展自然灾害综合风险普查工作。统筹开展行业系统安全隐患排查整治，持续开展重大隐患挂牌督办。修订完善全市文化旅游系统安全生产举报奖励办法，并开展宣传贯彻。制订年度检查计划，抓好交叉检查、专项检查、暗访等检查巡查，持续传导压力。

（三）不断提高应急管理能力和水平

组织召开全市文化旅游安全管理工作会议，总结工作、部署任务，开展业务培训。召开现场会，组织水上救援应急演练。督导区县和委属单位及时修订完善文化旅游安全管理制度和应急预案，有针对性地开展各类演练，提高全行业全系统防范灾害的能力和水平。加强人才队伍建设，用好用活全市文化旅游安全专家库。加大文化旅游安全宣传力度，配合相关部门开展"安全生产月"等各类宣传活动，及时对公众发布安全预警与提示信息，全面提升公众安全意识和防范能力。

2021年重庆广播电视业发展报告

传媒机构管理处

2021年，重庆广电系统高举习近平新时代中国特色社会主义思想伟大旗帜，在市委、市政府的正确领导和国家广电总局的关心与支持下，全面贯彻落实党的十九大和十九届中央历次全会精神，深入贯彻落实习近平总书记关于宣传思想工作的重要论述和关于广播电视工作的重要指示批示精神，弘扬伟大建党精神，拥护"两个确立"、做到"两个维护"，胸怀"两个大局"、心系"国之大者"，聚焦"举旗帜、聚民心、育新人、兴文化、展形象"的使命任务，突出学习宣传贯彻习近平新时代中国特色社会主义思想首要政治任务，紧扣庆祝中国共产党成立100周年工作主线，坚持稳中求进、守正创新，进一步提升舆论引导、精品创作、智慧广电、融合发展、交流传播、行业治理能力，推动全市广播电视和网络视听高质量创新性发展，实现"十四五"良好开局。

一、聚焦唱响主旋律，舆论宣传引导更加有力

（一）主题宣传浓墨重彩

把牢正确的政治方向、舆论导向、价值取向，坚持把学习宣传贯彻习近平新时代中国特色社会主义思想作为首要政治任务，聚焦庆祝中国共产党成立100周年这一重大主题开展宣传报道，深化广电媒体"头条"建设和网络视听媒体"首页首屏首条"建设，采取新闻、专题、纪录片、融媒体产品、文艺晚会、影视剧等节目形式，策划推出《奋斗百年路　启航新征程》《党史上的今天》《庆祝建党百年成就巡礼》《中国共产党百年瞬间》《光影百年》

《革命文物寻初心　红色基因永传承》等主题报道，组织开展"庆祝建党100周年"视听艺术作品展播活动，组织市、区县全媒体开展建党100周年系列庆祝活动，集中展播庆祝中国共产党成立100周年主题公益广告1万余条次，营造共庆百年华诞的浓厚氛围。

（二）重大宣传形成声势

全市广播电视和网络视听媒体围绕中心、服务大局，唱响主旋律、壮大正能量，利用互联网技术、虚拟技术、手机视频实时传输技术手段做好全国"两会"宣传报道，"第1眼"App"两会"特别策划《百年芳华　初心传承》获中宣部点名表扬。全方位报道脱贫攻坚与乡村振兴，策划推出《努力绘就乡村振兴壮美画卷——习近平总书记在全国脱贫攻坚总结表彰大会上重要讲话引发重庆各界强烈反响》《重庆骄傲——总书记在全国脱贫攻坚总结表彰大会上点名这位重庆人》《决战决胜脱贫攻坚》等节目内容。聚焦党的十九届六中全会、成渝地区双城经济圈建设、抗击新冠疫情等重大事件，策划推出一批优秀广播电视和网络视听节目，《路不修通　决不收兵》《永远记住你——红岩英烈系列故事》等5个广电和网络视听节目入选国家广电总局2021年季度评优节目，《路不修通　绝不收兵》《长江沿线新闻广播防汛应急联合报道"2020保卫长江"系列报道》分获第三十一届中国新闻奖二等奖、三等奖。

（三）舆论引导更加有力

充分发挥主流媒体权威发布、舆论引导和凝心聚力的作用，聚焦成渝地区双城经济圈建设、党史学习教育、脱贫攻坚等主题，加强与央视合作，联合推出《唱好"双城记"　共建"经济圈"》《唱好"双城记"　川渝合作迈入快车道》《以产业为根基　重庆踏上乡村振兴新征程》《重庆：学习教育悟初心 为民服务办实事》《重庆：红色热土迈出新步伐展现新作为》等节目内容，全年央视播发有关重庆的新闻稿件2509条。开设《阳光重庆》栏目，聚焦民生热点报道，采取主持人、职能部门和办事群众三方连线的方式，在线解答群众关心关注的民生热点，制作播出节目212期。

（四）交流传播扩大影响

深入实施广电"走出去"战略，与中广宽带公司合作，完成上海、河南、河北、山西、贵州、云南等省网公司基于互联网平台的全流量运营，并向宁夏、四川、陕西等地输出流量。加强川渝广播电视联动发展，联合拍摄制作专题节目《奔腾之歌——重走成渝线》，联合举办沉浸式"剧本杀"全国交易大会暨成渝"剧本杀"联展、川渝两地广电十佳播音员主持人红色文化传播活动，助推成渝地区双城经济圈建设。深化与"一带一路"沿线国家和地区的交流与合作，重庆国际频道与白俄罗斯首都电视台、明斯克真理新闻社合作互办电视周，重庆广电集团与白俄罗斯首都电视台合作译制、集中展播5集人文风光纪录片《我想去看》。加强广播电视和网络视听国际营销推广，重庆广电集团持续在视频网站YouTube上搭建集团官方频道，上传节目622期，观众突破2000万人次。

二、匠心打磨出精品，内容生产成果更加丰硕

（一）扶持打造一批广电精品

大力实施"新时代精品"工程，积极争取国家广电总局的项目扶持，推动建设服务电视剧、电影、网络影视剧、纪录片等作品拍摄的平台，引导加强优质节目内容生产。《破晓——重庆解放密档》入选2020年度国产纪录片及创作人才扶持项目，《大头小当家》《云讲自然博物馆》入选国家广电总局2020年度优秀少儿节目扶持项目，《点亮红色旅游传承红岩精神》《父母是最好的老师》《行千里阅世界》《别让垃圾回错家》《山这边》5件优秀作品入选国家广电总局广播电视公益广告扶持项目，《地理标志产品促进乡村经济振兴永川秀芽篇》获得第三届全国知识产权公益广告作品征集一类扶持。2021年，全市审查发行电视剧3部64集、电视动画片5部1730分钟，完成重点网络影视剧（动画片）规划信息备案243部、通过96部，成片上线备案17部、通过12部。

（二）创优获得一批重要奖项

集中力量推进以重大题材、重点选题为主的精品创作，产生了一批反映时代新气象、讴歌人民新创造的文艺精品。《夏芳的暑假》荣获中国广播电视大奖 2019—2020年度广播电视节目奖，《破晓——重庆解放密档》入选2016—2020年全国党史和文献部门优秀科研成果影视音像作品类一等奖，《敦煌守卫者》《剃头匠》获评第四届社会主义核心价值观动画短片扶持创作优秀作品，网络纪录片《奔腾之歌——重走成渝线》入选国家广电总局2021年第三季度优秀作品，纪录片《梦圆千年脱贫路——重庆市打赢脱贫攻坚战纪实》得到总局通报表扬，《点亮红色旅游传承红岩精神》荣获首届全国旅游公益广告优秀作品电视类作品二等奖，《全国脱贫攻坚楷模——毛相林》荣获中国公益广告大赛黄河奖创作类优秀奖。

（三）推优展播一批精品力作

《英雄的守护》入选中宣部庆祝中国共产党成立100周年优秀广播剧展播活动名单，《黄葛树下》入选全国"百年百集"广播剧精品展播。电视剧播出2109部98624集，纪录片播出1151部16344集，电视动画片播出565部42071集。《绝密使命》《梦圆千年脱贫路——重庆市打赢脱贫攻坚战纪实》《英雄的守护》等多部电视剧、纪录片、广播剧登陆央视或省级卫视播出。《永远记住你——红岩英烈周从化》《百年追梦人——绝壁上的天路》等25部视听优秀作品在市内新媒体平台展播。精心制作建党百年广播电视公益广告作品4条并在全市播出机构播出近500条次，重庆广播电视集团共播出优秀公益广告9.53万条次。

三、科技赋能促发展，融合创新成效更加凸显

（一）推进媒体深度融合

加快广播电视与新媒体新技术新业态融合发展，编制出台《重庆市"十四五"广播电视和网络视听发展规划》，制定实施《重庆市加快推进媒

体深度融合发展实施方案》，科学谋划新型主流媒体战略布局，推动重庆广电集团深化"8+1"集群化架构改革。推进IPTV平台聚合爱奇艺、腾讯、芒果等视频播放平台构建媒体矩阵，IPTV集成播控分平台"双认证、双计费"系统通过国家广电总局验收，推动重庆有线电视网络整合、IPTV集成播控平台和传输运营机构播控平台规范对接。推动"两江云"平台扩展构建重庆市区县融媒体中心市级技术平台，打造"两江云"融合媒体云平台。重庆地区"全国一网"工作任务圆满完成，"全市一网"取得阶段性成效。完成2021年度广播电视媒体融合典型案例、先导单位、成长项目征集评选，以江津、潼南融媒体中心为代表的区县融媒体建设取得长足进步。

（二）推进智慧广电建设

推进广播电视播出机构高清、超高清建设，10个市级专业频道实现高清播出，18个区县综合频道实现高标清同播，重庆广电集团车载4K融合生产中心建设标准实现国内领先。重庆广电集团携手各区县融媒体中心、电视台共同组建"重庆融媒体新闻云编辑部"。扎实推进中国广电重庆公司智慧广电数据中心项目一期工程建设，云游戏平台、重庆云课堂、4K演唱会3个项目分别获得全国首届高新视频创新应用大赛二等奖、三等奖及优秀奖。推进智慧广电乡村建设，有线电视干线光缆累计6700公里，实现7100个行政村光纤到村，覆盖用户规模1033.36万户，宽带用户190.89万户，智能终端用户208.95万户。完成石柱、秀山、酉阳、彭水4个民族地区15500户有线高清交互数字电视机顶盒推广普及建设。

四、奋激争先求质效，事业产业发展更加向好

（一）公共服务提质增效

一体推进广播电视公共服务基础设施建设与优质服务供给提质增效，全市广播综合人口覆盖率达99.49%、电视综合覆盖率达99.56%。投入4598万元推进重庆广播电视发射新塔一期建设，投入600万元开展重庆浮图关广播电视发射塔大修排危。34个区县48个台站完成重庆本地电视无线数字化升级改

造，新建3套本地地面数字电视节目覆盖网络。争取专项资金1000万元推进市级应急广播系统建设，巫溪、彭水、酉阳、城口4个国家乡村振兴重点帮扶县完成应急广播系统建设并通过验收。35个区县建成县级应急广播平台，应急广播终端达5.86万组，覆盖8618个行政村（社区）。

（二）产业发展提速加快

市场主体不断壮大，全市广播电视节目制作经营许可证持证机构721家，信息网络传播视听节目许可证持证机构43家。产业品牌加快培育，推动建设满足电视剧、电影、网络影视剧、纪录片取景需求的影视拍摄一站式服务平台，加快打造"纪录片之都"，挂牌成立重庆沉浸式"剧本杀"测本中心，成功举办第十三届中国西部动漫文化节、沉浸式"剧本杀"全国交易大会暨成渝"剧本杀"联展。发展实力不断增强，8个产业项目入选国家广播电视和网络视听产业发展项目库，引导全市广播电视和网络视听机构积极克服新冠疫情影响，勇于应对风险挑战，2021年全市广播电视服务业保持高位增长的发展态势，实现总收入851387.77万元、同比增长22.81%，实现创收收入631288.82万元、同比增长20.77%。

五、严格管控守阵地，行业发展环境更加优化

（一）强化安全播出保障

突出政治引领、抓住关键环节，全面落实意识形态工作责任制和安全播出责任制，围绕全国"两会"、庆祝中国共产党成立100周年、党的十九届六中全会等重保期加强安全播出工作，制定实施迎接中国共产党成立100周年广播电视行业安全播出大检查方案、安全播出应急专项预案，组织开展全市广播电视行业安全播出大检查，排查、整改各类安全隐患301项，有效开展指挥调度、系统运维、应急处置等工作，筑牢广播电视安全播出保障屏障，圆满完成庆祝中国共产党成立100周年等重保期安全播出任务。

（二）强化文娱领域治理

召开文娱领域综合治理电视电话会议和专题会议进行安排部署、督导推进，制定实施《文娱领域综合治理工作方案》和《"饭圈"乱象治理工作安排》，督促相关播出机构、网络视听平台切实履行主体责任，加强对电视、网络视听、综艺节目的监管，严格片酬管理告知承诺制度，大力整治网络视听领域不良娱乐倾向，严肃整治炒作低俗娱乐信息和艺人信息、"娘炮形象"畸形审美，下架违法失德艺人相关节目（剧）共2242个（部），坚持抵制"饭圈"乱象，净化行业生态。

（三）强化内容导向管理

坚持网上网下统一导向、统一标准、统一尺度，加强对全市广播电视、网络视听节目舆情分析和审听审看评议工作。严格广播电视广告播出管理，持续开展广播电视养生类节目专项整治，发送违规广告整改通知36份，责令停播和整改"化唐十八贴"等145条广告，督促整改《中医说医》等8档养生类节目。印发《关于进一步促进网络视听行业发展和管理工作的通知》，组织开展"净网"集中行动，监测视听网站3万余家，移交查处违规视听网站4个，下线违规影视剧50部，有效净化荧屏声频和网络空间。

（四）强化重点领域监管

组织开展境外卫星电视专项整治和创建无"小耳朵"小区活动，持续打击非法安装地面卫星接收设施，2021年重庆境外卫星电视管理工作获得国家广电总局高度肯定。集中组织"黑广播"监听监测11次，向公安机关和无线电管理部门提供"黑广播"线索57条，坚决扫清"黑广播"。完成全市广播电视节目制作经营机构换证审核工作。深化"放管服"改革，14项行政审批事项实现"全程网办"。推动"中国视听大数据"运用于区县融媒体中心综合频道审批评审。对全市39家国有影视企业开展社会效益评价考核，全部达到指标要求。

（五）强化人才队伍建设

实施广播电视和网络视听行业人才培训培养计划，选派130余人参加国家广电总局举办的培训项目，组织开展全市广播电视和网络视听媒体生产运营组织管理专题培训、广播电视系统统计业务培训。通过"以赛代评"等政策加强广电技术人才培养，42人获评高级职称，1人入选重庆英才计划·名家名师，重庆市文化旅游委荣获2021年全国广播电视技术能手竞赛团体一等奖。2个单位、2名个人分别获评国家广电总局2020年度基层广播电视统计工作优秀集体、优秀个人。

2021年重庆视听新媒体发展报告

网络视听节目处

2021年是中国共产党成立100周年，也是"十四五"规划的开局之年。重庆视听新媒体行业坚持以习近平新时代中国特色社会主义思想为指导，紧紧围绕爱党爱国爱社会主义的主题，结合开展党史学习教育，唱响中国共产党好的主旋律，制作展播反映中国共产党百年奋斗历程的视听作品，行业继续保持健康有序发展的良好态势。

一、全市视听新媒体发展情况

（一）围绕主题主线，巩固壮大主流舆论阵地

积极开展庆祝建党100周年、党的十九届六中全会等重大主题宣传推广活动。一是加强首页首屏首条建设，在视听网站、IPTV、有线视频点播推出围绕重大主题系列宣传专题、专栏和节目，开设《奋斗百年路 起航新征程》、《光影百年》（影视学党史）、《聚焦——党的十九届六中全会》等栏目，及时播出相关主题视听节目。二是开展"理想照耀中国"视听艺术作品展播活动，广泛宣传建党100周年光辉。展播《百炼成钢》《解放大西南》等优秀剧目。三是利用市和区县全媒体集群和新媒体矩阵广泛传播庆祝建党100周年惠民便民活动，鼓励吸引广大市民游客广泛参与活动。

（二）丰富内容供给，积极推动网络视听节目生产

牢牢把握社会主义先进文化的前进方向，坚持"二为"方向原则，推出接地气、聚人气的优秀视听作品。一是狠抓重点网络影视剧创作生产。2021

年，我市网络影视剧创作活跃，影响力逐步扩大，完成重点网络影视剧（动画片）规划信息备案243部，通过规划备案96部；成片上线备案17部，通过12部，通过数量同比分别增长43%、20%。继网络电影《墨家机关术》成为我市首部分账票房破千万的作品后，网络电影《九叔归来2》《狙击之王》和网络动画片《一念永恒（荣耀篇）》分账票房也相继破千万。二是开展主题视听艺术作品征集评选。为庆祝建党100周年，鼓励生产更多反映中国共产党百年奋斗历程暨党史学习教育的视听艺术作品，组织开展庆祝建党100周年暨党史学习教育视听传媒宣传推广活动，收到参评作品64部，评选出《永远记住你——红岩英烈周从化》《百年追梦人——绝壁上的天路》等25部优秀作品，并在视听新媒体平台和移动电视展播。三是大力推选原创视听节目。积极参加国家广电总局组织各类评优、项目库征集等活动，网络纪录片《奔腾之歌——重走成渝线》入选国家广电总局2021年第三季度优秀作品，网络直播节目《袁爷爷，我们来收谷子啦！》、网络纪录片《巴岳山下的重汽岁月》入选国家广电总局2021年第四季度优秀作品。

（三）加强指导引领，落实管理举措狠抓行业发展

加强指导引领，融合新媒体资源，推动行业健康发展。一是按照我委与市委宣传部、网信办联合印发的《关于进一步促进网络视听行业发展和管理工作的通知》精神，指导督促区县行业主管部门和行业服务机构进一步厘清市和区县行业主管部门的职责及权限，强化属地管理责任和单位主体责任。二是整合文旅广电优势资源，参与建设影视拍摄服务一站式平台，协调来渝剧组拍摄工作，推动文旅融合发展。三是赴国家广电总局协调相关企业上市前置审批工作，积极推动企业上市，促进网络视听行业主体做强做大。四是视听新媒体影响力不断扩大。重数传媒IPTV等客户端、"学习强国"重庆学习平台用户规模达1000万，重庆新时代文明实践云平台页面浏览量达到1亿次，新增宽带及IPTV电视用户12万户，全网账号粉丝总量约5100万人次。中国广电重庆公司通过聚合优质内容资源、来点播视频 VIP 品牌包装及权益升级、大屏端主题编播推陈出新、聚焦"一老一小"上线少儿和长辈模式、本地和资讯栏目升级以及试水数字营销等举措，实现视频内容在线点播量32

万小时，月均点播量3亿次，同比增长7.5%；来点播视频VIP会员数同比增长2.3%。华龙网全年共有125件作品浏览量超过百万、7件作品浏览量超过千万、2件作品浏览量超过亿次。

（四）坚守安全底线，加强网络视听内容监管监测

加强对视听网站、IPTV和有线视频点播内容的监看，圆满完成庆祝建党100周年、春节、全国"两会"、重庆"两会"等重保期及敏感日的监管任务。进一步规范重庆IPTV、有线视频点播平台专区设置和传播内容，发挥新型主流媒体生力军作用。组织开展"净网"集中行动，深入清理网上涉历史虚无主义、涉政、涉民族宗教、涉黄涉非、低俗及有悖社会主义核心价值观的网络视听节目。开展文娱领域综合治理，对炒作低俗娱乐信息和艺人信息、"娘炮形象"畸形审美现象等进行整治，下架违法失德艺人相关节目（剧）共2242个（部）。加强网络视听广告内容监管，下架违规广告12个。监测视听网站3万余家，移交查处4个违规视听网站，处置下线违规影视剧50部。

（五）加强队伍建设，强化网络视听领域人才保障

坚持人才为本，壮大我市视听新媒体领域人才储备。一是组织重点网络影视剧专家学习加强网络影视剧管理有关文件精神，提高专家审看质量和水平，把好网络视听作品的政治关、导向关、审美关、质量关。二是组织新媒体视听平台和各区县文化旅游委、融媒体中心150余人，参加广播电视和网络视听媒体生产运营组织管理专题培训，学习内容创作生产和运营管理的新思想、新知识，指导下一步媒体融合发展的内容建设和管理工作。

二、视听新媒体工作展望

2022年，我们喜迎党的二十大召开。全市视听新媒体紧紧围绕迎接宣传贯彻党的二十大这个工作主线，紧紧围绕立足新发展阶段、贯彻新发展理念、构建新发展格局这个基本要求，认真对照2022年度工作目标任务，加大

工作落实力度，推进全市视听新媒体发展壮大。

（一）围绕主题主线做好宣传

围绕深化学习宣传贯彻习近平新时代中国特色社会主义思想，加强网络视听媒体"首页首屏首条建设"。协调指导各视听新媒体围绕党的十九届六中全会、党的二十大、北京冬奥会、全国和全市"两会"精神、推动成渝地区双城经济圈建设等重大主题和重要时间节点，做好宣传阐释和正面舆论引导。

（二）繁荣网络视听内容生产

深化拓展视听作品创作和扶优扶强活动，丰富原创网络视听节目征集推选和展播活动的形式及渠道，评选优秀视听作品。深刻把握时代主题、时代脉搏，指导重点网络影视剧创作工作，努力创作生产更多讴歌新时代的网络视听作品，对视听艺术精品生产进行扶持激励。

（三）加强视听新媒体内容监管

加强视听新媒体内容监管机制建设，推动监管中心提升网络视听新媒体监测监管能力，持续治理网络视听领域突出问题。

2021年度重庆电视剧产业发展报告

广电节目内容管理处

文艺是时代前进的号角，最能代表一个时代的风貌，最能引领一个时代的风气。充分认识习近平总书记关于文艺工作的重要论述是新时代文艺事业繁荣发展的根本遵循。习近平总书记强调，坚持把创作生产优秀作品作为文艺工作的中心环节，把提高质量作为文艺作品的生命线。电视剧作为引领当代大众文艺的"先锋队"，发挥着反映历史风云、谱写时代旋律、表达人民心声的社会文化职能。2021年是中国共产党成立100周年，是"十四五"的开局之年，也是巩固拓展脱贫攻坚成果与乡村振兴有效衔接的关键一年。在习近平总书记重要论述指引下，2021年，我市电视剧把提高质量作为生命线，坚持思想精深、艺术精湛、制作精良相统一，加快构建把社会效益放在首位、社会效益与经济效益相统一的体制机制，围绕庆祝中国共产党成立100周年、乡村振兴等重要时间节点加强选题策划，深入挖掘重庆厚重的历史文化旅游资源，回应人民需求、回答时代课题，着力推出有筋骨、有道德、有温度的精品力作。

一、2021年电视剧产业发展情况

（一）全国情况

在全国电视剧"提质减量"成为行业共识的背景下，中国电视剧正迎来守正创新高质量发展的新一轮高潮。

2021年，全国生产完成并获得《国产电视剧发行许可证》的剧目共计194部6722集，其中，现实题材剧目共计144部4777集，分别占总部、集数的

74.2%、71.1%；历史题材剧目共计39部1508集，分别占总部、集数的20.1%、22.4%；重大题材剧目共计11部437集，分别占总部、集数的5.7%、6.5%。

综合来看，2021年全国电视剧呈现以下几大特点：

备案和发行规模持续下滑。近年来，我国国产剧市场始终在推行减量提质。尤其是最近两年，受到新冠疫情和行业调控影响，虽然剧集数量减少，但精品剧成为电视剧市场的热点。从电视剧备案数量来看，2021年拍摄制作电视剧备案公示数量仍呈现逐渐下降趋势。2021年，全国拍摄制作电视剧备案剧目共计498部16485集，相比于2020年部数同比减少25.67%、集数同比减少29.91%。从2021年全国拍摄制作电视剧总体备案情况来看，当代题材电视剧依旧是电视剧创作的主要类型。从发行数量来看，2018—2020年，获得发行许可证的国产电视剧数量持续下滑，到2021年，全国电视剧发行194部6722集，部数和集数较2019年的254部10646集分别下降23.62%和36.86%，较2020年的202部7450集分别下降3.96%和9.77%。重大题材方面，2021年电视剧获准发行重大题材电视剧11部437集，相比于2020年同期重大题材电视剧发行部数同比增加83.33%、集数同比增加58.33%，重大题材电视剧发行量相比于其他题材电视剧有着飞跃性增加。随着我国电视剧发行量的持续下降，我国国产电视剧总发行集数也在持续回落，到2021年，全国电视剧发行总集数为0.67万集，较2018年已下降近50%。

播出质量明显提升。从上星播出及收视上看，据国家广电总局"中国视听大数据"（CVB）系统统计，2021年，全国播出电视剧20.89万部，播出影视剧类电视节目时间为884.33万小时，同比增长1.28%。《觉醒年代》《功勋》《大决战》等电视剧"刷屏""破圈"，《跨过鸭绿江》《大浪淘沙》《理想照耀中国》《光荣与梦想》《埃博拉前线》等电视剧持续热播，获得口碑与收视双丰收。从产量占比来看，现实题材电视剧占据电视剧发行首要位置。在相关政策引导影响下，现实题材电视剧创作更贴合人民生活，同时现实题材电视剧的"真"能够引起广大观众的共鸣。

播放规模平稳发展。从电视剧节目播放情况来看，在我国电视节目制作量持续下滑的背景下，我国电视市场需求增长整体放缓。从电视剧整体播放情况来看，2017年以来，全国电视剧总播放量虽有下滑，但总体保持在20万部以上的水平，到2021年，全国电视剧播放量为20.89万部。从影视剧总播放时长情况来看，国家广电总局统计数据显示，2017年以来，我国影视剧节目播放规模平稳提升，到2021年，全国影视剧节目播放总时长为884.33万小时，较上年同期增长1.29%，整体增速为近五年最低。

（二）我市情况

2021年，我市坚持以习近平新时代中国特色社会主义思想为指导，坚持以人民为中心的创作导向，以现实题材为引领，全年共备案公示电视剧《中国军医》等7部187集，审查发行电视剧《家道颖颖之大考2020》《咱村有支部》等2部25集。2021年3月，《家道颖颖之大考2020》登陆CCTV-1播出，反映长江经济带发展的现实题材电视剧《一江水》、反映重庆谈判这段历史的重大革命题材电视剧《重庆谈判》、以重庆市公安局缉毒民警为原型的涉案剧《勇者无惧》以及近代革命题材电视剧《烈火战马》等优秀剧目正在协调上星播出事宜。

1. 围绕重要节点打造精品力作

组织召开2021年重庆市电视剧管理工作会，围绕建党100周年重大时间节点，结合"十四五"广播电视行业发展规划，深入挖掘巴渝文化、三峡文化、抗战文化、革命文化、统战文化和移民文化内涵，根据"找准选题、讲好故事、拍出精品"的要求，部署推进我市广播电视重点文艺作品创作，采取切实措施加强电视剧行业管理。推进重点电视剧《重庆谈判》《勇者无惧》《一江水》《烈火战马》《摧毁》等的播出以及电视剧《曙光之裔》《智能大时代》《咱村有支部》《中国军医》等的创作生产。

2. 着力扶持重点电视剧作品

会同市委宣传部开展2021年度重庆市文艺创作项目广播电视类资助工作，电视剧方面，共扶持《太阳出来了》《绝密使命》《婚姻的两种猜想》《中国军医》《解放营》《我和我们的祖国》6部剧本，以及《麦香》《重庆谈判》《深潜》《一路上有你》4部剧本，共拨付扶持资金303万元，有力引导了重点电视剧创作方向。其中，《麦香》在CCTV-1、重庆卫视、CCTV-7、爱奇艺、央视网、芒果TV、腾讯视频等媒体播出；《深潜》在爱奇艺等媒体播出；《一路上有你》在重庆卫视等媒体播出。同时，积极扶持电视剧《中国军医》参加2021年度电视剧引导扶持专项资金剧本扶持项目申报。

3. 优秀剧目不断涌现

播出方面，电视剧《家道颖颖之大考2020》登陆CCTV-1黄金时段播出，并陆续登陆央视科教频道、电视剧频道以及地方卫视播出；《绝密使命》登陆CCTV-1黄金时段完成播出，播出期间收视持续破1，最高达1.6，并在同期卫视黄金时段热播电视剧中持续霸榜，"绝密使命"相关微博话题阅读量近1.5亿。同时，积极开展庆祝中国共产党成立100周年优秀电视剧展播活动，大力唱响主旋律、弘扬正能量、提振精气神，为庆祝中国共产党成立100周年营造良好氛围。

4. 切实开展文娱领域综合治理

一是组织召开2021年重庆市电视剧管理工作会。传达2021年全国电视剧管理工作有关精神，通报关于加强电视剧片酬管理、强化电视剧细节把关、邀请演员等有关要求，加强内容生产引导，共同推进电视剧行业共同发展和渝版电视剧精品打造。二是通过预警系统以及视频会议等形式，要求各播出机构全面清理媒资库，清理劣迹艺人参与电视剧等有关信息。三是切实整治不良"饭圈"文化，加强演员自我管理。

5. 打造重庆市影视拍摄服务一站式平台

统筹资源，会同市电影局、重庆广播电视协会、重庆电影制片协会建设覆盖电视剧、电影、网络影视剧、纪录片的一体化服务的影视拍摄一站式服务平台，推动我市影视服务规范化发展，积极宣传推介重庆景区资源，为重庆影视产业发展营造良好氛围，形成宣传重庆城市形象，剧组、景区"双赢"的良好局面。会同市电影局推动出台《重庆市影视示范基地申报命名管理暂行办法》，进一步发挥影视基地在影视拍摄制作服务和带动文旅融合发展方面的作用。

二、2022年全市电视剧产业发展思路

2022年，重庆电视剧业界要继续以深入学习贯彻习近平新时代中国特色社会主义思想为主线，深入学习贯彻习近平总书记系列重要讲话精神，坚持以人民为中心的创作导向，紧紧围绕迎接宣传贯彻党的二十大这一主线，围绕共青团成立100周年、建军95周年、香港回归25周年、全民族抗战爆发85周年、全国"两会"等重要时间节点，加强题材创作规划，聚焦现实题材，根据"找准选题、讲好故事、拍出精品"的要求，不断优化提升我市电视剧产业发展水平。

一是抓好迎接党的二十大主题创作。深化拓展"新时代精品工程"，聚焦新时代新征程、中国共产党人精神谱系、中华优秀传统文化强化价值引领，繁荣精品创作。推进《一路向前》《一江水》《重庆谈判》《勇者无惧》《咱村有支部》等一批迎接党的二十大胜利召开的优秀电视剧的制作播出。推荐电视剧《绝境铸剑》《绝密使命》参加中宣部第十六届"五个一工程"奖评选。推荐《一路上有你》等优秀电视剧参加第三十三届中国电视剧"飞天奖"、重庆市第十六届精神文明建设"五个一工程"奖等评选。

二是强化电视剧题材规划。组织召开2022年重庆市电视剧管理工作会，引导市内制作机构坚持以人民为中心的导向，坚持现实主义的方向，以人民为主角，从党史、新中国史、改革开放史、社会主义发展史，以及中国共产党、中华民族、中国人民和中国特色社会主义百年斗争、奋斗、发展和探索的伟大历程中不断挖掘，寻找当代文艺创作的不竭灵感源泉。稳步推进《智能大时代》《中国军医》《一路向前》等重点项目进展，形成推出一批、储备一批、创作一批、谋划一批的电视剧创作生产格局。

三是优化完善扶持政策。充分发挥重庆市文艺创作项目资助的杠杆作用，不断优化完善相关扶持政策，重点扶持由重庆制作机构备案制作，或在央视和省级卫视等重要平台播出的，以及获得"五个一工程"奖、飞天奖等重要奖项的优秀电视剧作品；创新社会投入机制，建立鼓励社会资本参与电视剧的投资保障机制和相关优惠政策，引导有实力的社会资本落地生根。会

同市电影局出台《重庆市影视拍摄示范基地管理办法（试行）》，推动市内影视基地规范健康发展，建设一批标杆性影视基地，进一步发挥影视基地在优化我市拍摄环境、提升电视剧拍摄质量方面的积极作用。

四是切实抓好创作生产价值引领。继续深入推进广播电视系统文娱领域综合治理工作，建立健全电视剧创作生产全流程质量管理体系，切实强化电视剧细节把关，对文字、图形、道具等特定画面，以及景观、音乐、译文译注等内容进行严格审查。全面清理劣迹艺人参与电视剧制作有关信息，严格落实演员片酬标准，加强对违法违规失德失范的劣迹艺人的联合惩戒，加强演员自我管理，正确引导粉丝群体，为观众尤其是未成年观众树立正确的价值导向。

五是树立精品化电视剧发展思路。提高创作质量，力戒浮躁浮夸，力图打造《母亲母亲》《特勤精英》等经久耐看的精品电视剧，力求作品经得起反复品哑。不断加强题材备案、剧本抽查和审查把关能力，进一步加强把关调控，引导制作机构静下心来创作、精益求精，杜绝跟风盲从的浮躁、浮夸思想，坚持深入生活、深入人民，把正确把握艺术真实与生活真实作为艺术创作的最大追求之一，情节、化妆、表演、道具等都要经得起观众的检验，坚决反对胡编乱造、浮夸奢华，坚决反对架空生活、解构历史、虚无英雄，坚决反对创作游戏化、过度娱乐化。

六是不断强化电视剧制作队伍。队伍建设是电视剧实现高质量发展的基础性、关键性环节。通过召开论证会、座谈会等方式不断加强和市内电视剧工作者的沟通与联系，听取意见和建议。进一步加强市内制作机构、知名编剧与市作协、重庆出版集团等单位以及各区县的沟通和协调，促进优秀小说、优秀历史文化故事积极向电视剧转化。加强创作培训，努力培养更多的知名编剧、导演、演员、制片人，推动经验、风格、流派和思想的交流融合，为电视剧工作者创造更多的学习、交流和互鉴的机会，并努力推动培训的成果转化为作品质量提升的成效，在全市电视剧行业营造创优提质的浓厚氛围。

2021年重庆广播电视传输保障工作报告

传输保障处

2021年，全市广播电视传输保障工作紧紧围绕建党100周年这条主线，持续做好广播电视和网络视听安全播出，加快推进智慧广电乡村工程建设，加强广播电视专业技术人才培养，圆满完成安全播出保障、传输覆盖优化、公共服务提质等工作。

一、围绕重点扎实开展安全播出保障工作

2021年，全市广电系统牢牢把握正确方向，强化责任压力传导，守住守好阵地、全面落实各项安全防范措施，扎实做好安全播出、网络安全、设施保护等各项工作，实现了重大活动、重点时段和重要节目安全优质播出，全年停播次数和停播时长都明显下降，安全播出成效显著。

（一）围绕建党100周年扎实开展安全播出保障工作

扎实开展庆祝中国共产党成立100周年广播电视和网络视听"安全播出季"安全播出保障任务，制定《迎接中国共产党成立100周年广播电视行业安全播出大检查工作方案》，组织全市广播电视行业安全播出大检查，对19个区县、4家市级安全播出责任单位进行了检查，发现安全隐患问题378项，完成整改301项，推进整改77项。制定《迎接中国共产党成立100周年安全播出事件应急专项预案》，并组织开展应急演练。成功迎接国家广电总局安全播出检查组检查，安全播出保障准备工作得到较高评价。

（二）做好广播电视安全播出监管工作

加强指挥调度，抓好广播电视播出传输单位检修、试播、停播管理和安全播出预警信息发布工作，圆满完成元旦、春节、全国"两会"、庆祝中国共产党成立100周年、十一等重要保障任务，实现重大活动、重点时段和重要节目的安全播出。2021年，全市广播电视安全播出总体趋势稳中向好，总停播事故次数、总停播时长和重大停播事故次数较2020年分别减少11起、6小时12分4秒、2起，分别下降16.67%、31.11%和40.00%，连续2年未发生安全播出事件。

（三）强化广播电视无线频率使用监管

持续加强广播电视卫星信号接收免受5G基站信号干扰协调，基本消除5G信号对广电卫星接收台站的干扰。加强广播电视无线电频率日常管理，指导各区县（单位）合理规范使用频率，对违规频率进行清理整顿。组织开展调频广播秩序管理清查工作，排查调频广播频率23个，规范频率8个，处理违规用频1个，完成行政许可7项，新发放频率使用许可9个。积极履行监听监测、线索通报、提供证据等职能，配合公安机关和无线电管理部门开展"黑广播"打击工作，集中开展"黑广播"监听监测11次，处理群众投诉反映7件，提供"黑广播"线索66条。

二、优化传输覆盖，持续提高广播电视公共服务质量

（一）实施智慧广电乡村工程

有线电视干线光缆累计6700公里，实现6969个行政村光纤到村、通达率88%，覆盖用户规模1033.36万户，实际在用用户610.59万户，宽带用户190.89万户，智能终端用户208.95万户，全市直播卫星用户达到192.97万户。持续优化传输覆盖网，广播电视公共服务质量进一步提高。截至目前，累计建设FTTH端口100万个，覆盖农村用户169万户，实现6569个行政村光缆通达。全面推进地面数字电视700兆赫频率迁移，按照总局调整的地面数字电视规划频

点，重新建设3套本地地面数字电视节目覆盖网络。争取中央资金155万元，实施石柱、秀山、酉阳、彭水4个民族地区15500户有线高清交互数字电视机顶盒推广普及建设，完成率100%，保障民族地区人民群众实现由"看电视"向"用电视"的新跨越。

（二）加快广播电视应急体系建设

按照《全国应急广播体系建设总体规划》等新技术标准规范和《关于推进全市应急广播体系建设的通知》要求，组织实施市级应急广播系统建设工作，制定《重庆市应急广播体系市级平台建设实施方案》，积极协调财政、发改、大数据等部门支持，争取专项资金1000万元，并纳入政务信息化项目清单管理，完成项目建设的总体规划、平台建设选址、统一招标采购等前期工作。指导推进各区县（自治县）应急广播系统建设和运行管理。按照应急广播体系建设的主体责任，立足各区县（自治县）实际情况，积极组织业内技术专家，对各区县（自治县）应急广播系统建设技术方案逐一评审把关，做好技术服务保障。畅通工作联系渠道，建立微信工作群，实行应急广播信息月报制度，准确掌握各区县（自治县）建设情况。坚持"两验一测"原则，严格验收管理，确保了应急广播系统安全有效运行。2021年，巫溪、彭水、酉阳、城口4个国家乡村振兴重点帮扶县完成应急广播系统建设并通过验收；启动"十四五"老少边及欠发达地区县级应急广播体系建设，完成2022年度建设任务申报。已有35个区县（自治县）建成县级应急广播平台，2个区县（自治县）正在建设，应急广播终端达5.86万组，覆盖8618个行政村（社区）。

三、全力推动广播电视重大基础设施项目建设

召开专题会议和现场督导，全力推进重庆广播电视发射新塔建设及重庆浮图关广播电视发射塔大修排危工作。一是协调市财政资金4598万元，解决了重庆广播电视发射新塔资金缺口问题。指导重庆广电集团完成因施工安全问题造成的增量部分的概算、招标、清单编制工作。目前，广播电视发射新

塔一期完成场外道路清表和清运、路基回填、场内外原有建（构）筑物拆除和清运；已完成乔灌木砍伐及处置、场外道路结构挡墙及附属设施、场内A线道路结构挡墙及附属设施、围墙等项目建设，场平土石方项目已基本完成，即将开始增量部分和房建施工。二是落实重庆浮图关广播电视发射塔大修排危资金600万元，指导重庆广电集团完善大修排危项目方案，完成铁塔大修施工监理招标。三是督促推进重庆有线智慧广电数据中心建设。指导中国广电重庆网络股份有限公司加快建设进度，督促每月完成在线服务监管平台投资项目填报，建立建设信息月报制度。目前，重庆有线智慧广电数据中心一期项目累计完成投资8143.5562万元，完成主体工程施工、内墙施工、外墙楼面保温施工、门窗施工、给排水管网施工、蓄冷罐的招标采购和安装，正在开展桥架、暖通管网、给排水管网、设备基础制作等的施工，相关工作正按计划有序推进。

四、加快智慧广电建设，全面提高广播电视科技化、智能化水平

全市广播电视播出机构高清、超高清技术建设持续推进，指导重庆广电集团（总台）完成车载4K融合生产中心项目建设，全面提高广播电视基础设施科技化、智能化水平，助力智慧广电建设。持续推进全市广播电视播出机构高清、超高清技术建设，重庆广电集团（总台）完成车载4K融合生产中心建设并通过总局专家组鉴定，车载4K直播、转播能力达到国际先进、国内领先水平，获得国家广电总局首届高新视频创新应用大赛超高清视频类三等奖。重庆有线完成云安全平台和全IP视频能力平台建设并启动运营。实施智慧广电乡村工程，重庆有线积极推进智慧乡村综合信息平台建设，完成了全市过半数街镇的深度覆盖。

五、组织职业技能竞赛，加强广播电视专业技术人才建设

全市各级广电部门高度重视专业技术人才培养，以广播电视技术能手竞

赛活动为抓手，克服新冠疫情带来的影响，积极组织开展各类形式的比武竞赛120余场次，参赛人员3000余人次。积极争取人力社保局和市总工会支持，成功举办2021年全市广播电视专业技术技能竞赛，在做好防疫工作的同时，创新竞赛方式，采取线上与线下、理论考试与实操竞赛相结合，有力确保了我市技能竞赛和全国预选赛活动的顺利进行。经层层选拔，135名选手参加了全市广播电视技术能手竞赛，共产生一、二、三等奖18名。4人代表重庆市分别参加电视中心、广播中心、网络安全三个专业的全国总决赛，分获2个二等奖和2个三等奖，总体成绩居于全国广电系统参赛单位前列，市文化旅游委代表队被国家广电总局评为2021年度全国广播电视技术能手竞赛团体一等奖，受到国家广电总局评审组的高度肯定。

2021年重庆革命文物保护利用情况报告

革命文物处

党的十八大以来，以习近平同志为核心的党中央高度重视革命文物保护工作，习近平总书记的足迹遍布红色热土、革命圣地，对做好革命文物保护工作作出系列重要指示批示，深刻阐明了革命文物工作的重大意义、目标任务和基本要求，为做好新时代革命文物工作提供了根本遵循。重庆市委、市政府高度重视革命文物工作，要求用心用情用力保护好、管理好、运用好革命文物。为深入学习贯彻习近平总书记关于革命文物工作的系列重要指示批示精神，全面落实党中央、国务院和市委、市政府工作部署要求，市文化旅游委切实加强革命文物保护与利用，深入推进党史学习教育，弘扬革命精神，传承红色基因。

一、重庆革命文物资源现状

重庆是一块英雄的土地，有着光荣的革命传统，留下了丰富的革命文物。在全国第三次文物普查资料的基础上，通过开展革命文物专项调查和第一次全国可移动文物普查，全面摸清全市革命文物资源底数。

（一）重庆不可移动革命文物资源情况

以每个文物点为统计对象，全市现登录不可移动革命文物417处（见表1）。其中，全国重点文物保护单位48处，重庆市文物保护单位90处，区县级文物保护单位149处，一般不可移动文物130处。

分布情况。全市不可移动革命文物分布在38个区县（自治县）及重庆高新区。其中，分布较多且相对集中的是渝中区（50处）、酉阳县（42处）、綦江区（26处）、城口县（24处）、沙坪坝区（21处）和秀山县（20处）等。10个区县纳入国家第一、第二批革命文物保护利用片区分县名单。其中，綦江区纳入红一方面军长征片区名单，城口县纳入川陕片区（革命根据地）名单，酉阳县、黔江区、石柱县、秀山县纳入湘鄂川黔片区（革命根据地）和红二方面军长征片区名单，武隆区、丰都县、忠县、彭水县纳入湘鄂川黔片区（革命根据地）名单。

表1　重庆不可移动革命文物资源情况

序号	区县	数量（处）	文物级别			
			全国重点文物保护单位（处）	市级文物保护单位（处）	区县级文物保护单位（处）	一般不可移动文物（处）
1	万州区	10	0	1	7	2
2	黔江区	9	0	1	5	3
3	涪陵区	16	0	6	5	5
4	渝中区	50	27	15	5	3
5	大渡口区	5	0	0	2	3
6	江北区	7	0	4	3	0
7	沙坪坝区	21	14	1	1	5
8	九龙坡区	4	0	3	1	0
9	南岸区	4	0	0	3	1
10	北碚区	8	2	5	1	0
11	渝北区	6	0	1	3	2
12	巴南区	13	0	4	5	4
13	长寿区	8	0	3	3	2
14	江津区	6	1	3	0	2
15	合川区	17	1	5	3	8
16	永川区	6	0	1	0	5
17	南川区	5	0	2	1	2
18	綦江区	26	0	3	17	6
19	大足区	10	0	2	4	4

续表

序号	区县	数量（处）	文物级别			
			全国重点文物保护单位（处）	市级文物保护单位（处）	区县级文物保护单位（处）	一般不可移动文物（处）
20	璧山区	3	0	1	2	0
21	铜梁区	5	0	2	2	1
22	潼南区	9	0	5	1	3
23	荣昌区	2	0	1	0	1
24	开州区	5	1	0	1	3
25	梁平区	3	0	0	2	1
26	武隆区	7	0	2	3	2
27	城口县	24	0	7	15	2
28	丰都县	10	0	0	5	5
29	垫江县	3	0	0	3	0
30	忠县	4	0	0	1	3
31	云阳县	12	0	1	1	10
32	奉节县	10	0	1	5	4
33	巫山县	3	0	0	2	1
34	巫溪县	4	0	0	1	3
35	石柱县	9	0	0	2	7
36	秀山县	20	0	0	13	7
37	酉阳县	42	2	10	16	14
38	彭水县	7	0	0	4	3
39	重庆高新区	4	0	0	1	3
总计		417	48	90	149	130

类型构成。主要包括烈士墓及纪念设施、重要历史事件和重要机构旧址、革命先辈名人故旧居、重要历史事件及人物活动纪念地、其他五大类型。其中，烈士墓及纪念设施171处，重要历史事件和重要机构旧址138处，革命先辈名人故旧居40处，重要历史事件及人物活动纪念地31处，其他37处。

保存现状。保存完好的231处；保存基本完好的146处；保存较差的40处。

产权属性。属国家所有的336处，私人所有的56处，集体所有的25处。

（二）重庆可移动革命文物资源情况

全市登记备案革命纪念馆27家，馆藏革命文物29374件/套。其中一级文物395件/套、二级文物518件/套、三级文物4224件/套、一般文物22807件/套、未定级文物1430件/套。

分布情况。主要收藏在54家国有收藏单位。其中，收藏较多的是重庆中国三峡博物馆20889件/套、重庆红岩革命历史博物馆6187件/套、云阳县博物馆422件/套、刘伯承同志纪念馆257件/套、聂荣臻元帅陈列馆225件/套、邱少云烈士纪念馆260件/套（见表2）。

表2　重庆可移动革命文物资源情况

序号	区县名称	博物馆名称	隶属关系	馆藏革命文物级别及数量（件/套）					
				总量	一级	二级	三级	一般	未定级
1	渝中区	重庆中国三峡博物馆	市级	20889	156	158	1296	19279	—
2	渝中区	重庆红岩革命历史博物馆	市级	6187	225	285	2581	3017	79
3	大渡口区	工业博物馆	市级	194	—	—	—	—	194
4	九龙坡区	育才中学	市级	10	—	—	7	3	—
5	九龙坡区	警察博物馆	市级	34	2	14	18	—	—
6	巴南区	巴南博物馆	区县	4	—	—	—	—	4
7	合川区	合川文物管理所	区县	2	—	—	—	—	2
8	涪陵区	重庆市涪陵区博物馆	区县	5	—	—	—	5	—
9	綦江区	綦江博物馆	区县	20	—	—	2	3	15
10	梁平区	梁平博物馆	区县	1	—	—	—	1	—
11	黔江区	黔江区文物管理所	区县	16	—	—	1	15	—
12	铜梁区	铜梁博物馆	区县	5	—	—	5	—	—
13	武隆区	武隆博物馆	区县	42	—	—	—	—	42
14	秀山县	秀山文物管理所	区县	7	—	—	—	—	7
15	潼南区	杨闇公杨尚昆旧居陈列馆（重庆市潼南区杨尚昆故里管理处）	区县	33	—	—	—	—	33
16	酉阳县	赵世炎烈士纪念馆	区县	88	—	—	—	—	88
17		酉阳文物管理所	区县	55	—	—	3	—	52

序号	区县名称	博物馆名称	隶属关系	馆藏革命文物级别及数量（件/套）					
				总量	一级	二级	三级	一般	未定级
18	南岸区	重庆抗战遗址博物馆	区县	35	2	4	25	3	1
19	南岸区	南岸文物管理所	区县	4	—	—	—	—	4
20	江津区	重庆市江津区陈独秀旧居陈列馆	区县	1	—	—	1	—	—
21	永川区	永川文物管理所	区县	124	—	—	—	124	—
22	城口县	川陕苏区城口纪念馆	区县	135	—	1	67	—	67
23	江津区	重庆市江津区文物管理所	区县	16	—	—	1	13	2
24	江津区	江津白沙镇文化站	区县	1	—	—	—	—	1
25	江津区	江津中学	区县	3	—	1	1	—	1
26	渝北区	巴渝民俗博物馆	区县	29	—	—	4	3	22
27	大渡口区	大渡口区博物馆	区县	17	—	—	17	—	—
28	大渡口区	大渡口档案局	区县	1	—	—	—	—	1
29	垫江县	垫江文化馆	区县	2	—	—	2	—	—
30	云阳县	云阳县博物馆	区县	422	—	—	3	—	419
31	沙坪坝区	重庆郭沫若纪念馆	区县	7	—	—	—	—	7
32	沙坪坝区	重庆张治中纪念馆	区县	7	—	—	—	—	7
33	沙坪坝区	重庆冯玉祥纪念	区县	6	—	—	—	—	6
34	沙坪坝区	重庆市档案馆	市级	6	—	—	—	—	6
35	沙坪坝区	重庆图书馆	市级	3	—	—	—	—	3
36	开州区	刘伯承同志纪念馆	区县	257	10	37	126	1	83
37	万盛经开区	万盛博物馆	区县	8	—	—	—	—	8
38	江津区	聂荣臻元帅陈列馆	区县	225	—	5	39	131	50
39	长寿区	长寿文管所	区县	1	—	—	—	—	1
40	铜梁区	邱少云烈士纪念馆	区县	260	—	13	24	209	14
41	北碚区	重庆市北碚区博物馆	区县	69	—	—	—	—	69
42	北碚区	卢作孚纪念馆	区县	1	—	—	—	—	1
43	北碚区	四世同堂纪念馆	区县	1	—	—	—	—	1
44	北碚区	梁实秋纪念馆	区县	1	—	—	—	—	1

续表

序号	区县名称	博物馆名称	隶属关系	馆藏革命文物级别及数量（件/套）					
				总量	一级	二级	三级	一般	未定级
45	北碚区	晏阳初纪念馆	区县	1	—	—	—	—	1
46	北碚区	抗战时期荣誉军人自治实验区陈列馆	区县	3	—	—	—	—	3
47	北碚区	抗战时期复旦大学校史纪念馆	区县	1	—	—	—	—	1
48	北碚区	西南大学	中央	98	—	—	—	—	98
49	渝北区	西南政法大学	中央	6	—	—	—	—	6
50	渝北区	中华职业教育社	区县	21	—	—	—	—	21
51	荣昌区	安富街道	区县	1	—	—	1	—	—
52	武隆区	武隆档案修志馆	区县	3	—	—	—	—	3
53	石柱县	石柱文物管理所	区县	4	—	—	—	—	4
54	彭水县	彭水文物管理所	区县	2	—	—	—	—	2
合计	—	—	—	29374	395	518	4224	22807	1430

类型构成。主要包括34种类型。其中，类型较多的是文件宣传品10531件/套、钱币4467件/套、名人遗物3248件/套、档案文书3006件/套。

保存现状。保存完整的文物2788件/套，基本完整的文物24490件/套，残缺的文物2096件/套。

另外，全市革命文物及革命纪念馆列入全国爱国主义教育示范基地12处、全国红色旅游经典景区16处、红色旅游A级景区22家。

（三）重庆革命文物资源特点

重庆革命文物见证了近代以来发生在重庆地区的重要历史事件，尤其是真实记录了在中国共产党领导下重庆人民为争取民族独立、人民解放和国家富强、人民幸福而奋斗的伟大历程，充分反映出中国共产党的革命战略方针，为中国革命史、中国共产党党史和中国近现代史研究提供了重要资料，是重庆最为宝贵的精神财富，是开展爱国主义和革命传统教育的重要素材，是弘扬革命传统和革命文化、加强社会主义精神文明建设、激发爱国热情、振奋民族精神的生动教材。其主要有以下三个特点。

1. 时间序列完整

重庆革命文物较为完整地反映了旧民主主义革命以来的重庆革命历程和重要革命历史事件，有见证辛亥革命史实的邹容烈士纪念碑、饶国梁纪念堂、张培爵烈士墓、杨沧白故居及墓等；见证重庆地方党组织初期活动史实的中法学校旧址、中共重庆地方执行委员会旧址、中共綦江支部旧址等；见证大革命时期史实的赵世炎故居、杨闇公故居及墓、重庆三·三一惨案烈士墓、喻克由烈士墓等；见证三大主力红军转战重庆史实的綦江红一军团司令部旧址、石壕红军烈士墓、酉阳南腰界红三军司令部旧址及红三军旧址群、城口红三十三军旧址等；见证中国共产党领导抗日民族统一战线重要阵地的八路军重庆办事处旧址、周公馆、《新华日报》总馆旧址、特园、保卫中国同盟总部旧址等；见证重庆谈判的重庆谈判旧址群、桂园、林园等；见证红岩英烈狱中斗争的渣滓洞监狱旧址、白公馆监狱旧址、一一·二七死难烈士之墓等；还有见证西南大区建设的中共中央西南局缙云山办公地旧址、大田湾体育设施群、重庆市劳动人民文化宫大门等，充分展现了重庆革命文物资源的丰富性和独特性。

2. 空间分布集中

重庆不可移动革命文物在空间分布上主要呈现“一心、两老、两帅、三片”的空间布局。“一心”，即以红岩革命文物为核心的主城都市区；“两老”，即老一辈革命家赵世炎、杨闇公故居和纪念馆；“两帅”，即刘伯承、聂荣臻元帅故居和纪念馆；“三片”，即以綦江为重点的中央红军长征片区重庆区域、以酉阳为重点的湘鄂川黔片区（革命根据地）重庆区域、城口川陕片区（革命根据地）重庆区域。

3. 全国影响巨大

红岩精神是中国共产党人精神谱系的重要组成部分，是中华民族的宝贵精神财富。党的十八大以来，习近平总书记多次对弘扬红岩精神作出重要指示，红岩革命文物保护传承工程推进经验、红岩革命故事展演剧目在全国宣传推广，红岩革命文物承载的红岩精神成为第一批纳入中国共产党人精神谱系的伟大精神。

二、重庆革命文物工作现状

党的十八大以来，市委、市政府高度重视革命文物工作，建立健全文物保护议事协调机制，召开全市革命文物工作会议，重点部署区县级以下革命文物保护任务；市政府发布《重庆市红岩革命旧址保护区管理办法》；市委办公厅、市政府办公厅出台加强红色资源保护利用、文物保护利用改革、实施革命文物保护利用工程、加强革命文物高质量保护利用等系列规范性文件。全市革命文物绽放出了新光彩。

（一）编制出台保护利用总体规划

坚持应保尽保、研究利用、发挥好教育作用的总体原则，由市委宣传部、市文化旅游委印发实施《重庆市革命文物保护利用总体规划》，提出到2025年建成全国一流的革命文物保护管理运用体系的总体目标，实现市级以上革命文物保存完好率、区县级以下革命文物险情排除率、"四有"工作完成率、安全直接责任人公告公示率"4个100%"等具体指标。在主要任务上实施重点保护、展示陈列、基础支撑、宣传传播、文旅融合五大工程，推进15个重点项目和162个具体项目。发布全市革命文物名录，完成新一批革命文物类市级文物保护单位遴选申报工作，启动红色资源保护管理立法工作。

（二）红岩文化公园首期项目建成开放

一体推进红岩村、曾家岩、虎头岩"红色三岩"保护提升，完成八路军重庆办事处旧址大楼、桂园、曾家岩50号（周公馆）、《新华日报》总馆旧址等31处红岩革命文物的保护展示并对外开放，红岩革命纪念馆入口及周边环境显著改善，红岩干部学院挂牌运行，开通"红色三岩"精品旅游线——T777曾家岩至红岩村专门巴士，红岩文化公园首期项目建成开放。红岩革命文物承载的红岩精神成为第一批纳入中国共产党人精神谱系的伟大精神。

（三）长征国家文化公园（重庆段）建设成效明显

以长征国家文化公园（重庆段）建设为载体，统筹推进革命文物保护利用片区项目实施。出台《长征国家文化公园（重庆段）专项规划》，实施文物保护、纪念馆建设、文旅开发、基础设施配套、环境整治等项目43个，其中完工18个。其中，綦江主体建设区完成石壕红军烈士墓及纪念碑、红一军团司令部旧址、红军桥等保护展示，长征主题研学中心、红军街、王良同志纪念馆建成开放，完成重庆红军长征纪念馆设计，綦江已形成较为完备的展示体系。酉阳主体建设区完成南腰界红三军旧址排危。重庆红军长征纪念馆、酉阳南腰界红三军重要遗址遗迹保护等9个项目纳入国家"十四五"文化保护传承利用工程储备项目。

（四）以革命文物保护利用助推党史学习教育走深走实

创新将60个革命文物保护利用项目纳入全市党史学习教育"我为群众办实事"责任清单，已全部完成年度目标任务。其中，完成保护利用项目35个，王朴烈士旧居、中共代表团驻地旧址、中法学校旧址、蜀都中学旧址、南腰界红三军司令部旧址等一批革命旧址焕发了新的光彩。深化拓展革命文物教育功能，徐悲鸿旧居、刘伯承六店旧居、中共中央西南局缙云山办公地旧址等11处革命旧址完成陈列展示升级并对外开放，运用革命旧址、纪念设施打造市级党史学习教育基地40个、研学线路7条，"踏寻红岩足迹·感悟红岩精神"等4条红色线路入选全国建党百年红色旅游百条精品线路。举办红色故事讲解员大赛、红色文物话百年全媒体宣传等特色活动，持续推进红岩革命故事展演376场次、现场观众超41万人次，并获评"2021全国文化遗产旅游百强案例"，生动鲜活讲好党史中的"真理故事""人民故事""奋斗故事"。

三、存在的主要问题

（一）在保护责任落实方面

革命文物保护责任落实还不完全到位。例如，149个区县级文物保护单位中，尚未划定公布保护范围的60个，尚未划定公布建设控制地带的83个。保护经费保障不足，不同级别、不同区域的革命文物保护利用水平不平衡，总体表现为市级革命文物保护单位以上保存状况良好，区县级以下革命文物保存状况相对较差。

（二）在研究展示方面

对革命文物背后的故事和价值内涵研究不够，展陈方式单一，观众体验度不够，展览吸引力不足。部分革命类纪念馆、陈列馆基本陈列内容陈旧，五年以上革命类纪念馆、陈列馆未进行基本陈列改陈的情况比较普遍。

（三）在管理工作方面

部分革命旧址产权、管理权和使用权分散于乡镇政府、机关单位、私人等，保护状况总体较差、利用较难。例如，属私人产权的56处革命文物中，保存较差的27处；全市私人产权文物建筑面积约有2.2万平方米，所有权人文物保护积极性不高、保护能力不足。

四、切实加强革命文物保护管理运用的措施

（一）切实把革命文物保护好

用好革命文物专项调查成果，建立健全革命文物资源数据库，新公布一批市级革命文物保护单位。加快推进红岩文化公园建设，开展二期工程可研报审。加快推进长征国家文化公园（重庆段）建设，推动重庆红军长征纪念馆开工建设，完成石柱红军井、酉阳南腰界红三军旧址、城口红三十三军旧址等长征文物保护修缮。高质量完成纳入全市党史学习教育"我为群众办实事"清单的革命文物保护利用项目。坚持保护为先、应保尽保，实施革命文物保护修缮三年行动计划，确保市级以上革命文物保护单位保存完好率达100%、区县级以下革命文物险情排除率达100%。推进綦江、酉阳、城口3个重点革命文物集中片区连片保护、整体展示，形成示范效应。

（二）切实把革命文物管理好

坚持革命文物下管一级，全面落实革命文物保护属地政府主体责任、文物部门监管责任、管理使用者直接责任。加强革命文物安全监管和巡查检查，实现革命文物安全直接责任人公告公示率达到100%、安全隐患排查率达到100%，守牢革命文物安全底线。依法加强革命文物管理，切实把好革命文物、革命博物馆纪念馆和展览展陈工作意识形态关，全面清理与革命文物环境气氛不相协调的经营活动和娱乐设施。

（三）切实把革命文物运用好

积极推动革命文物保护单位对外开放。深入开展重庆革命文物价值、重要革命人物及事件、革命文物在党史学习教育中的重要作用等课题研究，推进"红岩魂—白公馆、渣滓洞革命先烈斗争事迹展"基本陈列全面改陈，年均推出革命类主题精品展览50个以上。加大革命文物宣传力度，多用短视频、云直播、云展览、H5等新方式，创作一批红色题材艺术作品，持续开展红岩革命故事剧目展演、"小萝卜头"进校园、"寻找红岩发声人"等品牌活动，教育影响更多青少年。大力发展"红色资源+"新业态，打造一批市级红色旅游经典景区，研发一批研学示范课程，发布一批精品研学线路，更新红色景区讲解词，让红色资源为发展赋能、为生活添彩。

2021年重庆文物业发展报告

文物保护与考古处

2021年，全市文物系统坚持以习近平新时代中国特色社会主义思想为指导，全面贯彻落实党的十九大和十九届中央历次全会精神，准确把握全面建成小康社会和"十四五"规划开局之年的历史使命，紧扣习近平总书记对重庆提出的营造良好政治生态，坚持"两点"定位、"两地""两高"目标、发挥"三个作用"和推动成渝地区双城经济圈建设等重要指示要求，深刻认识"两个确立"的决定性意义，增强"四个意识"、坚定"四个自信"、做到"两个维护"，按照市委、市政府和国家文物局的安排部署，以加强文物保护利用改革为抓手，把握正确方向、履行使命担当，推动文物工作各项重点任务取得新成效，实现"十四五"良好开局。

一、2021年全市文物业发展概况

（一）历史文化遗产资源情况

截至2021年12月底，全市共有不可移动文物25908处，位列全国第13。市级以上文物保护单位436处，其中全国重点文物保护单位64处（包括世界文化遗产1处，列入中国世界文化遗产预备名单2处），市级文物保护单位372处，区县级文物保护单位1999处。现有国家历史文化名城1个（重庆）、国家历史文化街区1个（磁器口历史文化街区）、中国历史文化名镇23个、历史文化名村1个（涪陵区青羊镇安镇村），中国传统村落110个，市级历史文化名城3个（江津区、合川区、万州区）、历史文化名镇31个、名村45个、街区10个、传统风貌区23个，市级传统村落75个，历史建筑696处（共六批）。经梳理，

2021年，共计开展了3次文物资源专项调查工作。

全国石窟寺专项调查：重庆市716处石窟寺，全国重点文物保护单位6处、市级文物保护单位22处、区县级文物保护单位167处、一般不可移动文物521处。据年代统计，隋唐31处、北宋22处、南宋52处、元代1处、明代101处、清代474处、年代不详35处。

全国革命文物专项调查：全市现有不可移动革命文物417处，其中全国重点文物保护单位48处、市级文物保护单位90处、区县级文物保护单位149处、一般不可移动文物130处。全市登记备案革命纪念馆27家，馆藏革命文物29374件/套，其中一级文物395件/套、二级文物518件/套、三级文物4224件/套、一般及未定级文物24237件/套，收藏在54家国有收藏单位。

三峡历史文化资源调查：重庆市三峡库区共登录不可移动文物15155处，三峡出土文物18.2万件；代表性非物质文化遗产2085项，包含国家级28项、市级429项、区县级1628项。

2021年，新增一批市级传统村落、优秀历史建筑。会同市规划自然资源局申报公布第六批历史建筑52处（见表1）。配合市住房城乡建委审核公布34个村落列入第三批重庆市传统村落名录（见表2）。

表1   重庆市第六批历史建筑名录

序号	建筑名称	区辖
1	皇冠大扶梯	渝中区
2	郭园	渝中区
3	重庆工程职业技术学院老校区水泵房	沙坪坝区
4	重庆工程职业技术学院老校区办公楼	沙坪坝区
5	广阳粮站-原办公房	南岸区
6	广阳粮站-多拱仓	南岸区
7	广阳粮站-平仓	南岸区
8	广阳粮站-1号圆仓	南岸区
9	广阳粮站-2号圆仓	南岸区
10	小川东道高峰村段	大足区
11	宝顶镇渡槽	大足区

序号	建筑名称	区辖
12	陆家垭口渡槽	大足区
13	重庆江北化肥有限公司氨合成塔、合成氨操作室、等压回收室等压回收工段建筑群	两江新区
14	重庆江北化肥有限公司玻纤厂房	两江新区
15	重庆江北化肥有限公司上合成区一段转化炉设备建筑群	两江新区
16	重庆江北化肥有限公司苏联专家楼	两江新区
17	重庆江北化肥有限公司下合成区锅炉房	两江新区
18	重庆江北化肥有限公司下合成区一段炉设备建筑群	两江新区
19	重庆江北化肥有限公司循环水玻璃钢冷却车间	两江新区
20	重庆江北化肥有限公司造粒塔、尿素合成设备及中控室	两江新区
21	重庆江北化肥有限公司职工宿舍楼	两江新区
22	福寿街72—74号胡氏老屋	巴南区
23	十字街39号食品站	巴南区
24	十字街51号、55号兽医站吊脚楼	巴南区
25	福寿街64号附1号、2号中药材铺	巴南区
26	楠木院村6组杉树坪22号民居	长寿区
27	梯子村2组梯子岩民居	长寿区
28	来凤凉桥	璧山区
29	金堂水库-南干渠放水竖井	璧山区
30	金堂水库-北干渠放水竖井	璧山区
31	柏梓大滩水坝及船闸	潼南区
32	柏梓大滩提灌站	潼南区
33	柏梓大桥	潼南区
34	新胜庆云寨（朝阳门，回龙门）	潼南区
35	花房子	荣昌区
36	狮滩庄园	荣昌区
37	大龙村碉楼	梁平区
38	双桂镇九龙村石拱桥	忠县
39	马灌镇倒灌场原卫生院	忠县
40	曾家老屋	云阳县

续表

序号	建筑名称	区辖
41	后叶镇老粮站	云阳县
42	原水磨乡政府办公楼	云阳县
43	原富家乡政府办公楼	云阳县
44	联坪村5组老屋院子	云阳县
45	陶侯爷大院	云阳县
46	原悦崃镇政府办公楼	石柱县
47	黄水镇洋洞村建坪王家大院	石柱县
48	江家祠堂院子	石柱县
49	大风堡村石房子	石柱县
50	龙射镇三星寺	彭水县
51	樱桃村王氏民居	彭水县
52	干田村传统建筑群	彭水县

表2　第三批重庆市传统村落名单

序号	村落	区辖
1	万州区恒合乡五星村冒水井	万州区
2	万州区白土镇五龙村杉木沟	万州区
3	万州区梨树乡龙头村裴家槽	万州区
4	黔江区鹅池镇南溪村胡家堡	黔江区
5	北碚区北温泉街道金刚村十八梯社	北碚区
6	巴南区石龙镇大连村跳蹬坝	巴南区
7	江津区石蟆镇羊石社区楠竹林组	江津区
8	合川区云门街道大碑村天星	合川区
9	合川区肖家镇啸马村啸马	合川区
10	潼南区新胜镇桅杆村桅杆坊	潼南区
11	武隆区浩口乡邹家村邹家组	武隆区
12	丰都县都督乡后溪村后溪沟	丰都县
13	丰都县栗子乡金龙寨村陈家岩	丰都县
14	丰都县仙女湖镇金竹木村朱家园	丰都县
15	忠县忠州街道独珠村九大房	忠县

序号	村落	区辖
16	忠县忠州街道独珠村夏家院子	忠县
17	云阳县凤鸣镇黎明村厚财沟	云阳县
18	云阳县上坝乡生基村轿顶山	云阳县
19	云阳县双土镇五台村老屋里	云阳县
20	巫山县巫峡镇桂花村雷家湾	巫山县
21	巫山县两坪乡同心村乔家包	巫山县
22	巫山县两坪乡向鸭村向南山	巫山县
23	巫山县竹贤乡下庄村	巫山县
24	石柱县枫木镇双塘村牯牛坡	石柱县
25	石柱县龙潭乡木坪村泡沫湾	石柱县
26	石柱县沙子镇桃园村双院	石柱县
27	石柱县王家乡花源村娇山坡	石柱县
28	酉阳县龚滩镇罾潭村纸家	酉阳县
29	酉阳县可大乡客寨村下寨	酉阳县
30	酉阳县龙潭镇丹泉村沉木溪	酉阳县
31	酉阳县木叶乡大板营村大咸井	酉阳县
32	酉阳县兴隆镇积谷坝村小溪寨	酉阳县
33	酉阳县宜居乡楼房村水车田	酉阳县
34	酉阳县腴地乡高庄村陈家沟	酉阳县

（二）文物保护资金投入情况

2021年，中央财政和市级财政安排文物保护专项资金共计29000.8万元，比2020年增加24.9%，增幅明显。其中全国重点文保专项资金12204万元，较2020年减少14.4%；市级专项资金2296.8万元，与2020年持平；三峡后续经费14500万元，较2020年增加79.5%。文物保护资金仍以中央投入为主。2021年，中央资金投入占比92.1%，是我市文物保护经费的主要来源。2021年，市级财政投入金额虽与2020年持平，但所占比重仍显较少。

（三）文物保护利用工程实施情况

　　全年实施文物保护工程245个，完工155个，其余正在实施。从保护级别看，市级以上文物保护项目占比较大，市级以上文物保护项目155个、区县及以下文物保护项目90个，占比分别为63.3%、36.7%。从工程类型看，本体维护项目占比较大，共128个，占比达52.2%，另外，实施保护设施建设、环境整治及日常保养项目65个，展览陈列项目23个，文物保护三防项目（安防、消防、防雷）12个，遗址公园建设、保护规划等其他项目17个（见图1）。从项目性质来看，新开工项目169个，续建项目76个。

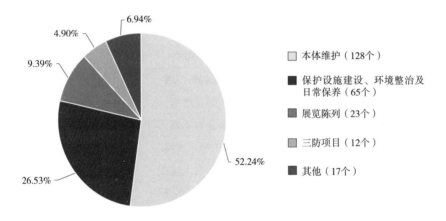

图1　2021年文物保护工程类型统计

　　2021年，实施市级以上文物保护项目数量较2020年相对持平，占比略有上升。区县级以下文物保护项目数量减少，占比略有下降。2021年，实施市级及实施区县级以下文物保护项目116个，占比44.1%，相比2020年116个（占比44.1%）略有下降。文物本体修缮及三防工程项目数量较2020年明显减少，展览陈列及环境整治等项目增多，以上数据说明，我市文物保存总体现状持续改善，文物活化利用需求增加，我市文物工作重心开始从文物本体保护为主向保护与活化并重转变。

二、主要成效

（一）革命文物保护利用传承体系不断健全

出台加强红色资源、革命文物保护利用政策文件，部署33处区县级以下革命文物保护任务，已完成年度任务。全面摸清革命文物资源底数，发布革命文物名录，编制完成革命文物保护利用规划，完成16处革命文物类市级文物保护单位遴选。市政府出台《重庆红岩革命旧址保护区管理办法》，一体推进红岩村、曾家岩、虎头岩"红色三岩"保护提升，红岩文化公园首期项目建成开放，红岩革命文物承载的红岩精神成为第一批纳入中国共产党人精神谱系的伟大精神。长征国家文化公园（重庆段）建设成效明显，出台建设保护规划，实施文物保护、纪念馆建设、文旅开发等项目43个，其中完工18个。纳入党史学习教育"我为群众办实事"清单的60个革命文物保护项目完成年度任务，4条红色线路入选全国建党百年红色旅游百条精品线路，红岩故事宣讲团荣获2021年度"感动重庆十大人物"特别奖。

（二）石窟寺保护利用推进有力

川渝石窟寺遗址公园建设纳入国家《"十四五"文物保护和科技创新规划》《"十四五"石窟寺保护利用专项规划》。完成全市石窟寺专项调查，全市石窟寺及摩崖造像716处，其中国保单位6处、市保单位22处、区县级及以下688处。编制完成《重庆市"十四五"石窟寺保护利用专项规划》，编制《大足石刻保护利用总体规划》，制定《大足石刻文化公园建设战略规划》。全年实施石窟寺项目34个，完成大足石刻佛慧寺、南岸弹子石大佛摩崖造像、江津石门大佛等重点石窟寺保护修缮项目，以及潼南千佛崖保护建筑、大足石刻北山南山安防工程等一批石窟寺保护设施项目。在全国率先开展中小石窟寺保护利用示范项目，加快实施大足石刻峰山寺、合川龙多山摩崖造像等8处中小石窟寺保护利用示范项目，建设小型乡村遗址公园，助力乡村振兴。大足石刻在国家博物馆、苏州博物馆、深圳南山博物馆举办大足石刻特展，与重庆大学、浙江大学加强科教融合创新合作，打造科技创新平台，联合培养人才。

（三）三峡文物系统性保护利用步伐加快

完成三峡历史文化资源"起底式"调查，全市有三峡不可移动文物1.5万处、三峡出土文物18.03万件、历史文化名城名镇名村及传统村落104个、非遗2085项。编制完成《三峡库区文物保护利用专项规划》，制订三峡出土文物三年修复行动计划，启动1.2万件三峡出土文物修复工作。实施三峡文物保护重点项目36个，完成云阳彭氏宗祠、奉节白帝城、丰都小官山古建筑群等古建筑修缮工程，完成巫山龙骨坡遗址A点保护棚项目，万州天生城、奉节白帝城、云阳磐石城、忠县皇华城等长江三峡考古遗址公园建设加快推进。

（四）世界文化遗产申报持续推进

钓鱼城遗址、白鹤梁题刻申遗文本、管理办法、保护规划等申遗要件更加完善，钓鱼城遗址进入国家"十四五"文物保护和科技创新规划申遗重点培育项目。完成钓鱼城范家堰衙署遗址保护展示（一期）工程，实施钓鱼城始关门城墙遗址修缮、白鹤梁题刻水下交通廊道自动扶梯改造等项目。推进钓鱼城遗址、白鹤梁题刻申遗课题研究，出版《全球视野下的钓鱼城遗址遗产价值研究》等重要研究课题，积极推进白鹤梁题刻与埃及大象岛尼罗河水尺联合申遗前期论证，已完成可行性研究报告编制工作。

（五）文物考古研究成果丰硕

完成考古项目151项，发掘面积近3.5万平方米，出土文物4600余件。巫山大溪遗址入选全国"百年百大考古发现"。"考古中国——巴蜀文明进程研究"项目涪陵小田溪遗址考古发掘取得新突破。合川钓鱼城、忠县皇华城遗址、奉节白帝城遗址、万州天生城遗址年度考古取得多项重要成果，有力支撑考古遗址公园建设。完成潼南万佛岩摩崖造像及窟前建筑、丰都犀牛洞遗址等主动性考古发掘项目，丰都犀牛洞遗址再现了三峡腹地武陵山区史前人类活动的历史印迹。出版《忠县中坝》《巴渝文化（第五辑）》《重庆公众考古（庚子辑）》等专著6部，发表各类学术论文42篇，推出《重庆考古百年展》。

（六）"两江四岸"文物保护利用亮点纷呈

全年实施"两江四岸"近现代重要史迹和代表性建筑类文物保护项目134个，其中已完工项目98个。故宫南迁纪念馆深受社会各界好评，重庆开埠遗址公园建成并试运营开埠历史陈列馆，公园整体风貌环境持续改善。重庆抗战金融遗址群——聚兴诚银行旧址、同盟国中国战区统帅部参谋长官邸旧址等20处重点文物保护项目全面完工。老鼓楼衙署遗址公园建设、渝中区大田湾体育场修缮工程加快推进，渝中区十八梯、北碚区金刚碑等传统风貌街区对外开放，着力打造"两江四岸"人文荟萃风貌带。

（七）文物保护与城乡建设协同发展

推进区域文物整体评估，完成全市60个产业园区区域文物影响评估，落实国有建设用地出让前"考古前置"制度。在全国范围内率先完成市级以上436处文物保护单位"两线"范围划定公布工作。全市区县级文物保护单位"两线"划定公布数量达1789处，划定公布率达91.4%。全市38个区县政府建立起文物保护议事协调机制。实施航电枢纽、水利设施、城市建设等基本建设考古142项、考古发掘近2万平方米，有效保障我市重大工程项目建设。强化城乡建设中的文物保护，完成酉阳县车田乡何土司遗址公园建设，以文物保护助力脱贫攻坚，赋能乡村振兴。

（八）文物科技和人才队伍建设卓有成效

三峡文物科技保护基地建成投用，三峡博物馆在馆藏文物有害生物控制技术研究方面取得专利7项，大足石刻博物馆参与国家石窟保护重点研发项目，市文物考古研究院自主实施的"重庆地区出土鎏金青铜器价值认知与保护关键技术研究"获评市级科技进步二等奖。市文化旅游委所属部分文物事业单位增编63个，38个区县及万盛经开区挂牌成立文物局。

（九）文物安全形势持续向好

市政府建立起由分管副市长担任召集人的文物安全工作联席会议制度。

组织开展文物安全隐患排查、文物火灾隐患排查整治等专项工作，累计督促整改安全隐患1427项。查处文物法人违法案件3起，其中1起入选第四批全国文物行政执法指导性案例。开展打击文物犯罪专项行动，共破获文物犯罪案件22起、抓获犯罪嫌疑人71人、追缴涉案文物185件。检察机关就文物保护发出检察建议书29份。全市文博单位新冠疫情防控、安全管理、开放服务各项工作稳妥有序。

三、主要问题

（一）文物保护资金投入渠道单一，不同级别文物保护利用不平衡

目前文物保护经费主要来自中央及市级财政，各区县财政囿于本身财力有限，文物保护资金投入不均衡，对低级别文物保护投入不足。此外，社会力量参与文物保护机制不够完善，调动社会力量参与文物保护活化利用的途径不多。

（二）文物研究阐释不足，文物活化利用有待加强

由于文物价值研究、阐释挖掘不够，导致文物本身承载的历史、文化、艺术等价值未能充分呈现。文物开放利用不足、活化形式单一。

（三）专业力量依然薄弱，文物保护科技创新水平有待提升

基层文物保护机构的文物修复、研究人员短缺，区县文管所与博物馆基本都实行"两块牌子、一套人马"，文物保护专业力量不足，且文物、考古行业工作条件艰苦，人才流失严重，"小马拉大车"现象仍然存在。

四、对策和建议

（一）不断提高文物保护利用水平

完善文物研究阐释工作激励机制，加强文物内涵和价值研究，讲好重庆

的文物故事。充分运用互联网、大数据、云计算、人工智能等信息技术，推动文物展陈方式的融合创新。推动高校深度参与文物工作，同步推进科教融合发展。推动文物与旅游融合发展，理顺文物保护单位与旅游景区的关系，依托重点文保单位建设一批高品质的旅游景区，鼓励文博单位开发有特色、有内涵、制作精美的文创产品。

（二）拓展文物保护资金投入渠道

在积极争取上级文物保护专项经费的同时，应将文物保护经费纳入区县财政预算，保证文物保护经费的来源。强化保护文物也是政绩的理念，将文物保护纳入对区县政府的年度绩效考核指标体系，以此强化对低级别文物的保护，全面提升改善文物保存状况。建立健全社会力量参与文物保护的体制机制，探索通过认养、以奖代补等方式，落实绿地率、容积率补偿等优惠措施，广泛吸引社会资金参与区县级以下低级别文物保护利用，拓展文物保护投入渠道。

（三）强化文物领域人才队伍建设

把握文物保护和考古机构改革重要机遇，探索建立与文物保护职责任务和力量相适应的管理制度，保证基层文物机构的人员力量。探索文物管理机构人事制度改革新路，吸引专业人才向基层流动，充实基层文物保护力量。通过政府购买服务，加强与高校、科研机构的人才交流等方式，充实文物保护队伍，引领文物保护领域发展。加大区县文物首席专家制度推行力度，强化技术指导服务。建立传统工匠传承培养体系，培养一支有情怀、有手艺、有水平的工匠队伍。

2021年重庆博物馆业发展报告

博物馆与社会文物处

　　2021年度，全市博物馆以习近平新时代中国特色社会主义思想为指导，全面贯彻落实习近平总书记关于博物馆发展和文物工作一系列重要批示和重要论述精神，在重庆市委、市政府和国家文物局的正确领导下，聚焦庆祝中国共产党成立100周年，坚持以人民为中心，统筹业务发展与文物安全，全力抓好新冠疫情防控和运行管理，创新服务党史学习教育，进一步推动博物馆在场馆建设、文物保护、藏品研究、陈列展览、开放服务、教育传播、交流合作等方面取得新成效，"十四五"全市博物馆高质量发展开局良好。

一、发展情况

（一）博物馆建设

　　2021年，重庆市新备案开放17家博物馆（文物12家、行业4家、非国有1家），全市博物馆总数达到122家，其中免费开放109家，是近5年来增长最多的一年（见表1）。2021年，由于文化文物部门利用文物保护单位设立的博物馆增多，行业系统和社会力量参与博物馆建设的热情升高，全市博物馆建筑总面积达到77万余平方米，比2020年度增加13.6万平方米，每万人拥有博物馆公共文化服务面积达到240平方米，每26.27万人拥有一座博物馆。

表1　2021年重庆市新备案开放博物馆统计

序号	博物馆名称	性质	所在区县
1	重庆嘉陵江索道博物馆	文物	江北区
2	重庆金融博物馆	行业	江北区

序号	博物馆名称	性质	所在区县
3	重庆市南岸区博物馆	文物	南岸区
4	中共中央西南局缙云山办公地旧址陈列馆	文物	北碚区
5	北培教育博物馆	行业	北碚区
6	重庆市长寿区博物馆	文物	长寿区
7	重庆市长寿区杨克明故居陈列馆	文物	长寿区
8	中等师范教育历史陈列馆	行业	江津区
9	重庆市大足区红岩重型汽车博物馆	行业	大足区
10	后坪坝苏维埃政府史迹展览馆	文物	武隆区
11	和平中学旧址陈列馆	文物	武隆区
12	丰都县博物馆	文物	丰都县
13	垫江县博物馆	文物	垫江县
14	巫山县李季达陈列馆	文物	巫山县
15	南腰界红三军司令部旧址陈列馆	文物	酉阳县
16	彭水苗族土家族自治县博物馆	文物	彭水县
17	重庆市永州区蕴宝博物馆	非国有	永川区

按博物馆性质分，国有博物馆有97家（文物系统博物馆69家、行业性博物馆28家），占全市博物馆总数的79.51%；非国有博物馆有25家，占全市博物馆总数的20.49%。

按博物馆等级分，国家等级博物馆共24家，占全市博物馆总数的19.67%；其中一级博物馆5家、二级博物馆7家、三级博物馆12家。

按博物馆类型分，综合地志类29家，革命纪念类33家，历史文化类26家，考古遗址类8家，艺术类6家，自然类4家，其他类16家。

按五大博物馆群分：历史类74家、革命类33家、抗战类7家、工业遗产类2家、自然科技类6家。

（二）博物馆公共服务

陈列展览。2021年，全市博物馆展出的基本陈列共290个，新推出临时展览455个（其中原创展览293个、交流合作展览162个）。年度内新推出展览数量排名前10位的博物馆见图1。

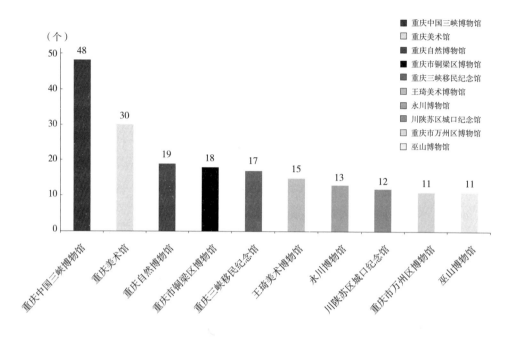

图1　2021年博物馆新推出展览数量排名

社教活动。2021年，全市博物馆开展社教活动线下7359场次、线上1109
场次，线下活动比2020年度增加1978场次，线上线下共参与4112.7万人次。年
度内社教活动数量排名前10位的博物馆见图2、图3。

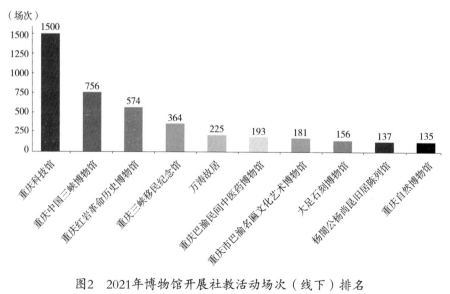

图2　2021年博物馆开展社教活动场次（线下）排名

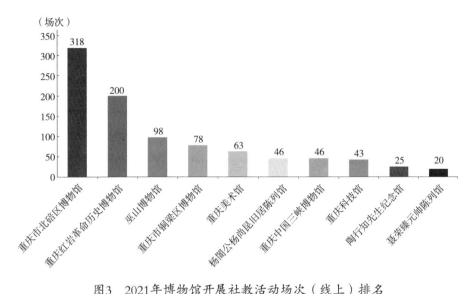

图3　2021年博物馆开展社教活动场次（线上）排名

参观接待。2021年，115家博物馆保持正常开放，平均开放时间291天。全年博物馆共接待观众2646万人次（其中免费开放接待观众2292.6万人次，接待未成年人681.7万人次），比2020年度增长了50.7%，恢复到2019年度的66.4%。全年参观人次排名前10位的博物馆见图4。

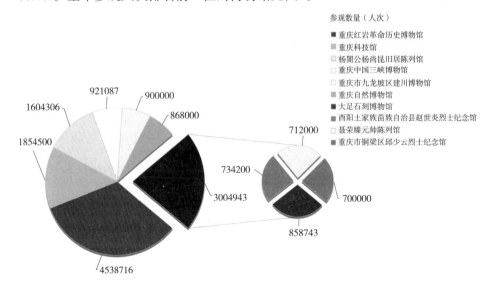

图4　2021年博物馆参观人次

线上服务。2021年，全市88家博物馆官网访问总量965.27万人次，新媒体浏览量达到10262.8万人次。博物馆官网和新媒体年访问总量排名前10位的博物馆见图5。

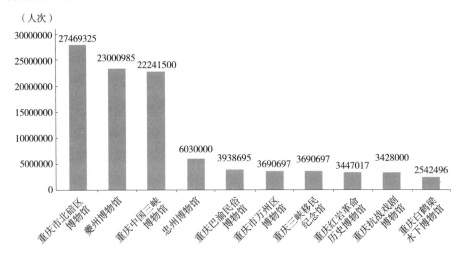

（人次）

图5　2021年博物馆官网和新媒体年访问总量排名

（三）博物馆藏品

藏品数量。截至2021年底，全市博物馆藏品数量达714152件/套，其中文物藏品401158件/套、非文物藏品312994件/套。珍贵文物32419件/套，其中一级文物1253件/套、二级文物2609件/套、三级文物28557件/套。2021年度新增藏品数量22890件/套，其中新征集藏品3787件/套、考古发掘2136件/套、接受捐赠13061件/套，其他来源3906件/套。

保护修复。全市新实施11个可移动文物保护项目，完成17个项目的验收。完成文物（标本）修复840件/套，其中一级文物1件/套，三级文物103件/套，重要出土文物625件/套，自然标本111件/套。启动三峡出土文物保护修复。

（四）文创产品开发

2021年，全市有83家博物馆参与文创产品开发，占全市博物馆总数的68%，比2020年度（59家）增长40.68%。全年新开发文创产品894类1996款，销售收入达2768万元，销售收入比2020年度（2315万元）增长19.57%。文创产品销售收入排名全市前5位的博物馆是重庆中国三峡博物馆、重庆红岩革命历史博物馆、重庆自然博物馆、大足石刻博物馆、重庆市九龙坡九龙沉香博物馆。

二、主要特点

（一）庆祝建党百年活动氛围浓厚

2021年，全市博物馆紧紧围绕庆祝建党100周年策划组织各类活动180余项，参与人次超1000万人次，举办主题展览50余个，观众达200万人次。《重庆市脱贫攻坚展》《初心·使命·奋斗——中国共产党重庆100周年光辉历程展》《建党100周年·统战百件大事——重庆统一战线庆祝中国共产党成立100周年主题展览》3个展览入选国家文物局2021年度"弘扬中华优秀传统文化、培养社会主义核心价值观"主题展览推介项目（其中1个重点推介项目）。2021年6月11日至14日，由国家文物局、重庆市人民政府主办的"文物映耀百年征程"——2021年文化和自然遗产日全国主场城市活动在重庆隆重举行，开幕式、主题论坛、文物科技论坛、三峡文物保护基地和故宫文物南迁纪念馆开馆等系列活动成功举办，有关话题传播量、点击率超3亿次。红岩联线管理中心2篇论文获评重庆市"庆祝中国共产党成立100周年理论研讨会"优秀论文，其中1篇代表重庆入选中宣部等联合举办的庆祝中国共产党成立100周年理论研讨会。三峡博物馆在华龙网推出"百物话百年"专栏，阅读量突破700万，与重庆卫视合作拍摄《红色文物话百年》系列短片，全网播放量超600万次。红岩联线管理中心建成红岩干部学院，创新推出"七个一"特色课程，接待党史学习培训班队655个、学员27023人次；开展"红岩革命故事展演"310场，现场观众33.40万人次，网络点击量超541万人次；"红岩故事100讲"浏览量破2000万人次。

（二）社会教育内容丰富多彩

博物馆是广大公众接受终身教育的重要场所，各馆在社会教育方面积极探索，充分发挥教育职能。重庆博物馆联盟，送展览到学校、乡镇、社区共

1187场次，开展教育活动353场，惠及群众88.5万人次，与100余所中、小学开展馆校共建活动。重庆宋庆龄纪念馆先后发展13所"时代小先生"共建学校，将"博物馆进校园"与"课堂搬进博物馆"的馆校双向交流通道有机结合，积极开展交互式馆校合作模式，培养出300余名"时代小先生"，覆盖受益青少年上万人。重庆自然博物馆全年举办"世界地球日""爱鸟周""环球自然日"等主题科普活动共112场次，举办专家讲座"高质量博物馆散论""昆虫世界"等20场次，打造的"神兽奇妙夜""化石小猎人"等品牌研学项目接待未成年人58.29万人次，入选川渝科普基地创新发展战略联盟单位和十佳科普研学线路。重庆科技馆举办科技·人文大讲坛科普讲座7期，培育科普剧本21项，对照新课标自主研发8门新课程，签约46所学校，接待460余个班级，授课990余课时，近30万人次受益。全市13949名博物馆志愿者参加博物馆服务，2名博物馆讲解员获得2021年全国讲解大赛一等奖，并荣获"全国十佳讲解员"称号，重庆白鹤梁水下博物馆开放接待科讲解组被全国创建青年文明号活动组委会评为"第二十届全国青年文明号"，大足石刻博物馆策划制作的"我在乡村守国宝——走进大足石刻义务文保员全媒体宣传"成为2021年度中华文物全媒体传播精推介项目。利用革命文物旧址打造40个市级党史学习教育基地。40家博物馆列为国家A级景区，17家博物馆纪念馆列入全国红色旅游经典景区名录，4条红色线路入选全国建党百年红色旅游百条精品线路。

（三）文物科研实力不断增强

5家文物保护科研基地运行正常，广泛开展与国内外文物保护单位、高等院校及文物保护装备企业的深入交流与合作，坚持人才培养和引进并举，基本建立了年龄梯次合理、学科结构多元、整体素质较高的科研队伍，文博专业人才队伍不断增强。2021年，三峡文物科技保护基地揭牌并正式运行，作为国家文物保护装备产业基地组成部分，可直接参与产品研发，为三峡库区文物保护提供硬件支撑。大足石刻博物馆参与石窟文物保护国家重点研发项目，与重庆大学、浙江大学形成科教融合创新战略合作。全市博物馆现有在岗专业技术人员1263人，比2020年度（1120人）增加了12.77%，占在编职工总数的65.95%。2021年，全市博物馆开展国际合作项目12个，参加国际交流活动10场次，举办国内学术会议10场次，参加国际、国内学术会议16场次，承担省部级（含）以上科研项目52个，国内横向合作研究项目4个。出版科普读物、教材99本，出版专著和图录53本，公开发表论文636篇。获得国家级奖项2个，省部级奖项33个。获得国家实用新型专利8项、外观专利6项、发明专利2项，软件著作权3项。主持编制1项、参与编制4项文物行业标准。

（四）文创产品开发特色鲜明

各馆充分利用文物IP，盘活文物资源，注重凝练文化元素符号，开发具有重庆特色、观众喜爱的文创产品。重庆中国三峡博物馆构建了完善的文创产品开发经营产业链，搭建"校、馆、企"三方合作平台、IP资源授权管理平台，形成了体现重庆地域文化特色的巴渝、三峡系列文创品牌。重庆红岩革命历史博物馆充分利用红岩文化资源优势开发红梅、荷花、"小萝卜头"等红岩精神系列的特色文创品牌。重庆自然博物馆与专业的文创企业、同类型博物馆、艺术院校合作，共同开发文创产品，产品覆盖不同年龄、不同文化层次和不同消费能力的社会群体。荣昌陶博物馆把陶的生产车间设立在博物馆旁，"产学研"融合，产品独具特色。多项文创产品在2021中国旅游商品大赛、"十三五"全国文化文物单位文化创意产品开发大赛及"重庆好礼"评选中荣获大奖。

（五）新冠疫情防控措施落实到位

博物馆行业新冠疫情防控工作责任重大，各博物馆、纪念馆严格履职尽责，落实文化和旅游部、国家文物局以及重庆市关于新冠疫情防控工作要求，坚持"预约、限流、错峰"，科学控制人流量，严格执行扫码、测温、"一米线"等规定。同时耐心细致解答涉疫群众信访来件30余件次，使新冠疫情防控工作得到群众理解和支持。一年来，全市博物馆保持了新冠疫情零案例，有效筑牢了新冠疫情防控防线。

三、发展趋势

（一）各级更加重视博物馆的改革发展

全市各级党委、政府深入学习，认真贯彻落实习近平总书记关于文博工作的各项重要指示批示精神，把博物馆改革发展列入重要议事日程，纳入政府考核评价体系，统筹推进；重大建设项目纳入《重庆市国民经济和社会发展第十四个五年规划和二〇三五年远景目标纲要》《重庆市"十四五"文物保护和科技创新规划》，为推进"十四五"全市博物馆建设谋好了篇、布好了局。市委宣传部等9部门联合出台我市《关于推进博物馆改革发展的实施方案》，从博物馆改革发展的整体布局、博物馆提升、特色化发展、藏品征集和保护利用、科技保护和智能化建设、展览提升、社会教育功能发挥、宣传传播、文创开发、管理体制和激励机制等14个方面进行部署安排，对改革发展的44个具体项目任务进行分工细化，落实到市级相关部门及区县，推动博物馆高质量发展的环境基本形成。

（二）"一区两群"博物馆建设进一步提速

市级重大项目快速推进，列入《重庆市"十四五"规划纲要重大项目清单》的中国水文博物馆、重庆博物馆、重庆非物质文化遗产博览馆、大河文明馆、重庆革命军事馆等18个博物馆新建（改扩建）项目前期工作开展扎实，在建项目稳步推进、进展顺利。

（三）文物科技创新能力进一步提升

"十四五"期间，我市将进一步加强文物科技应用平台建设。依托国家文物保护装备产业基地，大力发展文物保护装备产业。推动三峡文物科技保护基地发挥在三峡文物保护修复、预防性保护、数字化保护等方面的引领支撑作用。支持大足石刻博物馆建立石窟寺保护研究国际性中心、联合实验室或科研工作站，建设国家文化和科技融合示范基地、中国南方石质文物保护科研基地、潮湿环境石窟寺保护重庆重点实验室。

（四）文化文物创意产业得到空前发展

2021年8月，文化和旅游部等部门印发了《关于进一步推动文化文物单位文化创意产品开发的若干措施》，2021年11月24日，中央全面深化改革委员会第二十二次会议审议通过了《关于让文物活起来　扩大中华文化国际影响力的实施意见》，让文物的活力融入生活、回归社会、服务人民。2022年，我市会出台《关于进一步推动文博单位文化创意产品开发的实施意见》，在坚持正确导向、推进试点工作、健全收入分配机制、用好税收政策、增强主体活力、提高知识产权评估管理水平方面制定更加具体的办法与措施，撬动社会资本和金融资本更多投入，推进文物活化利用的协同创新、成果转移和社会共享，进一步刺激和推进我市文化文物创意产业发展，力争建成中国文物文化创意产业基地。

2021年重庆文物安全工作报告

文物督查处

2021年，全市文物系统深入学习贯彻习近平总书记关于加强文物保护和文物安全工作的重要指示批示精神，认真落实党中央、国务院和市委、市政府有关文物安全工作的部署，始终坚持文物安全是底线、红线和生命线，全力做好文物安全工作。各级行业部门依法履行职责，深入做好文物安全行业监管工作，依法督办查处文物安全隐患整改和违法案件，严厉打击文物犯罪，坚决消除各类安全风险隐患，有效遏制文物安全事故发生，全市未发生大的文物安全事故案件，安全状况总体向好发展。现将全年文物安全相关工作情况报告如下。

一、2021年主要工作

（一）树牢文物安全理念

各级文物行政部门和各文博单位坚持加强文物安全教育培训，培养更多"文物安全明白人"。全体人员牢固树立"人民至上、生命至上"理念，增强文物安全底线思维，强化安全风险意识和责任意识，始终坚持把文物安全放在首要位置。

1. 加强安全理论学习宣传教育

全市文物系统利用中心组学习、安全会议等时机，重点学习"生命重于泰山——学习习近平总书记关于安全生产重要论述"专题片。组织观看以安全生产为主题的典型事故警示教育片112场，组织参观以文物安全为主题的安全警示教育展览35场，组织开展安全宣传咨询活动127场，参与人员达

40000余人次。市文物局还编印了《文物安全监管法规文件和安全事故案例选编》，发放到各区县政府、乡镇政府（街道办事处）及文物部门，用发生在身边的典型案例进行警示教育。通过增强思想认识、丰富安全知识、强化安全技能、规范安全管理、处置突发事件等方面教育培训，进一步增强各级文物安全红线、底线和生命线意识。

2. 强化文物安全从业人员教育培训

为强化基层文物安全一线人员的安全意识和业务技能，2021年3月和7月，分别在涪陵区、云阳县举办渝东南、渝东北片区文物安全巡查人员教育培训，共培训区县文物部门文物安全工作人员、无专门管理机构市级以上文物保护单位文物安全巡查看护人员240人，邀请专家围绕文物法人违法、文物建筑火灾防范、田野文物安全管理及安全检查组织实施等方面进行授课培训。市文物局还对江北区、渝北区、南岸区、铜梁区、武隆区、南川区、酉阳县等区县的培训工作进行现场指导和实地授课。

（二）筑牢文物安全基础

全市各级各部门按照"管行业必须管安全、管业务必须管安全、管生产经营必须管安全"的要求，坚持守土有责、守土尽责，立足本职，积极作为，切实把文物安全责任措施落实到基层和岗位，扎实抓紧抓实做好文物安全基础工作。

1. 加强文物安全组织领导和协作机制建设

为深入贯彻落实《国务院办公厅关于进一步加强文物安全工作的实施意见》，加强对文物安全工作的组织领导，统筹协调市级相关部门力量，2021年7月，市文化旅游委报市政府同意，建立了全市文物安全工作联席会议制度，由分管副市长担任召集人，13个市级有关部门为成员单位，每年召开1次全体会议，重点研究解决文物安全重大问题，指导督促检查有关政策措施落实，制定加强文物安全的措施。同时，市文化旅游委（市文物局）还与市检察院、市公安局刑侦总队和治安总队、市民族宗教委、市消防救援总队等相关单位完善了日常工作协作机制，推进双方工作常态化、长效化，保证工作的畅通。

2. 加强文物安全工作制度化和规范化建设

制定出台了《重庆市文物督察约谈办法》，对市级层面和区县层面开展文物保护督察约谈工作进行规范，督促本市区县（自治县）、乡镇人民政府（街道办事处）及其有关行政主管部门，有关单位切实履行文物保护责任，为落实文物保护和安全责任提供制度保障。起草完成了《重庆市文物安全责任制实施办法》，印发后将进一步压紧压实文物安全责任。编制了《重庆市文物安全突发事件应急预案》，结合当前文物面临的多种安全风险，制定相应的处置措施，明确了处置程序，确保应急工作规范化。

3. 加强文物安全信息化智能化建设

为加强对全市文物博物馆单位的保护和安全管理，强化责任和措施落实，依托重庆市智慧文旅广电云，对原有"文物安全综合管理平台"进行升级改造，建成了新的"全市文物安全巡查督察系统"，实现了全市不可移动文物和博物馆的文物资源数据库，集成基础数据、安全巡查、视频监控、气象预警、保护范围和建设控制地带指示、督察督办等功能，进一步提高了日常文物巡查和监管的质量和效率，提高了文物安全日常监管智能化信息化水平。

4. 加强文物安全防护设施建设

2021年，相继完成了中美合作所集中营旧址、西部科学院旧址、育才学校旧址、刘伯承故居等10个安防项目，石宝寨、双桂堂、法国领事馆旧址等10个消防工程项目，张桓侯庙、北山摩崖造像、宝顶山摩崖造像等6个防雷工程项目。进一步完善了全国重点文物保护单位的安全防护设施，提升了文物单位自身安全防护能力。

5. 强化文物安全责任落实

市文物局将全市2018—2019年度文物保护责任履行情况专题报告市政府，并将评估结果反馈给各区县政府和文物部门，督促各区县逐项对照整改，促进区县政府更好地履行好文物保护主体义务。各区县政府坚持落实属地管理责任，继续深入开展文物安全目标责任书签订工作，38个区县政府及两江新区、重庆高新区、万盛经开区管委会与1015个乡镇（街道）签订了文物安全责任书，覆盖了全市24557处不可移动文物和87家博物馆。各级文行政部门深入推进文物博物馆单位安全直接责任公告公示制度，检查督促文博单位完善直接责任人公告公示，全市累计制作文物安全直接责任人公示牌9034块，除古墓葬外，全部落实了文物管理使用者的直接责任、行业部门监管责任，公布了违法举报电话，广泛接受社会监督。

6. 严格落实日常安全巡查检查

市文物局依据《重庆市文物安全检查督察办法》，通过重庆市文物安全巡查督察系统，定期对各区县开展文物安全巡查工作进行梳理统计，每季度通报未按时完成巡查任务的单位，督促抓好日常巡查工作落实。2021年，各区县文物部门和文物安全巡查员利用手机App巡查文保单位66538处次，其中国保2549处次、市保4487处次、区县保11622处次，均按要求完成了年度文物安全日常巡查任务。

7. 持续开展专项检查督察

一是开展文物火灾隐患排查整治和消防能力提升三年行动。市级文物、消防部门对全市所有区县进行了联合检查督察，共检查543处文物博物馆单位，排查整改365项文物火灾隐患。二是开展全市革命文物执法检查专项行动。分别对17个区县的49处革命文物进行了重点抽查，发现区县级革命文物两线未全部划定公布、房屋建筑类革命文物本体存在安全隐患、私人产权革命文物保存状况较差、文物日常安全管理不到位四类问题，全部书面反馈检查意见，并发送督办整改通知7份。三是开展古镇古寨文物消防安全排查专项整治工作。为深刻吸取江津区中山古镇"6·4"火灾事故教训，按照《重庆市人民政府办公厅关于印发重庆市古镇古寨消防安全排查整治工作方案的通知》（渝府办发〔2021〕58号）要求，联合消防救援部门对15个区县的古镇古寨文物火灾隐患排查整治情况进行实地抽查，共排查消防安全隐患256项，投入整改经费360万余元。四是开展全国文物安全隐患排查整治活动。按照全面排查与重点排查相结合的原则，市、区县两级文物部门出动4960人次，检查文物博物馆单位2490个，排查整改隐患662项。

（三）封牢文物安全笼网

市、区县文物行政部门积极会同相关部门依法督察文物保护，坚决打击破坏文物、损毁文物、盗窃盗掘文物的违法犯罪行为，消除安全风险，堵住安全漏洞，切实密封文物安全网。

1. 严肃查处法人违法

市文物局设立文物违法举报电话，鼓励群众提供违法线索，全年受理违法举报线索8条，直接核实处理3条，督办、转办5条。2021年，全市共发生文物法人违法案件2起，全部得到查处。其中市级文物和行政执法部门联合办理的富正建筑工程有限公司在市级文物保护单位"逊敏书院"的保护范围内违法施工案，入选第四批全国文物行政执法指导性案例，受到国家文物局通报表彰。

2. 严厉打击文物犯罪

坚持与公安机关定期会商、密切协作，联合部署开展打击文物犯罪专项行动。自2020年8月打击文物犯罪专项行动部署开展以来，全市共立文物犯罪案件21起，破案22起（往年积案1起），抓获犯罪嫌疑人71人，追缴涉案文物185件（其中二级文物3件、三级文物22件、一般文物160件），打掉文物犯罪团伙5个。其中，巴南区公安机关破获一起盗掘、盗窃、贩卖文物案，成功打掉犯罪团伙，抓获犯罪嫌疑人21名，追回被盗文物近百件。2021年，全市起诉涉文物犯罪嫌疑人58名。为加强对群众警示教育，联合重庆电视台社会与法频道，拍摄制作打击防范文物犯罪专题警示片，在《拍案说法》栏目播放。

3. 检察文物保护不力

根据文化遗产领域检察公益诉讼协作机制，积极督察督办有关责任单位落实文物保护责任和安全隐患问题整改。2021年，检察机关发出检察建议书29份，18个区县文物行政部门因履行文物保护属地管理责任、监管责任不到位，8个乡镇政府（街道办事处）因文物保护不力，受到检察机关检察建议。黔江区、渝中区、巴南区、长寿区、南川区、武隆区、綦江区、开州区、梁平区、丰都县、忠县的有关单位按要求完成整改后，检察机关出具了终结案件审查决定书；合川区、大足区、永川区、巫山县、彭水县、石柱县、云阳县、秀山县的有关单位收到检察建议后正在积极落实整改；大渡口区文物行政部门因督促责任单位落实整改不到位被提起行政公益诉讼。

二、文物安全工作面临的形势

2021年，全市文物安全监管工作取得了一些成效，未发生较大的文物安全事故案件，但安全形势依然严峻，文物安全还存在文物管理使用单位文物安全责任意识不强，巡查、检查工作不落实；文物建筑依然存在电气线路敷设和电气设备安装不规范、消防安全管理松懈、责任不落实、制度执行不力；文物保护工程施工现场安全措施不足，施工人员安全意识不强；文物利用需要与保护要求不相符的问题。同时，文物保护单位的"两线"范围内违法施工、盗掘古墓葬、盗窃文物等文物违法犯罪案件还时有发生。

三、2022年工作计划

2022年，进一步强化文物安全底线、红线和生命线意识，聚焦文物法人违法、盗窃盗掘、火灾事故三大风险，完善防控体系，加大执法检查督察力度，不断提高文物安全防护能力和日常监管水平，严防死守，全力确保全市文物安全稳定。

1. 强化文物安全责任落实

继续实施文物安全责任书签订工作，检查抽查文物安全直接责任人公告公示落实，开展文物保护责任检查评估。督促文物单位落实新冠疫情防控责任，严格落实防控措施，扎牢入口关。

2. 推进文物安全工作协同

以全市文物安全工作联席会议制度为指导，着重推动加强与城乡建设、宗教部门的协作，加大对古镇古村、宗教活动场所文物的安全排查整治。

3. 严防文物火灾事故

坚持"预防为主，防消结合"的方针，始终把火灾防范作为文物消防的重中之重，继续推进文物火灾隐患整治和消防能力提升三年行动，加强源头管控，加大火灾隐患排查力度，将电气线路整改、生产生活用火、违规用火用电、违规燃香烧纸等作为整治重点，提升火灾风险防控能力。

4. 严打文物违法犯罪

加大对文物违法线索举报奖励的宣传力度，引导和鼓励群众提供违法犯罪线索，重点加强对石窟寺、石刻、古遗址、古墓葬等田野文物的安全防范，积极配合公安机关、行政执法部门做好打击文物犯罪、查处文物违法行为。

5. 推进文物安全科学管理

推动文物安全防护与现代科技融合创新，进一步完善文物安全巡查督察系统，完善文物安全防护设施，严格执行安全制度，增强文物安全自身防护能力和安全监管水平。

2021年重庆温泉康养产业发展报告

产业发展处

2021年，市文化旅游委以打好"温泉牌"为重要抓手，围绕世界温泉之都品牌建设主线，聚焦重大活动、宣传推介、产业发展等方面，积极推动温泉康养产业复苏提振、转型升级，推动全市温泉旅游高质量发展，取得了良好效果。

一、发展现状

（一）市场消费逐步"回暖"

2021年，全市温泉领域消费呈现"回暖"趋势，温泉企业游客人数、门票收入、综合收入等均实现正增长。全市正常营业的33家温泉企业接待游客人数达307万人次，与2020年同期相比增长34%，恢复到2019年同期的93%；门票收入1.74亿元，与2020年同期相比增长45%，与2019年同期基本持平；综合收入6.65亿元，与2020年同期相比增长13%，恢复到2019年同期的94%。

（二）项目建设稳步推进

2021年末，全市在建、拟建温泉康养项目26个，总投资概算583.75亿元，其中在建项目9个，储备招商项目17个。整体布局由之前以主城都市区为主，逐渐向渝东南、渝东北两个方向延伸。重庆温泉康养产业进入提质增效发展新阶段，北碚提出打造百亿级温泉产业带，拟在世界温泉谷核心区"北温泉"引入多个新项目；巴南区拟对东温泉、南温泉项目提档升级，布局多个"温泉+"业态；温泉赛道还出现多个"新面孔"，长寿、垫江、綦江等区县纷纷加入"战团"，全新规划设计了盐浴温泉、大洪湖温泉、温泉博物馆、温泉水世界等各具特色的新项目。

（三）产品供给不断丰富

我市温泉康养产品业态更加丰富完善，呈现出温泉度假村、温泉酒店、温泉水乐园、温泉水疗会所、温泉民宿、温泉山庄等多种形式。同时，以各个温泉企业为基地，结合周边旅游产品特色，设计了"温泉+都市旅游""温泉+乡村旅游""温泉+森林康养""温泉+气候康养""温泉+文化养心""成渝温泉环线"等主题旅游线路。

（四）发展方向更加明确

2021年11月，《重庆市温泉旅游发展规划——世界温泉之都品牌提升规划（2021—2035）》（以下简称《规划》）正式印发，对全市温泉旅游未来15年的发展做出系统规划和总体部署。《规划》以打造"世界一流的温泉旅游城市和温泉疗养胜地"为总目标，坚持全市一盘棋，统筹布局全市温泉旅游产业，推动重庆温泉旅游由休闲旅游型向休闲旅游与康养度假复合型发展。《规划》对未来重庆温泉康养产业发展定位、空间体系、产品体系、项目体系、市场主体培育、品牌营销、政策保障等进行了明确。

二、主要工作举措

（一）坚持以重大活动为牵引，持续培育温泉消费市场

举办首届中国温泉产业博览会暨第四届中国温泉与气候养生旅游国际研讨会、温泉康养文化与水中运动康复高端论坛暨2021年重庆温泉康养项目招商推介会，活动形式灵活多样，展示内容丰富多彩，参与度和关注度高，极大地提升了重庆温泉在全国乃至全世界的知名度和影响力；举办新春有礼温泉惠民消费月、"康疗养生·温泉更要夏天泡"——邀重庆市民免费泡温泉等活动，通过"财政补贴+企业惠民"形式，让市民享受优惠福利，有效拉动了温泉市场消费。

（二）坚持以产业发展为重点，扎实做好招商引资工作

举办2021年重庆温泉康养项目招商推介会，推介巴南区东温泉民宿温泉项目、渝北区龙门温泉度假区等7个温泉康养项目，总投资380亿元；赴四川成都开展温泉专场招商推介会，精选中国温泉产业博览会、大洪湖温泉康养小镇、东温泉山水民俗温泉等4个项目进行重点推介，并对重庆市温泉旅游线路、产品进行了集中推介；首届中国温泉产业博览会期间举办重庆市重点温泉项目投资推介会，精选全市近20个优质温泉项目进行集中推介、展示，合计投资规模超470亿元；指导綦江中新·豪立国际温泉康疗小镇项目签约并动工；投资80亿元、规划面积8.82平方公里的统景国际温泉度假区项目正式签约。

（三）坚持以宣传推介为方向，不断提升温泉之都影响

举办"2021重庆温泉文化创意设计大赛"，组织"巴山渝水踏歌行"重庆温泉旅游宣传推介，开展温泉5G新媒体宣传营销，高标准完成重庆温泉招商引资片拍摄制作，全方位展示重庆温泉的独特魅力及温泉项目的投资潜力，组织开展"温泉十二金钗"拍摄及宣传工作，世界温泉之都品牌影响力持续扩大。

（四）坚持以引导扶持为基础，充分发挥市场主体作用

加大对市温泉旅游协会的扶持指导力度，支持以协会的名义举办各类活动，充分发挥协会"上传下达"的桥梁纽带作用，带动重庆温泉产业共同发展；用好亚太（重庆）温泉研究院温泉产业研究平台，为重庆温泉产业提质增效赋能；向温泉企业"一对一"提出发展意见与建议，指导融汇温泉、统景温泉、天赐温泉等企业深挖特色、创新发展，激发市场主体自身动能，推动温泉康养产业高质量发展。

三、2022年工作打算

2022年，市文化旅游委将围绕世界温泉之都品牌提升计划，大力推动温泉康养产业发展，持续抓好宣传推广工作，积极培育温泉消费市场，全力服务温泉康养产业发展。

（一）精心办好节会活动

重点抓好"一会一节"，高标准、高质量举办第二届中国温泉产业博览会和第二届世界温泉之都养生文化节等节会活动，搭建温泉产业发展平台，提升重庆温泉整体形象，吸引温泉企业投资重庆，全城传递温泉养生文化，促进全市温泉旅游消费。

（二）精准实施宣传营销

针对川渝地区互为最大客源地，实施精准宣传营销，在中石油乐至南服务区打造重庆文旅会客厅——温泉推广展厅，全年将其作为重庆温泉旅游宣传推广新阵地、新渠道，打造重庆温泉旅游产品新的网红展示平台；拟赴湖北省武汉市开展重庆·世界温泉之都招商推介会，搭建重庆与湖北温泉旅游产业交流、发展平台，提升重庆温泉旅游品牌及产品在湖北市场的知名度、美誉度；持续开展温泉5G新媒体宣传营销，做好"温泉十二金钗"短视频拍摄、推广，持续扩大重庆温泉影响力。

（三）聚焦服务温泉康养产业

加强与区县政府合作，联合举办温泉旅游专场招商推介会及相关主题温泉活动，努力搭建温泉旅游招商引资和宣传推广平台；继续与世界温泉与气候养生联合会、中国旅游协会温泉旅游分会等国内外机构合作，在温泉节会举办、产品开发、品牌打造等方面进行合作；加快推动统景国际温泉度假区、新北泉公园、綦江中新·豪立国际温泉康疗城等重大项目实施见效；深入贯彻落实《支持服务业等困难行业纾困恢复十条措施》《重庆市贯彻〈关于促进服务业领域困难行业恢复发展的若干政策〉的措施》等文件精神，实施精准服务，强化金融支持，全力推动温泉旅游行业复苏提振。

专　题　篇

2021—2022年重庆市文化与旅游发展形势分析及预测

重庆市文旅委综合协调处

全市文化和旅游系统以习近平新时代中国特色社会主义思想为指导，深入贯彻党的十九大和十九届二中、三中、四中、五中全会精神，深入学习习近平总书记七一重要讲话精神，增强"四个意识"，坚定"四个自信"，做到"两个维护"，深入落实习近平总书记对重庆提出的营造良好政治生态，坚持"两点"定位、"两地""两高"目标，发挥"三个作用"和推动成渝地区双城经济圈建设等重要指示要求，立足新发展阶段、贯彻新发展理念、融入新发展格局，统筹新冠疫情防控和文旅发展，推动"十四五"开好局、起好步，开启社会主义现代化建设新征程。

一、2021年全市文化与旅游主要指标情况

2021年，虽受国内新冠疫情影响，但全市文化和旅游产业整体呈现良好复苏态势。重庆的游客满意度在全国旅游城市游客满意度评价中多年排名全国前三，连续两年位列"西部文化消费指数"榜首。中国旅游研究院最新调查数据显示，近期，中国人最想去的城市旅游目的地，重庆位居第一。抖音发布最受欢迎十一游城市，重庆排名全国第一；最受欢迎的地方美食，重庆火锅排名全国第一。

（一）全市旅游资源情况

全市现有A级以上旅游景区269个，其中5A级10个、4A级131个。旅行社753家，旅游星级饭店150家。

（二）全市旅游接待情况

据初步统计测算，2021年，全市接待过夜游客8834.86万人次，同比增长37.2%；A级景区接待游客17546万人次，同比增长9.0%。

（三）全市文化与旅游产业情况

据初步统计测算，2021年，全市实现文化产业增加值1057.11亿元，同比增长8.9%，占全市GDP比重为3.8%。实现旅游产业增加值1076.09亿元，同比增长9.9%，占全市GDP比重为3.9%。

（四）"一区两群"文化与旅游产业情况

据初步统计测算，2021年，主城都市区实现文化产业增加值940.84亿元，实现旅游产业增加值775.08亿元，同比分别增长11.3%和8.8%；渝东北三峡库区城镇群实现文化产业增加值95.63亿元，实现旅游产业增加值189.89亿元，同比分别增长5.7%和14.1%；渝东南武陵山区城镇群实现文化产业增加值38.04亿元，实现旅游产业增加值81.45亿元，同比分别增长8.5%和12.8%。

（五）十一旅游接待及过夜住宿情况

十一节假日7天累计接待境内外游客3415.75万人次，按可比口径较2020年同比增长7.7%，恢复至2019年同期的88.5%；实现旅游总收入200.26亿元，按可比口径较2020年同比增长2.5%，较2019年同比增长6.7%。纳入统计监测的住宿点共接待全市过夜住宿人数达186.54万人，较2020年同比增长12.3%，恢复至2019年同期的92.3%。

二、2021年全市文化与旅游业亮点工作

（一）坚持以中央部署和国家战略为引领，全力推动既定的重要任务、重要安排落实落地

一是文化旅游"十四五"发展规划编制工作加速推进。编制全市文化和

旅游发展"十四五"专项规划，协同推进艺术创作、公共服务、旅游业发展、非遗、文化产业、文博事业、广电网络视听、人才等系列子规划编制并与文化和旅游发展"十四五"规划充分衔接，初步形成"1+N"规划体系。联合四川协同文化和旅游部编制《巴蜀文化旅游走廊建设规划》，有序推进《重庆全域旅游发展规划》《重庆渝东南武陵山区文化和旅游产业融合发展示范区规划》等编制。二是巴蜀文化旅游走廊建设全面推进。召开川渝文旅融合发展协作专题工作会、巴蜀文化旅游走廊建设专项工作组联席会第三次会议，发起成立巴蜀文化旅游推广联盟，签订成渝地区龙文化旅游推广合作协议，赴成都开展推广推介活动，携手阿坝州政府共同举办川渝"9+3"精品景区旅游产品发布会，川渝文化旅游推广合作机制产生实效。共同办好2021年川剧节和成渝地区文化和旅游公共服务及产品采购大会，积极参加第八届中国成都国际非遗节系列活动。联合举办首届巴蜀合唱节、川渝非遗绣活大赛、川渝"阅读之星"诵读大赛等节赛，互动开展"成渝地·巴蜀情"系列群众文化活动、川渝乐翻天戏曲交流展演等，打造"川渝阅读一卡通"，联合主办沉浸式"剧本杀"全国交易大会暨成渝"剧本杀"联展，聚集了来自全国各地2000余名店家和160余家发行单位，共发行了300余个剧本。推进专题节目《奔腾之歌——重走成渝线》的拍摄制作，合作上线"双城记"频道，开设《慢直播》《双城大事件》《对话双城》等栏目，川渝两地广播电视协同联动更加紧密。三是"一区两群"文化旅游发展重点突破。深入贯彻落实市委市政府"一区两群"协同发展部署，推动出台《重庆市推动旅游业高质量发展的政策举措》，研究制定关于加快建设重庆旅游发展升级版的实施意见及"大都市、大三峡、大武陵"旅游发展升级版实施方案，形成"1+3"政策支撑引领体系，着力打造"大都市、大三峡、大武陵"三大旅游品牌。聚焦"大都市"，深入实施大都市旅游发展升级版五大提升工程，加快推进长嘉汇大景区、长江文化艺术湾区等重大项目建设。成功召开主城都市区协作组织联席会议，举办巴蜀文旅融合发展论坛，深化主城都市区联动发展、同城化发展。江北区、九龙坡区、南岸区入围第二批国家文化和旅游消费试点城市名单。聚焦"大三峡"，持续强化规划引领、产品开发、品牌创建、宣传推广，建成大三峡旅游集散中心，启动高铁旅游宣传造势，新打造2艘星级游轮并下水首航，2021年1—9月，长江三峡游轮游船共发班2839艘次，接待游客55.79万人次，分别为2019年同期的64.46%和66.31%，三峡游轮旅游持续复苏。推动"三峡库心·长江盆景"规划打造和品牌营销。聚焦"大武陵"，举办2021·中国武陵文旅峰会，实现招商引资签约总金额1432.75亿元。完成了2021中国原生民歌节筹备工作。推出武陵山十大精品旅游景区、十佳人气景区、十佳文旅融合景区、十大精品旅游线路。濯水古镇景区成功创建5A级景区。成立由市委、市政府分管领导任理事长的武陵山文旅发展联盟，组建武陵文旅融合发展公司，启动武陵文旅推广中心建设。召开乌江画廊文旅示范带建设座谈会。在文化和旅游部召开的国家级文化生态保护区建设经验交流活动上，重庆作典型发言。《以非物质文化遗产有形化为载体助推渝东南武陵山区文化和旅游产业融合发展示范区建议研究》获全国文化和旅游系统2021年度优秀调研报告。

（二）坚持以改革创新为驱动，积极推动重点领域、重要环节工作取得新的进展

一是旅游资源开发不断优化。完成全市旅游资源普查，形成《重庆市旅游资源普查报告》系列成果，建立市旅游资源数据库。成功举办全市文化和旅游资源普查成果转化利用专题培训。奉节白帝城·瞿塘峡、巫山巫峡·神女等景区完成国家5A级景区创建，建立了国家5A级景区创建名录库，形成5A级景区创建梯队，成功创评4A级景区4个、3A级景区7个。召开全市旅游景区品质提升工作动员会，出台了《全市旅游景区品质提升行动方案》，全面推进全市旅游景区品质提升行动。认定南川区等6个区县为第二批市级全域旅游示范区，推动缙云山—北温泉、万盛黑山、石柱黄水、长寿湖等旅游度假区按照国家级旅游度假区标准提档升级，推进市级旅游度假区创建，完成巴南东温泉—北温泉、江北铁山坪等5个市级旅游度假区复核现场检查。开展文明旅游示范单位评价，武陵山大裂谷景区、金佛山景区被评为全国文明旅游示范单位。举办2021"重庆好礼"旅游商品（文创产品）大赛，评选金银铜奖共80个。参加2021中国特色旅游商品大赛获得7金9银9铜，金奖数量位居全国前列。参加2021中国旅游商品大赛获得1金5铜。30件红色旅游创意产品

入选全国红色旅游创意产品展示活动。研究制定《利用存量闲置房屋发展旅游民宿试点方案》，成为全国盘活存量闲置房屋、推动旅游民宿发展的创新性举措。二是文旅重大项目稳妥推进。坚持招商联动，先后组织赴无锡、杭州、上海、南昌、深圳等地开展专题招商15次，举办招商推介30次，协议引资110亿元，前三季度全市招商活跃指数考核中位居前列。加快推进93个市级重大文旅项目建设，全年计划完成投资164.43亿元，截至2021年9月底，实际完成投资121.38亿元，投资完成率73.8%。涪陵北山国际文旅康养度假区、中国·武隆懒坝LAB、重庆白俄罗斯风情小镇等项目推进顺利；洋炮局1862等项目即将建成投用；长江艺术湾区等项目前期工作序时推进。三是宣传营销新体系持续完善。用好资源优势，讲好重庆故事，展示重庆形象，推出"打卡巴渝美景"全媒体推介活动，打造新景新名片，开展"重庆有美景"短视频形象展示活动，重庆成为五一、十一期间抖音网友打卡最多的城市。开展海外线上宣传，各外宣平台用户持续增长，各媒体平台累计曝光7.15亿次。与中央广播电视总台携手打造"Why Do We Love Chongqing?（我们为什么爱重庆？）"英文短视频，被新华社等媒体推送。融入文化和旅游部外宣大局开展重庆文旅宣传，成功举办中国—上海合作组织数字经济产业论坛智慧旅游分论坛、2021年"美丽中国·心睇验"线上推介会，筹备举办2021暨澜湄市长文化旅游论坛，积极融入服务国家总体外交。打造重庆文化旅游国际交流服务平台，为外国驻华使领馆等在华涉外机构提供"全链式"和"一站式"服务。高质量完成"欢乐春节""部省合作计划""美丽中国"等国际品牌活动推广任务，重庆文化旅游国际交往"朋友圈"不断扩大、国际"能见度"不断提升。强化精准营销与借力营销，深化实施"百城推广行动"和"百媒推广行动"，"山水之城·美丽之地"的知名度和美誉度进一步提升。

（三）坚持以高质量发展为目标，努力推动文化和旅游产业持续快速健康发展

一是文旅产业发展质效持续提高。开展2021重庆文化产业和旅游产业供需对接会，现场签约28个文旅项目达249亿元。与人行重庆营管部联合印发

《重庆市银行业金融机构支持文化产业和旅游产业高质量发展政策措施》，组织开展重庆文化产业和旅游产业金融专场对接会，在"渝融通"银企融资对接平台新设文旅融资对接板块，助力文旅企业缓解融资难题。向银行机构推荐重点文旅项目82个、融资需求552.21亿元，截至目前，新增授信17户32.74亿元，新增放款23户33.46亿元。组织开展市级文化产业示范园区（基地）发展情况专题调研，抓好温泉产业基础建设，建立全市温泉产业项目跟踪平台，全市在建、拟建项目合计26个，总投资概算381.72亿元。二是科技赋能文旅产业发展。依托重庆邮电大学打造"旅游多源数据感知与决策技术文化和旅游部重点实验室"，成功创建文化和旅游部重点实验室。申报国家科技创新工程项目7个，争取资金、资源支持。完成重庆智慧文旅广电云平台一期建设并上线使用，累计接入文旅场景238家，汇总分析客流数据定期通报各区县政府，辅助决策管理支撑。三是文旅消费持续回暖。联合有关市级部门制定《支持文旅企业复工复产和生产经营政策措施》，举办第七届中国西部旅游产业博览会和2021年重庆（国际）文化旅游产业博览会，同步组织6个主题30余场配套活动，吸引30个省区市、9家驻蓉驻渝使领馆和旅游推广机构，上千家文旅单位参展参会，撬动文旅消费8200万元。举办第六届重庆文化旅游惠民消费季（春夏）活动，拉动消费超过4000万元。开展"2021年新春有礼温泉惠民"消费月、"康疗养生，温泉更要夏天泡"——重庆市民免费泡温泉活动，全市19家温泉企业温泉接待人数达32万多人次，温泉经营总收入5600多万元。举办重庆非遗购物节和第六届重庆非遗暨老字号博览会。成功创建1个首批国家文化和旅游消费示范城市、5个试点城市；授牌7个市级夜间文化和旅游消费集聚区，6家单位入围国家夜间文化和旅游消费集聚区公示名单。

（四）坚持以人民为中心的发展理念，持续增强群众的获得感幸福感

一是文化艺术创作成果丰硕。重点扶持作品杂技剧《一双绣花鞋》、话剧《天坑问道》、歌剧《一江清水向东流》首演获得好评。由中国舞蹈协会与我委联手打造的中国第一部街舞剧《超燃的青春》（暂定名）已正式启

动。打磨提升民族管弦乐《告别千年》、京剧《双枪慧娘》等优秀作品。深入挖掘优势资源，启动"光辉闪耀抗建堂——重庆经典抗战话剧新创排演工程"。选送作品参加全国评选，原创魔术节目《仙豆》获第十一届中国杂技金菊奖、全国魔术·滑稽比赛金奖，歌剧《尘埃落定》获第六届全国少数民族文艺会演最佳剧目奖、最佳编剧奖和第二十四届曹禺剧本奖。打造"舞动山城"文旅品牌，实施《中国顶尖舞者成长计划》，推动打造国际舞蹈艺术中心文旅产业园。二是驻场演出日渐成熟。2021年十一长假期间，重庆的大型驻场演出超过30场，主要分布在旅游景点、城市商业体内的演艺空间，以及餐饮场所。芭蕾舞剧《胡桃夹子》国庆7天驻场欢乐谷恺撒宫剧场，创新开辟主题公园与重庆专业艺术院团文旅融合演艺新空间；大型红色舞台剧《重庆·1949》自公演以来已演出40余场，可容纳1500人的观众席平均每场售出75%以上；《魔幻之都·极限快乐Show》自首演以来共完成驻场演出600余场，接待观众40余万人次，收获业界和观众的无数好评。曲艺《记艺·山城》、话剧《雾重庆》等一系列驻场演出广受欢迎，《印象·武隆》《烽烟三国》《归来三峡》等已成为营销重庆的一张文化名片。三是庆祝建党100周年相关活动有序推进。选派队伍参演《伟大的征程》——庆祝中国共产党成立100周年大型文艺演出。创排"永远跟党走"——重庆市庆祝中国共产党成立100周年文艺演出，在重庆大剧院圆满演出，获市领导好评。舞剧《绝对考验》完成创作，其中"火锅舞"片段选送参加2022年春晚节目。遴选川剧《江姐》等15部优秀舞台艺术作品在全市展演巡演，累计巡演120余场，现场观演30多万人，网络观看量420多万人次，新闻报道超300条次。创新打造"红岩革命故事展演"精品项目，获国家文物局批示肯定，并面向全国推广。话剧《红岩魂》等3部作品入选庆祝中国共产党成立100周年优秀舞台艺术作品展演参演作品名单，《初心·使命·奋斗——中国共产党重庆100周年光辉历程展》《建党100周年 统战百件大事——统一战线庆祝中国共产党成立100周年主题展览》入选中央宣传部、国家文物局庆祝中国共产党成立100周年精品展览。开展"理想照耀中国"视听艺术作品展播活动，展播《百炼成钢》《解放大西南》等优秀剧目，持续推进红岩革命故事展演355场次，现场观众超39.48万人次。坚持面向基层、面向群众，最大限度地调动群众参与积极性，在全市范围内组织开展形式多样、内容丰富的主题庆祝活动。策划开展"巴渝儿女歌唱党"重庆市庆祝中国共产党成立100周年万人同唱一首歌群众文化活动，组织"唱支山歌给党听"重庆市庆祝中国共产党成立100周年大家唱群众歌咏活动，陆续启动了"永远跟党走"——2021"欢跃四季·舞动山城"重庆市广场舞展演、"永远跟党走"——第二十届重庆市美术书法摄影联展等群众文化活动，紧紧围绕庆祝中国共产党成立100周年主题，全市累计开展各类群众文化活动2465场，参与人次达到2705.86万人次。

（五）坚持创新思路多措并举，文化遗产保护利用水平不断提升

一是文物保护利用工程加快推进。完成革命文物、石窟寺及摩崖造像专项调查，联合国家文物局考古中心完成三峡历史文化资源"起底式"调查，公布重庆市第一、第二批革命文物名录，摸清全市石窟寺家底，全市石窟寺及摩崖造像共计716处，厘清三峡历史文化资源现状，其中不可移动文物1.5万处、三峡出土文物18.03万件（套）、历史文化名城名镇名村及传统村落104个、非物质文化遗产2085项。实施革命文物保护利用项目60个，推进红岩文化公园首期项目、"红色三岩"保护提升、长征国家文化公园（重庆段）、南腰界革命根据地历史陈列馆提档升级等工程建设，完成八路军重庆办事处旧址等保护修缮和陈列布展，新开放10处革命文物旧址。重庆红岩革命历史博物馆藏纸质和纺织品文物保护修复项目入选"2021全国十佳文物藏品修复项目"。争取国家文物局支持，推动白鹤梁题刻与埃及联合申遗，加快实施云阳彭氏宗祠等36个三峡库区重点文物保护项目，三峡文物科技保护基地建成对外开放，举办三峡文物保护成果展，丰都小官山古建筑群修缮项目基本完工。实施江津石门大佛摩崖造像等修缮工程26个，6个重点项目已完工。实施涪陵小田溪、忠县皇华城、万州天生城等遗址考古调查和发掘项目47项，完成基本建设考古项目39项，编写完成考古研究报告7个，出版《重庆文物考古十年（二）》等研究成果，《忠县中坝》在北京举办首发式，引发广泛关注。加强"两江四岸"历史文化保护利用，传统风貌街区十八梯对外开放，南岸区故宫南迁纪念馆建成迎客，弹子石大佛摩崖造像完成一期修缮工程，渝中区老鼓楼衙署遗址公园、大田湾体育场修缮等重点项目加速推进。二是

博物馆事业发展取得新成效。截至2021年9月30日，全市博物馆推出临时展览194个，其中线上展览45个，线上线下观众共计820.74万人次；举办社会教育活动542场次，其中线上活动44个，线上线下参与人次达1372万人次。成功举办2021年5·18国际博物馆日暨第十二届重庆市文化遗产宣传月活动和2021年文化和自然遗产日主场城市活动，共推出14个板块160余项活动，央视新闻联播连续两天报道活动情况。三峡文物科技保护基地和重庆故宫南迁文物纪念馆正式开馆，端午节三天假期吸引了7万多游客，全网曝光量超过3200万人次。新备案博物馆5家，分别是重庆金融博物馆、永川蕴宝博物馆、北碚教育博物馆、重庆嘉陵江索道博物馆、中等师范教育历史陈列馆，至此，全市备案博物馆总数达到110家。三是非遗保护传承能力持续加强。大足石雕等9个非遗项目成功入选第五批国家级非物质文化遗产代表性项目名录，重庆蹬技的入选填补了我市在传统体育、游艺、杂技类国家级非遗项目的空白，全市国家级非遗代表性项目增至53项。举办非遗法实施十周年等宣传活动120余场，举办"非遗过大年 文化进万家"活动，江津小彩龙舞入选2021最喜欢非遗过大年视频直播家乡年视频，23件（套）非遗产品入选中国传统工艺邀请展，在重庆大学和重庆旅游职业学院设立重庆非物质文化遗产研究基地，非遗曲艺书场试点取得新成果，万州区成功申报为中国曲艺之乡。

（六）坚持媒体融合发展思路，传播能力体系建设取得积极成效

一是媒体融合发展持续深化。推进市和区县两级广播电视媒体的深度融合发展，打造集广播、电视、微信、微博、网站、客户端于一体的综合信息服务平台。"两江—上游云"市级技术平台一期建设完成并通过验收，融媒体生产能力扩容完成部署。加快建设重庆广电移动传播中心，依托市级平台，协同各区县融媒体中心建立新闻联动长效机制。重庆有线智慧康养项目成功进入总局第二批广电和视听产业发展项目库。推进三网融合，推进IPTV集成播控平台和传输运营机构播控平台规范对接，重庆IPTV集成播控分平台"双认证、双计费"系统通过国家广电总局验收，与IPTV集成播控总平台完成对接。开展重庆有线"全市一网"整合、股权转让，中国广电重庆公司完成组建。进一步完善互联网文化经营单位的市场准入和退出机制，强化网络

文化经营业务督查，推进持证机构和互联网文化经营单位依法规范运营，推动广播电视和视听媒体综合整治。为32家符合条件的区县融媒体中心颁发许可证，发放率达到82%。二是广播电视和网络视听内容创作成果丰硕。纪录片《梦圆千年脱贫路——重庆市打赢脱贫攻坚战纪实》获国家广电总局通报表扬，《破晓——重庆解放密档》入选国家广电总局2020年第四季度优秀国产纪录片，《重庆新闻联播》头条建设获国家广电总局表扬，《黄葛树下》入选全国"百年百集"广播剧精品展播，电视剧《绝密使命》《家道颖颖之大考2020》登陆CCTV-1黄金时段播出。推动重点网络视听内容创作生产，完成重点网络影视剧（动画片）规划信息备案审核200部，通过74部。成片上线备案审核16部，通过10部。网络电影《墨家机关术》分账票房破1000万元、全平台短视频播放量达8亿次。引导全市播出机构制作完成130条建党百年公益广告，共计播出1万余条次。获得首届全国旅游公益广告遴选、国家广电总局2020年公益广告扶持项目表彰共计3个。三是舆论阵地建设不断强化。完成中国共产党成立100周年广播电视和2021年全市"两会"等安全播出重要保障期宣传报道保障任务，开展全市广播电视行业安全播出大检查，发现安全隐患问题378项并持续推进问题整改，组织各级安全播出责任单位完成演练500余次。集中开展"黑广播"监听监测9次，提供"黑广播"线索57条。开展区县自办广播节目无线电频率清理整顿，完成传输覆盖网行政许可7项，新发放频率使用许可9个，处理违规用频1个。全面加强各类传媒机构的监督管理，对各类违法违规行为依法依规严肃查处，持续打击非法安装地面卫星接收设施。积极扶持公益广告，加大商业广告治理力度，就重庆电视台地面频道养生类节目播出秩序开展专项整治，并对药品、保健品广告开展重点清查。加大商业广告治理力度，责令停播和整改112条违规广告、6档养生类节目。推进打击非法安装地面卫星接收设施行动，共出动监管执法人员268人、车辆21台次，发放宣传材料约1.2万份，检查酒店用户38家，保持了稳定持续的执法力度。推动"中国视听大数据"在播出机构和频率频道综合评价、区县广播电视台综合频道审批工作的全面运用。

三、当前存在的问题及2022年全市文化和旅游业宏观经济指标预测

当前，国际旅游市场还持续停滞，国内新冠疫情常有反复。需求端部分群众出游意愿、消费意愿将被持续抑制、释放缓慢。供给端的景区、酒店、游轮、旅行社、演出、电影和节展活动等部分企业受影响较大，投资信心和市场预期较低，产品供给投放信心不足，保供应链、产业链仍是长期任务。

2022年，综合考虑当前发展形势、"十四五"重大部署、市场预期和新冠疫情影响，以2019年文化产业增加值966.28亿元和旅游产业增加值1028.07亿元为基数，以三年年均增长8%和5%为目标，增加值将分别达1218亿元和1133亿元。

四、2022年全市文化与旅游业发展预测

2022年，我们将坚持以习近平新时代中国特色社会主义思想为指导，深入贯彻党的十九大和十九届二中、三中、四中、五中、六中全会精神，深入学习习近平总书记"七一"重要讲话精神，增强"四个意识"，坚定"四个自信"，做到"两个维护"，深入落实习近平总书记对重庆提出的营造良好政治生态，坚持"两点"定位、"两地""两高"目标，发挥"三个作用"和推动成渝地区双城经济圈建设等重要指示要求，坚持以建设文化强市和世界知名旅游目的地为目标，以改革创新为动力，推动文化和旅游高质量融合发展。

（一）聚焦发展新格局，做好系列规划落实工作

围绕全市文化和旅游发展"十四五"规划发展目标、任务及工作举措，抓好宣传贯彻，做好重点任务细化、责任分解。推动《长嘉汇大景区规划》《长江三峡地区旅游一体化发展规划》《重庆渝东南武陵山区文化和旅游产业融合发展示范区规划》等配套规划逐步落地。助力成渝地区双城经济圈建设，协同配合国家层面出台《巴蜀文化旅游走廊建设规划》，力争设立"巴

蜀文化旅游走廊国家改革试验区"，举办巴蜀文化旅游论坛，推出十大精品旅游线路，组织巴蜀文化旅游推广联盟成员抱团开展宣传营销，共同举办文化和旅游重大节会活动和行业研讨活动，邀请成都文旅企业参加2022重庆文化旅游产业博览会、西部动漫节等，加快川渝文旅的共融共生，将"巴蜀文化旅游走廊"建成世界级文旅品牌，用"巴蜀文化"助推中国经济"第四极"高速发展。

（二）聚焦高水平开放，持续提升重庆城市形象与国际影响力

围绕城市品质提升，推动打造"大都市、大三峡、大武陵"旅游发展升级版。主城都市区着力推动长嘉汇大景区创建，加快品质提升和标识标牌体系建设，推动长江艺术湾区规划打造和国际舞蹈中心、演艺集聚区、重庆文创产品研发中心等重大项目建设，全力推进大足石刻文创园创建国家级文化产业示范园区，全面提升主城都市区文化旅游的国际影响力和核心吸引力。渝东北城镇群持续打好"三峡牌"，举办好世界大河歌会、长江三峡旅游节，持续推动渝东北区域旅游协作，加强高铁旅游宣传推广，依托万州北站建设大三峡旅游集散中心，推动"三峡库心·长江盆景"品牌营销。渝东南城镇群加快文旅融合发展，推进文化生态保护区建设，结合渝东南武陵山文化和旅游产业融合示范区建设，整合区域文旅资源，推进区域优势互补、密切合作、协调发展，加快将武陵山区域打造成全国知名的生态民俗文化旅游目的地。

（三）聚焦文旅融合发展，不断强化文化旅游产品供给能力

推进武陵山大裂谷等国家5A级景区创建，评定一批4A、3A级景区，力争成功创建1～2个市级旅游度假区。鼓励支持高星级酒店创建评定，召开全市旅游民宿现场推进会，开展旅游民宿等级评定，打造民宿集群。持续打造"重庆好礼"品牌。与金融机构深入合作，加大"渝融通"银企融资文旅对接平台的推介使用力度，提高中小文旅企业融资贷款成功率。大力发展温泉康养、休闲度假、旅游民宿等业态，大力支持动漫、游戏、电竞等产业发展，打造本土IP，促进线上演播、数字展览、红色旅游、研学旅游、沉浸式

娱乐等业态持续发展，持续深化企业改革，推进演出公司股份制改造。精心培育一批国家旅游演艺精品项目，开展全国小剧场话剧展演等大型艺术主题活动。

（四）聚焦高品质生活，助推国际消费中心城市培育建设

以培育国际消费中心城市为引领，体现文化旅游新作为。持续推动国家文旅消费试点、示范城市建设，持续打造国家和市级夜间文旅消费集聚区，健全文旅消费统计监测体系。坚持推进"四季"文化旅游宣传，赴上海、杭州、北京等20个城市开展"巴山渝水踏歌行"重庆文旅全国巡回推介活动。推动渝中区十八梯、北碚区金刚碑、江北区洋炮局1862文创园等形成文旅消费新亮点。整合国家、市级和区县资源，发挥世界旅游城市联合会、世界旅游联盟、澜湄旅游城市合作联盟等国际性旅游组织的平台优势，合作开展重庆文旅交流推介活动。持续举办重庆文化旅游惠民消费季活动。

（五）聚焦服务民生，切实增强本地群众和外地游客的获得感和幸福感

加大公共文化设施免费开放保障力度，协同推进公共文化服务和旅游公共服务、为居民服务和为游客服务，持续增强"最宠游客的城市"品牌效应。进一步完善功能、融合发展，改造提升一批重点文化设施，推动公共文化服务设施与旅游融合发展，打造一批特色鲜明、文旅共融的重点文化设施。进一步推动公共文化服务进入旅游景区、旅游度假区，在游客聚集区积极引入影院、剧场、书店等文化设施。持续提高广电公共服务水平，推动广播电视重大基础设施建设。加快融合媒体的体系建设、加速推进"三网融合"，培育和践行社会主义核心价值观，进一步做好公益广告宣传，营造良好的思想舆论氛围。

红岩精神传播力、影响力调查研究报告

红岩联线　王春山

习近平总书记2021年在党史学习动员大会上强调指出："在一百年的非凡奋斗历程中，一代又一代中国共产党人顽强拼搏、不懈奋斗，涌现了一大批视死如归的革命烈士、一大批顽强奋斗的英雄人物、一大批忘我奉献的先进模范，形成了一系列伟大精神，构筑起了中国共产党人的精神谱系，为立党兴党强党提供了丰厚滋养。"红岩精神是中国共产党人革命精神谱系中一脉相承而又独具特色的精神形态，是伟大建党精神的传承与弘扬，具有重大而特殊的意义。红岩精神自1985年在党和国家领导人层面首次提出以来，已经过36年历程。为进一步厘清红岩精神传播力影响力状况，课题组通过大数据分析、文献综述查阅、问卷调查、实地调研等方式，开展了红岩精神传播力、影响力调查研究，提炼总结红岩精神传承弘扬中存在的主要问题与不足之处，提出红岩精神传播力、影响力提升的实现路径。

一、红岩精神传承弘扬的历史与现实

（一）红岩精神载体——红岩博物馆的传播力

红岩联线管理中心（红岩博物馆）辖红岩革命纪念馆、歌乐山革命纪念馆，两馆所属景区是传播红岩精神的两个重要遗址群，为重庆这座英雄城市的重要标志之一。红岩嘴13号（今红岩村52号）是抗日战争时期中共中央南方局暨八路军重庆办事处驻地。1950年7月1日，红岩村"主人"饶国模将红岩村的土地房屋无偿捐献给重庆市人民政府。人民政府为了纪念毛泽东、周恩来等老一辈无产阶级革命家和中国共产党在重庆广泛进行统一战线工作，并领导南方国民党统治区人民进行民族民主革命斗争的不朽功绩，为了让人民世世代代学习继承和发扬革命传统精神，从1955年起，中央、省、市连续指示重庆有关部门，修复红岩嘴13号、曾家岩50号，筹备革命纪念馆。经过3年努力，至1958年5月1日，两个革命遗址的复原陈列工作完成，正式开放接待参观群众，革命纪念馆宣告成立，由董必武题名为"红岩革命纪念馆"。红岩革命纪念馆正式建馆，标志着红岩精神宣传阵地正式形成。其后，桂园旧址、《新华日报》营业部旧址、中共代表团驻地旧址、《新华日报》总馆旧址亦先后归入红岩革命纪念馆。重庆解放初期追悼一一·二七殉难烈士的系列活动及其后举行的数百场英烈革命事迹巡回讲演报告产生了较大社会反响，促使英烈们在狱中进行革命斗争的历史见证——渣滓洞、白公馆监狱等遗址得到了保护。1951年，重庆市人民政府在歌乐山麓修建落成了"一一·二七"烈士公墓；1954年烈士墓园竣工，并修建了烈士纪念碑；1955年对烈士墓园环境进行了重新修葺，供民众凭吊。1963年3月，重庆开始筹建"中美合作所"集中营美蒋罪行展览馆①，邀请"脱险的同志共同进行房屋建筑复原、搜集烈士遗物、调查烈士斗争事迹等工作"②。小说《红岩》掀起的热潮是促使在集中营旧址筹建展览馆的重要原因之一。1963年11月27日，展览馆建成开放；1964年定名重庆"中美合作所"集中营美蒋罪行展览馆，由重庆市博物馆代管；1964年建制独立，属重庆市文化局领导；1984年更名为重庆歌乐山烈士陵园管理处，其保护范围定名为重庆歌乐山烈士陵园；1993年增挂"重庆歌乐山革命纪念馆"。2007年，红岩革命纪念馆、歌乐山革命纪念馆整合为重庆红岩联线文化发展管理中心（重庆红岩革命历史博物馆），在传承弘扬红岩精神方面的社会影响更加广泛。在革命遗址保护方面，经历了初步形成、渐趋完善、整合发展的过程，八路军重庆办事处旧址［红岩村、周公馆（曾家岩50号）］被列为第一批全国重点文物保护单

---

① 该馆展示的内容是发生在国民党军统重庆集中营的革命斗争和大屠杀惨案。由于当时对中美合作所与国民党军统重庆集中营的关系尚未弄清楚，仍然将国民党军统重庆集中营认为是中美合作所集中营，故以"中美合作所"集中营美蒋罪行展览馆作为馆名。
② 张亦文：《烈士风格万年贞——重庆"中美合作所"集中营美蒋罪行展览馆的内内外外》，载《重庆日报》1964年7月2日。

位；"中美合作所"集中营旧址被列为第三批全国重点文物保护单位；桂园旧址被列为第五批全国重点文物保护单位；《新华日报》营业部旧址、中共代表团驻地旧址归入八路军重庆办事处旧址被列为全国重点文物保护单位。在革命遗址建设方面，对遗址保护区进行整体规划，使遗址保护与艺术景观、生态环境建设相得益彰。建造园林景区，修建艺术景观、红岩广场、红岩魂广场，不仅使遗址环境氛围和遗址的历史信息融为一体，也丰富了参观内容。红岩革命纪念馆和歌乐山革命纪念馆被评为国家4A级景区。

（二）红岩历史研究概况

在历史研究方面，其范围主要包括毛泽东赴重庆谈判历史研究、中共中央南方局与红岩精神研究、实践红岩精神的革命英烈人物研究。

1945年，毛泽东赴重庆出席国共谈判，莅驻红岩40日，毛泽东思想对红岩精神产生了重要影响，这是革命博物馆研究的核心内容。红岩革命纪念馆建馆之初，有关毛泽东赴重庆谈判的历史是展览展示的核心内容，更是研究的核心内容。红岩革命纪念馆根据收集整理的重庆谈判亲历者回忆资料，以及其他相关档案史料，编辑出版《毛主席赴重庆谈判》；与中共重庆市委党史研究室、重庆市政协文史资料委员会共同编辑出版《重庆谈判纪实》；发表相关历史研究文章，在学界产生了一定影响。

抗日战争时期和解放战争初期，在中国共产党的领导下，以周恩来同志为代表的中共中央南方局在红岩驻守八年，高举抗战民主旗帜，坚持和发展抗日民族统一战线，为争取政治民主和抗战胜利以及战后中国光明前途作出了卓越贡献，在此过程中培育了伟大的"红岩精神"，这是革命博物馆研究的又一核心内容。1983年，中共中央党史资料征集委员会领导成立南方局党史资料征集小组，加强对南方局党史资料的征集研究工作，红岩革命纪念馆参与了相关工作。征集小组编辑出版《南方局党史资料》丛书共6册，为学界进一步深入研究南方局历史奠定了重要基础。红岩革命纪念馆编辑出版《中共中央南方局和八路军驻重庆办事处》和南方局老同志回忆录《回忆南方局》等。深入研究红岩精神，对其内涵、历史地位和价值进行探究，辨析南方局先辈培育红岩精神，革命烈士实践红岩精神的"源""流"关系。

在伟大红岩精神的感召下，许多革命志士如众多被关押在渣滓洞、白公馆的中国共产党人，经受住种种酷刑折磨，百折不挠、宁死不屈，为中国人民解放事业献出了宝贵生命，凝结成可贵的"红岩精神"，这是革命博物馆研究的重点。党的十一届三中全会后，党要求本着实事求是的思想路线，正确评议革命者的功过是非。对未定烈士身份的大屠杀殉难者进行复查迫在眉睫，1980年，老地下党员、时任展览馆馆长的卢光特向有关部门负责同志请示，得到支持。其后，四川省委组织部成立了复查工作组，展览馆提供了最基础、最可靠的原始材料，掌握了确凿可靠的证实材料。四川省委组织部先后追认张露萍等64名牺牲在国民党军统集中营的同志为烈士。川东暨重庆地区解放战争时期党史座谈会（1982年）、川东暨重庆地区抗日战争时期党史资料座谈会（1985年）的召开，推动了展览馆的历史研究。展览馆陆续编辑出版《江竹筠传》《英烈颂》《红岩魂纪实系列——来自歌乐山的报告》《风雨白公馆》《魔窟》《红岩档案解密》等。

（三）红岩展览展示概述

红岩革命纪念馆复原毛泽东赴重庆谈判期间的住房，以及周恩来、董必武等南方局领导同志当年的办公室，举办的基本陈列展览包括"八路军驻渝办事处图片资料"展览（1958年）、"毛主席赴重庆谈判"展览（1971年）、"中共代表团、南方局文物资料"展览（1985年）[①]、"千秋红岩——中共中央南方局暨八路军重庆办事处历史"展览（2001年）等。三年困难时期，许多参观红岩革命纪念馆的观众深受启发，"红岩"给予他们战胜困难的力量，"红岩"使他们的革命意志更加坚强。[②] 20世纪六七十年代，红岩革命纪念馆展示的重点是关于1945年毛泽东赴重庆谈判的史实，及其在红岩村的生活和工作细节，专题陈列展览"毛主席赴重庆谈判"产生了轰动效应。改革开放新时期，随着历史研究的深入挖掘，纪念馆开始系统反映中共中央南方局在国统区的革命战斗以及毛泽东在重庆谈判的史实，补充了许多

---

① 此次陈列，展出革命文物238件，历史照片300余幅，并有图表、油画、幻灯片、电动模型、沙盘等辅助内容。

② 渠远：《仰望红岩》（诗），载《重庆日报》1961年4月19日。

新征集的文物和照片，展览内容较以往更加丰富。大型艺术景观《红岩村启示录》打破了以往听讲解、看资料的观展理念，让观众置身特定的历史环境，在艺术欣赏中感悟厚重的历史。

歌乐山革命纪念馆复原渣滓洞、白公馆看守所等集中营旧址，以及中美合作所旧址遗址等，主要反映中国共产党人及革命志士的革命事迹与狱中斗争史，举办的基本陈列展览包括"'中美合作所'罪证暨殉难烈士遗物"展览（1963年）①、"新订烈士生平事迹"展览（1983年）、"'中美合作所'集中营史实"展览（1983年）②、"杨虎城将军生平事迹"展览（1985年）、"罗世文、车耀先生平事迹"展览（1985年）、"宋绮云生平事迹"展览（1985年）、"歌乐忠魂 世代英华"展览（1988年）、"红岩魂"展览（1996年）③ 等。1988年至2008年，歌乐山革命纪念馆举办全国巡展"红岩魂"，在祖国各地行走二十年，使红岩精神得到广泛传播。《红岩魂》巡展产生了轰动的社会效应，形成了良性循环——让展览"走出去"，把观众"引进来"，数千万参观过展览的观众带着对英雄的敬仰来到重庆，使歌乐山革命纪念馆人如潮涌，成为最具吸引力的爱国主义教育基地之一。创作的《红岩魂形象报告展演》，将话剧、歌舞、展览、报告等多种形式融为一体，被誉为"震撼人的艺术"，荣获2000年精神文明建设"五个一工程"奖和"2001年度中国十大演出盛事"戏剧类大奖。党的十八大以后，出版小说《最后的58天》《民众抗日救亡》等图书20部，制作《千秋红岩》《重庆大轰炸》等影像制品7部，策划拍摄电视剧《重庆谈判》，打造渣滓洞《红岩魂》实景剧以及《歌乐忠魂》情景剧等红岩题材精品剧目6台，其中话剧《幸存者》获中宣部"五个一工程"奖、京剧《张露萍》主演获"梅花奖"，红岩题材的文学文艺作品更加丰富，红岩精神的传播力影响力越来越强。

---

① 该展览在纪念馆展出不久后，先后在武汉、长沙、天津、旅大（今大连）等地巡展，吸引观众370余万人次。1978年2月再次举办同名展览。

② 1983年举办"新订烈士生平事迹"展览及"'中美合作所'集中营史实"展览，并去天津、北京、上海等地展出，观众达150万人次。

③ 以后多次进行改陈，并不断丰富展览内容，陈列馆展览均命名为"红岩魂"。

二、红岩精神传承弘扬中的短板与问题

（一）红岩精神的关注度还不够高

中国共产党自1921年成立以来，始终坚守为中国人民谋幸福、为中华民族谋复兴的初心使命，团结带领全国各族人民经过百年的不懈奋斗，战胜了各种艰难险阻，实现了中华民族从站起来、富起来到强起来的伟大飞跃，形成了系列中国革命精神，特别是在新民主主义革命时期，培育了伟大建党精神、井冈山精神、长征精神、延安精神、红岩精神、抗战精神、西柏坡精神等中国革命精神。红岩精神同红船精神、井冈山精神等一脉相承，又独具特色，都是中国共产党和中华民族的宝贵精神财富，是中国革命精神谱系的重要组成部分。

党和国家领导人高度重视中国革命精神，并分别作出了系列重要论述。而从党和国家领导人提出相关概念的时间来看，八大精神中排在前面三位的是"延安精神"（1970年）、"井冈山精神"（1972年）、"红岩精神"（1985年）。可以看出"红岩精神"的概念提出时间较晚。另外，从党和国家领导人公开阐释各大精神，并被中央媒体报道其重要论述来看，井冈山精神有9次，延安精神有9次，而红岩精神只有4次。虽然习近平总书记多次提到红岩精神，但是中央媒体（新华社、《人民日报》）没有进行公开报道。这说明，在党和国家领导人关注红岩精神以及同时得到中央媒体的广泛宣传等方面亟待加强。

（二）红岩精神的研究还存在短板

一是学术地位不够突出。从"红岩精神"概念提出，至今已有34年时间。自1996年市委首次开展红岩精神内涵提炼工作至今也已有23年时间，但相关学术研讨活动较少且层次较低，国家层面的只有2次（均在2004年），与其他7个精神相对比在数量、层次上均有差距。比如，从国家级层面举办学术研讨会来看，苏区精神有20次，延安精神有19次，红船精神有9次，抗战精神有8次。从召开时间来看，红岩精神相关学术研讨会举办

的持续性不足。比如，近十年来，在延安精神方面除2014年以外，每年均举办了学术研讨会；在井冈山精神方面每年均举办相关学术研讨会；而在红岩精神方面，已有四年没有举办相关学术研讨会（分别为2010年、2012年、2014年、2015年）。同时，经初步测算，红岩精神与其他革命精神相比，举办学术会议的频率较低。比如，抗战精神一年有3次，红船精神、苏区精神一年有2次，长征精神、延安精神、井冈山精神一年半有1次，西柏坡精神两年有1次，而红岩精神仅为两年半1次。到目前为止，红岩精神研究在学术界影响力不够，尚未引起中宣部和中央党史文献研究院的足够重视，在"中国共产党革命精神谱系"中地位不够突出。二是理论研究不够深入。红岩精神研究相对缺乏充分的学理依据和分析，得到全国专家与学者认可的高水平理论成果较少。以"题名=红岩精神"作为检索条件，在公开专业网站检索结果显示，虽然提出红岩精神概念的时间较早，但是相关文献研究文章比较少。在国家级报刊发表的红岩精神相关理论宣传文章非常少，通过检索《人民日报》《光明日报》，红岩精神仅有20余篇。三是缺乏权威的出版物。相对其他精神而言，没有专门的学术刊物为红岩精神研究提供平台。红岩精神专刊仅有《红岩春秋》1种，且学术性不强。四是研究力量比较薄弱。没有具备独立性、权威性的专门研究红岩精神的机构，缺乏具有较高水平的研究人员，研究经费严重不足。而延安纪念地管理局下设延安精神研究中心，每年投入经费达300万元；近两年，雨花台烈士纪念馆出版烈士图书经费达2000万元。

（三）红岩精神的阐释宣传亟须全面

一是对红岩精神的认识和理解亟须全面。目前，由于没有完全厘清红岩精神与中共中央南方局、重庆谈判、统战文化、小说《红岩》之间的关系，没有突出宣传毛泽东、周恩来、董必武等老一辈革命家是红岩精神的主要缔造者，加之受小说《红岩》等文艺作品的影响，陷入红岩精神只是渣滓洞、白公馆、歌乐山、烈士精神的误区，从中央到地方没有形成权威的理论界定，导致不管是在党内还是学术界都还存在"源""流"之争。近期，对大中小学生及机关企事业单位干部职工的问卷调查显示：在"红岩村"作为红岩精神发源地的认知上，机关企事业单位群体认知度最高，占比97%；大学生群体占比28%，中学生占比12%，小学生占比35%。二是对红岩精神的宣传和传播亟须全面。当前，红岩精神传播手段相对单一、载体应用不够，特别是新媒体传播的应用存在差距，不能满足人民群众的有效需求，影响了教育功能的发挥。比如，调查问卷从"听人讲的""网络""书籍""公众号"四个维度分析显示，观众在红岩精神宣传途径认知上，机关企事业单位人员最多是听人讲的，占比65%；大学生群体通过网络占比38%，中小学生通过书籍占比分别为38%和41%。新媒体传播方面机关企事业单位人员占比27%，大学生占比0%。对红岩精神的宣传力度方面还有差距，调查显示，机关企事业单位人员和大中小学生都认为"宣传不够"占比最大。同时除了小学生对"红岩精神"名称知晓占比较大之外，在机关企事业单位以及大中学生群体中都不靠前。对红岩精神中主要人物的了解方面，大中小学生对《红岩》小说中江姐、小萝卜头等了解占比最高。而机关企事业单位人员对周恩来、董必武是红岩精神的培育者了解占比50%，了解《红岩》小说及人物的占比50%。总体来说，在红岩精神宣传内容、形式、手段等方面的力度还不够，红岩精神的影响力、传播力在全国范围内还有一定差距。

（四）红岩精神在青少年学校教育中的影响力不够

虽然近年来我市大部分学校都开始有意识地将红岩精神运用于青少年教育中，也取得了一定效果，但在运用的过程中受到学校内部原因影响或外部条件限制，红岩精神影响力还不明显。

一是学校教学中对"红岩精神"的引入程度不够。一方面是教学内容对于红岩精神涉及较少，对红岩精神、重庆红色文化提及的频次低；另一方面是对红岩精神的理解不到位，讲授不深、不透。如图1所示，在被问及"您学校开设的课程中是否涉及红岩精神"这一问题时，35.48%的学生表示学校开设的课程中有涉及红岩精神，回答"不清楚"的有 25.93%，回答"完全没有涉及"的有38.58%。问卷调查中，当问及"您是否知道红岩精神"时，有44.71%的学生表示明确知道红岩精神，更有49.52%的学生表示不清楚，剩下5.77%的学生表示完全不知道。这些数据深刻反映了青少年对红岩精神认识不深的问题，虽然教师在课上、课下都涉及红岩精神，但多谈感性认识，学生理解不深刻，造成了不能理解红岩精神的精神实质和精神内涵，不能起到入脑入心的教育效果。

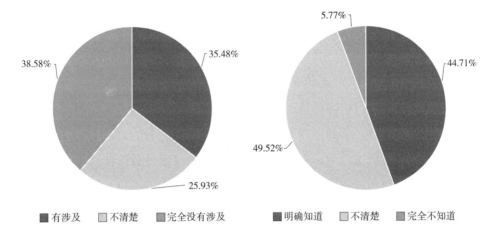

图1 红岩精神在青少年中的影响力调查分析

二是学生对红岩精神的价值认同不够。调查发现，部分学生对红岩精神的理解认识不到位，认为红岩精神距今年代久远，对当前的学习生活没有学习借鉴的意义，未产生对红岩精神的价值认同。访谈中，部分辅导员和班主任也表示，部分学生认为革命精神已经成为过去，实际意义不大。因此，学生缺乏主动性，不会主动去学习和研究，多数时候都是被动学习和被动接受教育。老师的介绍、课本的内容、实践基地的学习都是外在施加的教育，多数学生参与其中，在短时间内会有一定的收获，但很大一部分学生没有吸收、内化，因而红岩精神教育收效不大。"只能感动一阵子，不能感动一辈子"，这种偏差的形成，一方面有青少年学生自身认识上的问题，另一方面跟学校管理者只注重在特定时间节点对红岩精神进行宣传教育（如清明祭英烈、11·27烈士纪念日），而忽视平时教学活动中对红岩精神的挖掘与运用有关，另外也有部分教师对红岩精神的内涵认识不到位，忽视了红岩精神对青少年教育的重要作用的原因。

三是青少年接受革命精神教育的长效机制不健全。青少年参观博物馆的长效机制不健全严重影响了革命精神在理想信念教育中的效果，如馆校合作缺乏政策性指导文件和考评机制，馆校联合互动开展青少年教育活动的运行机制不健全，青少年参观博物馆的安全保障机制和责任认定机制不健全，文化行政主管部门和教育行政主管部门对青少年定期参观博物馆的考评、激励机制不健全，等等。机制不健全导致学校组织青少年参观博物馆的活动不够丰富，大大降低了青少年教育效果。

（五）红岩精神的宣传传播不足

集中反映为红岩精神传播内容、手段、载体等不能满足人民群众的有效需求，影响了教育功能的发挥。一是内容不够规范。有的口径不统一，解读五花八门、史实众说纷纭；有的导向不正确，热衷于传播叛徒故事、弱化了忠诚事迹；有的不加甄别，简单照搬《红岩》小说中的人物和情节。二是手段相对单一。方式比较传统，声光电、智能化、互联网等现代科技运用不够，文艺作品创作乏力，文创产品短缺，体验式、互动式教育尤为不足。比如，在党性教育中，现场参观多是按部就班、走马观花，代入感、场景感、体验感不强。特别是没有集中表现红岩精神的宏大主题、具有强烈震撼力的大型实景和舞台演出，且开发经营红色资源缺乏大手笔。三是载体较为缺乏。没有设立红岩精神专门宣传传播机构，权威出版物极少，报刊、电视台、电台、新闻门户网站等主流媒体过去很长时间都没有设置专栏专题，相关主题宣传整体性、深入性、持续性不够，直接影响了红岩精神传播和教育功能发挥。

三、全面系统提升红岩精神传播力和影响力的建议

（一）进一步加强红岩精神内涵挖掘

一是提高政治站位，深刻认识到红岩精神既是重庆的更是全党全国的，深刻认识到挖掘研究、传承弘扬红岩精神的重大意义，大张旗鼓开展研究传承工作。二是在目标效果上，深化、细化红岩精神的研究，解决"源""流"之争问题，打通对毛泽东同志亲临重庆开展决定中国前途命运的国共谈判，周恩来同志主导的南方国统区工作主要是中共中央先后设立的

长江局、南方局、南京局、上海局工作，以及南方局外事工作、隐蔽斗争等未涉及领域工作的全面研究。三是在方法措施上，挂牌设立专门研究机构"红岩精神研究院"，整合党史、党校、社科、高校和红岩联线管理中心等力量，制定规划、设立课题、明确时限，确保拿出高质量研究成果。

（二）进一步加强红岩精神宣传传播平台打造

打造好宣传教育传播平台、发挥好红岩精神对党员干部和全社会的教育功能，关系革命精神弘扬、关系红色文化传承、关系城市形象塑造。要创新宣传形式，使红色文化活起来、动起来，扩大教育覆盖面，在全社会形成崇尚革命先烈、缅怀革命先烈、学习革命先烈的舆论导向。一是建设好红岩干部学院。中国井冈山干部学院、中国延安干部学院的设立，对井冈山精神和延安精神的深入研究和宣传传播起到了很大的推动作用，对当地红色旅游发展也起到了重要的拉动作用。可借鉴江西、陕西等省市做法，规划建设好"红岩干部学院"。二是深化建设青少年实践教育基地。紧紧抓住青少年这个特殊群体，深化建设全国关心下一代党史国史教育基地，深入打造红岩特色班队，开设红岩思想政治教育实践课堂，开展"传承红岩精神　争做时代新人"活动；宣传文化部门、共青团、高校等协同打造集义务讲解、文明引导、秩序维护、重大活动服务等于一体的红岩志愿者服务品牌，使教育基地成为革命传统和理想信念教育的生动课堂；整合博物馆、纪念馆、教育部门、中小学校、旅行社等资源，培养师资队伍，着力打造"行走红岩"全国中小学生研学实践基地，让红色基因代代相传。三是打造"一库一栏一队"社会宣传平台。完善"红岩精神教育项目库"，针对社会团体、普通个体以及家庭等研发策划红岩精神教育项目；设立"红岩精神宣传栏"，在《重庆日报》、重庆电视台、重庆人民广播电台、华龙网等媒体长期设立专题专栏和固定版面，并与全国各大主流媒体合作，制作播出相关公益广告，不断为红岩精神造势升温，提高社会关注度；建立"红岩精神宣讲队"，组建一支由党史专家、专业讲解员、红岩英烈后代等组成的专门宣讲队伍，做好"红岩课堂"教育品牌，推动红岩故事进机关、进校园、进企业、进农村、进社区、进军营。特别是以烈士纪念日、殉难日、国家公祭日等为契机，组织党员干部、中小学生和普通市民开展具有庄严感和教育意义的纪念活动，在全社会营造学习践行红岩精神的浓厚氛围。

（三）进一步加强红岩景区品质建设

相比其他革命精神大多诞生于偏远山区农村，红岩精神诞生在繁华的大都市重庆，这是重庆特有的"红色财富"，要认真贯彻落实党中央关于文旅融合发展的要求，积极探索、大胆尝试，走出一条红色旅游与都市旅游融合发展的新路子。一是找准方向。目前，重庆都市旅游十分火爆，洪崖洞、李子坝等"网红"景点深入人心。城市精神是城市的灵魂，对于作为英雄城市的重庆而言，只有都市旅游、红色旅游齐头并进、融合发展，才能相得益彰、长盛不衰。要充分利用重庆独特山水资源和红色文化资源，坚持以文塑旅、以旅彰文、文旅融合，把提升硬件和优化软件结合起来、把提高服务品质和改善文化体验结合起来、把都市旅游和红色旅游结合起来，以创建5A级景区为抓手，市级文化旅游、规划、住建、交通、城管等部门和渝中区、沙坪坝区协同发力，将红岩景区打造成全国知名文旅融合发展样板、革命旅游圣地和重庆最具代表性的城市名片。二是升级硬件。认真落实中央关于中央文物、革命文物和烈士纪念设施建设管理维护的方针政策，加大红岩景区中央文物、全国重点文物以及烈士纪念设施的保护利用、提档升级，为不忘初心、铭记历史提供支撑和依托。突出大气美观，整体打造"红色三岩"（红岩村、曾家岩、虎头岩）文化品牌，利用红岩村、虎头岩、化龙桥3个公园共计400余亩土地，规划打造"二院六馆"（新建中国重庆红岩干部学院、红岩精神研究院、重庆大轰炸纪念馆、重庆谈判陈列馆、《新华日报》历史陈列馆、重庆党史陈列馆，改造提升红岩革命历史博物馆、中国民主党派历史陈列馆）及配套设施，打造宜人宜游的红岩精神承载空间。将红岩景区建设与城市提升行动统筹规划、一体部署、同步推进，科学论证实施红岩村—化龙桥、歌乐山—瓷器口两大片区整体提档升级工程，景城联动、丰富业态，努力实现社会效益和经济效益双丰收。推进红岩村片区内红岩革命纪念馆改扩建及周边环境整治，将景区景点接驳步道打造为红色体验时空隧道和重庆最美红色小道。下决心推进歌乐山片区封闭管理，尽快规划实施社会车辆通行改道工程，将景区道路与公共道路完全分离，根治景区乱象。将歌乐山片区周边单位所属房屋和地块划归景区，整体规划、园林式打造，可成片种植红岩精神象征性植物"红梅"，将其培育成红岩景区的标志性景观。三是提档软件。围绕红色文化做文章，把更多的文化内容、文化元素注入景区景点。提高红岩革命文物展陈水平，及时补充完善体现时代精神和新史料新成果的展陈内容。加强对解说工作的规范管理，注重讲解员能力素质的培养，结合观众知识水平、年龄结构、职业身份，有针对性地设计讲解内容，大力整治"Y导游""Y解说"。制定管理服务标准，建立瞻仰参观和烈士祭扫礼仪规范，强化公众在革命文物场所和烈士纪念场所的行为约束，营造庄严肃穆氛围。遵循"红色经典，现代表达"理念，探索运用声光电、全息、VR等技术手段对展出内容进行全景式、立体式展示，提升视听冲击力、感染力、震撼力，增强游客场景感、体验感、代入感，让参观者全方位享受直击心灵的红色盛宴。精心策划以演绎红岩精神为核心的一台大型实景演出、一场大型情景歌舞，还原当年革命斗争的大背景、大场面，全景式呈现重大历史事件，真实再现重庆这座英雄之城的英雄历史。推进建设智慧红岩大数据中心，完善相关纪念服务设施数据库，运用大数据手段对游客数量、结构、兴趣和消费习惯等进行数据统计、分析和运用，加强景区动态管理，重点改进门票预订、流量调控，缓解拥挤难题。探索群众评价和反馈机制，通过引入第三方评价体系、制定公众满意度指标等方式，科学评估和不断改进完善景区管理服务工作，逐步实现标准化、制度化、规范化。四是丰富业态。全面完善吃、住、行、游、购、娱等旅游要素，加大中高端和特色旅游产品供给力度。积极探索"红色旅游+红色演艺"新路子，创作推出一批契合红岩主题的文艺作品；大力开发寓教于乐、通俗易懂、特色鲜明的文旅创意产品。五是优化线路。打造红岩旅游精品线路，将红岩景点联点成线，并与都市旅游专线有效衔接，着力加强交通接驳、服务整合、功能共享，实现"景景通""景城通""全渝通"，将红岩景区成功建成5A级景区。

（四）进一步加强弘扬红岩精神保障体系构建

红岩精神研究提升工作是一项功在当代、利在千秋的系统工程，政治性强、任务很重、涉及面广。要以习近平总书记视察重庆重要讲话精神为根本遵循，按照"不忘初心、牢记使命"主题教育关于直面问题、对症下药的要求，精准施策、较真碰硬，破解难题、强化保障。一是搞好科学规划。按照"干五年、看十年、谋划三十年"的思路，将有关基础设施建设项目纳入国民经济和社会发展规划，既要明确最近2年的工作任务，又要做好中长期发展规划，储备一批国家级和市级相关重大项目，力争将红岩打造成集学术研究、干部培训、文博旅游等于一体的综合性革命教育基地。二是理顺管理体制。学习借鉴湖南、陕西、江西等省市管理模式，如韶山管理局隶属湖南省委、延安革命纪念地管理局隶属延安市政府、井冈山管理局隶属吉安市政府，科学设定红岩联线管理中心职能职责和机构编制，该增加的就增加、该优化的就优化、该划出的就划出，可调整为市委或市政府直属事业单位，更名为红岩管理局。同时，根据中央要求，结合烈士纪念设施管理单位隶属关系调整工作，科学划分宣传部门、组织部门、党史部门、文化旅游部门、退役军人事务部门的管理责任。三是加强人才培养。切实加强红岩精神宣传队伍建设，建立健全从业人员教育培养和职业发展体系，重点引进和培养研究、展陈、讲解、演艺、创意等方面的高层次人才，更好地承担起弘扬红岩精神的使命任务。四是加大财力保障。建立财政保障机制，将红岩景区硬件建设纳入同级政府预算，统筹用好革命文物保护、优抚事业单位补助等中央财政资金，实行公益性文化设施免费开放保障经费正常增长机制，加大对红岩精神学术研究经费倾斜力度；建立红岩景区开发投融资机制，设立实力强大的开发主体，可探索建立"红岩文化开发投资公司"，政府注入部分资本金，对全市红色革命文化资源进行统筹规划和开发，重点打造主城红岩景区三大核心片区；建立多元化资金投入机制，调动社会力量的参与积极性，鼓励企业、社会组织和个人为革命文物和烈士纪念设施提供捐助和支持，同时学习借鉴故宫文创经验，探索引入社会资本参与景区景点建设管理及相关旅游产品创意开发，形成可持续发展保障机制，确保把好钢用在刀刃上、把人民的钱用在党和人民最光辉的事业上。

服务效能最大化的政府购买公共文化服务研究

重庆市少儿图书馆　余程淑

为提高公共文化服务机构有效提供各个群体接受信息、知识和技能服务，特别是农村（留守）儿童、农村老人等特殊群体服务的专业性和精准性，我们提出了服务效能最大化思路。服务效能最大化是指公共文化服务机构（文化馆、图书馆）集合馆舍设施、文献资源、专业人员、技术手段、投入资金等各种硬件和软件资源，通过科学布局、优化政策、组织资源、专业策划，以实现服务对象利用公共服务机构或组织的范围、程度、效益的最大化。本章围绕公共文化服务实践现状，比如公共文化设施的建、管、用情况，乡镇文化站、村文化室、村文化中心户、农家书屋等服务内容和服务方式、各类文化活动（惠民工程）的开展或实施情况总结与分析，旨在探索政府购买公共文化服务过程中的问题和重要意义，为服务效能最大化开辟出新的"1+4"服务模式奠定基础。

一、现状调研与分析

（一）调研说明与总结

本章以重庆市下辖的区县，包括发达城区、中等发达城区、欠发达城区以及国家级贫困乡镇为调研样本；先后赴重庆市彭水苗族土家族自治县（国家级贫困县）、武隆区（欠发达城区）、南川区（中等发达城区）、巴南区（发达城区），围绕公共文化设施建设和管理情况、重大文化惠民工程实施情况、公共文化服务体系建设的主要经验、新时代人民群众对文化的新需求新期待等服务效能最大化相关问题展开调研。

　　调研主要采取四种方式：①秘密走访。在上班时间暗访了彭水县高谷镇，武隆区江口镇，南川区的水江镇、金山镇、大观镇，巴南区的石龙镇、接龙镇、石滩镇文化站及其辖下的部分村（社区），记录现场公共文化设施、管理和免费开放情况。②入户访谈。随机对彭水县高谷镇场镇居民和汉葭街道下塘社区居民入户面对面访谈，重点了解新时期群众基本公共文化需求的多样化和多元化，以及群众对公共文化服务的满意度、获得感等；共访谈了6户人家计13位村民。③实地考察。重点考察乡镇文化站、村文化室、村文化中心户、农家书屋等，详细了解基层公共文化设施的建、管、用情况、服务内容和服务方式、各类文化活动（惠民工程）的开展或实施情况；还就乡村振兴中如何实现文化振兴、如何塑造乡风文明等问题走访了乡村文化建设示范村、文化建设示范项目、非遗文化传承企业等。④会议座谈。分别于彭水县文化委员会、南川区水江镇劳动社区、南川区金山镇文化站、南川区大观镇金龙村村委会召开了包括文化行政部门、乡镇政府分管领导、区（县）文化馆图书馆等机构负责人、乡镇（街道）文化站和村（社区）文化室负责人、群众代表在内的4场座谈会，就目前公共文化服务效能建设面临的主要形势、存在的关键问题、群众文化服务需求、未来的工作建议等进行了深入研讨。

　　通过明察暗访，总结出公共文化服务体系建设的主要经验。首先，在国家战略层面谋划和推进公共文化服务事业。特别值得一提的是：随着乡村振兴战略的提出以及公共文化服务体系建设制度框架的日臻完善，形成了政府主导、社会参与的格局，为基层特别是广大农村服务效能最大化提供了政策支撑和强劲动力。例如，彭水县文化委员会将体育馆和文化广场的日常管理与运行交与专业化公司负责，收到了良好的服务效果。在送文化下乡活动中，为规范节目内容与保证节目质量，彭水县文旅委又采取"文艺人员办证"和"政府'下单'—社会'配餐'—政府认证—政府购买"的方式；通过购买社会文艺团体创作并表演的歌舞、相声、小品等，极大地满足了群众对高质量、多元化文艺节目的新需求。

　　其次，公共文化服务建设重心下移、资源下移和服务下移。为优化配置文化资源，实现基本公共文化服务标准化、均等化，各级政府加大了公共文化资源向贫困地区、农村地区的倾斜力度，基本建成了覆盖城乡的国家、省、市、县、乡、村（社区）六级公共文化服务网络；"阵地服务+流动服务+数字服务"的"三位一体"综合服务体系已基本形成；以前单一的"文化站（室）"多演进成了"综合文化服务中心"。例如，南川区的多个乡镇，特别是地处渝黔交界大山深处的金山镇，已建成了布局合理、功能多样、资源充足、设施齐备、服务规范、保障有力的基层综合性公共文化服务平台。

从上面总结可以看出，多元、立体、综合的文化服务体系已实现全覆盖，并且为疏通县级优质文化资源进乡村、进社区、进农户的通道，进行了一定程度的主题活动开展。比如先后实施了"百县万村综合性文化服务中心示范工程""村文化活动室设备购置项目""流动文化车配备项目""'阳光工程'——中西部农村文化志愿服务行动计划"等。但同时，公共文化服务农村弱势群体方面也存在相关问题和不足。

（二）农村公共文化设施重建设轻管理，且青少年利用率低

1. 综合文化服务中心开放程度不高、设施利用率低下

在所暗访的偏远乡镇，综合文化服务中心知晓度不高，且公共文化设施破旧，居民对文化服务中心了解甚少，不利于成为青少年的精神文化家园。例如，在彭水县高谷镇，距离文化站近百米的城镇居民竟然不知道文化站的存在，更不知其具体位置。在武隆区江口镇的黄草社区（原黄草乡，撤乡并镇后划归江口镇管辖），受访的全部村民对"村文化室"闻所未闻；武隆区江口镇文化站"躲藏"于镇政府大楼后方，且无任何指示性标志，并且房舍貌似危房，木质大门紧闭且破损严重，窗户布满灰尘；站外墙壁上无任何服务人员公示、服务项目公示、免费开放时间公示、活动室楼层分布图、对外宣传栏等。

2. 图书配置与阅读需求不匹配，总体借阅率低，且电子阅览室设备老旧，对特殊人群文化服务不到位

县级图书馆与乡镇文化服务中心工作人员反映：大部分青壮年外出务工，目前到馆（站）接受服务的群体主要是老年人和中小学生。群体差异性决定了图书类型与阅读内容的差异，因此要对图书资料等进行供给侧结构性

改革。他们建议，加大针对老年人与青少年儿童的图书配比，增加文学类、传统经典类（如唐诗宋词、经典名著等）、科技类（农业农技、养殖、中药材种植等）图书；降低理论、经济类图书。在调研中，我们很少看到有群众在乡镇文化站阅览书籍。而对借阅登记簿的查验发现，乡镇图书室的年借阅量普遍偏低。但也有探索"互联网+"新模式的，如南川区探索建立了"互联网+文化乡村"模式，突破政府单一的文化活动产品服务，将其扩展为"互联网+数字文化""互联网+电商文化""互联网+农业文化""互联网+旅游文化""互联网+综合服务"等多种文化服务内容。将群众所需的电子文化服务直接推送到百姓的手掌心，解决了农村服务有效覆盖面不广的问题。

（三）重大文化惠民工程供需对接不够

1. 电影下乡活动较少，题材不符合青少年胃口

很多群众反映，近两年电影下乡的频次比以往有所降低，电影题材多集中于红色革命主题，内容单一；其故事情节群众多已知晓，因而刺激不了群众参与的激情与热情，"你送的不是我要的"现象普遍存在。他们建议，集中有限的财力，通过政府购买的形式，在附近乡镇电影院播放一些新鲜出炉，既具有励志性，又受青少年欢迎的影片。

2. 送文化下乡形式单一、内容陈旧

不少群众反映，送文化下乡的节目以歌曲和舞蹈为主，群众对此不甚满意，用他们的话说，这些歌舞电视上都能看到。百姓呼吁，围绕"十九届六中全会精神宣讲""政策宣传""农业科技普及"等主题，多普及一些快板、相声或小品节目表演技能，多给青少年亲自参与表演的机会。在这方面，南川区大观镇金龙村的做法值得推广。例如，春节期间，该村举办了村民自导自演的"院落春晚"，青少年在参与中学到了艺术。

3. 送文化下乡重视数量，轻视质量

基层文化工作人员反映，送文化下乡的主要服务形式是演出。这种形式是可取的，但存在以下主要问题：经费有限、场次有规定，每场演出的质量不能保证。因此，他们建议：送文化下乡不一定非得满足场次的多少，高质量才是关键。针对农村、弱势群体，可以依据节气，送一些具有民俗特色的

文化下乡。总之,当前送文化下乡活动应"削量提质",拒绝"数字主义"和"形式主义"。

4. 文化展览开展较少,艺术普及程度较低

目前,文化展览活动多集中在区县,而农村的文化展览相对较少。青少年了解和接触文化展览的渠道非常有限。调研发现,即使是邻近县城的居民也很少了解县里举办的各种文化展览活动。因此,举办文化展览之前,通过流动广播车等宣传展览活动,可以提高展览参观人数和展出效果;但在文化展览的内容上,有基层文化工作者指出,"不要高估老百姓的艺术鉴赏能力,要注意区分艺术性、娱乐性、文化性"。

5. 文艺演出的地方特色文化元素挖掘不够

在调研中,群众普遍表示:希望能够看到反映当地特色文化的文艺表演,这样的表演节目和作品非常缺乏,原因在于当地或上级部门对地方特色文化重视不够,文化资源整合不够。没有搭建文化活动平台,营造乡村文化的生成发展空间;没有拓展媒介传播渠道,增大乡村文化要素的辐射力度。虽然一些地方文化部门在坚持搞地方特色,以地方特色文化为主,"唱自己的歌,跳自己的舞",但是来自上级文化部门的政策和资金支持令他们力不从心。例如,彭水县具有丰富的土家族、苗族文化,且是重庆的文化符号,被业内人士誉为"彭水现象",但市级层面的支持与鼓励还是不够。是机制不灵活、公共文化资源在村社一级没得到有效整合,还是运行模式不合理、管理效率低,使得服务效能大打折扣?

二、政府购买农村公共文化服务的意义

(一)改善资源分配不均,保障农村获得资源的最大供给

首先,城乡间信息和知识内容供给和信息服务仍存在巨大不均衡,公共文化事业必须因地制宜,在城市能发挥效能的公共服务,到了农村有时会"水土不服"。在城市,少儿服务形式多样、主题鲜明、内容丰富,这与城市青少年的学习生活环境密切相关,加上城里社会资源多、流动人口大、接触范围广,线上线下开展的启迪心智、润泽心灵的少儿活动很多。而服务农

村是服务效能的延伸拓展，其服务方式、活动能力、策划方案都是针对农村以及弱势群体的，充分调研农村公共文化服务的短板和弱项后，应在服务上做到精准，多出精品项目、品牌服务，充分利用农村的乡土资源、地理环境、传统文化以及各地经济水平，通过农村特有的传统文化活动，让多姿多彩的大自然成为孩子们的社会实践；让农村环境成为孩子品质（健康体魄、坚韧不拔、吃苦耐劳）的练兵场。在有限的时间里培养农村（留守）儿童身处乡村、心怀世界，从而实现服务效能的最大化。

其次，可通过撬动文化馆、图书馆资源实现服务效能的最大化。文图两馆资源可分为馆外资源（媒体、政策、社会力量等）和馆内资源（专业人员、技术手段、设施设备、场地等），文化与旅游的融合，进一步推进服务由馆内向馆外延伸与辐射相结合转变，由靠自身简单有限的服务向社会各方参与提供丰富而专业的服务转变；帮助农村弱势群体，推进跨界融合深入、提高服务效能；可通过"文化+乡村旅游""文化+农村非遗""文化+扶贫"等方式，实现文化事业和文化产业以及乡村旅游业的融合发展，促进内外资源良性互动，改善农村地区资源获取渠道少、内容贫乏的现状，以便实现农村公共文化服务效能最大化。

（二）对农村弱势群体的帮扶，实现服务效能社会价值最大化

公共文化服务机构是一个体现社会包容的场所，以开放包容的阅读服务、信息服务和知识服务，帮助每一个人培养和提升文化素养——从读写能力到科学素养、从信息素养到艺术修养，这是公共图书馆的永恒使命，也体现了公共文化服务机构的社会价值。例如，公共图书馆作为保障每一个公民获取信息和知识的自由和平等的公益组织，虽然无法直接提供就业岗位，但是可以提供就业信息、职业咨询和技能培训，让弱势群体通过阅读、学习提升自身技能。因此，公共文化服务机构应给予弱势群体更多关注，把优秀的文化产品和服务向农村地区倾斜，让农村的孩子享受和城市孩子同样的知识教育和服务，形成以文育人的文化循环。社会价值的存在，是公共文化服务人民意志的体现，文化效能对社会的作用和影响反作用于社会价值，为社会价值的提升创造前提条件，从而促进文化馆图书馆—社会—社会价值的实现。

（三）少儿服务工作的延伸和拓展是服务效能均衡性的最大化

加快推动文化（图书）资源向基层和农村下沉是公共图书馆、文化馆的工作重点。以"信阅"服务为载体，消除城乡阅读资源差别；公共图书馆是青少年的第二阅览室，增加可供快递借书的图书范围，不断丰富阅读资源供给，让农村青少年也能均等享受足不出户在线选书借阅、快递到家的"点单式"借书服务。在城市，利用信息技术和新媒体平台为青少年服务，还有法律法规以及配套设施提供保障，城市公共文化空间阅读环境舒适、资源丰富，比如新冠疫情防控期间以云直播、云展览、云讲座、云导读、云培训等形式，使读者足不出户就能享受到形式新颖、互动性强、参与方便的阅读活动。而在农村，情况就大不一样了，因地缘因素、交通因素、教育因素、经济因素，父母不得不外出务工，大部分儿童基本是隔代抚养，祖辈在生活技能、学习方面教育引导欠缺，再加上政府部门对亲情缺失、隔代教育、心理健康关注力度不够等，导致他们几乎没机会去参加陌生的服务活动。因此，农村少儿服务又是服务效能提升短板中的短板。

面对农村（留守）儿童，我们不仅要精准服务，更要在服务中集结多方资源，解决他们的实际困难，这样才能真正做到均衡高效、保基本、促公平的公共文化服务。服务效能的延伸和拓展应灵活机动、因地制宜，而不是简单地照搬和参照城市公共文化服务做法。

三、"1+4"服务模式的潼南实践

为了进一步扩大公共文化产品的服务供给量，拓展服务空间，我们提出"1+4"服务模式，既优化了公共文化资源配置和供给机制，政府搭建购买公共文化服务运行平台同时引导社会力量参与和提供公共文化服务，以实现农村（特殊群体）利用公共文化设施设备以及服务效能的最大化。

具体做法及模式特色

针对农村公共文化服务过程中重物不重人、重量不重质、重经济不重文化的单向度发展等问题与不足，加上城镇化步伐的加快、乡村振兴战略的实施，农村空心化、老年化趋势愈演愈烈，农民也日渐市民化，我们提出转变政府职能，转移基层公共文化服务的重点区域——由行政村向自然村转移，由社区向村（社）转移，推行精准化服务。结合基层文化服务取得的主要经验，为进一步加强乡村优秀传统文化保护和公共文化服务体系建设，繁荣发展乡村文化，以潼南为实践，探索"1+4"服务模式。即以"政府购买农村公共文化演出服务"这1个项目为主线，拓展延伸政府购买"艺术培训公益服务""康养公益服务""品牌文化活动服务""传统文化服务"4个项目，搭建起政府购买公共文化服务运行平台，引导社会力量参与和提供公共文化服务，扩大公共文化产品的服务供给量，拓展服务空间，优化公共文化资源配置和供给机制，不断提高乡村社会文明程度，起到了"铸魂"增效作用。

1. 打开城乡统筹服务的新思路

"1+4"服务模式围绕"科学服务谋良方　服务基层统城乡"的宗旨，打开农村地区也可开展城市的少儿服务新思路，改变了以往文化馆、图书馆轻农村、重城市青少年服务的惯例，成为打通公共文化服务"最后一公里"的主帮手。项目主要依托政府财政、审计、宣传等跨部门合作，借助媒体力量，引导社会力量参与，改变农村地区服务模式单一局面，建立政府面向社会购买公共文化服务的交易平台、监管平台；通过集结多方资源，解决因农村财力投入有限、单一，导致边远农村文化"铸魂"服务有效面覆盖不广的问题，以及对农村弱势群体（留守儿童、孤寡老人等）需求尊重不够导致帮扶不精准的问题。

2. 项目以活动中实际解决问题为主旨

"1+4"服务模式是依据农村（留守）儿童学校严重缺乏优质纸质图书、留守儿童亲情缺失、文化渴求等现状策划和实施的。城市地区少儿活动侧重于活动中陶冶情操、开阔视野开发智力；农村地区留守儿童活动则主要解决实际问题，以项目带动活动，活动辅助需求为特点，比如政府购买艺术培训公益服务，重点面向农民工子女、留守儿童、低保家庭子女等开展艺术启蒙培训；培训内容涵盖书法、美术、音乐、舞蹈等艺术门类。其主旨是统筹推进城乡艺术普及工作，公开化、均等化播撒艺术种子，保证弱势群体中青少年不输在起跑线上。再就是通过活动的深入挖掘来解决孩子们（弱势群体）身边的问题，开展诸如国民体质检测、扶困助残、"爱心书屋""流动书吧"主题活动以及心理辅导等农村文化推广项目。这些项目适合农村环境，其是在农村资源有限的情况下，针对农村（留守）儿童这一特殊群体需要开展的专题（少儿）服务。

3. 项目充分考虑到农村有限资源对农村（留守）儿童服务效能最大化问题

例如，图书馆就充分利用各种设施设备和技术手段，从空间和时间上延伸图书馆服务的深度和广度，提高公共文化服务效能。针对农村（留守）儿童居住地分散的特点，政府购买品牌文化服务，突破了活动零散、随意性的"瓶颈"；特意为具有艺术天赋的（留守）儿童免费培训指导，并提供区图书馆电子资源的免费使用权；针对农村（留守）儿童文化渴求和隔代教育抚养等现实问题，项目提高对活动功能多样性、持续性、集中度、连贯性等的把握，让他们享受和城市少儿一样的服务。农村和城市不一样，在城市我们可以靠一个故事、一场活动、一次体验去打动孩子；农村因资源有限更要通盘考虑，既要切合农村孩子的实际，又要精细化运作，才能实现服务效能最大化。比如政府购买品牌文化服务，充分利用市级配送给区县的流动舞台服务车，开展品牌文化活动，使之成为政策宣传的窗口、才艺展示的舞台、文化惠民的阵地，政府补贴公益服务运营费让流动舞台车发挥了最大的服务效能。

四、"1+4"服务模式潼南实践的经验总结

（一）善用农村资源创品牌

伴随着农村城镇化特别是农村乡村振兴战略实施，满足人民群众对美好生活的需求也是文化工作者的追求。通过从镇街、村社层面对公共文化服务

中心、农家书屋、村社图书室在公共文化服务情况、阵地建设情况、队伍建设情况、制度建设情况等方面的大量调研，摸清了基层文化的精准需求，厘清了政府和群众的供需关系，提供有针对性的文化服务，激发了农民参与的热情。同时又充分利用媒介渠道，积极引导社会力量参与，既破解了基层文化专干不专用，服务资金捉襟见肘的困境，又形成志愿服务走农村特色品牌，为群众提供了多元的文化需求。区文化馆、镇街文化中心、农家书屋依托农村深厚的文化底蕴，尊重当地农民、留守儿童文化需求，利用农村祠堂、戏台等公共文化空间，借助非遗技艺（如双江狮舞、花岩扯扯灯、打莲萧等）、农村传统节庆开展通文脉、接地气、留乡愁的活动，地方特色浓郁，深受农民喜爱。比如以政府购买农村公共文化演出服务这一项目为主线创建的"幸福使者　舞动乡村"品牌服务，因队伍的建立有完善的服务制度、精湛的服务技术、严格的考核管理，服务内容满足了基层群众文化需求的多样化，又拓展了服务领域，在深度和广度上提升了农村文化服务内涵和品质。其中"幸福使者　舞动乡村"获得了全国文化服务进基层示范项目称号。

（二）活动资源功能的递进性

政府购买村级演出服务试点工作极大丰富了群众精神文化生活，为拓展服务质量，补短板、强弱项，继续做好"1+4"服务模式，4个项目定位就是对农村弱势群体、农村（留守）儿童的帮扶，不同于其他社会组织的捐钱捐物，"1+4"服务模式解决了农村公共服务中的实际问题，改进了政府提供公共服务方式，强化了文化资源整合与知识服务的功能，开展对农村留守儿童阅读情况和知识能力调查，实现资源的有效最大化利用。根据各自镇街、村社图书室（文化中心）、农家书屋功能及资源优势，形成了包括"爱心书屋""流动书吧""大篷车""坝坝电影""阳光体育""爱心扶助""设施维护"主题活动、技能培训、心理成长辅导等在内的全流程公共文化服务子项目。

（三）活动资源的集中释放与多样性

在城市地区，注重活动的趣味性，图书馆少儿活动大都通过高科技声光电、卡通动漫名人、电子绘本等来吸引小读者，比如创建"手工课堂"培养孩子的动手能力，开展草编蝴蝶、剪纸、制笔等主题活动；插花、多肉种植、藤编、刺绣等亲子活动；少年儿童本着兴趣爱好、就近方便原则积极参与，图书馆少儿活动常出现一座难求的现象。而农村情况就大不一样，特别是留守儿童，他们也渴望多姿多彩的童年，但农村基础设施落后、文化中心功能不齐全、图书服务网点较少，服务水平参差不齐、文化产品供需不对称，制约了农村地区的少儿服务。"1+4"服务模式基于农村有限的条件，以开展"五送"（知识、文艺、演出、图书、技术）的形式将资源包集中呈现给农村群众、农村（留守）儿童，资源包的集中度非常高，有健康形式的国民体质检测、"坝坝电影"放映、广场舞普及；有教育形式的阅读辅导、心理健康咨询、读书宣传；有公益服务形式的村级图书室管理、设施维护、运动常识、健康体魄等知识的讲座，义务进行篮球、足球、乒乓球等竞技类体育运动的教学、辅导等；扶贫助残类包括为农村低保户、贫困户、空巢老人、留守儿童、孤寡残疾等社会弱势群体提供物质帮扶、文化教育、法律援助、文体娱乐、生活家政等公益服务。再将外围的资源集中整合在一起，如与共青团、教委、妇联等政府机构合作，招募有专业特长的志愿者，将媒体广播、电视、网络等宣传力量集中整合、参与现场宣传报道，集中规划、集中布局、资源集中释放，吸引弱势群体向资源点集中，变被动为主动，达到活动效能最大化。

（四）活动的连贯性和层次性

农村（留守）儿童的成因包括家庭、学校、社会等因素，少儿馆作为学校的第二课堂，理应承担解决农村（留守）儿童留守行为习惯、学习生活、心理健康等问题的社会责任。因此布局的"艺术培训公益服务""康养公益服务""品牌文化活动服务""传统文化服务"项目中活动主题和方向靶向性要强，活动目标重在解决实际问题，通过活动来深入问题，比如"爱心书屋""流动书吧""大篷车""设施维护""坝坝电影""阳光体育""爱心扶助"等主题活动，在有限时间内使这些活动实现效能的最大化。所以项目活动明显好于城市少儿活动的单一主题，体现出了层次性和连贯性、叠加效应明显。"1+4"服务模式始终关怀农村弱势群体精神文化，项目以资源包形式形成有针对性的特色内容，比如在政府购买村级演出服务项目这条主线中，采购潼南狮舞节目、川剧演出目的是力争通过政府购买传统文化服务，把潼南狮舞打造成中国西部狮舞代表，让川剧艺术薪火相传。

（五）多层次、多角度宣传报道

在社会多元化和互联网快速发展的今天，政府购买公共文化服务做到了覆盖人群最大化、供需对接最大化、品质效果最大化和特色效应最大化。理念的创新让文化馆、图书馆不再是城市中一个孤立的文化场所、借阅场所，而是一个提供多元化服务的公共服务机构，先后被《人民日报》《农民日报》、重庆卫视等媒体予以广泛报道。首先是做法方面，在深入的调查研究后，从政府购买农村公共文化演出服务入手，通过政府引导，采取政府购买、项目补贴、设施共享、税收减免等政策措施。其次是制度方面，比如对全区近百支民间文艺队进行实地普查，并就人员结构、设施设备、活动情况、分布区域等出台《潼南民间文艺团体公共文化服务试点工作实施方案》，建立了《民间文艺团体标准》《专项资金管理办法》《民间文艺团队综合评价细则》《演出活动应急预案》等系列制度。最后是服务效果方面，典型带动宣传，尤其是弱势群体，农村（留守）儿童一直是文化工作者帮扶、服务的重点。政府向社会力量购买公共文化服务，达到了优化资源配置和供需衔接一致的目标，但农村地区资源投入有限，活动次数少、活动效能低，所以策划项目时通过更多利用社会力量，加大政府购买服务力度来推动对农村（留守）儿童的帮扶。"1+4"服务模式整合各方资源，寻求农村（留守）儿童关爱的多元合作机制，先后与妇联、共青团、教委、志愿者组织和社会爱心企业跨界合作，优势互补。在22个镇街建立志愿服务小分队，开展"五送"（知识、文艺、演出、图书、技术）下基层、国民体质检测、"坝坝电影"放映、阅读指导、村级图书室管理、扶困助残、读书宣传、运动技能培训等服务活动4300余场次，服务群众达80万人次。

五、"1+4"服务模式的合理性和科学性

（一）机制创新——服务效能最大化的新引擎

补齐公共文化服务短板，机制创新是新引擎，公共服务过程中尊重群众需求不够，对特殊人群服务不到位是经济欠发达地区的共性，因此在准确把握农村群众需求的基础上，我们必须找准突破口和切入点，激发政府能力、社会动力和市场活力、优化配置文化资源为农村服务。广覆盖高参与的定位，让文化服务空间覆盖农村，文化服务力量延展至乡村，助力乡村振兴，越来越受到各级公共文化机构的重视。因此，我们必须健全运行机制、保障机制、监督机制，探索建立政府主导、以事定费、定向委托、合同管理、绩效评估的公共文化服务供给新模式，通过这些理念、思路、路径创新，真正实现服务效能的最大化。"1+4"服务模式采用了图书馆（文化馆）、镇街文化服务中心、社会力量三级联动机制，区图书馆（文化馆）负总责，镇街文化服务中心负责具体事宜，社会机构负责监督，媒体机构负责宣传，重心下移、资源下移，部门联动，全面推进，真正打通公共文化服务"最后一公里"。

1. 宏观设计创新

项目服务体系从区级层面就开始设计，建立公开化、透明化的保障制度，人、财、物各要素统一配置，业务标准和服务规范统一制定。

2. 社会参与机制创新

在优化文化机构公共文化服务供给平台的同时，建立政府面向社会购买公共文化服务的供给平台。一是以区公共资源交易中心为依托，搭建政府购买公共文化服务交易平台。二是以重庆市公共文化物联网为依托，推动政府购买公共文化服务项目在网络上面向群众公开，建立百姓点单、政府配送的服务模式。

3. 评价监督机制创新

建立政府购买公共文化服务的监管平台。依托"阳光潼南"网站，打通服务咨询和效能投诉通道。利用网络、报纸、广播电视等媒体，将年度政府购买公共文化服务的种类、数量、质量标准及监督电话等广泛公示，实现政

府购买公共文化服务大众监督。二是由文旅部门牵头，共青团、妇联、教委等单位成立政府购买公共文化服务绩效考评小组，定期或不定期对签约对象服务效能进行监管督查，结果计入动态管理系统。同时，建立健全中介机构参与绩效评价机制，建立公共文化服务质量社会化评估体系，将其作为动态调整布局的重要依据。三是以财政、审计等部门多元合作方式，组成政府购买公共文化服务资金监管小组，对专项资金的管理、使用等情况定期审计，确保有限的文化资金最大化服务文化民生。

（二）质、量并重——服务效能最大化的压舱石

提升服务效能最大化的根本是提升服务质量。区图书馆（文化馆）以多元化内容和精准服务为切入点，提升文化产品质量，变"政府端菜"为"群众点菜"，增强公共产品吸引力，注重服务农村（留守）儿童实效性。比如，在深入挖掘当地的传统文化和红色文化资源时，建立全县传统文化数据库。群众点了2支狮舞示范队（男、女狮舞队各一支）的2套精编狮舞节目，政府在采购时，将其融入关爱留守儿童的活动中，特意培养了一批具有舞狮天赋的农村儿童，学习潼南狮舞，让川剧艺术薪火相传。比如政府投入100余万元签约采购村级服务1124场次，即全区281个行政村，每村每季度享受1次文化服务，有效解决覆盖面不广的问题。"1+4"服务模式将利用"互联网+"、"图书馆+"、数字图书馆、数字文化社区等平台，出台系列制度成果体系，在理论研究的基础上，提供数字共享体验和线上线下互动等形式，以强基固本为目标，出台相关文件，以制度促发展，以机制保民生，让更多农村（留守）儿童零距离、无障碍享受现代公共文化服务。

（三）以需定供——服务效能最大化的出发点

公共文化服务的供给要建立在需求分析的基础上，有的放矢、实现精准服务。"1+4"服务模式从需求入手，充分调研后懂得农村群众以及弱势群体的迫切需要，摸清底数、对症下药。这就是"以需定供"的基本出发点，需要尊重农村地区的实际，尊重他们的所思所想所盼，用有限的资源实现服务效能的最大化。"以需定供"坚持循序渐进方针。策略上，设点求精，不盲

目追求服务范围和效果，重视解决弱势群体（留守儿童）的实际问题；方法上，在满足大众化需求的基础上，有针对性地提供满足个性化需求的服务。坚持以政府为主导，坚持满足群众需求，采取多种方式有效整合区内文化资源，积极扶持培育多元主体，引导社会各界提供更多群众欢迎、更加丰富、更加优质的公共文化产品。比如政府购买康养公益服务——重点服务于农民工、留守儿童、老年人等特殊对象，其中图书馆承担文化设施免费开放政策宣传、党政实时新闻浏览、在线阅读、学生"考录"查询、门票预订、春运车票代买、老人体质检测等社会服务职能。又如政府为文化培训机构搭建市场培育、内涵支撑等服务平台。为农村儿童提供知识服务、心理辅导；为老人举办健康知识讲座；为种植户进行农技知识培训等。这些举措大大缩小了公共服务机构（组织）和农村群众的距离，大大增大了公共文化服务效能的辐射范围和社会效益。

（四）坚持长效化，保障服务落实到位——服务效能最大化的助推器

在准确把握农村群众（弱势群体）需求的基础上，政府购买农村公共文化演出服务和康养公益服务、艺术培训服务、品牌文化活动服务、传统文化服务，年服务人次达150万。最大化发挥公共文化设施的服务作用，得力于机制的创新（健全的运行机制、保障机制、监督机制）；得力于高参与的品牌活动以及公共文化服务保障措施；得力于政府购买公共文化服务"1+4"服务模式常态化，形成了政府购买公共文化服务"二大运行平台"和"系列制度体系"，从"缺不缺""够不够"提升为"好不好""精不精"，推动了公共文化服务向农村覆盖、高效能转变。其目的就是缩小城乡区域发展差距，实现公共服务优质共享，推动实现群众精神富足。长效化制度保障服务使政府购买公共文化服务在"精"字上下功夫，深化"1+4"服务模式的品牌；在"准"字上做文章，优化公共文化资源供给，在"广"字上求突破，强化服务项目的提质增效。比如品牌文化活动服务项目，强化品牌优势，树立品牌意识，做活了"幸福使者　舞动乡村"关爱农村弱势群体文化服务品牌，项目系列化、体系化，实现效应延伸。通过"五送"（知识、文艺、演出、图

书、技术）下基层、国民体质检测、"坝坝电影"放映、少儿阅读辅导、村级图书室管理、扶困助残等服务，为农村老人、农村（留守）儿童建立健康（学习）档案，立足于自身特色和服务对象实际情况，循序渐进地推进。

六、结语

"1+4"服务模式的潼南实践源于以需定供的出发点，合理的质、量并重，科学的创新机制和坚持的长效化。但仍要在服务实践中不断总结、优化对于农村文旅资源的开发，设施设备的加强，服务要素和制度保障的落实到位，以及坚持长效化的延伸服务，只有这样才能把政府购买公共文化服务的效能最大化做大做强，努力为人民群众提供更高品质、更有效率、更公平、更加可持续的公共文化服务。

2021年重庆广播电视节目监评综述

市视听节目监管中心　冉君　齐东　邬晓红　彭阳阳

2021年，站在"两个一百年"奋斗目标历史交会点上，重庆市各级广播电视媒体守初心、担使命、迎大考、过大关，以有高度、有温度、有力度的节目，加强节目内容建设，筑牢宣传思想阵地，以先锋队、主力军、主平台的责任担当，书写重庆答卷，实现传播引领，为重庆高质量发展有效凝聚共识、鼓舞人心、激发力量。

一、礼赞百年风华，奏响高昂旋律

2021年，全市广播电视媒体将做好庆祝建党100周年和党史学习教育主题宣传作为首要任务，精心策划推出了一系列多样化、立体式的广播电视精品力作，筑牢信仰之基、补足精神之钙、把稳思想之舵，共同奏响庆祝建党百年的"交响合唱"。

（一）新闻报道唱响红色旋律，绘就百年大党辉煌成就

重庆卫视《重庆新闻联播》系列报道《寻访红色印记》运用档案、文物等丰富史料，倾情讲述百年党史中的重庆故事，生动再现百年大党筚路蓝缕、上下求索的重庆足迹；重庆卫视《重庆新闻联播》携手重庆广电"第1眼"App推出的系列视频报道《铭记》，系统梳理百年大党在重庆走过的光辉历程，全面串联巴渝大地上弥足珍贵的红色记忆，再现共产党人栉风沐雨的英雄气概；重庆之声《968早新闻》推出《中国共产党百年瞬间》特别报道，每天一集，贯穿全年，全方位展示中国共产党百年光辉历程、伟大成就和宝

贵经验。此外，大足区融媒体中心系列报道《建党百年看大足》、江北区融媒体中心专题报道《铭记荣耀一刻》等节目，挖掘当地党史重大事件、代表性人物、红色文化遗迹，通过生动的表现形式，讲好厚重的红色故事。

（二）特别节目传扬精神谱系，激发砥砺奋进前行力量

重庆卫视庆祝中国共产党成立100周年特别节目《永远记住你——红岩英烈系列故事》，用独特的叙述视角与讲述结构，以及现代科技营造的时空对话，通过12个红岩英烈故事带给观众精神和灵魂的强烈震撼与全新洗礼，成功入选国家广电总局2021年第二季度广播电视创新创优节目；重庆卫视7集党史纪录片《红岩家书》深情讲述家书背后的英烈事迹和烈士后人传承精神的生动故事，再次擦亮红岩精神鲜明底色；重庆少儿频道特别节目《小小红星心向党》、北碚区融媒体中心《小主播来了》广播特别节目《党的故事我来讲》，探寻革命历史，讲述党史故事，引导少年儿童爱党、爱国、爱家；万州三峡移民频道、万州综合频道推出的系列微纪录片《三峡移民故事》，以三峡移民纪念馆馆藏资料为基础，回顾百万三峡移民的伟大壮举，诠释可歌可泣的"三峡移民精神"，传承红色记忆，引领主流价值观传播。

二、关注乡村振兴，共筑田园梦想

重庆各级广电媒体回顾全市全面打赢脱贫攻坚战的卓绝历程，真实呈现巴渝大地乡村振兴生动实践，动情讲述广大干部群众携手并肩、共奔小康的感人故事，为谱写"农业强、农村美、农民富"的发展新篇凝聚了温暖而坚毅的正能量。重庆卫视、重庆科教频道推出《梦圆千年脱贫路——重庆市打赢脱贫攻坚战纪实》7集市级纪录片与18集区县系列纪录片，以真实的影像和真情的讲述，为共和国留存重庆脱贫攻坚印记，传递巴渝大地聚力脱贫、共奔小康的时代铿锵；重庆卫视美丽乡村代言推广综艺节目《乡秀·重庆时光》塑造扶贫人物群像，巡礼重庆最美乡村，绘制乡村振兴画卷，助推"脱贫攻坚"好声音更嘹亮，"全面小康"主旋律更高昂；重庆卫视《谢谢你来了》乡村振兴国庆系列特别节目《希望的田野》，生动展示新时代、新农

人、新农村的巨大变化和精神风貌；重庆新农村频道《农科进行时》普及农技知识，推介先进技术，凸显农科风采，激活乡村振兴"新引擎"；秀山综合频道《我们的好日子》见人、见事、见精神，用真诚朴素的视听语言讲好脱贫攻坚和乡村振兴的秀山故事。

三、释放融媒动能，服务工作大局

2021年，重庆各级广播电视媒体集中整合广播、电视与新媒体传播资源，做好各项主题宣传，服务好党和国家工作大局、服务好全市经济社会发展，形成凝聚人心、汇聚民力的强大精神力量。"两会"期间，重庆广电集中整合电视、广播与新媒体传播资源，构建全方位、多形态的全媒体传播矩阵，通过"两会'云访谈'""第1眼看两会""两会青年问"等专题报道、《主播说两会》等小屏产品，展现"两会"盛况，解读"两会"精神，同频共振、鼓舞人心、激发力量，书写重庆答卷；上合数字经济论坛、2021智博会期间，重庆广电大小屏互哺共振，助力重庆"智慧之旅"可感、可知、可触，构建了多点聚焦、多轮律动的宣传声浪。如"第1眼"新媒体矩阵推出的系列原创短视频《智慧总动员》，采用"第1眼"主播与虚拟的重庆智慧科技产品对话的形式，展现重庆建设智造重镇、智慧名城的生动实践；"重庆之声"新媒体推出系列视频《记者带您逛智博》，通过记者到上合智博会的展馆展厅实地采访拍摄，详细介绍新技术、新应用，与传统媒体新闻报道形成有力共振，扩大了宣传声量。

四、绘就城市画卷，赋能山城发展

近期，国家对城市经济复苏、文旅产业振兴提出全新要求。重庆广电媒体以文旅为基、创新为翼，借助媒介力量与城市文旅进行深度连接，以内容生产赋能城市文化、创造经济价值，打造出一张张重庆特色名片，讲好城市故事，尽显重庆魅力。重庆广电与四川广电共同制作推出特别节目《奔腾之歌——重走成渝线》，以成渝铁路的日新月异为讲述主线，全面展示川渝大地经济社会发展的壮美图景，激情擘画了成渝双城经济圈高质量发展的美好蓝图；大型全媒体直播《飞"阅"两江》通过空中、地面、江上的多视角打卡，深度解读两江"产城景人"融合发展的丰硕成果，使宜居宜业宜乐宜游的两江新区可感可触；重庆卫视《重庆新闻联播》推出的《打卡巴渝美景》2分钟电视打卡体验系列报道，鲜活呈现各区县特色景点，使观众全面了解到重庆深厚的历史底蕴、浓厚的文化气息和多样的生态资源；重庆文体娱乐频道《重庆·"意"游未尽》创新国际表达，从文化融合的视角，推动具有意大利文化元素的重庆城市文旅景观的影像识别与传播，架起中意文化桥梁，展现重庆开放、自信、包容的国际化城市形象，促进重庆文旅发展。

五、擦亮时代底色，彰显价值引领

2021年，重庆广电媒体除继续打造"感动重庆人物"系列节目外，还精心策划制作了《时代奋斗者——2021年重庆"最美人物"系列发布活动》，聚焦"平凡人""奋斗人""追梦人"，弘扬榜样模范精神，汇聚向上向善力量，营造崇德向善风尚。通过《2020年度"感动重庆十大人物"颁奖典礼》《2021年度重庆市最美生态文明践行者发布仪式》《2021年重庆市最美产业工人发布仪式》《用生命托举希望——2021感动重庆特别发布会》《"中国好人榜"颁奖仪式》等颁奖典礼，褒扬身边好人，致敬凡人善举，讴歌时代微光，有力推动凡人义举蔚然成风，奏响精神文明建设的时代强音。同时，各个节目纷纷塑造鲜活群像，夯实信仰之基。例如，重庆卫视《重庆新闻联播》系列报道《"两优一先"风采展》全面呈现我市各条战线涌现出的优秀共产党员、优秀党务工作者和先进基层党组织等先锋形象；万州综合广播3集广播剧《玉兰花开》以声叙事、以声言情，讲述"中国好人"袁玉兰40年如一日照顾烈士母亲、替已逝未婚夫尽孝的感人事迹，让袁玉兰的孝爱之举馨香致远，让她书写的"好人故事"飞跃巴山渝水，情暖中华大地。

六、强化质量引领，打造精品力作

2021年，全市广播电视媒体创新创优意识继续增强，各档栏目紧扣当下主题主线，生动讲述重庆发展故事，传播优秀传统文化，讴歌新时代新气象，有效提升了重庆广电的传播力和影响力。

（一）打造拳头产品，推动创新创优

各档创新创优引导扶持栏目进一步解放思想、开拓创新，提升品质。例如，重庆少儿频道少儿红色文化体验类节目《童趣欢乐送·红岩故事汇》走进红岩故地，用沉浸式、体验式的方式讲述红岩历史，解读红岩精神；黔江区广播电视台系列专题节目《"一带一路"上的黔江人》采用纪实风格，讲述黔江人与时代同行、融入"一带一路"建设的故事，既应和了中心工作与发展大局，又拓展了栏目的视野和格局。其中，《天山南北采棉人》成功入选"国家广播电视总局2021年第一季度优秀国产纪录片"；荣昌区融媒体中心推出的《荣昌有文化》通过讲述在荣昌历史长河中留下的文明印记，让历史穿越时空与现代文明对话，促进荣昌历史文化、地域文化、旅游文化资源的深度挖掘。

（二）把脉时代风口，创制视听精品

万州区广播电视台联合湖北广播电视台湖北之声制作的广播剧《英雄的守护》，以2020年初处于新冠疫情"风暴眼"中的武汉金银潭医院抗击新冠疫情的感人故事为创作内容，再现医护人员舍生忘死、救死扶伤的真实场景，获"中国广播剧专家评析一等奖"，并入选中宣部庆祝中国共产党成立100周年展播；重庆卫视全新打造的大型全媒体健康生活服务节目《健康到家》聚合北京、重庆、成都三地三甲医院和科研机构优势资源，将科学养生理念送到千家万户，深度契合"健康中国"国家战略主题；重庆交通广播亲子文旅服务类节目《小咖看世界》锚定日趋火热的亲子旅游领域，邀请亲子导师、亲子旅游达人做客直播间，提供旅游、教育、健康等信息服务，助力

亲子共融和少儿健康成长。

踔厉风发，笃行不怠。2021年，重庆市各级广播电视媒体解放思想、开拓创新，提升品质，以先锋队、主力军、主平台的责任担当，书写重庆答卷，实现传播引领，全面奏响了新时代奋进华章。

2021年重庆艺术培训市场调研报告

重庆歌舞团　徐磊

为落实《国企改革三年行动方案（2020—2022）》，着重在提高企业活力和效率，做强做优做大国有资本和国有企业，增强国有经济竞争力、创新力、控制力、影响力、抗风险能力等目标上取得明显成效，重庆歌舞团有限责任公司（以下简称重庆歌舞团）根据市文旅委调研工作安排，结合自身实际，选取市场化较高的艺术培训板块开展了深入的调研工作。积极探索转企改制文艺院团如何在市场化改革浪潮中调整发展模式，处理好"双效"关系，走现代企业的自我完善和发展之路。

一、艺术培训基本情况

（一）艺术培训市场情况

一是中央调整国有文艺院团效益评价考核办法，艺术培训成为衡量社会效益的重要指标之一。2019年初，为贯彻落实《中共中央关于繁荣发展社会主义文艺的意见》和《关于推动国有文化企业把社会效益放在首位、实现社会效益和经济效益相统一的指导意见》，中央四部门联合印发《国有文艺院团社会效益评价考核试行办法》，并在全国6个省市开展试点工作。从习近平总书记重要讲话，到中央两个"意见"，再到试点落实，把社会效益放在首位、实现社会效益和经济效益相统一，充分发挥国有文艺院团在繁荣发展社会主义文艺中的示范引领作用，已然成为国有文艺院团建设发展的根本原则和基本遵循。近两年，在对国有文艺院团社会效益考核指标中，艺术普及成为仅次于创作和演出的重要指标，而艺术培训又是艺术普及二级指标中占比最高的指标之一。

二是国家加强校外培训的引导与管理，非学科培训市场成为新的增长点。2020年10月，中共中央办公厅、国务院办公厅印发《关于全面加强和改进新时代学校美育工作的意见》，将舞蹈、绘画、器乐等纳入美育专项课程，该意见要求以美育人、以美化人、以美培元，把美育纳入各级各类学校人才培养全过程，贯穿学校教育各学段，培养德智体美劳全面发展的社会主义建设者和接班人。2021年7月以来，中共中央办公厅、国务院办公厅印发《关于进一步减轻义务教育阶段学生作业负担和校外培训负担的意见》，教育部办公厅发布《关于进一步明确义务教育阶段校外培训学科类和非学科类范围的通知》等系列文件，全面规范校外培训行为。对包含舞蹈、绘画、器乐等在内的非学科类培训市场提出明确的审批、监管制度，特别是对非学科类校外培训机构应当具备的资质条件、运营机制等做了清楚的鉴定要求。相对于学科类校外培训管控要求，非学科类培训市场还是迎来了一波利好的市场空间。从具体操作层面看，2017年，江苏、河南率先将音乐、美术考试纳入中考范围，明确规定了音乐、美术考试分数计入中考总分，泰州市更是明文规定中考音乐、美术成绩为D等级的考生不能被录取进入四星级普通高中。中考指挥棒下，艺术培训基础端需求增加。

三是新冠疫情常态化下催生培训市场的转型，危机中孕育新的机遇。目前，我国的艺术培训市场大致有三个层次：专门培养高层次艺术人才的艺术高等院校或综合类大学的艺术专业，民办艺术培训机构（主要为艺术高考培训学校）以及少儿艺术培训市场。艺术培训产业处于发展成长期，中研普华产业研究院的研究显示，到2025年艺术培训市场规模将达到1177亿元，艺术培训需求巨大，商机无限，利润空间十分可观，吸引了众多的机构和组织投身于市场，推进培训行业的发展。从2019年新冠疫情暴发以来，对艺术培训市场造成巨大冲击，逐渐改变过去数量多、规模小的局面，市场重新洗牌，艺术培训市场的品牌化格局将会形成定局，标准化和专业化的运营模式也将是行业未来发展的格局。

（二）重庆歌舞团艺术培训情况

重庆歌舞团艺术培训依托成立于1992年的重庆歌舞团江北艺术培训学校（以下简称重歌江北艺校）开展业务。该校是由重庆市文化旅游委直属单位重庆歌舞团有限责任公司出资设立的非营利性组织，专业从事少儿、成人艺术教育，开设舞蹈、音乐、语言、美术等专业，拥有专业教师50余名，教学场地6000平方米，开设200余门课程，每年培训学员高达5000人次，为重庆地区少儿艺术教育培训的标杆。

通过30年的艰苦创业，学校成为中国舞蹈家协会重庆考区"教学示范点""考级示范点""优秀考级示范学校"、CNAT全国书画考试重庆考区"考级示范点"、全国社会艺术水平考级"国际标准舞考级点"、北京舞蹈学院"重庆选材基地"、重庆考区"初试考点"，多次获中国舞蹈考级"优秀组织工作奖""特别贡献奖"，"小荷风采"全国少儿舞蹈展演"小荷之家"称号，重庆市"巾帼文明岗"等近百项殊荣。

重庆歌舞团充分发挥专业文艺院团办学优势，任教师资人员主体由本团具有大学学历且多年演出经验的优秀演员转型构成。累计30余人次获世界青年大自然之舞比赛"最佳表现奖""最佳造型奖"、中国戏剧节"优秀剧目奖"、中国舞蹈"荷花奖"、全国文艺展演金奖等国际性全国性奖项，100余人次获重庆市级奖项，20余人次曾赴欧美、东亚、中东等地区访问演出。学校通过"请进来""送出去"等形式，着力提升教师队伍整体素质，多次选派教师参加各类全国性高端培训，100%获得相关资质证书，30余人次获中国舞协"优秀少儿舞蹈教师"、"小荷风采"全国少儿舞蹈展演、"小荷园丁"、各类赛事"优秀指导教师"等荣誉。

作为重庆地区艺术培训的重要力量，从培训硬件建设到师资软件力量，都具备集团化发展、品牌化运营的潜力，亟须抓住国家政策及市场发展窗口期，调整业务发展模式，快速扩大市场覆盖面，更有效地发挥国有文艺院团在艺术培训市场上的示范引领作用。

二、重庆歌舞团艺术培训业务开展情况

（一）围绕国企三年改革目标，优化产权治理结构

重庆歌舞团作为国有文艺院团，产权机构比较简单，只有全资的二级子公司重歌江北艺校，为主要承担艺术普及的非营利性组织。公司按照建立产权"隔火墙"的思路，于2020年成立了全资子公司"重庆重歌艺术培训有限责任公司"（以下简称重歌培训公司）。新模式下，重歌江北艺校继续保持非营利性组织性质，重点在于推广艺术培训普及、创重歌艺培品牌，而重歌培训公司的重点在于开拓合作办学、探索市场化运作，实现"两条腿"走路的经营模式，这样既保持主业的安全平稳运行，也能避免业务拓展在试运行过程中带来的不稳定性和监管风险等负面影响，产业发展过程中同步实现产权优化。完善了法人治理结构，加强了经营风险防控，打开了全新整合的发展之路。

（二）厘清业务发展趋势，积极布局艺术培训产业

公司通过充分调研国家关于艺术培训行业政策及市场需求，确定艺术培训走"轻资产、品牌输出"的发展思路，结合艺术培训考虑辐射范围、交通便乘度等因素，将市场细分为主城与区县两个市场。2020年以来，重歌培训公司作为主体，先后开办沙坪坝区金沙天街、渝北区礼嘉天街两处分校，即将在九龙坡区万象城开办第三处分校，南坪区第四处分校也在积极筹备。未来五年内，还将以开设分公司的形式，在主城及各区县和部分周边省市合作办学，形成艺术培训产业新格局，助力全民艺术普及社会化发展，不断满足人民群众日益增长的文化需求和多元化、宽领域、优质化的个性选择。

（三）直面新冠疫情常态化，创新机制实现逆市发展

2019年新冠疫情暴发以来，艺术培训这种实操性较强的行业进入了"寒冬"，大批同行业企业没有熬过来。重庆歌舞团积极"化危为机"，推进"OMO模式"，即通过线上网络招募学员，开展直播教学等，线下实时开展

现场教学，有效地将两种教学融合在一起（见图1）。新冠疫情防控期间，重歌培训公司坚持"防疫不断课"，通过"巴渝文旅云"进行录播授课，学员反复跟练，为防止自学练习产生误解等弊端，还通过抖音平台开展上百次在线艺术直播课，实现在线教学与指导，最高峰同时在线近千人。难能可贵的是，新冠疫情防控期间实现了"逆势"发展的良好势头。通过这种"内练内功，外树品牌"的工作模式，极大地提升了公司艺培品牌价值。

图1　OMO模式图解示意

三、存在的问题

一是艺术培训门槛较低，市场准入机制有待完善。艺术培训为劳动力密集型产业，只要有授课老师，租赁场地，办理相关营业执照，即可开张营业。学员往往不能了解到师资真实水平，考虑就近因素、轻信宣传广告等，"劣币驱逐良币"情况比较普遍。艺术培训是对学员身心的全方位提升，尤其是少儿艺术培训更是对其一生的影响，这个市场准入机制亟待提高。

二是多部门交叉监管，业务审批机制有待优化。重歌江北艺校经营场地年久失修，存在安全隐患，迫切需要返修，但在申请执行过程中需到观音桥商圈管委会、区规划局、消防中心、教育局等众多部门申请。具体执行过程中遇到问题又出现多部门都监管、多部门都不能拍板的现象，制约企业健康发展。

三是单纯靠自循环、内循环，与市场需求增速不匹配。重歌艺培公司发展主要依靠自身积累缓慢发展，成熟一处再发展下一处，与当前急速增长的市场需求增速不匹配。艺术培训除了自身过硬的品牌之外，还要综合考虑地段、有效生源等，在"时不我待"的商业社会中，在有限的优势资源环境下，谁先抢占了有利地段、资源，谁才有下一步发展的资本和条件。

四、艺术培训的发展思考

一是引进良性资源，不断推进合作新模式。重庆歌舞团以市文旅委"十四五"计划为纲要，积极推进政企合作、银企合作、异业合作等形式，通过合作办学、授权办学、指导办学等形式不断整合各种优势资源，助推艺术培训板块"行稳致远"，成为重庆地区艺术培训的标杆企业。

二是做强做优优势板块，积极拓展新板块。重歌艺培公司将在优势的少儿艺术培训基础之上，利用师资主要为大学学历且具有多年演出经验的优秀演员转型为教员的最核心优势，积极开展艺术考试培训和艺术师资培训，成为集"产学研"于一体的综合性艺术培训中心。

2021年区县广电监测监管业务调研报告

重庆广播电视监测台（市视听节目监管中心）杨茜　何毅　练巧

　　随着广播电视媒体融合发展和网络视听节目的快速增长，广电监测监管工作作为意识形态领域工作的重要抓手，在确保安全播出和舆论导向正确方面的作用日益凸显。为深入了解和掌握区县广电监测监管状况和问题，不断提升监测监管能力，提出有关对策和建议，重庆广电监测台通过实地调研和调查问卷等方式，对全市39个区县（自治县）广电行业行政主管单位广播电视监测监管情况进行了调研，形成了如下调研报告。

一、区县广播电视监测监管概况

　　近年来，为加强广播电视监测监管工作，国家广电总局、市委宣传部、市文化旅游委先后下发了《关于加强广播电视播出机构安全播出监测监管的通知》《关于加强区县（自治县）广播电视管理工作的意见》《关于进一步加强区县（自治县）广播电视监测监管工作的通知》等指导性文件，经过不断努力，全市各区县文化旅游委已基本建成本地广播电视监测系统，且绝大部分实现了与市级监测平台的互联互通、数据共享，并不同程度地开展了广播电视监测和安全播出调度指挥业务，为确保广播电视播出安全发挥了重要作用。2021年，全市广电系统全面落实各项安全防范措施，克服新冠疫情影响，圆满完成了建党百年等21天重要保障期的安全保障任务，确保了20场重大现场直播安全播出，实现了重大活动、重点时段和重要节目的安全优质播出。较2020年，全年停播事故总次数、总停播时长、重大停播事故次数分别下降了16.67%、31.11%、40.00%，事故总体发生率创历史新低，监测监管成效显著。但随着视听新媒体的快速增长，媒体传播生态也发生了深刻变化，广电监测监管工作面临新的变化和新的挑战。

二、区县监测监管现状

（一）机构配置

目前，北碚、长寿、永川、云阳4个区县文化旅游委经编办批准成立了本级广播电视监测机构，占比为10.26%；合川、江津、荣昌3个区县文化旅游委单独设置了监测部门，占比为7.69%；其他32个区县文化旅游委由负责广电业务的科室承担监测任务，占比为82.05%。可见，编办正式批准的区县广电监测机构和单独设置了监测部门的区县仍是极少数。较2018年，编办批准的监

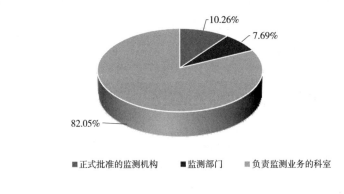

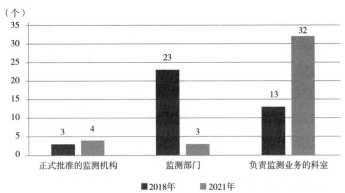

图1　区县监测人员配置情况

测机构、负责监测业务的科室分别增加了1个、19个，专职负责监测业务的部门减少了20个，多数调整为由广电业务科室负责（见图1）。全市有16个区县文化旅游委专门设置了广电科或传媒管理科负责辖区内广电业务，其余23个区县由其他科室兼职负责广电业务。

（二）人员配置

39个区县从事监测业务的人员共计99人，其中有正式编制的59人，占59.60%。北碚、长寿、城口、垫江、奉节、合川、江津、梁平、荣昌、巫溪、永川、云阳、酉阳、忠县14个区县配置了专职监测人员45人，占编人数为25人，其中云阳占编人数最多，为7人；涪陵、巴南、璧山、大足等29个区县配置了兼职监测人员54人，占编人数为34人。北碚、梁平、长寿、垫江4个区县既配置了专职监测人员，又配备了兼职监测人员。较2018年，区县从事

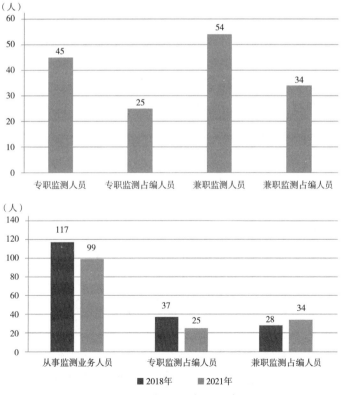

图2　区县监测人员配置情况

监测业务的人员减少了18人，其中专职监测占编人员减少了12人，兼职监测占编人员增加了6人（区县监测人员配置情况见图2）。总体来看，区县监测监管人数占编比例有所提升，但总人数有所减少，并有从专职向兼职变化的趋势，从业人员专业技能也亟待提高。

（三）系统建设、经费保障

39个区县文化旅游委基本建立了广播电视监测平台、安装启用了第二代预警接收终端，但渝中、江北因监测平台未及时升级改造，老化严重，目前无法正常使用，其余37个区县监测平台实现了与市级监测系统的互联互通、资源共享，其中直接作为市级监测系统终端用户接入的区县34个，占比为91.89%，较2018年提升了25.22个百分点，3个区县自建监测系统，占比为8.11%。除南岸区文化旅游委外，其余38个区县文化旅游委建立了广播电视安全播出指挥调度平台，其中30个区县安排专人负责使用。目前，仅万州、江津、荣昌、长寿、奉节、巫山6个区县落实了安播监测专项保障经费共计77.2万元，大部分区县缺乏专项资金，少数区县采取实报实销方式勉强维持设备运维。各区县应积极协调，努力争取本地财政专项资金，缓解人员短缺、技术力量不足等问题，保障监测监管系统和安全播出指挥调度等关键设备正常可靠运行，切实做到及时监测、及时预警。

（四）区县监测监管业务开展情况

1. 监测范围

从监测信号种类看，包括有线电视信号、无线模拟广播电视信号、无线地面数字电视信号3类。从监测广播电视节目数量看，37个区县（渝中、江北监测平台目前无法正常使用，采取人工监听监看方式）累计对571个广播电视频率频道进行了一对一监测，其中有线电视节目402套，无线广播节目130套，地面数字电视节目39套。从监测的节目类型看，33个远郊区县对本辖区有线电视网3个频点QAM信号（分别为中央一套、重庆卫视以及自办电视节目使用频点）实行监测；除彭水、潼南、秀山、渝北4个区县外，其余29个远郊区县还将无线调频广播纳入监测范围（包含中国之声、市级自办广播、区县自办广播），其中涪陵、江津、荣昌、云阳、忠县5个区县将无线地面数字电视（DTMB）也纳入监测；沙坪坝、南岸、大渡口、九龙坡4个主城区仅对有线电视网中重庆新农村节目进行监测。

2. 监测监管业务

针对广播电视监测、安全播出调度指挥、收听收看、广告监看、视听新媒体监测5项广电监测监管基本业务开展情况进行了摸底，初步统计，39个区县均开展了广播电视监测业务；除渝中、万盛、忠县、城口4个区县外，其余35个区县开展了安全播出调度指挥业务，占比为89.74%；除江北、南岸、九龙坡、大渡口、万盛、荣昌、梁平、忠县、丰都9个区县外，其余30个区县开展了收听收看业务，占比为76.92%；除主城6区和北碚、万盛、永川、长寿、綦江、潼南、城口、垫江、丰都、忠县、彭水、石柱共18个区县外，21个区县开展了广告监看业务，占比为53.85%；39个区县均未开展视听新媒体监测业务。19个区县开展的监管业务较全面，有4项，4个区县开展监测监管业务仅1项。39个区县均继续开展广播电视监测业务，较2018年，开展安全播出调度指挥、收听收看、广告监看业务的区县均有所增加，分别增加了16个、22个、13个（见图3）。

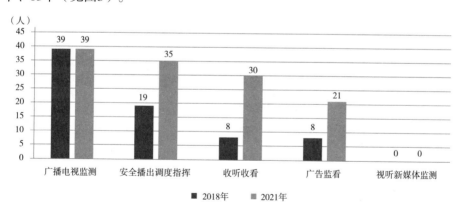

图3　区县监测监管业务开展情况对比图

三、存在的不足和下阶段着力点

（一）压紧压实意识形态工作责任制，当好"千里眼""顺风耳"

通过几年的努力，区县监测监管工作由无到有，取得了明显成效，各级广电行政主管部门基本完成本级广播电视节目监测系统建设，配置专职或兼职人员，对本辖区广播电视节目实施全时监测、监管，力争做到出现问题可及时发现、可溯源并有效处置。但从收集和反馈的信息来看，由于各区县思想认识、经济状况、专业能力、保障水平等方面的差异，部分区县行政部门监测监管工作依然存在薄弱环节，不能完全适应媒体传播格局的发展变化，给安全播出带来安全隐患。部分区县存在对监测监管工作的重要性认识不到位，基本监测业务开展不全面，在内容监管和网络视听节目监管方面存在监管盲区，规章制度不完善，专职从业人员不足、变动大且专业技能欠缺，技术系统维护能力弱，运维经费短缺等问题，影响监测监管业务的正常开展。各区县（自治县）文旅委务必高度重视监测监管工作，切实履行属地行政管理职能，采取有力措施，提高安播意识和监管能力，为广播电视安全播出保驾护航。

（二）主动适应媒体发展新格局，补齐监测监管短板

当前，网络已成为人民群众接收信息的主渠道，网络视听更是因其可视化、移动化及互动化传播特性，获得了快速发展，深刻影响着媒体生态和舆论格局。据统计，"十三五"期间，重庆的舆论阵地建设取得重大突破，在媒体融合、主流网络视听媒体建设等方面成效突出，全市39个区县融媒体中心基本完成组建，全市各类网络视听节目网站达到97家，各类主流媒体和党政信息平台的视听类移动客户端（App）达到208个、微信公众号196个、微博140个，基本形成主流网络视听媒体集群。但目前，区县互联网视听监管业务基本是空白。各区县主管部门应高度重视，落实党管媒体原则，正确认识和处理好安全与发展的关系，主动适应媒体新格局，补齐监测监管短板，加强网络视听内容生态治理，巩固视听新媒体良好的传播秩序。

（三）加快监测系统升级换代，夯实安全播出保障体系

通过对39个区县文化旅游委安全播出监测监管平台运行管理情况的调研摸底，发现情况不容乐观。经过多年运行，监测系统普遍存在设备老化、故障率较高、系统版本低等问题，运行维护经费投入不足、技术维护力量薄弱等问题长期存在，影响监测监管业务的正常开展和作用发挥。要按照国家广电总局第62号令有关要求，切实加强广电监测系统的运行保障，为广播电视安全播出提供有力的技术支撑。一是维护好现有监测监管技术系统。广播电视监测监管平台是广电行政管理部门抓好安全播出工作极其重要的技术手段，应加大运维经费投入，积极争取财政资金纳入常规保障，做好技术巡检维护，加快监测系统软硬件升级改造，充分发挥监测系统在安全播出管理工作中"千里眼""顺风耳"的作用。二是依靠新的信息技术，不断推进智慧运维、智慧监管。AI、区块链等新技术为新媒体的快速发展提供新动能的同时，也为智慧化监测监管带来了新机遇。有条件的区县要依靠科技进步为监测监管赋能，加强广播电视新业务、新服务、新业态的安全管控，强化新技术手段的应用，适时将视听新媒体纳入监管范围。三是不断完善监测监管业务。通过监测系统的提档升级，在加强传统广播电视信号技术质量监测的同时，积极开展广告、收听收看等内容监管业务以及视听新媒体监管业务，切实履行监管职能职责，做到守土有责、守土负责、守土尽责，最终实现监测业务全覆盖。四是加大安播管理考核力度。为确保2022年安全播出工作顺利完成，市文化旅游委将监测监管系统的维护管理工作纳入2022年区县年度安全播出目标考核内容，包括监测监管系统的运行管理和维护资金投入情况，建议各区县主管部门引起足够重视，积极推进。

（四）全力以赴确保党的二十大安全播出

近日，为确保党的二十大期间安全保障工作，营造安全优质、稳定有序的广播电视和网络视听播出环境，确保各项工作万无一失，中宣部、国家广电总局下发了《关于做好迎接党的二十大广播电视和网络视听安全播出保障工作的通知》，市委宣传部、市文化旅游委也下发相关文件，决定在全市广

播电视行业开展安全播出专项保障行动。各单位要以突出迎接宣传贯彻党的二十大工作主线，全面落实意识形态工作责任制和安全播出工作责任制，坚持总体国家安全观，坚决捍卫意识形态安全，深入实施"安全播出工程"，进一步筑牢安全播出、网络安全、设施安全基础，全面完成党的二十大各项重大活动直播转播任务。一是组织开展安全播出大检查，做好自查、检查和问题隐患整改工作。二是制订专项保障工作方案，确保安全播出保障工作安全可靠、稳定有序和万无一失。三是加强业务培训和应急保障，制定完善各类应急预案和应急机制，分层级分业务有针对性地开展安全播出应急演练、网络攻防实战演习，确保各类事件事故快速有效处置。四是实施安全播出高等级保障，树牢"字字千钧、秒秒政治、天天考试"理念，确保高质量完成"安全播出季"各项保障工作。五是强化安全播出监测监管，及时发现、及时处置、及时报告问题隐患，建立健全安全播出考核和责任追究机制。

成渝一体化背景下文化馆联动调研报告

重庆市群众艺术馆　常延红

一、成渝两地群众文化联动的背景

2020年4月29日，川渝两地文化和旅游厅举办了巴蜀文化旅游走廊建设专项工作组联席会第一次会议。2020年7月15日，重庆市群众艺术馆与四川省文化馆共同签订了《推动成渝地区双城经济圈群众文化合作共建框架协议》。2020年11月28日，重庆市群众艺术馆与四川省文化馆共同签订了《成渝区域文化馆联盟盟约》。

基于成渝两地文化馆的文化联动进行一年之久，不仅扩大了成渝地区公共文化在全国的影响力，促进了两地公共文化的交流和融合发展，而且激发了成渝两地文化共融的凝聚力。笔者对成渝两地文化馆联盟的做法和经验进行梳理和分析，从而进一步探究成渝两地群众文化的发展走向。

二、成渝两地群众文化联动的具体做法

（一）以文采会为抓手，增强高质量文化供给

成渝文采会为推动文旅公共文化服务行业高质量发展，通过聚焦文旅公共服务新需求、培育区域性公共服务示范品牌，成为联动巴蜀文脉、推动成渝一体化发展和打造巴蜀文旅公共服务融合高质量发展示范区的重要平台。

由于新冠疫情，第一届文采会全方位开展线上与线下相结合的立体宣传推广和展示交易活动。线上进行了重庆文旅专场直播推荐、重庆市群众艺术馆公共服务专场直播推荐、文创产品直播带货，并在"重庆群众文化

云""文化天府"等数字文化服务平台上推出一批文艺精品和80多件文创产品；同时通过云平台电脑端、App手机端、微信公众号、抖音号等途径，开展线上展示、推介和采购交易活动。网上观看直播达3.13万人次；在"重庆群众文化云""文化天府"的浏览量达3.28万人次，点赞量达1.24万次。同时，川渝两地就文艺创作展演、讲座培训、文化志愿服务、文创产品设计开发、策展布展、数字文化服务、非遗项目推广等方面意向签约金额为259万元。第二届文采会由于新冠疫情原因，采取线上方式，在线浏览量达2487.4万次、视频点播1182.2万次，促成意向签约金额6441.8万元。

（二）以"成渝地·巴蜀情"两地文化馆联盟为平台，挖掘并用活两地文旅资源

《成渝地区双城经济圈建设规划纲要》提出：建立公共文化服务合作联盟。通过成渝区域文化馆联盟的成立，形成相互开放、有效衔接的文化馆服务网络，为打造巴蜀文化旅游走廊，提升两地文旅服务能级，建设双城经济圈持续助力提能。

1. 互促共推全民艺术普及

从表1中可以看出两地文化馆联盟的交流联动。其中，重庆市群众艺术馆和四川省文化馆联盟交流次数较多；重庆市部分区县文化馆与四川省地市州文化馆交流形式主要以全民艺术普及文艺会演、展览、培训等艺术形式展现成渝地区双城经济圈的发展新貌，展示两地的艺术普及成果，旨在推动成渝地区艺术普及、文艺创作的交流互鉴和共享文化发展成果。

表1　成渝两地文化馆联盟活动统计（2020.11—2021.12）

全市 文化馆	活动 次数	活动形式	主办单位
重庆市群众艺术馆	15	展演、展览、座谈	四川省文旅厅、重庆市文旅委、四川省文化馆、重庆市群众艺术馆
江北区文化馆	4	展演、展览	巴中市文化广播电视和旅游局、江北区文化和旅游发展委员
大渡口区文化馆	6	展演、座谈、培训	四川省文化馆、重庆市群众艺术馆
北碚区文化馆	5	展览、活动	北碚区文化馆、绵阳市文化馆

全市文化馆	活动次数	活动形式	主办单位
南岸区文化馆	4	—	南岸区文化馆、龙泉驿区文化馆
巴南区文化馆	3	讲座	巴南区文化和旅游发展委员会、巴南区文学艺术界联合会
九龙坡区文化馆	1	文艺会演	成都市新都区文化体育和旅游局
涪陵区文化馆	5	活动、非遗交流、座谈	中共重庆市涪陵区委宣传部、区文化和旅游发展委员会、四川省文化和旅游厅、中共巴中市委、巴中市人民政府
潼南区文化馆	8	展演、展览、非遗交流、座谈、培训	潼南区文旅委、遂宁市文广旅游局
大足区文化馆	6	展览、展演、采风	中共重庆市大足区委宣传部、中共四川省资阳市委宣传部、重庆市大足区文化和旅游发展委员会、四川省资阳市文化广播电视和旅游局
荣昌区文化馆	5	展览、活动	自贡市文学艺术界联合会 荣昌区文化和旅游发展委员会 荣昌区文学艺术界联合会
梁平区文化馆	4	展演、培训	梁平区文化旅游委、开江县文体旅游局、阿坝州文化馆

2. 赛事活动

成渝两地文化馆为加快推动成渝地区双城经济圈建设，强化公共服务共建共享，展示两地公共文化的实力，持续加大优质公共服务供给，相继开展了两届"成渝德眉资"文旅交流联动暨少儿才艺大赛和区域联动少儿美术、书法作品精品展，旨在充分发挥群众文化在助力推动成渝地区双城经济圈建设中的积极作用，提升成渝城市群广大青少年的艺术修养和审美情趣，搭建少儿文艺创作、经验交流推广的平台，积极营造培育少儿才艺、创作少儿精品、展示少儿文艺特长的良好氛围。

3. 人才队伍建设

川渝两地文化馆系统为更好地促进成渝地区双城经济圈的文化艺术协同发展，推动川渝各地的文化交流与人才培养凝聚更高水平、更深层次、更宽领域的共识，培养壮大创新型、应用型、技能型人才队伍，举办了文化馆系统从业人员技能大赛，以赛促学、以赛促训、以赛促建，着力提升川渝两地文化馆系统从业人员的能力和水平。技能大赛展现了川渝两地文化馆美术从业人员扎实的绘画技艺和专业素养。

（三）打造川渝两地文化活动品牌

1. "成渝地·巴蜀情"品牌活动

自成渝两地开展文化联动以来，重庆市群众艺术馆联合四川省文化馆共同举办"成渝地·巴蜀情"品牌活动20余次，协同培育打造"成渝地·巴蜀情"区域文化品牌，激发巴蜀文化内生活力，传承弘扬巴蜀文化的深厚底蕴和亮丽特色，提升两地文旅公共文化服务能级，为建设双城经济圈持续助力。

2. "川渝乐翻天"展演活动

"川渝乐翻天"展演活动由四川省文旅厅、重庆市文旅委，四川省文化馆、重庆市群众艺术馆两地共同打造，是川渝两地文旅主管部门通力合作的结晶。此活动汇聚了川渝地区的曲艺名家、幽默明星、喜剧达人、草根笑匠，在四川、重庆两地长期开展突出核心价值引领的喜剧幽默节目交流展演，寓教于乐，雅俗共赏，让观众在欢笑中受到启迪，真正成为两地老百姓的开心文化大餐。

三、联动亮点突出，成效明显

一是群众文艺展演互动共演，群文品牌打造互育共办。培育"成渝地·巴蜀情"区域文化品牌，共同策划举办成渝乡村春晚联谊、"川渝乐翻天"等品牌活动。

二是整合文化服务资源，增大文化供给总量，丰富文化服务内容，追求文化品质向高质量发展。

三是运用"互联网+"公共文化服务模式，综合利用重庆群众文化云、华龙网、微信公众号和抖音号等平台，并纳入重庆市群众艺术馆实施的百姓大舞台网络群众文化品牌活动项目。

四、成渝两地文化馆联盟联动的制约因素

1. 成渝区域文化一体化、文化联动建设，要着力解决两城辐射带动能力不足的问题。

2. 从目前来看，文化馆联盟各成员单位没有从属关系，各地文化主管部门的主导作用发挥不够，仅靠约定的章程动作，难以保持持续性。

五、未来发展的方向

1. 推动文艺创作推广互助共创。双方联手策划、创作，推出一批"与时代同步伐、发时代之先声"的优秀群众文艺作品。

2. 形成区域常态交流协调机制。

3. 共建数字文化平台互联。实施重庆群众文化云和四川省文化馆数字文化平台对接，推动两地数字文化资源共享、数据互联。

4. 行业治理经验互惠共享。实施群众文化行业治理共建工程，共同推进区域群众文化行业治理体系和治理能力现代化。

5. 联盟要以重大项目协同为统揽，以成渝相向共兴为引领，以毗邻地区合作为突破，探索合作发展创新模式，推动成渝地区公共文化服务体系一体化发展，切实发挥文化馆在打造巴蜀文化旅游走廊中的积极作用。

重庆市石窟寺专项调查报告

大足石刻研究院　杨娟

一、调查背景

党和国家历来高度重视石窟寺保护利用工作，尤其是党的十八大以来，习近平总书记多次就石窟寺保护利用工作作出重要指示批示，并深入重点石窟实地考察调研。2019年8月、2020年5月，习近平总书记先后实地考察敦煌莫高窟和云冈石窟，并作出重要指示。2020年7月，国务院召开石窟寺保护利用专题会议，研究部署加强石窟寺保护利用工作。2020年10月，国务院办公厅印发《关于加强石窟寺保护利用工作的指导意见》（国办发〔2020〕41号），明确了今后一个时期石窟寺保护利用工作的指导思想、总体目标和主要工作任务，开展全国石窟寺保护情况调查作为石窟寺抢救性保护工作的重点内容而被列入。2020年10月，国家文物局下发《关于开展全国石窟寺专项调查工作的通知》（办保函〔2020〕889号），部署开展全国石窟寺专项调查工作。按照通知要求，重庆市文物局随即组织开展了重庆市石窟寺专项调查工作。

二、调查工作开展情况

（一）搭建工作机构，紧密组织实施

重庆市文物局于2020年10月下发《关于开展重庆市石窟寺专项调查工作的通知》，并制定《重庆市石窟寺专项调查工作方案》，成立了以市文化旅游委副主任幸军为组长，大足石刻研究院院长黎方银、市文化遗产研究院院

长白九江、市文物局文物保护与考古处处长熊子华为副组长，相关区县文化旅游委分管负责人为成员的"重庆市石窟寺专项调查工作领导小组"，确定大足石刻研究院和重庆市文化遗产研究院为牵头单位共同承担全市调查工作，组建4个专项调查专家组，各区县组建调查队伍，采取调查队、镇街、村三级联动，专家组复查审核的模式，全面启动专项调查工作。

（二）深入开展调查，摸清文物家底

重庆市石窟寺专项调查工作自2020年10月开始启动，2021年4月结束，前后历时7个月，对辖区内1911年以前开凿的石窟寺（含摩崖造像）的基本情况、保存状况、主要风险、保护管理及安全防范等情况，进行了全面详细的调查。投入经费约为398.7858万元（其中，中央财政81.2158万元）。

通过调查，摸清了重庆市石窟寺家底。目前，全市共有石窟寺716处，总数位居全国第三。各级文物保护单位195处，其中，全国重点文物保护单位6处，市级文物保护单位22处，区县级文物保护单位167处。共有窟龛3899个，造像8万余尊。据考证统计，造像最早开凿于隋开皇十一年（591年），历经唐、五代、宋、元至明清，跨时1300多年。其中，隋唐31处，北宋22处，南宋52处，元代1处，明代101处，清代474处，年代不详35处。唐至两宋石窟寺是其典型代表。

调查发现，重庆石窟寺具有以下特点：一是分布西密东疏。石窟寺散点分布于36个区县，以大足为核心的渝西地区较为集中，渝东地区分布较少，具有"西密东疏"的特点。其原因主要是中晚唐至两宋时期，政治、经济、文化中心南移，来自北方的大批僧侣、文人、佛教徒、技巧百工大量进入巴蜀，为石窟艺术繁荣储备了必要条件，使巴蜀地区成为这一时期我国石窟造像最繁盛的区域。渝西地区与以成都为中心的宗教圣地地缘相近，水陆交通往来便利，且经济繁荣、社会安定，成为我国晚期石窟艺术蓬勃发展之地。反之，渝东地区地近湘楚，为少数民族居住地，人口稀少，文化传统和宗教信仰与蜀地有异，石窟造像艺术不甚流行。二是晚期石窟艺术的代表。唐朝安史之乱后，随着政治、经济、文化重心的南移，北方地区石窟造像艺术衰落，川渝地区成为全国开窟造像最盛行的区域。两宋时期，安岳、大足两地

石窟开凿进入兴盛时期，在全国形成了一枝独秀的局面。重庆市石窟寺是我国晚期石窟寺遗存数量较多、类型复杂、内容丰富、延续时间较长的石窟群。三是地域特色鲜明。石窟儒释道"三教"造像俱全，具有鲜明的地域特点，在中国石窟艺术发展史中堪称典型代表。盛唐以后，石窟艺术在吸收借鉴中原早期石窟艺术的基础上渐成体系。晚唐至两宋，石窟造像地方化、世俗化的艺术特色走向成熟。极高的艺术价值表现在丰富的题材、多变的构图、生动的造型与高超的雕刻工艺等多个方面，反映了历史石雕技术与西南地区艺术史的发展成就，对重构西南区域宗教史、地方史有着举足轻重的作用。

（三）强化工作总结，注重成果运用

通过本次专项调查，全面掌握重庆市石窟寺基本情况、保护现状和存在的问题，为建立石窟寺基础数据和监测管理平台，构建科学有效的石窟寺保护体系，编制《重庆市石窟寺"十四五"保护利用规划》提供了基础信息。根据调查成果编制了《重庆市石窟寺专项调查工作报告》《重庆市石窟寺文物名录》《重庆市石窟寺安全防范情况报告》《重庆市石窟寺保护队伍建设情况报告》《重庆市石窟寺近五年内保护工作规划建议报告》等专项调查成果，上报国家文物局。

三、调查发现的主要问题

通过此次专项调查，发现重庆市石窟寺在保护利用工作方面存在以下问题。一是病害风险亟待治理。因地质、环境、雨水、植物动物等因素引起的各种病害，致石窟寺保存状况堪忧。多数石窟寺普遍有水害、风化、生物病害等，10处石窟寺局部有重大险情，253处石窟寺有一般险情。二是专业人员亟待充实。中小石窟寺保护基础薄弱，区县石窟寺保护专业人员缺乏。全市专业技术人员整体占比低，直接从事石窟寺保护的专技人员严重不足，尤其是保护急需的岩土工程、材料科学等专技人员缺乏。三是保护技术亟待突破。石窟寺病害等防治，面临技术和材料"瓶颈"，亟须开展一批关键技术

和前瞻性技术研究，推进石窟寺保护科学技术体系建设。四是系统研究亟待提升。系统研究不足，价值阐释和展示利用水平不高等。多数石窟寺未开展系统性调查研究，对石窟基本信息、历史沿革、价值特色、历史地位等综合或专题个案研究不足。五是人为破坏亟待整治。石窟寺违规妆彩、补塑现象较为普遍。使用化学合成颜料或油漆对造像进行妆彩、对部分造像进行改刻以及新塑等活动，严重改变了文物历史信息，对文物原有面貌和价值造成破坏。

四、工作建议

为有效解决重庆市石窟寺在保护管理、安全防范、病害危害等方面存在的问题，切实改善石窟寺保护利用现状，建议做好以下重点工作。

（一）加快川渝石窟寺国家遗址公园建设

借鉴甘肃省石窟管理"敦煌模式"，将石窟寺较为集中的重庆、四川地区的重点石窟寺纳入整体管理，推动两地区石窟艺术整体研究保护。加强顶层设计，由国家发展改革委、国家文物局牵头编制"石窟寺国家遗址公园建设规划"，重庆市、四川省推动"川渝石窟寺国家遗址公园"建设。

（二）加快重点石窟寺示范工程建设

根据川渝地区石窟寺的特点，确定从石窟彩绘保护修复、生物病害防治、窟檐保护、砂岩文物风化病害治理四方面开展示范项目，对川渝地区潮湿环境下石窟寺所面临的残损石质文物、彩绘贴金层保护修复中的共性、关键问题开展试点研究，为川渝地区石窟寺的后续保护与展示利用工作发挥示范、引导作用，为中国南方石窟寺及石刻文物保护利用传承，探索可复制、可推广的经验和模式。

（三）加大中小石窟寺保护利用力度

针对中小石窟寺保护现状，选择中小石窟寺分布典型区域积极探索新时代中小型石窟保护新模式；结合大足石刻中小型石窟保护设施和保存环境现状，从长效机制、价值阐释、本体保护、安全防范、环境整治、设施配套等多方面入手，全面改善中小型石窟文物保护管理现状，促进文化遗产保护利用与乡村文化发展，探索可复制、可推广的经验和模式。

（四）加强石窟寺考古研究

完善石窟寺考古学研究体系，建立石窟寺保护研究基地。整合人文社会科学和自然科学研究团队，形成多学科合作研究模式，建设稳定的石窟寺学术科研队伍。2025年底前完成全市主要石窟寺考古调查、勘探。2021年前制订石窟寺考古中长期计划、考古报告出版专项计划，2022年底前出版《大足石刻总录》，2025年底前出版4卷大足石刻中小型石窟考古报告，2035年底前出版6卷大足石刻中小型石窟考古报告，以及《重庆市石窟考古报告系列》《重庆石窟寺保护工程技术报告集》等。

（五）加强石窟寺保护体制机制建设

推动创建国家文物局南方潮湿环境石窟寺文物保护科研基地，与国际研究机构共建石窟寺考古研究区域性平台。支持大足石刻研究院创建世界知名研究院，建成世界文化遗产保护利用典范和"大足学"研究高地。创新中小石窟寺管理模式，提升中小石窟寺管理专业化水平。根据文物保护工作的规律和特点，科学合理审慎确定工程内容和规模，探索石窟寺保护利用项目采购和管理方式，结合石窟寺考古、本体修复等服务类项目特点和资质单位数量实际，合理选择适当的采购方式，综合评价并择优确定专业保护机构，鼓励采取设计施工一体化管理。涉及采购方式变更审批的，财政部门简化审批程序，保障项目有序实施。中小石窟寺保护项目可选择专业保护机构作为项目管理单位。

（六）推进石窟寺保护科技创新

支持大型石窟寺保护单位系统开展浅表层劣化、渗水、生物侵蚀等共性疑难病害的研究与保护技术攻关，力争关键技术取得突破性进展。立足于大型石窟寺，面向西南，辐射南方，积极争创国家文物保护传承科技创新基地、中国南方潮湿环境石质文物保护国家文物局重点科研基地，建设重庆市石质文物保护重点实验室，提升重庆作为西部中心城市在文物科技保护领域的影响力，对我国南方地区石窟的保护起到了积极的推动作用。建成开放国家文物保护装备产业基地（重庆）和三峡文物科技保护基地。发挥科技资源共享服务平台作用。

（七）提高石窟寺数字化保护利用

利用新一代信息网络技术、数字化与智能化技术，建设完善全市石窟寺文物资源信息库与管理平台，实时掌握石窟寺的保存和保护状况。进一步完善区县级以上文物保护单位"四有"工作；加快制定石窟寺数据采集、加工、存储、管理等方面的标准规范。持续开展石窟寺彩绘、金箔、造像、洞窟、摩崖造像等数字化工作。加强全国和区域性石窟寺数字资源管理和共享共用。

（八）建立石窟寺安全长效机制

落实文物安全主体责任、监管责任，实行石窟寺安全直接责任人公示公告制度。加强文物安全工作力量，推动实现石窟寺安全守护员和重点石窟寺安防设施全覆盖，并在石窟寺分布密集地区设置安全防护综合控制平台或安防监控区域中心平台。将包括石窟寺在内的各类文物安全防范工作纳入立体化社会治安防控体系建设框架中推进落实，坚持群防群治，建立完善联合执法巡查制度，加强巡逻防控，及时严厉打击损坏、损毁石窟寺本体及其历史环境风貌等违法犯罪行为。强化地方政府的文物安全管理责任，将省市级、市县级的中小型石窟寺明确到乡镇人民政府直接管理。充分发挥村社乡村群众的作用，把文物安全工作纳入社会治安综合治理中。进一步完善打击文物犯罪联合长效机制，有效遏制文物犯罪。适时开展石窟寺违规妆彩、涂画、燃香专项整治工作。

（九）强化专业人才队伍培养

坚持广聚人才，建设高素质、专业化的文物保护科研和文物修复技能型人才队伍。依托大型石窟寺、高校、科研院所培养石窟寺保护技术人才，建立文物保护专家智库，形成多学科、专精尖的石窟寺保护人才队伍。健全职业教育体系，设立文物保护职业教育与培训基地，加强石窟寺保护人员的在职教育学习及培训工作，实现高技能人才素质提升和结构优化。推动建立完善文物修复领域职业技能等级制度，优化绩效工资内部分配制度，落实文物保护考古职工野外工作津贴。

重庆市红色文化党性教育基地规范建设研究报告

重庆红岩联线文化发展管理中心　　王春山

党的十八大以来，以习近平同志为核心的党中央高度重视党员干部的党性教育，明确提出党性教育是共产党人修身养性的必修课，突出强调培养干部要抓好党性教育这个核心。以此为指引，全国各地积极推进党性教育基地建设，涌现出不少成功的案例。但从总体上看，在党性教育基地建设中仍存在不规范的方面与环节。课题组以重庆市"1+5+32+X"党性教育基地为重点，通过查阅资料、实地考察、个别访谈等形式深入调研，并运用多种研究方法深入分析，围绕主题进行经验总结、问题反思、规律探寻，形成报告。

一、重庆市红色文化党性教育基地发展现状

（一）重庆市红色文化党性教育基地建设概况

重庆是一座英雄之城，有着光荣的革命斗争传统，留下的宝贵红色资源为开展党性教育提供了鲜活的素材。近年来，重庆市顺应党性教育和干部成长规律，探索实施以理论教育、传统教育、典型教育、实岗锻炼和党性分析"五大模块"为主要内容的系统化党性教育。立足"五大模块"教育，采取"边建设、边使用，成熟一个、推广一个"的步骤，构建起以红岩党性教育基地（红岩干部学院）为龙头，江津区聂荣臻元帅陈列馆、潼南区杨闇公故居、开州区刘伯承纪念馆、城口县红色城口革命传统教育基地、酉阳赵世炎烈士纪念馆5个区县基地为支撑，32个市级现场教学基地为节点，其他区县自建基地为基点的"1+5+32+X"党性教育基地格局，有效提升了党性教育的吸引力和感染力。

（二）重庆市红色文化党性教育基地建设的典型经验

1. 注重顶层设计，提升总体功能

一是注重建章立制，在市级层面制定了《重庆市现场教学基地管理办法》，明确了建设原则、申报条件、审批程序、建设标准、使用流程、管理与保障措施等要素，推动党性教育基地建设制度化、规范化。二是重点突出，按照"专业化、系统化、特色化"的思路，重点打造红岩党性教育基地（红岩干部学院），全面升级师资力量、教学内容和平台载体，形成1～5天的"菜单式"教学方案。三是注重统筹兼顾，各区县特别是红色文化资源比较丰富的江津、潼南、开州、城口、酉阳5个区县，立足各自红色文化特色推进基地建设，着力挖掘内涵和精神实质，做到了一个主题、一个教材、一个专题片，广泛应用了信息化和现代化技术手段，党性教育效果明显。

2. 突出自身特色，创建本土品牌

红岩精神内涵丰富、底蕴深厚，是中国共产党和中华民族的宝贵精神财富，也是重庆独具特色的党性教育资源，不可复制、不可移动、不可替代，是重庆办好党性教育的最大优势。重庆致力于把红岩党性教育基地（红岩干部学院）建设成为"立足重庆、面向全国、服务全党"的党性教育基地，组织专家学者潜心研究、深度挖掘包含南方局精神、革命斗争精神、抗战精神、统战精神在内的红岩精神蕴含的核心内涵，注重结合党性教育的时代特点挖掘具有当代价值的教育资源，形成"传承红岩精神、坚定理想信念、增强党性修养"的教学总主题，在实践中不断丰富内容、提升内涵，实现与全国其他优秀党性教育基地的分类建设、错位发展，为红岩品牌积淀了良好口碑。

二、红色文化党性教育基地建设中存在的问题

（一）运行机制问题

从全国层面看，还没有明确统一的制度规范，如对国家级、省级基地的准入认定、定位定级、评估考核、管理运行等方面尚未制定统一的政策和标

准，进而影响到全国红色文化党性教育基地的目标定位、内涵挖掘、品牌塑造、特色彰显等诸多方面。

（二）建设保障问题

红色文化党性教育基地的建设离不开党委的统一领导和主管部门的统一管理，尤其需要制度规范、业务指导、财力支撑等方面的大力保障。目前，重庆市部分红色文化党性教育基地硬件不强、软件不优、师资水平参差不齐等问题，影响了基地的功能发挥和效果实现。

（三）基本定位问题

红色文化党性教育基地是开展党性教育的专用场所或机构，是承担党性教育的重要载体，具有特定的功能和目标定位。目前，部分基地还存在把红色文化党性教育基地等同于一般的红色旅游景区，仅仅把参观讲解视为党性教育，内涵挖掘不深入、品牌塑造不响亮、特色彰显不充分。

（四）内涵挖掘问题

目前，多数红色文化党性教育基地内涵挖掘较好，但也有基地在红色文化陈展上苍白无"灵魂"，或者在丰富主题思想、挖掘精神内涵上欠缺"功力"，或者讲解员、教员的自身功底不足，而更多地缺乏对教育资源进行持续深入研究，教学内容不能持续深化和更新，基地的内涵和特色发展缺乏持续动力，导致所开展的党性教育仅限于红色故事的讲述，缺乏内涵的深度阐释，难以引起学员的情感共鸣，无法触及其灵魂、启迪其思维。

（五）硬件设施问题

基础设施和配套设施等硬件设施的建设是充分发挥基地教育功能的重要基础和保障。各地红色文化党性教育基地应结合自身主题、特色定位和党性教育内容、形式需求，科学合理规划和建设相应的固定教学场馆和配套设施。目前，尽管大部分基地都建设了固定教学场馆和配套设施，但都不同程度地存在不完善、不优化、不满足需求的问题，多数尚不具备独立的教学及后勤保障条件，如餐饮、住宿无法保障，不便于管理，也不利于发展。

（六）理论教学问题

相当部分红色文化党性教育基地自身没有高素质高水平的理论专题教学师资，也没能与相关院校或研究机构建立实质的合作机制，或聘请其有关专家学者进行基础理论板块的教学。由此导致党性教育局限于现场教学、体验教学，仅能讲述历史故事、介绍历史事件的基本情况，停留在感性层面，不能对深层的历史背景、科学内涵、历史经验与现实启示等方面进行分析总结和提炼升华，不能提升现场教学的理论层次，也不能保证教学的权威性、厚重性和实效性，起不到党性教育内化于心、外化于行的效果。

三、重庆市红色文化党性教育基地规范化建设建议

（一）规范红色文化党性教育基地的管理体系

探索建立红色文化党性教育基地申报、评估、定级、考核的分级管理制度，出台申报条件和评估办法，将具有典型性、代表性、实践性、规范性的基地纳入备选，划分一级、二级、三级红色文化党性教育基地，等级一经评定，即向社会公布，接受公众监督，每两年进行一次评估，依据评估情况对基地"等级成绩"进行加分或减分，作出升级、平级、降级、撤销等决定，以此进行动态管理。同时，应该建立一套科学合理、便于操作、行之有效的综合评价指标体系，包含硬件建设标准、制度体系标准、教学体系标准、人才体系标准、科研体系标准、服务保障标准、考核评估标准等。

（二）规范红色文化党性教育基地教学体系

教学体系是一项系统工程，教学体系建设是红色文化党性教育基地创新发展的基础保障，应在教学方向、课程设计、教学内容、教学方法上下功夫。在教学方向上，应加强情景教学、实地感受、实物讲解增强党性教育的吸引力和感染力，特别是理论教学上应充分依托当地党校资源，多与当地党校、高校马克思主义学院共建共享，形成教学合作与联席机制。在课程设计

上，应加强对学员党性修养状况的调查研究，对症下药，发挥红色文化在党史、党建、革命传统教育、理想信念教育等方面的资源优势，科学地做好课程设计；在教学内容上，应注重"正反结合"，不仅要进行正面的引导教育，也要开展好反面的警示教育，既要讲党的光辉历史和优良传统，讲老一辈共产党人的道德风范与人格追求，又要剖析党员干部违纪违法的典型案例，加大思想震慑力度；在教学方法上，应注重讲授式、研讨式、案例式、体验式等多种教学方式相结合，应对体验式教学中涉及的故事和案例进行理论提升、学理概括，把体验、感知转化为理论思考、理性思维，让学员既有感动、激动和震撼，又有深层的理论反思和人生感悟，切实提高教学的效果。

（三）规范红色文化党性教育基地人才体系

红色文化党性教育基地创新发展离不开一支规范有序、配合默契、高效运作、业务精良的人才队伍。首先，应有一支现场教学队伍。要将政治素质、业务能力、应变能力、语言驾驭、服务水平、仪容仪表等纳入现场教学人员的评价指标，有针对性地进行专业化训练。其次，应有一支理论教学队伍。应选聘马克思主义党性修养高、理想信念坚定、理论功底深厚、知识结构合理、实践经验丰富的同志担任理论教学师资，探索将"教师在红色文化党性教育基地授课"作为特定专业领域职称评定的条件之一，鼓励更多优秀师资为党性教育贡献力量。同时，可将高级职称的人数、高级职称教师的比例、专职师资人员比例等纳入红色文化党性教育基地考核评估指标。最后，应有一支教学科研队伍。加强对党性、党性教育、党的建设规律、干部成长规律、干部教育规律等进行持续的基础性研究，引入历史学、党史党建、教育学、社会学、哲学等学科的人才，确保红色文化党性教育基地教学质量的规范与提升。

（四）规范红色文化党性教育基地考核评价体系

尝试建立具有系统性、科学性、导向性、可比性、动态性的分级标准体系，对红色文化党性教育基地进行规范化建设。如红色教育基地占地面积、现场教学点数量、教室数量及容量、展品管理、陈列规范、餐饮住宿、设施配套等都可以规范与量化。在考察中，以"日常自查+年度督查+评估核查"三结合的方式对红色文化党性教育基地进行考评。

总之，重庆市红色文化党性教育基地建设应充分挖掘重庆红色资源特色，加大改革和创新的力度，在管理体系、教学体系、人才体系、考核评价体系等方面下功夫，开辟规范化、系统化和科学化的党性教育基地发展道路，开展好党性教育活动，服务于党的建设新的伟大工程。

重庆长江三峡文物保护与利用创新机制研究

文化和旅游发展委员会　文物保护与考古处　熊子华　蔡昱萌

长江造就了从巴山蜀水到江南水乡的千年文脉，是中华民族的代表性符号和中华文明的标志性象征，是涵养社会主义核心价值观的重要源泉。三峡是长江的标志性河段，三峡文化是长江文明的华彩乐章，三峡文物是弘扬长江文化的重要载体。开展重庆长江三峡文物保护与利用创新机制研究，对于加强三峡文物保护利用，助力长江经济带高质量发展具有重要意义。

近年来，重庆市深入贯彻落实习近平总书记重要指示精神，加强三峡文物保护利用，成为长江文物和文化遗产保护传承的成功范例。一是三峡文物保护是长江流域规模最大的区域性文物保护工程。历经前三峡和三峡后续两个阶段，历时30年，实施文物保护项目966个，超额完成重庆市三峡文物保护规划任务，是长江文化保护传承的成功范例，确保三峡工程如期蓄水，有力配合国家重大战略。白鹤梁题刻原址水下保护工程、石宝寨保护工程、张桓侯庙搬迁保护工程成为我国文物保护工程的典范案例。实施考古发掘项目603项，出土文物17.2万件，整理三峡出土文物约13.4万件，抢救修复13182件，为三峡库区博物馆集群展陈提供了丰富支撑，成为长江文化展示传播的重要窗口，初步建立起重庆历史文化序列，开展奉节白帝城、万州天生城等大遗址考古，开工建设三峡国家考古遗址公园。二是建成全国一流的三峡文物博物馆公共服务体系。通过建设三峡博物馆为龙头的三峡博物馆群，建成以重庆中国三峡博物馆、重庆三峡移民纪念馆、忠州博物馆等为代表的综合性公共博物馆达17座，基本实现三峡公共博物馆全覆盖。三是构建三峡文物科技保护体系。建成重庆中国三峡博物馆三峡文物科技保护基地、重庆市文物考古研究院三峡文物修复中心、重庆中国三峡博物馆三峡数字博物馆、重庆文化艺术职业学院三峡库区非遗传承交流展示基地等重大项目，在长江文物和文化遗产保护上具有示范意义。四是出版三峡考古研究系列成果。出版《三峡重庆库区考古报告集》《忠县中坝遗址》《三峡文物》等研究专著60部、学术文章400余篇，书写长江文化研究阐释新篇章。五是推出一批精品文旅项目。突出资源转化利用，以打造三峡旅游升级版为重点，推动三峡库区绝世美景与深厚文化融合，打造了涪陵白鹤梁、丰都名山、忠县石宝寨、奉节白帝城、巫山小三峡等一批文化底蕴深厚的精品景区，文化旅游成为库区的重要支柱产业。

一、开展三峡文物资源"起底式"调查摸清底数

2021年3月，习近平总书记对三峡库区文物保护利用作出重要批示。为深入贯彻习近平总书记重要批示精神，在国家文物局指导下，市文物部门从4月到9月，集中开展三峡库区文物资源"起底式"调查。重庆三峡库区范围内共登录不可移动文物15155处，其中全国重点文物保护单位53处、省级文物保护单位251处、市县级文物保护单位992处。重庆市三峡库区的可移动文物总量509082件/套，其中三峡出土文物180390件/套。国家级历史文化名城1个、历史文化名镇13个、历史文化名村1个，省级历史文化名城2个、历史文化名镇16个（含三峡库区迁建传统风貌镇和亟待抢救传统风貌镇）、历史文化名村15个；国家级历史文化街区1个，省级历史文化街区9个；中国传统村落32个，省级传统村落13个。公布代表性非物质文化遗产2085项，其中国家级28项、省级429项、区县级1628项。

近年来，在市委、市政府高度重视下，三峡文物保护利用取得系列重要成果，但仍然存在一些问题：一是文物保护状况不容乐观。根据专项调查，三峡库区不可移动文物中保存较差和差的占总量的将近28%，特别是区县级以下不可移动文物保护任务十分繁重。三峡出土文物亟须抢救修复，经统计约1.25万件。二是文物保护机构人才普遍匮乏。三峡库区各区县文物行政管理力度偏弱、话语权不强。区县文管所与博物馆基本都实行"两块牌子、一套人马"，文物保护力量紧张。人员编制不足现象较为普遍，区县中文物保

护机构编制不足10名的约占50%，巫溪县文管所编制甚至仅有3名，专业人员严重缺乏，基层单位条件差、待遇低，无法吸引和留住高学历人才，进一步加剧了基层文物保护力量的短缺。三是文物保护资金投入不足。来自财政用于三峡文物保护的专项资金呈逐年下降的趋势，各区县财政囿于本身财力有限，难以保障文物保护资金需求。同时存在区县之间投入不均衡，财政状况较好的区县投入多些，财政状况差的区县投入少，特别是对低级别和无级别文物保护投入尤其不足。社会力量参与不够，特别是筹措社会资金行之有效的办法不多。四是文物资源活化利用不足。三峡文物的展示利用手段不多，三峡重点考古遗址保护展示项目推进较慢，文旅融合发展还缺乏深度，重点区县博物馆建设未实现全覆盖，部分博物馆智慧化、数字化水平不高，文创产品开发还处于起步阶段。

二、关于三峡文物保护利用机制创新的建议

（一）构建库区区县党委领导、政府负责、部门协同、社会参与的三峡文物保护利用工作新格局

一是强化党委领导制度。三峡库区区县党委加强对三峡文物工作的政策指导和督促落实，将文物工作列入议事日程，明确政治责任和领导责任，将三峡文物工作纳入经济社会发展考核评价体系的具体办法，推动三峡文物保护责任落实。二是强化文物行政部门的综合管理体制。通过各区县加挂文物局牌子，加大三峡库区各级文物管理部门机构设置、人员编制和工作经费的力度，使文物保护管理工作力量与繁重的保护任务相适应。三是强化区县部门之间的协同机制。建立文物保护与国土空间规划、城乡建设等部门的协调工作机制，在三峡文物保护利用中发挥好统筹协调作用。进一步夯实文物部门在三峡文物保护利用中的主导地位，为三峡文物的保护研究利用创造良好氛围和条件。四是健全社会力量参与机制。坚持政府主导、社会参与，拓宽社会力量参与三峡文物保护利用，拓宽三峡文物保护利用投入渠道。推行文物保护员、文物志愿者等制度，支持社会力量广泛参与三峡文物保护利用工作。

（二）强化区域协同，建设三峡考古遗址公园，创建三峡文物保护利用示范区

一是推进长江三峡国家考古遗址公园建设。按照"一园多点"模式，重点实施万州天生城遗址、奉节白帝城遗址、巫山龙骨坡遗址、云阳磐石城遗址、忠县皇华城遗址、涪陵小田溪墓群、涪陵龟陵城遗址、江津石佛寺遗址、两江新区多功城遗址9处考古遗址公园，重点开展考古发掘、遗址公园规划编制、保护展示等系统工程，采取统一规划、统一标准、统一标识、统一推广，分区县建设的方式，力争在"十四五"时期基本建成长江三峡国家考古遗址公园，成为三峡文物保护利用示范区的重要载体。二是加快完善三峡博物馆群建设。依托涪陵白鹤梁水下博物馆建设中国水文博物馆、依托忠县皇华城遗址建设长江三峡考古遗址博物馆，重点展示长江文化和三峡考古成果。加快长寿、丰都、云阳、万州等区县博物馆建设或改扩建，实现三峡库区重点区县博物馆全覆盖，建成全国一流的三峡文物博物馆公共服务体系。三是创建长江三峡文物保护利用示范区。在国家文物局指导下，由重庆市和湖北省共同创建三峡文物保护利用示范区，依托三峡考古遗址公园和遗址博物馆，串联相关文物资源，按照三峡库区不同类型文物资源，实现文物资源和信息的互通互联，使其成为长江文物和文化遗产保护传承的重要示范。

（三）着力市区联动，优化总分馆制，让三峡出土文物活起来

一是持续发挥"龙头效应"，推动项目共建。建设"1+8+N"三峡博物馆体系。发挥好国家一级博物馆重庆中国三峡博物馆的带动作用，建设三峡文物风险控制中心；加快丰都、长寿等区县博物馆建设，完善万州、云阳、奉节等综合博物馆，形成8个库区重点综合性博物馆；支持三峡库区非国有专题博物馆发展，形成N个系列主题或专题博物馆，让三峡文物活起来。二是深化合作交流，促进人才培养。充分利用三峡文物科技保护基地等平台，通过师承制、进修制等方式，加强三峡库区基层文物保护管理机构的业务人员技能培训，进一步完善总分馆挂职锻炼机制，促进三峡库区文物保护力量的

提升。三是探索创新发展，推进品牌共创。整合总馆平台资源，加大区县博物馆文创产品开发、产业链拓展延伸、文创品牌打造等指导力度，加强三峡文物的文创产品的宣传推广，提高"三峡"文创特色品牌的传播力和影响力。

重庆市巫山县竹贤乡乡村文化振兴调研报告

重庆市文化和旅游研究院　魏锦　陶宇　杜娜

　　实施乡村振兴战略，是党的十九大作出的重大决策部署，是全面建成小康社会的助推器和全面实现农村现代化的新引擎，是新时代"三农"工作的总章程。要全面实现乡村振兴"产业兴旺、生态宜居、乡风文明、治理有效、生活富裕"的总要求，文化的作用不容忽视。推动乡村文化建设，实现乡村文化振兴，是移风易俗、实现"乡风文明"的必由之路，是推进中国特色社会主义核心价值观融于乡村群众文化思想和价值观念的主要抓手；通过文化建设推动乡村群众文化主体意识觉醒、增强文化认同感与文化自信、提升思想认识，也是实现产业振兴、生态振兴、组织振兴和人才振兴的坚实基础。2021年6月，重庆市文化和旅游研究院组织乡村文化振兴调研组前往巫山县竹贤乡进行实地调研。调研组先后走访了下庄村、阮村、石院村、石沟村、福坪村、药材村6个村庄，参观了下庄人事迹陈列室，通过考察了解竹贤乡基本乡情、资源禀赋、文化资源保护利用情况、公共文化服务开展情况等，具体分析竹贤乡乡村文化振兴的背景与现状，并针对当前存在的一些问题提出针对性的对策建议。

一、竹贤乡概况

　　重庆市巫山县竹贤乡位于巫山县东北部，东接湖北省巴东县，南抵骡坪镇，西、北接平河乡，距巫山县政府驻地53千米，区域总面积为98平方千米。竹贤乡下辖6个行政村：石院村、石沟村、阮村、下庄村、药材村、福坪村，现有户籍人口1870户5418人，常住人口1326户3323人，场镇常住人口200

人左右。

竹贤乡地势东高西低，境内喀斯特地貌分布广泛，海拔落差大，最高峰朝阳坪位于福坪村，海拔2362.6米；最低点纸厂沟位于下庄村，海拔280米。区域气候为亚热带湿润性季风气候，年平均气温高于10℃的日数为225天；年平均日照数为1500小时；年平均降水量为1400毫米，降水主要集中在夏季，雨季明显。由于地势陡峭，降水集中，故多发滑坡、危岩、泥石流、塌陷等灾害现象。

由于海拔差异大，气候条件特殊，竹贤乡林地面积广阔，动植物资源十分丰富。但农业种植因此受限，只适宜种植土豆、玉米、红薯等农作物，经济作物有核桃、烤烟、茶叶、中药材等，畜牧业以饲养生猪、羊、家禽为主。除了外出务工，种植业、养殖业是竹贤乡居民的主要生活来源与经济来源。

二、资源禀赋

（一）世界自然遗产地——重庆五里坡国家级自然保护区

竹贤乡地理、气候条件独特，春秋相连，夏季凉爽，冬季漫长，优越的气候条件形成了良好的森林生态环境和丰富的森林植被类型，非常有利于野生动植物的生存繁衍。2000年，巫山县在包括竹贤乡大部分区域在内的县东北部天然植被保存完好、自然资源丰富、野生动植物集中分布的38000多公顷区域设立自然保护区，经过不断推进保护工作，2013年6月4日，国务院在此设立重庆五里坡国家级自然保护区，2021年7月28日，在第四十四届世界遗产大会上，经审议通过，成为世界自然遗产地（湖北神农架世界自然遗产边界调整项目）。经统计，保护区有国家重点保护野生动物55种，有中国特有种或主要分布在中国的野生动物70种；有维管植物2646种，有中国特有种植物41种，是中国裸子植物的重要繁衍基地；保护区年降水量为1400毫米，区域内溪流众多，地表水源极为丰富，是全国优质水资源战略储备库的重要水源地。

重庆五里坡国家级自然保护区面积确定为35276.6公顷，其中核心区面积17323.1公顷，缓冲区面积6555.8公顷，试验区面积11397.7公顷。竹贤乡6个行政村中、福坪村、阮村、药材村、石院村、下庄村5个行政村的林地划归重庆五里坡国家级自然保护区管理，保护区涉及竹贤乡国土面积7574.8公顷，森林覆盖率达78.9%。保护区内人口较为稀少，竹贤乡5个村落居住在保护区内的人口247人，均居住在试验区，缓冲区和核心区无人居住。

保护区在竹贤乡设有管理站，管辖处于庙堂乡与竹贤乡边界以东的区域（包括下庄—刘家泡—亮垭子一线），面积9078公顷，占保护区总面积的25.7%。境内有金丝猴、草鸮、勺鸡、红腹锦鸡等珍稀野生动物，境内蛇谷，两栖爬行动物种类丰富，数量较多，主要有巫山角蟾、菜花烙铁头蛇等。辖区内朝阳坪湿地是巫山县新县城、骡坪场镇、两坪场镇、竹贤场镇等地20万人口饮水的水源地，是巫山县重要的水源涵养地。

（二）"时代楷模"与"下庄精神"

下庄村位于竹贤乡西部，村域内最低海拔仅287米，被喻为"天坑里的村庄"。由于地势险峻，交通不便，下庄村长期处于闭塞、贫困的状态。几代下庄人都渴望能走出天坑，走出贫困，开出一条脱贫致富幸福路。1997年至2004年4月，历时7年，下庄村党支部书记兼村委会主任毛相林以愚公移山般的决心和毅力，带领村民终于在几乎垂直的绝壁上凿出了一条长8公里的"天路"。

在毛相林的带领下，经过多年的奋斗，不仅实现了下庄村几代人走出"天坑"的梦想，也形成了"勤劳勇敢、艰苦奋斗、坚守初心、自强不息"的"下庄精神"。"下庄精神"是脱贫攻坚过程中"苦干"铸就的伟大精神，是新时代愚公精神的典型代表。

2020年，毛相林被中宣部授予"时代楷模"称号，获得"感动中国2020年度人物、全国脱贫攻坚奋进奖"殊荣，下庄村村委会荣获"重庆市脱贫攻坚先进集体"称号。2021年，在全国脱贫攻坚表彰大会上，毛相林被中共中央、国务院授予"全国脱贫攻坚楷模"荣誉称号。党的十八大以来，以习近平同志为核心的党中央带领全国各族人民，以非凡的意志和智慧，创造了中国反贫困斗争的世界奇迹。这样的奇迹不是天上掉下来的，是一代又一代中国人勤勤恳恳干出来的。毛相林用实干苦干，诠释了一名基层共产党员的初心使命。

"时代楷模"毛相林与"下庄精神"已成为下庄村和竹贤乡鲜明的文化符号和精神力量，在推进乡村振兴的新征程上，激励全乡人民克服困难、奋勇向前、拓展新天地、实现新作为。

（三）"山歌子"唱遍竹贤乡

调研发现，竹贤乡民众多热爱唱山歌，当地称"山歌子"。"山歌子"内容丰富，包括五句子山歌、扬歌、扬号子及各类小调，既有世代流传的经典曲调，又有临时创作的应景歌曲。过去，"山歌子"是当地民众喜闻乐见的文娱活动。现在竹贤乡仍然活跃着一批"山歌子"爱好者，他们被称为"歌师傅"，闲暇时会自发组织和聚集，共同演唱，个别爱好者还开通了网络直播，在抖音等网络平台进行演唱。

耍锣鼓，也是竹贤乡较为盛行的文化活动。目前，竹贤乡场仍有耍锣鼓的团队在活跃，团队5人，使用的乐器包括唢呐、小鼓、大锣、马锣、镲。经过组织，锣鼓团队还可与"山歌子师傅"相互配合，共同演出。2016年，"巫山锣鼓"成为竹贤乡首个进入非物质文化遗产保护名录的项目，也是迄今为止的唯一一个，该项目由竹贤乡和邓家乡共同申报。

巫音是巫山县仪式戏剧的音乐形态。巫山县将巫音作为传统音乐申报为重庆市级非物质文化遗产保护名录项目，申报书中提及第二代班主涂从炘即竹贤乡阮村人，家承第一代班主涂理生，民国时期已故。如今竹贤乡仍有邓氏坛班在民间活跃，班主邓文双，能够演出大量仪式戏剧剧目，收藏有清朝及民国时期大量科仪本，保存完好，有重庆现存最古老的科仪本原件之一。

三、文化发展基础分析

当前，竹贤乡已取得脱贫攻坚全面胜利，全乡建档立卡贫困户354户1397人全部实现稳定脱贫。公共服务提质升级，全乡实现行政村通村通畅全覆盖，集中供水保障全覆盖，乡中心小学和三个教学点设施正在逐步健全，乡中心卫生院医疗服务水平不断提升，乡村文化阵地建设不断加强。产业发展扎实起步，核桃、中药材、米大洋芋、烤烟等优势经济种植作物开始成规模发展。全乡正在积极创建全域旅游示范乡镇。目前竹贤乡已联合周边诸乡镇积极进行乡村振兴规划布局。结合竹贤乡基本乡情、资源禀赋以及乡村文化建设现状等，课题组对竹贤乡文化发展基础进行分析，以期为竹贤乡实现乡村文化振兴以及全面乡村振兴提供发展依据。

（一）优势条件

1. 区位优势

竹贤乡位于重庆市与湖北省交界处、三峡库区腹心地带。区域内重庆五里坡国家级自然保护区同时又与湖北神农架国家级自然保护区、重庆阴条岭国家级自然保护区、大九湖国家级湿地公园相连。周围环绕有长江三峡、小三峡、小小三峡、神农架、当阳大峡谷、神女峰等多个知名景区景点，具有一定旅游联动发展优势。

2. 生态优势

竹贤乡动植物资源丰富，森林植被保存完好，森林生态系统完整，森林生态环境良好。区域内重庆五里坡国家级自然保护区位于三峡库区水土保持生态功能区的水土流失防治区，是三峡库区腹心地带的重要生态屏障。辖区内新建成朝阳坪水库，是巫山县重要的水源涵养地。上述条件不仅是自然保护区建设和发展的优势，也是开展生态旅游的最佳条件。

3. 景观优势

竹贤乡属亚热带季风性温润气候，春秋相连，夏季凉爽，7月平均气温21℃，是天然富氧的避暑胜地。境内海拔高低落差大，造成了温度、湿度、水文气象等差异，进而形成了多层次的垂直景观；高山深谷、山间平地，复杂的地形也形成了竹贤乡优美独特的自然风光。所辖五里坡自然保护区内森林、灌丛、草地、山地裸岩、水域湿地等地质地貌和植被景观也可作为具有开发潜力的旅游资源。

4. 人文优势

为激励年青一代继续奋斗在巩固脱贫攻坚成果、接续乡村振兴的道路上，让"下庄精神"一代一代传承下去，竹贤乡下庄村先后建成了下庄人事迹陈列室、愚公讲堂，立起了一座"下庄筑路英雄谱"，上面刻着108位当年不惧艰险凿出"天路"的村民姓名，其中就有毛相林同志。今天，"下庄精神"已融入下庄村乃至整个竹贤乡的基层党建和党风文明建设，极大地提升了群众参与乡村振兴的内生动力。随着"时代楷模"毛相林与"下庄精神"被广泛知晓，竹贤乡下庄村知名度骤升。2021年，下庄人事迹陈列室对外开放以来，深受社会各界关注，大量团队和游客前来参观。

（二）存在的问题

1. 人口基数较小，乡村活力不足

乡村群众是乡村文化建设的主体，尤其是中青年群体是乡村文化建设和发展的主力军，也是乡村文化发展成果的受益者。然而，"民工潮""学生党"的崛起，使得大规模的农民工常年在城市务工，学生在城市上学，乡村人口和主要劳动力大量流失。竹贤乡同样面临这个问题，全乡常住人口远远少于户籍人口，常住人口以老人、幼童为主，参与社会活动、乡村建设活动与文化活动较少，导致乡村活力不足。

2. 基础设施建设滞后，公共服务水平偏低

竹贤乡建有综合文化站与文体广场各1个。石院村、石沟村、阮村、下庄村、药材村、福坪村均建有村级文化活动中心、农家书屋，并按照相关规定配备有图书、乐器等文体用具，个别配套有体育运动场地。但总体来看，基础设施设备维护不善，缺乏专业维护人员和相应经费。竹贤乡2011年通响率100%的35支广播喇叭现已全部失效。乡文化站与村文化活动中心、农家书屋开放率不高，图书、乐器等多数文体用具束之高阁。

3. 群众文化活动匮乏，乡村文化传承乏力

近年来，竹贤乡文化站参与和组织过的活动主要是围绕脱贫攻坚、防治病虫害、农作物种植、普法教育等主题进行的一些培训，偶尔有配合上级文化主管部门开展的"放歌新时代进基层""篮球联谊赛"等文体活动。村级文化活动中心主要是供应村民自发借阅图书或使用活动中心设施设备。群众自发组织的文体活动也较少，虽然有唱山歌、耍锣鼓等传统，但仅少数几位

"歌师傅"和爱好者出于自娱自乐而演唱，既无组织活动，也无代际传承。

4. 文化人才短缺，文化资源缺乏保护

乡文化站和村级文化活动中心工作人员较少，个别仅有值班人员，导致文化站和村级文化活动中心开放率低，多数设备设施闲置老化。同时，相关工作人员缺少文化建设与公共文化服务知识背景，缺少相关专业培训，导致许多文化活动难以开展，本乡文化遗产也无法得到有效保护。因此，虽然竹贤乡民间音乐资源丰富，但并未作为非物质文化遗产得到有效整理与建档保护；境内一处县级文物保护单位——考湾杨氏祠堂，残存木门、门楣及部分墙面，尚未得到修整。

四、对竹贤乡乡村文化振兴的意见和建议

乡村文化振兴，既要发掘和利用传统乡村文化的当代价值，也要依据本地资源禀赋发掘乡村文化振兴的新路径、新举措；既要解决当前乡村文化工作中存在的问题，也要从乡村群众的文化需求出发，从乡村振兴的全局出发，描绘乡村文化振兴新图景。结合竹贤乡基本乡情、资源禀赋，以及对其当下文化发展的优势条件与存在问题的分析，我们对竹贤乡乡村文化振兴提出以下意见和建议。

（一）深入挖掘和整理传统乡村文化资源

传统乡村文化，或者说乡土文化，包括独特的乡村生态景观以及乡村民众的生活生产方式，也包括蕴藏于乡村社会的民风民俗、道德信仰与思想观念，具体则表现为乡村的文化遗产、民俗活动、乡规民约等形式。乡土文化是几千年来在农耕社会中哺育的中华文化的根脉，是中华民族精神的源泉。中国特色社会主义核心价值观是中华优秀传统文化和人类文明成果在新时代的价值体现，是对中国乡土文化基因的一脉相承。然而，在城镇化进程不断加快推进的今天，城市生活包括城市文化成为越来越多农村人的追求和向往，在现代化、市场化和网络化的裹挟下，乡村的生活方式和文化生活内容也在不断向城市靠拢，传统乡村文化陷入认同危机与传承危机。因此，乡村

文化振兴，首先要重视传统乡村文化，深入挖掘和整理传统乡村文化资源，重塑其在乡村全面发展和振兴中的价值，寻回乡村人民丰盛的精神家园。

竹贤乡虽然人口基数小，但仅几日的走访调研已使我们收获不少。几乎每村都有能唱山歌的"歌师傅"，且都身体康健，年龄在60岁以下者居多；能够演出大量仪式戏剧剧目的邓氏坛班活跃于本乡以及周边乡镇；巫山县文化工作者曾至竹贤采风，并整理有《竹贤民间故事》一书；全乡人口以杨姓居多，乡境内也存有一处杨氏祠堂，被列为县级文物保护单位，但未得到修整。因此提出以下四点建议。

第一，在县文化部门的支持和协助下，由乡文化综合服务中心对全乡进行文化资源普查，尤其关注传统音乐、传统戏剧、民俗、传统医药、传统技艺等方面的非物质文化遗产项目与传承人群的发现与记录，以及后续的非物质文化遗产代表性项目与代表性传承人申报、保护等工作。

第二，系统整理竹贤乡山歌。建议乡文化综合服务中心及时建立"歌师傅"名单，协助"歌师傅"对自己掌握的山歌进行抄录、整理，对已有的歌谱、曲谱进行整理和数字化转化，建立竹贤乡山歌档案（含电子档案与各类抄本原件），在适当的时候可公开出版。积极申报相应的传统音乐类县级、市级非物质文化遗产项目与代表性传承人。

第三，系统整理邓氏坛班及其班主邓文双所掌握的仪式戏剧资料。建议乡文化综合服务中心帮助与支持邓文双对自己所掌握的仪式戏剧剧目与科仪本进行整理和数字化转化，对清朝、民国年间科仪本原本进行妥善保管，积极申报相应的传统音乐类或传统戏剧类县级、市级非物质文化遗产项目与代表性传承人。

第四，可与相关文化部门、文化研究机构合作，探寻本乡历史沿革、文化名人，寻找杨氏族谱，修葺杨氏祠堂，布置乡史陈列馆，加强对本乡群众的历史文化教育，增强本乡群众的文化认同感与文化自信心。

（二）切实提升公共文化服务品质

加强农村公共文化建设，健全、优化乡村公共文化服务体系，保障基层人民的基本文化权益，是繁荣农村文化、焕发乡风文明新气象的重要手段。

党的十八大以来，我国政府逐步推进一批高水平公共文化设施建设，持续促进了一系列面向城乡、面向农村的重大公共文化设施建设项目，如文化信息共享工程、农家书屋工程、广播电视村村通工程、农村电影放映工程、乡镇综合文化站建设工程等一系列文化惠民工程在基层开展。但是，由政府主导的公共文化服务体系在一定程度上仍存在管理模式相对固化、设施配置落后、文化服务内容单一等问题，如竹贤乡文化综合服务中心已经非常老旧，2011年通响率100%的35支广播喇叭陆续坏掉，但缺乏专业维护人员和相应经费，现在全部失效，乡综合文化服务中心与各村文化活动中心、农家书屋开放率不高，所配送的图书、乐器等也多数束之高阁。公共文化提供的服务内容不能与乡村群众文化生活需求相衔接，也造成了一定程度的资源闲置与机构空转。因此提出以下两点建议。

第一，完善公共文化服务基础设施。对竹贤乡综合文化服务中心进行提质升级，建成竹贤乡文旅综合服务中心，提升中心及文体广场的软硬件设备，配置电子图书阅览室、公共文化云服务平台以及旅游信息查询与服务平台等，加强本乡文化展陈，增设有关重庆五里坡国家级自然保护区的宣传展陈区域，使乡文旅综合服务中心连同文体广场等一起切实发挥文化阵地的功能。

第二，优化公共文化服务供给，有针对性地开展特色群众文化活动。活动内容、活动形式应考虑到常住人口普遍为老人与儿童的特点，在书籍配送、休闲活动安排上有所倾斜；发动锣鼓团队、"歌师傅"、青壮年体育运动爱好者等当地文化能人，积极组织广场舞、唱山歌、篮球比赛等民众喜闻乐见且有益身心的文体活动。组织群众活动应考虑到乡村人口流动的节令性特点，在暑假、春节这两个青壮年群众及大、中学生返乡高峰期，多多组织群众文化体育活动、本乡文化普及推广活动，也可以请返乡的文化精英依据自己的见识与特长开设文化课堂、交流沙龙，扩大不同年龄、性别、行业群众的文化交流、情感交流与相互理解，最大限度地给予本乡群众文化认同感、文化获得感和文化幸福感。

（三）加强文化人才的配备与培养

挖掘乡土文化资源、提升公共文化品质、开展群众文化活动，乃至全面开展乡村文化建设与振兴，都离不开具有一定专业素养的文化人才投入时间、精力来开展相关工作。大量的文化水平较高、劳动技能突出的青壮年农民流入城市打工，常年离土离乡，致使参与传统乡村文化建设的主力军流失，留守老人和儿童无论是在精力还是在能力上，都很难投入乡村文化建设的工作中去，而乡村配备的文化专干数量又极为有限，甚至不少村文化专干为村民兼职，缺乏相应的专业技能和专业培训，许多工作无法开展。上述因素导致乡村文化建设严重缺乏主体力量。因此提出以下三点建议。

第一，在国家行政力量开展的公共文化服务方面，应当增加乡文旅综合服务中心、村文化综合服务中心的工作人员编制数量，配备具有正式编制的文化专干，安排具备丰富乡镇文化工作经验、热爱文艺事业的干部到乡、村级文化服务中心任职。

第二，重视本土文化人才在乡村文化振兴中的作用。本土文化人才是传统乡村文化重构的重要人才保障，能够为传统乡村文化培育注入人力资本与技术资源，是乡村古老文化的传承载体。培育锣鼓团队、"歌师傅"等为乡村文化自治组织，并不断挖掘和鼓励乡村群众中的文化爱好者投入乡村文化活动中来，激发乡村文化活力和文化发展的内生动力。

第三，加强对乡村文化人才的培训。开展乡村文化专干业务素质培训和文化能人文艺交流活动；由市文化和旅游委、巫山县文化和旅游委牵头，市群众艺术馆、巫山县群众艺术馆和文化馆下乡辅导，为乡镇文化人才提供文化专干职能职责、公共文化服务、群众文化活动组织策划等业务理论和实践方面的指导。

（四）科学发展乡村文化旅游产业

我国乡村社会拥有丰富多样的文化资源，乡村社会特有的农业生产、乡村建筑、乡村风俗以及田园景观、自然风光和地方化的饮食、传统的生产生活技术等都是发展文化产业、推动乡村旅游的独特资源。充分发挥市场机制的作用，把乡村资源转化为文化产业、旅游产业，既可以丰富文化产品的供给，更好地满足人们对美好文化生活的需要，在一定程度上也可以实现对乡村传统文化的当代转化、对乡村文化遗产的生产性保护，增强乡村群众的经济收益与文化自信，提升乡村活力与可持续发展的能力。

竹贤乡具有优越的自然与人文资源禀赋，在区位上，与周围生态景区、著名旅游景点具有联动发展优势，具备发展生态旅游、养生旅游、科学研学等业态的绝佳条件。"时代楷模"毛相林与"下庄精神"的广泛传播，以及下庄人事迹陈列室、愚公讲堂、下庄筑路英雄谱等的建立，使得竹贤乡下庄村吸引了大量慕名前来学习、参观和进行精神文明建设的个人与团队。这不仅为竹贤乡开展人文旅游、研学活动等奠定了基础，同时也可以很好地实现对乡村生态旅游、休闲度假、科学研学等游客的引流。因此提出以下三点建议。

第一，整理和丰富对"下庄精神"的各类相关报道、实物资料，加强下庄人事迹陈列室、愚公讲堂等文化设施的提档升级与内容完善，建设重庆市党员干部教育培训基地、青少年研学基地，逐步实现"下庄精神"文化资源与下庄古道、下庄人家、下庄峡谷等旅游资源之间的整合，以及从文化旅游向乡村旅游、生态旅游的拓展。

第二，联合重庆五里坡国家级自然保护区管理局，在不影响保护区自然环境和自然资源的前提下，开展自然观光、生态旅游、科普研学等活动。可在缓冲区不破坏其群落环境的条件下，开展实验性或生产性的科学考察、科学试验、教学实习和标本采集活动，但禁止经营性生产与生态旅游活动。可在实验区探索合理有效利用自然资源的方法，开展科学试验、教学实习、参观考察、旅游，以及驯化繁殖珍稀、濒危野生动植物等活动。各种活动必须严格划定范围、规定路线、确定规模。注意减少旅游设施的修建对生态造成的负面影响，对自然生态和野生动物造成干扰，避免环境污染特别是水源污染。严禁超出自然承载力的开发行为。

第三，加快建立健全相应的文化和旅游公共服务设施，以多元立体营销架构推广、扩展竹贤文化旅游。

（五）以特色文化提升群众文化自信

乡村特色文化反映的是一村、一乡文化所呈现出的区别性和唯一性特征。正如俗语所说"五里不同风，十里不同俗"，由于自然环境、历史沿革、居住族群、生产生活方式、思想意识、价值观念等的不同，使得中国的乡村文化呈现出较大的多样性与差异性。发现、提炼出乡村特色文化，对于对外展现乡村独特文化风貌、提升乡村知名度与影响力，对内增强群众对本乡文化的认同感与自信心，进而主动参与本乡文化建设、积极推动乡村振兴都具有非常重要的作用。

竹贤乡得天独厚的自然条件为其生态文化的形成奠定了基础，同时地理环境的特殊性也形成了竹贤乡人特殊的与大自然的相处方式，从高低落差极大的立体的村庄分布到天坑居民绝壁凿出"天路"的壮举，无不体现出竹贤人的天人观念以及在与恶劣环境进行的艰苦卓绝的斗争中形成的"勤劳勇敢、艰苦奋斗、坚守初心、自强不息"的"下庄精神"。世界自然遗产地和全国脱贫攻坚楷模毛相林的家乡、"下庄精神"的诞生地，已成为竹贤乡两张响当当的名片，当"世界遗产胜地，时代楷模故里"成为竹贤乡的鲜明定位，与之相关的以保护自然生态为核心的生态文化和以艰苦奋斗、自强不息为价值导向的"下庄精神"便是对竹贤乡特色文化的准确表达。

要建立本乡群众的生态文化观念。通过向本乡群众宣传、普及竹贤乡作为世界自然遗产所在地、天然的生态宜居之所的重要价值，推动群众深入理解"绿水青山就是金山银山"，形成生态保护意识，自觉维护生态环境、自觉推广生态文化、坚持在推动乡村振兴中走生态发展和可持续发展的道路。

以弘扬和践行社会主义核心价值观为指向，以"下庄精神"为引领，提升竹贤乡精神文明建设与人文风貌，移风易俗，实现乡风文明。通过开展家风家训评比、科学生态种植竞赛，建立村民互助组织以及开展各类乡村文化活动，以实践来重新定义竹贤的乡风、民风和家风，塑造竹贤人对竹贤文化的认知和理解。建立以各村为基础、村民为主力的竹贤文化宣传队，借助手机、电脑等现代工具，建立抖音号、微信视频号等新兴宣传平台，以生活化、具象化、多样化的内容宣传竹贤文化与精神；加强对村民的正确引导，鼓励村民尤其是文化能人通过使用社交媒体加强交流与互动来推动竹贤文化的传播，促进村民建设乡村文化的主体意识的形成。

（六）建立现代乡村文化治理体系

乡村文化振兴作为乡村振兴的重要方面，需要充分发挥乡村治理作用。建立科学现代的乡村文化治理体系能够为建设充满活力和和谐有序的乡村社会提供引领和支撑。中国传统乡村的治理往往较多依赖于乡村文化网络中蕴涵的乡村文化权力和自治实践。乡绅阶层、宗族组织常常在传统乡村治理中发挥重要作用，一族族长不仅掌管全族事务，一般也被推举为本族的代表参与乡村治理；乡规民约具有自治和德治的显著特征，也是传统乡村治理的重要手段。传统乡村治理提供了一个有效的具有内生动力的乡村自治系统，对今天建立简约高效、治理有效的乡村文化治理体系仍有着重要的借鉴与启示作用。

随着竹贤乡自然资源、人文资源价值的极大提升，其乡村文化发展的巨大潜力也引起越来越多的注目与重视，《竹贤乡乡村振兴总体规划》（2021—2035）已逐渐进入落地阶段，未来的竹贤乡发展将会有更多的政府、企事业单位、社会组织，乃至资本力量的介入，也必将带来竹贤乡乡村文化治理主体的多元化，但本乡群众永远是乡村文化建设的主体。因此，在乡村文化振兴过程中，应转变基层管理干部的治理观念，充分考虑文化治理主体的作用，在坚持法治为本的前提下，重视自治的基础性作用和德治的软性作用，促进乡村文化治理多元主体合作。建立起党委政府、企事业单位、文化自治组织、专家、本乡群众之间在平等合作的关系框架下，社会各方共同参与乡村文化事务管理和服务的文化治理体系。

要重视乡规乡约、村规民约的作用，积极培育乡规民约的承载主体。要发挥好乡村精英作为乡村自治治理主体的作用，积极培养乡村精英和乡村自治组织，引导"本土人才""新乡贤"参与到乡村治理中来，发挥其更大的作用。弘扬乡村自治文化，充分发挥广大农民的自主作用，尤其是鼓励外出经商、务工的青壮年农民返乡创业，发挥其作为文化建设者的主体作用，鼓励更多人关爱家乡、认同本乡文化，积极参与到乡村治理中去。

区　县　篇

万州区2021年文化和旅游工作亮点

万州区文旅委

2021年，全区文化和旅游系统以习近平新时代中国特色社会主义思想为指导，全面贯彻党的十九大和十九届中央历次全会精神，立足新发展阶段，贯彻新发展理念，融入新发展格局，全力统筹新冠疫情防控和经济社会发展，为"一区一枢纽两中心"建设作出了文旅担当作为和贡献。

一、服务效能不断提升

区文化馆获评国家一级文化馆。区文化执法支队被中宣部授予"第九届全国服务农民、服务基层先进集体"称号。重庆三峡移民纪念馆获评市级文明单位，纪念馆党支部获评重庆市先进基层党组织。开展送文艺（戏曲）演出进基层、流动文化进村等活动2043场次，服务总人数超133万人次。

二、文艺创作成果丰硕

《峡江月》完成新排首演，《川江号子情》完成创排等待公演。"世界大河歌会"入选国家文旅部"百姓大舞台"网络群众文化品牌活动；《秋天的歌谣》入选"唱支山歌给党听"全国群众歌曲百首优秀作品；《英雄的守护》入选"庆祝中国共产党成立100周年优秀广播剧展播"剧目；《夏芳的暑假》获中国广播电视大奖；《我的母亲叫二妹》获全国曲艺新人新作展演奖；等等。

三、文旅活动出新出彩

成功举办2021世界大河歌会、"大三峡·大巴山"国际文化旅游节、三峡文化旅游产业博览会、三峡江滩音乐季、大美万州乡村旅游季等活动。圆满举行"中国曲艺之乡"授牌仪式。开展"中汉杯"历代诗文咏万州诵读大赛。举行万人同唱一首歌万州区分会场活动。

四、文物保护力度加大

建成全区首个文物保护修复基地，完成259件/套三峡库区出土文物保护修复，完成何其芳故居、五间桥、万斛城等修缮保护。开展全区石窟寺专项调查。举办江竹筠生平事迹展、下川东革命历史展，并成为重要红色教育基地。累计开展三峡移民精神巡展活动230余场。编纂《重庆国家级非物质文化遗产学术研究丛书》2卷。三峡绣、三峡木雕获评市级非遗代表性项目。

五、区域协作纵深推进

完成万开云同城化"旅游一码通"、国有景区门票五折惠民等3个便捷服务事项。联合举办巴渝名家书画展、成渝精品曲艺节目交流演出、万达开三地书法美术摄影作品联展等活动。充分发挥渝东北区域旅游协作组织作用，赴福建、深圳等地开展营销。

六、产业发展强劲有力

三峡平湖旅游区提档升级，天生城大遗址公园、小桔灯生态文化旅游区序时推动，大三峡旅游集散中心建设完成。长岭镇获评2021年重庆市休闲农业和乡村旅游示范乡镇，安溪村入选第三批全国乡村旅游重点村，恒合土家族乡枫木村入选重庆市第二批乡村旅游重点村。新创建三星级饭店2家，新培育规上文化企业3家。2021年累计接待游客2193.8万人次，同比增长32.9%；实现旅游综合收入123亿元，同比增长28.6%。

黔江区2021年文化和旅游工作亮点

黔江区文旅委

一、旅游供给结构持续优化

金山盖国际旅游康养度假区项目总体规划已经区规委会审议通过，沙塘旅游公路正线控制性工程（除轿子岭隧道）全面开工，正阳山观景楼主体基本完工，文体产业园项目完成项目设计方案深化报审，城市大峡谷二期、濯水花田北区等项目正在开展前期工作，官村景区演艺厅工程、小南海科普陈列馆布展等项目建设有序推进。新华钟溪村成功申报市级乡村旅游重点村，策划推出10条乡村旅游线路。文化和旅游部数据中心产城景融合发展观测站落地黔江。

二、公共文化服务体系不断完善

新创作舞蹈《犇》、音乐《南溪号子九道拐》等民族文艺作品，《南溪号子九道拐》入围第十九届全国群星奖重庆决赛。开展流动文化服务进基层600余场，举办群众性文化活动25场，开设免费培训班67期，服务群众30余万人次，举办讲座22次、展览12场，区文化馆获评国家一级馆，有序推进武陵山区（渝东南）土家族苗族文化生态保护实验区创建。

三、文化旅游品牌影响力加速提升

在重点媒体、重要节点投放宣传报道，在市内投放900台阅报屏、1.75万个视频，覆盖人群1000万人次。高质量举办2021中国原生民歌节、第二届中国黔江鸡杂美食节、中国第一鹊桥会、重庆市2021秋季旅游发布会、大学生廊桥音乐会等节会活动，参加西部旅游博览会、四川国际旅游交易博览会等20余场国市展会，将黔江品牌、黔江形象贯穿活动进行宣传推广。

四、文化遗产保护传承成果凸显

优化完善非遗名录，形成《黔江区非物质文化遗产代表性项目名录总目》，挂牌建成40个区级非物质文化遗产传承基地，制定印发《黔江区区级非物质文化遗产传承基地管理办法》，扎实开展非遗分类分级保护。

涪陵区2021年文化和旅游工作亮点

涪陵区文旅委

一、公共服务迈上新台阶

推进城乡公共文化服务体系一体建设，设施布局更加合理化，服务供给更加多元化。新建图书分馆7个、爱心图书服务接力点4个、乡情陈列馆5个，新增公共文化设施面积12625.145平方米。成功打造5个"一村一品"文化品牌、全市唯一以三线城市建设为背景的文献主题馆，成立中国盲文图书馆涪陵区图书馆支馆。全年开展"涪州讲坛"、阅读展览、知识讲座和送文化下乡等免费活动1200余场次，受众达100万人次，免费公益培训未成年儿童画画、拉丁舞、民族舞、书法、素描、语言等2000余人次、500余学时。开办《乡村振兴大喇叭》专题栏目助力乡村振兴，开展了全区大型群众文化活动20余场次，区文化馆在第五次全国文化馆评估定级工作中再获国家一级文化馆称号。

二、文旅产业实现新突破

2021年，全区文化和旅游产业投入约33亿元，同比增长18%；文化产业增加值451336万元，同比增长25.5%；旅游产业增加值318454万元，同比增长13.9%；全年接待海内外游客2602.25万人次，同比增长13.05%；实现旅游总收入220.15亿元，同比增长13.05%，涪陵区文化旅游惠民消费季开幕式活动带动消费3000万元。美心红酒小镇"高速+泡桐村"国际生态农业旅游示范区、816工程提档升级等文旅融合项目有序推进。

三、品牌创建展现新成效

涪陵区成功创建市级全域旅游示范区，武陵山大裂谷成功创建国家级文明旅游示范单位，互爱科技产业园成功创建市级文化产业示范园区，锦绣两江滨江夜市带成功创建"市级夜间文化旅游消费集聚区"，大木乡宣王村和武陵村被纳入重庆市第二批乡村旅游重点村，美心红酒小镇通过市级智慧乡村旅游示范点现场验收。方坪茶舍成功创建为2A级景区。龟陵城遗址、大河口遗址考古发掘被评为重庆市"十三五"期间重大考古发现。

四、宣传营销推出新举措

推出了画册、视频、全景图、文创等10余种宣传产品，高质量举办了白鹤梁文化节和绣球花节等活动，覆盖观众20余万人次。开展了"第100次爱上涪陵"抖音挑战赛、"涪陵区旅游形象宣传口号征集活动"等，网络曝光超1.9亿人次，参与录制《请开始你的表演》网络达人秀、央视频《乘着大巴看中国》走进大武陵等系列栏目；新华网、人民网、《中国旅游报》、华龙网等大型媒体刊发宣传报道共计1400余次。在国家、市、区级重要节会推介涪陵文旅近20次。涪陵文创产品入选2021"重庆好礼"外事礼品名单，旅游商品获2021中国特色旅游商品大赛银奖、2021"重庆好礼"旅游商品（文创产品）大赛铜奖。

渝中区2021年文化和旅游工作亮点

渝中区文旅委

2021年，渝中区以全力打造国际知名文化旅游目的地为目标引领，聚焦实施人文渝中建设、全域旅游发展、文化旅游产业等中心工作，推动渝中文化旅游发展站上新起点、迈上新台阶。

一、文化旅游产业提质增效

成功入选2021年度文化产业和旅游产业工作拟激励地市名单，国家首批文化和旅游消费示范城市获得正式授牌，解放碑—洪崖洞、贰厂文创街区2个片区获评国家首批夜间文化旅游消费集聚区，渝中区文商旅消费融合新模式入选国家旅游产业创新案例。渝中区旅游协会荣获"全国文化和旅游系统先进集体"称号，重庆公运渝快行商旅服务有限公司市场营销总监焦健荣获"全国文化和旅游系统劳动模范"称号。成功引进大库娱乐等10家"招大引强"企业，规上文化旅游业营收同比增长超20%，文化产业增加值达87.1亿元、旅游产业增加值达106亿元，分别占GDP的比重为5.7%、7.0%。

二、公共服务品质不断提升

通过国家公共文化服务体系示范区首次复核，新建成"半岛书香"阅读驿站、上清寺街道综合文化中心、司曙旅行空间游客服务中心等，城市候机楼、"红色三岩"观光巴士专线高效运营，"一键游渝中"智慧平台正式上线。成功承办"唱支山歌给党听"——重庆市庆祝中国共产党成立100周年大家唱群众歌咏活动，精心开展 2021年"人文渝中"公共文化服务示范典型评选，提档打造解放碑CBD广场周末音乐会等优质群文品牌。文图两馆及地区文化中心年接待群众约58.2万人次，图书总流通达43.1万人次。

三、文物活化利用成效突出

出台《渝中区革命文物保护利用工作实施方案》《深化"人文渝中"建设实施方案》等，高品质推动"红色三岩"项目56项工程建设，工作成效在全市红色资源工作推进会上作经验交流。有序实施老鼓楼衙署遗址公园建设、嘉陵新路44号等30处文物保护利用工程，推动建成中法学校旧址陈列馆、打铜街金融博物馆群等10项博物馆（陈列馆）建设工程，"赵氏雷火灸"申报成为第五批国家级非物质文化遗产代表性项目。

四、母城文化影响持续增强

牵头组建全国西南区域文化和旅游消费城市推进联盟、红色旅游联盟，创新打造"全球不眠夜"文化旅游消费品牌活动，持续实施"重庆飞·都市游"品牌营销。"踏寻红岩足迹·感悟红岩精神"精品线路入选"建党百年红色旅游百条精品线路"，25个景区景点上榜主城都市区十大精品旅游线路。全年接待游客5043.8万人次，实现旅游收入418.3亿元，荣获"2020—2021全域旅游最佳目的地"金峰奖。

大渡口区2021年文化和旅游工作亮点

大渡口区文旅委

一、特色主题活动惠及民生

开展"永远跟党走·奋进新征程"大渡口区职工合唱比赛等庆祝中国共产党成立100周年系列主题活动13项，策划举办首届大渡口音乐季系列活动，惠及群众近10万人，线上浏览量超450万人次。新建文图分馆3个，举办全民艺术普及活动700余场次，参加第六届重庆市社区艺术节荣获三个一等奖、一个二等奖。承办中国文化馆协会基层文化馆（站）建设委员会成立大会，区文化馆获"孔子学堂"教育基地命名，区博物馆入选第五批重庆市人文社会科学普及基地。首个原创民族音乐剧《大义渡口》在重庆大剧院成功上演，2021重庆英才大会之谭盾专场音乐会在大剧院成功举办。两个文艺作品首次入选"国家艺术基金资助项目"。完成钓鱼嘴音乐半岛第一批音乐专家邀请聘任。

二、产业策划培育亮点突出

编制完成长江文化艺术湾区事业规划，启动重钢崖线文化艺术走廊概念策划。编制《大渡口区白沙沱文化旅游总体策划》，启动白沙沱长江铁路大桥保护及遗址公园方案设计工作。包装网红景点牛栏坝促使其扩容升级，打造渔秋浩后备箱集市。培育摩登天空和柚子猫（重庆）网络科技2家公司升规入统。成功举办"2021穿越二号Colo音乐节"，吸引上万名年轻市民前来体验。与重庆市歌舞团、重庆市歌剧院成功签订战略合作协议，促进区政府与市文旅委缔结战略合作关系。我区文创产品"重庆功夫"系列参加全国首届"工业游礼"文创大赛，并荣获1个特别奖和3个创新奖，华生园达摩饼参加2021"重庆好礼"大赛获铜奖。创建大渡口文旅版权图库初见成效。

三、文化遗产保护更上台阶

钢花影剧院、重钢烈士纪念碑等5处建筑入选重庆市不可移动革命文物名单。完成跳磴石工号子抢救性记录工作，登记造册石窟寺摩崖造像6处。非遗作品《红岩英烈》在"百年辉煌　纸艺华章"庆祝中国共产党成立100周年全国剪纸精品邀请展中荣获金奖。

四、文旅市场监管平稳有序

开展专项整治30余项，收缴非法出版物46139张（册），劝导关停娱乐场所20余家次，处理投诉51起，查处违规经营行为43起。排查治理一般安全隐患79处，行政处罚6家次，实现文旅市场安全零事故。

江北区2021年文化和旅游工作亮点

江北区文旅委

2021年，在区委、区政府的坚强领导下，在市文化旅游委的关心指导下，江北区文化旅游委对标文化旅游发展年度任务，从全局谋一域、以一域服务全局，抢抓机遇、顺势而为、乘势而上，用"干在实处、走在前列"的工作态度、工作能力和工作实效，推进江北文旅发展迈向新高度站上新起点。

一、马不停蹄、星夜兼程，以攻城拔寨的决心和信心，收获国家级荣誉"大满贯"

江北区被评为国家第二批文化旅游消费试点城市；观音桥文娱休闲街区被评为国家首批夜间文化旅游消费集聚区；大九街获评国家级旅游休闲街区；燕青门正骨疗法入选第五批国家级非物质文化遗产代表性项目名录并代表全市在2021年全国基层非遗保护工作会上向全国推广经验；复盛镇祥韵社区被文化旅游部在全国文化和旅游领域学雷锋志愿服务先进典型中授予"最美志愿服务社区"称号；我区文创商品"我爱重庆木雕小夜灯——时钟套盒"获2021中国旅游商品大赛铜奖。

二、蹄疾步稳、求实求效，以步步为营的锐气和底气，实现市级品牌"大丰收"

大九街、三洞桥民俗风情街获评全市首批市级旅游休闲街区，绿色萌宠动物园获评国家3A级景区。我区选送作品《中国脊梁》参加川渝"阅读之星"诵读大赛获银奖，在"唱支山歌给党听"——重庆市庆祝中国共产党成立100周年大家唱群众歌咏活动中，我区获全市展演一等奖、组织奖。在第六届全市社区艺术节上，我区原创舞蹈《自由探戈》、故事会《聂帅救孤》获一等奖，摄影作品《社区之夜》《落日瑜伽派对》《打水仗》获二等奖，打击乐作品《鼓之韵》获三等奖。

三、不弃微末、不舍寸功，以玉汝于成的毅力和耐力，展现人文江北"大品质"

两江四岸重点工程明玉珍睿陵展陈改造项目完工并得到副市长陆克华点名表扬，非遗项目《江北竹雕》入选中央电视台探索发现纪录片《匠人匠心》拍摄制作，蜀都中学旧址入选全市第一批革命文物名录，重庆金融博物馆建成开放。国家公共文化云、中国文化网络电视线上直播"观音桥广场文化之声"，承办中国顶尖舞者计划全国训练营及重庆市庆祝中国共产党成立100周年大家唱群众歌咏活动。建成北滨路慢行步道、三洞桥社区2个城市自助书房。政策研究水平位居区级部门前三。

沙坪坝区2021年文化和旅游工作亮点

沙坪坝区文旅委

一、唱响主旋律，实现艺术创作新突破

突出主题主线，紧紧围绕庆祝建党100周年，推动沙坪坝文艺出人出戏出精品，文艺作品获得国家级奖项1个、入选国家级展出展演5个、市级奖项30个。并打造重庆首个大型实景式剧院，推出大型红色历史舞台剧《重庆·1949》，累计演出130场次，吸引10万余人观看，营业收入突破1000万元，填补了我市红色舞台剧驻场演出的空白。

二、把准主基调，提升公共服务新效能

推动城乡公共文化服务体系一体化建设，实现基层文服中心全覆盖，举办文艺演出、群众文化活动330场，区文化馆、区图书馆分获"国家一级馆"五连冠、六连冠，本区漆器髹饰技艺代表传承人陈奇志获评首批"巴渝特级技师"称号，张治中纪念馆入选市爱国主义教育基地，完成12处文保单位保护修缮工程。

三、打造主引擎，培育融合发展新动能

以推进歌乐山·磁器口景区创建国家5A级景区为抓手，建成21个重点项目，使"千年老磁器"变成"时代新磁场"，并创成国家级品牌2个和市级品牌6个，把国家级牌子擦得更亮、省市级荣誉叫得更响。深入实施"旅游+"

融合发展战略，加快推进融创文旅城音乐小镇等重点文旅项目建设，建成投运金沙天街、佛罗伦萨小镇，提档升级农旅项目20个。主动融入巴蜀文化旅游走廊建设，与成都武侯区等四川6个区县签订合作协议，联合成立巴蜀文化旅游推广联盟，助推唱好"双城记"、建好"经济圈"。2021年共接待游客3252万人次，实现旅游综合收入157亿元，同比分别增长37%和85%。

四、坚守主阵地，构筑营商环境新高地

紧扣"山水之城·美丽之地"目标定位，建成景区网上预约、实时视频监控等智能系统，构建旅游巡回法庭和一站式纠纷化解机制，旅游投诉结案率、满意率达到100%。开通歌乐山·磁器口景区旅游专线直通车，全国文化和旅游市场管理工作会议在我区召开，被中央电视台等国家级主流媒体正面报道。新增绿化120万平方米，建成15万平方米红梅林，开通5条旅游公交线路，建设30公里山城步道，畅通轨道站点接驳，多点布局新建停车泊位1万余个。

九龙坡区2021年文化和旅游工作亮点

九龙坡区文旅委

2021年，九龙坡区文化旅游委全力服务企业和群众，繁荣发展文化事业和文化产业，致力于打造独具特色的人文艺术魅力区，全年荣获各级荣誉133项，其中，获"第二批国家文化和旅游消费试点城市"等国家级荣誉4项、获"首批市级旅游休闲街区"等市级荣誉56项、获"先进基层党组织"等区级荣誉23项，文旅发展"答卷"喜人。

一、示范创建硕果累累

九龙坡区获评国家文化和旅游消费试点城市。杨家坪步行街获评"重庆市首批旅游休闲街区"。铜罐驿镇英雄湾村上榜全国乡村旅游重点村，西彭镇真武宫村、铜罐驿镇英雄湾村获评重庆市智慧旅游乡村示范点。4A级景区智慧化率达100%。

二、公共服务全市领先

区图书馆、区文化馆保持国家一级馆。全区镇街、村社166个综合文化服务中心覆盖率、免费开放率均为100%。建立完善图书馆、文化馆"总馆+分馆+基层服务点"总分馆制体系，建成镇街级文图分馆26个、24小时自助图书馆（直属分馆）10个、乡情陈列馆6个。应急广播系统实现全面覆盖。组织开展"千秋伟业正风华""百米长卷书丰碑""永远跟党走"九龙坡区庆祝中国共产党成立100周年各类文艺活动100余场次，服务群众60万人次。组建全市首支文旅志愿者队伍，开展文化旅游志愿服务600余人次。

三、文旅产业蒸蒸日上

九龙美术半岛打造长江文化艺术湾区地标。重庆建川博物馆携166舰陈列展引爆重庆文博旅游圈。中梁山花博园（一期）、大英雄湾美丽乡村建设等项目加速推进，引进五洲世纪文化创意中心、九龙意库、大行道动漫产业园、"旅游+"电商产业园区、城上音乐剧艺术中心等项目并落地实施，持续培育京渝国际文创园、喜盈门·范城等文旅产业园区（基地）健康发展。大力扶持文旅企业疫后脱困，在全市唯一将文旅企业贷款贴息政策延期半年，累计退还旅行社质保金、减免企业税费、房租、水电气费等1300余万元。

四、文博成果广受瞩目

"九龙坡区冬笋坝遗址"荣获重庆市"十三五"期间重大考古发现，出土文物超460件，是重庆地区近20年来最重要的巴文化考古发现。重庆建川博物馆建成开放并成功创建国家4A级旅游景区和市级爱国主义教育基地。刘伯承六店旧居完成提档升级，《军神·丰碑——刘伯承重庆史实展陈》开展。

五、节会品牌亮点纷呈

承办澜湄旅游城市合作联盟大会暨澜湄市长文化旅游论坛，为历年最高规格文旅活动。举办2021年长江文化艺术周，打造长江流域文化艺术节会IP。成功举办2021年（第十三届）黄桷坪新年艺术节暨首届新龙文化艺术节，其中9大子活动集合文化企业和社会团体超200家，全网媒体报道浏览量超5000万人次，创历年新高。

六、文艺创作精品迭出

文艺作品荣获各级奖项49项。诵读节目《谁是最可爱的人》实现我区市级诵读比赛奖项"零突破"。原创广场舞《巴舞土风》、歌曲《怒吼吧，黄河》获市级展演一等奖，参加"永远跟党走"——第二十届重庆市美术书法摄影联展获奖9项，参加"欢跃四季·舞动山城"2021重庆市街舞大赛获一等奖2个、二等奖1个，均创历史最佳。原创歌曲《荣誉》《我爱你重庆》等火爆全网，播放量超百万次。曲艺《英雄机长》、音乐《心中的小萝卜头》成功入围第十九届全国群星奖重庆赛区重点打磨提升作品名单。

七、宣传营销创新突破

开展"打卡巴渝美景"全媒体推介活动。利用720VR全景拍摄技术，上线166舰陈列展、刘伯承六店旧居、九龙九景等点位VR、摄制文旅热点短视频5支，累计浏览量超400万人次。研发九龙沉香、"九龙九景"丝绸画卷系列文创产品，在全国、市级赛事中共斩获5金、3银、6铜，8款产品入选"重庆好礼"外事礼品名单。官方微博连续5年上榜《人民日报·政务指数微博影响力报告》，2021年上榜人民网舆情数据中心发布的重庆十大文旅系统微博排行，排名位居全市区县第一。推出畅游半岛·艺术文创之旅等"十大特色主题游"。D299线"乐游九龙"观光巴士环线面市。

八、市场监管稳定有序

2021年办结行政审批546件，全程网办事项比例达100%，实现"办理零跑动，立等可取证"。处理旅游投诉纠纷154起，满意率100%。扎实开展"扫黄打非"五大专项行动，出动执法人员1200余人次，检查经营单位300余家次。切实加强安全生产、新冠疫情防控工作，健全完善常态化监管举措，实现全区文旅系统新冠疫情"零感染"，安全"零事故"。

南岸区2021年文化和旅游工作亮点

南岸区文旅委

一、克服新冠疫情影响，积极促进经济复苏

新冠疫情以来，我区文旅经济损失严重。通过精准对接、国债帮扶等多种方式，实现文旅企业逐步转型升级，文旅经济克服疫情影响逐渐好转。2021年全区接待游客4301.01万人，同比增长12.39%。实现旅游收入300.02亿元，同比增长29.17%。

二、立足公共服务，文化事业蓬勃发展

一是巩固和拓展国家级公共文化服务示范区创建成果，打造"嵌入式"社区示范点10个，社会化示范点65个，孵化社会组织45个，发展志愿者6000余名，实现全区千人公共文化服务面积拓展到637平方米，达到全市平均水平的145%。二是作为西部唯一的基本公共文化服务标准化试点，承接第六批国家级社会管理和公共服务综合标准化试点项目，发布西部首创的包括国家、行业、地方、区级4个层级，标准覆盖率达95%的《南岸区公共文化服务标准体系》。三是连续十年联手中国交响乐团"送文化下基层"，指导培育迎龙镇北斗村农民管乐队、市特教中心扬帆管弦乐团等基层文艺团队，多次登上国家大剧院展演，屡获新华社、《人民日报》等中央媒体报道。培育迎龙镇留守儿童合唱团、弹子石快乐舞蹈队等特色基层文艺团队，多次在全国、全市展演活动中获奖。

三、坚持融合创新，文旅产业效能增强

一是成功创建南岸区为第二批国家文化和旅游消费试点城市、国家版权示范区，弹子石老街为首批国家文化和旅游消费夜间集聚区、国家级旅游休闲示范街区。同时完成了南岸区市级全域旅游示范区、重庆南山市级旅游度假区、黄桷垭老街首批市级旅游休闲街区、迎龙湖国家湿地公园和迎龙市级特色小镇、重庆抗战遗址博物馆国家4A级景区的创建，打造了南山放牛村全国第二批乡村旅游重点村，和广阳回龙桥村、峡口大石村、迎龙北斗村3个全市乡村旅游重点村。高品质建设《挺进报》旧址市级爱国主义教育基地和王朴烈士旧居等4个区级革命教育基地。二是完成招商引资合同签约50亿元，推进腾讯全球首个新文创国风文旅体验中心、重庆新文创电竞数娱中心（华体）、百度大文旅和去哪儿网西南总部、人人视频全国总部等龙头企业落地南岸。促成重庆市原创音乐版权孵化中心在南滨路授牌，助推万物有灵原创动画亮相联合国气候变化大会并纳入2021年国家重点扶持动画企业，支持渝渝加特科技有限公司、重庆出版集团数字出版基地等数字、直播、动漫企业做大做强。三是实现重庆故宫文物南迁纪念馆和三峡文物科研基地开馆营业，推进重庆开埠历史遗址公园、重庆游乐园文旅综合体、龙门浩历史文化街区拓展区等项目建设。实施弹子石摩崖造像历史文化公园、弹子石老街4A级景区、慈云寺—米市街—龙门浩历史文化街区、上新街马鞍山特色文创街区等历史人文遗迹和历史风貌建筑的城景融合修缮和串珠成链打造。四是开展2021年中国文化和自然遗产日南岸区系列活动、长嘉汇国际戏剧节，举办CUBA全明星赛、VEX机器人世锦赛中国区决赛，重磅打造中国金标和国际金标"双金标"的重庆国际马拉松和重庆国际女子半程马拉松两项大型国际性体育赛事。连续举办三届国际先锋电影节，常态化组织开展南滨音乐夜市、南滨路街头艺术节、长嘉汇精酿啤酒节、重庆国际时尚周、东原"YES！1891！有好市"、南滨路夜跑等活动。组织参加第七届中国西部旅游产业博览会暨2021重庆国际文化旅游产业博览会和第十三届中国西部动漫文化节，接待群众近万人次、线上直播观看近8000人次。

四、组成宣传矩阵，提高南岸文旅影响力

组成包括国家和市级知名媒体与区内各景区自媒体在内的宣传营销矩阵，全年《人民日报》、新华社、中新社、《重庆日报》、重庆卫视，国家体育总局、国家文物局和市委宣传部、市文旅委等主流媒体和官方媒体报道南岸文旅体信息377条，全网曝光量超千万次；配合央视、新华网等媒体开展各类活动直播30场，累计观看量超4000万人次。"南岸文旅"微信公众号推送文章620篇，阅读总次数达到65.2万次。本土制造的"首部全球气候变化动画片"《绿绿星球》在全国1000多家电视与网络媒体播放，并在第二十六届联合国气候变化大会亮相，实现文化为农产品赋能，有力提升南岸文旅美誉度和知名度。

北碚区2021年文化和旅游工作亮点

北碚区文旅委

一、公共服务取得新实效

持续推进国家公共文化服务体系示范区创新发展，培育"缙云系列"6个文化品牌，建成投用24小时城市书房等新型文化空间19个。推进文艺精品创作，《阿妹嫁进吊脚楼》入选全国群众歌曲百首优秀作品，《跟着你走》等4个作品入围第十九届全国群星奖选拔赛。增设22个村社体育健身器材，开展全民线上运动会、"文化村村行"等惠民活动600余场次，兼善文化课堂荣获国家文旅部最佳志愿项目。一起执法案例获评全国文旅培训5个精品案例之一，国际街舞大赛、中国网球巡回赛、"我们的小康生活"乡村"村晚"、"奔跑吧·少年"主会场、第四届温泉与气候养生旅游国际研讨会暨中国首届温泉产业博览会5个全国性活动在北碚举办，荣获第九届全国服务农民服务基层文化建设先进集体、全国群众体育先进单位、全国文化科技卫生"三下乡"活动优秀团队荣誉。

二、文化遗产实现新传承

加快建设"百馆碚城"，依托中共中央西南局缙云山办公地旧址陈列馆、王朴烈士陵园等红色资源，新建红色宣誓小广场、沉浸式儿童小剧场，组织100名"碚贝"党员讲解志愿者、50名小小讲解员和党员干部子女讲红色故事，承接22万名群众红色游学。免费开放各类文化场馆近60处，首批评选澄江板凳龙等3个"一镇街一品牌"非遗文化项目，数字呈现馆藏民国文献

17.9万册，并加以利用。

三、双城合作取得新突破

推进巴蜀文旅走廊建设，建立绵碚文旅融合发展300万元专项资金池，开建金刚碑历史文化街区双城文创厅；举办"艺动绵碚""双城同读一本书"等文化交流活动；联合巴中市、汉中市开发旅游环线，共建党性教育联盟及革命老区红色文旅走廊。

四、文旅产业取得新发展

围绕重庆国际文化旅游度假区、缙云山—北温泉旅游度假区、朝阳文创大道等板块招商引资，签约北宾文创园等文旅项目12个，引进缙岭麓泉、远山有泉等温泉项目，培育"缙云民宿"旅游品牌，推进世界温泉谷核心区建设。出台《北碚区文旅企业文旅价值信用贷款试点实施办法》，解决企业资金难题；开发《建党100周年》《西南局》《卢作孚》等文创产品62类122款；成功入选首批国家文化和旅游消费试点城市、首批国家夜间文化和旅游消费集聚区、市级全域旅游示范区，进一步激活文旅消费市场。全年接待过夜游客214.02万人/天、同比增长5.01%，实现旅游总收入218.83亿元、同比增长10.23%。

渝北区2021年文化和旅游工作亮点

渝北区文旅委

2021年以来，渝北区在市文化旅游委指导下，迎难而上，勇毅前行，推动"十四五"文化旅游工作良好开局。兴隆镇牛皇村获全国"美丽乡村文化空间"优秀案例，央视新闻报道"书香渝北"建设成果，新光天地入选第二批市级夜间文旅消费集聚区，巴渝民俗博物馆获市级人文社会科学普及基地。据悉，2021年，我区公共文化服务率和文化旅游发展质效考核在主城都市22个区中获双第一，文物工作考核获评主城唯一优秀单位。

一、文化事业繁荣兴盛

一是公服阵地提质扩面。提档升级基层综合文化服务中心17个，新建图文分馆5个，打造"城市书房""文化驿站"等新型文化空间12个；新建乡村文化振兴示范点12个、乡情陈列馆5个，打造"一村一品"特色文化品牌5个，建成"巴蜀七十二行"雕塑馆、洛碛历史文化陈列馆，文化服务阵地品质化、特色化水平显著提升。

二是文化队伍不断壮大。持续开展"文以载道"干部职工文化艺术培训春秋两季培训班，培训3000余人次；充实壮大文艺创作骨干队伍，现有骨干文艺家100余名，各镇街、村社培育发展业余文艺骨干队伍300余支。目前，全区国家级会员达到93名、市级协会会员达到351名，非遗代表性传承人101名。

三是文化活动出新出彩。承办"永远跟党走"——第二十届重庆市美术书法摄影联展等市级重大活动5次，围绕庆祝中国共产党成立100周年主题，组织开展"五个一百"系列文艺展演、"唱支山歌给党听——渝北区庆祝建党100周年合唱音乐会"等活动1000余场，举办"书香渝北"系列活动300余场次，举办《三线建设在渝北历史展》等精品展览。

四是文艺创作成果丰硕。全年累计创作文艺作品3000余件，获国家级奖项8件，市级奖项83件。其中2件书法作品入展中国文联、中国书协、国家博物馆、国家图书馆联合举办的《伟业：庆祝中国共产党成立100周年书法大展》，油画《人民的兵系列·攀爬训练》入展第五届中国油画展。

二、文旅产业势头强劲

一是高标准绘制"十四五"发展蓝图。编制《渝北区文化和旅游发展"十四五"规划》和《渝北区旅游民宿产业发展规划》，高质量完成《文化强区》调研报告。

二是推进文旅产业高质量发展。成功创建五星级、四星级旅游饭店各1个；建成国家级产业园1个、市级文化产业园区1个、市级重点文化产业基地4个。全区文化旅游产业增加值181亿元，接待游客3409.26万人次，旅游综合收入达146.12亿元。

三是精品项目建设快速推进。启动龙兴古镇提档升级建设，铜锣山矿山公园一期开园迎客，基本建成T23时装小镇一期项目。成立渝北区旅游民宿产业协会，大力发展旅游民宿，建成"慢屋·青麦"等精品民宿10余家，启动建设"宿于·龙槐山院""天池·是何年""龙门·璞村"等高端民宿。

三、文旅形象深入人心

一是"五线十二景"文旅产品迭代升级。深挖用活渝北"五线十二景"资源，新推出60余条渝北特色主题线路，不断充实"主城周边游　渝北好地方"旅游目的地内容产品。

二是新媒体营销成功引流。"渝北文旅"公众号粉丝量超2.2万人，阅读量超140万人次，推文转发量超10万人次，均居政务媒体前列；原创推文被人民网、今日头条等重要媒体采用260余条，被市文化旅游委采用42篇，2篇荣获全市优秀推文二等奖。

三是对外宣传持续发力。在国航班机专刊《中国之翼》投放渝北文旅宣传信息3期；开发渝北电子旅游地图小程序，实现180个文旅点位信息快速索引；研发原木如意拼花梳子、毛哥礼盒等文创产品，获2021"重庆好礼"旅游商品大赛优秀组织奖。

四、文旅市场规范有序

一是持续优化营商环境。出台《重庆广告产业园扶持办法》《支持文化旅游企业共渡难关的工作细则》等扶持政策，帮助企业纾困解难。全年，兑付示范建设创建奖励1000余万元，发放帮扶资金265万元，暂退旅行社保证金1041万元；组织8个专项组深入企业，深入开展大走访大谈心，办好"惠民消费季"，打通惠企稳企"最后一公里"。

二是持续深化"放管服"改革。推进行政审批业务流程再造，全年受理行政审批事项151件，承诺时限在法定时限基础上平均减少85.2%，群众办事申请资料减少10%，实现平均跑动次数0.12次。

三是文旅市场监管提质增效。组织开展文化旅游市场专项整治、"百日攻坚"等行动，处理旅游投诉近100件，办理案件40件，立案查处违法违规经营场所、企业29家，整改安全隐患200余条，全年未发生一起安全事故。

巴南区2021年文化和旅游工作亮点

巴南区文旅委

2021年，在市文旅委的领导下，以"抓大文旅　促品质化"为工作主线，全面融入巴蜀文化旅游走廊和全区"一区五城"建设，着力促进文旅市场消费复苏，全面提升公共文旅服务水平，不断深入推进文旅融合发展。工作亮点如下。

一、四大品牌工程做响做靓巴南旅游

实施"古镇""温泉""巴县老院子""美丽乡村"四大品牌工程，成功创建南温泉、西流沱滨江旅游区2个国家4A级旅游景区、华熙市级文化产业示范基地，8个市级休闲农业和乡村旅游示范单位。举办2021巴蜀文旅融合发展论坛、中国温泉康养文化高端论坛、第六届重庆文化旅游惠民消费季全市非遗大集、城市定向赛巴南站、不夜生活节等大型活动12场。组织参加第七届中国西部旅游产业博览会，获得最佳人气奖。在全市夏、冬两季旅游新闻发布会、全市乡村旅游精品线路发布会、2021年"一起趣西行"等活动上开展巴南文旅现场推介，发布旅游精品线路8条，与丰都合作推出景区门票5折优惠，销售额超过100万元。"巴南文旅"微信公众号发布资讯441条，"巴巴虎"文旅IP形象和"老巴县，最重庆"宣传口号影响力不断提升。巴南文化旅游投资总额55.1亿元，同比增长约64.17%，全年累计接待游客3738.51万人次，实现旅游综合收入151.1亿元，同比增长18.29%。

二、公共文化服务让群众生活更美好

新增公共文化设施面积26504.21平方米，完成13个公共文化示范点建设，新建14个区文化馆分馆。开展惠民公共文化活动1060场，承办重庆市街舞大赛第一片区赛等市级重大文化活动4场，举办"永远跟党走"——巴南区庆祝中国共产党成立100周年文艺演出，与温江区联合举办巴南·温江合唱音乐会。携手重庆文化艺术职业学院开启校地合作新篇章。创作文艺作品2000余件，获得省级以上奖项19件。完成19个镇街级平台、161个村级平台、1140个点位应急广播终端建设。巴南图书馆获批市级人文社科普及基地，建成"巴南区青少年法治教育基地"。加强文化市场综合行政执法，狠抓景区环境整治，牢守安全发展底线，行政审批事项办结率达100%，累计出动执法人员3898人次，检查经营场所1398家次，提前研判涉旅安全风险151个，安全闭环整改问题55个，捍卫了巴南文化和旅游市场安全和意识形态安全。

三、历史文物保护让群众文化更自信

完成巴南革命文物资源和石窟寺调查，推进南泉抗战旧址群等文物修缮7处。翰林坟墓地考古发掘荣获重庆市"十三五"时期十大考古新发现。巴南区博物馆、杨沧白故居陈列馆等累计开放800余天，举办公益讲座6场、社教活动24场、馆校活动3次。推出重庆留法勤工俭学运动史料展、区抗战文物图片展等原创展，创作馆藏文物文创产品20种。新评审25位区级非遗代表性传承人，开展"老外@Chongqing耍得巴适"系列活动，在中央电视台《走进乡村看小康》栏目直播。非遗保护传承工作一年内接受国家文旅部实地调研2次，并受到肯定。

长寿区2021年文化和旅游工作亮点

长寿区文旅委

一、全面从严治党向纵深发展

压紧压实管党治党责任，进一步净化文旅系统政治生态，切实加强文旅工作全面领导。全面落实意识形态工作责任制，切实加强文旅行业意识形态管控工作，强力整治文娱领域乱象。认真办理人大建议、政协提案，一批社会关注的民生项目得以落实。

二、建党100周年活动精彩纷呈

深学笃用习近平新时代中国特色社会主义思想，从百年党史中汲取智慧和力量。成功举（承）办全市群众书法作品展、全市临帖书法作品展、川渝"两江流域"文艺联盟采风等活动。评选出优秀文艺作品387件，1件作品入选中国文联、中国书协主办的"庆祝中国共产党成立100周年书法大展"且被国家博物馆收藏，推出一批文旅精品力作，唱响"天赐长寿·人人向往"人文名片。

三、文旅融合发展新格局加速构建

完成长寿区"十四五"文化旅游业规划、大洪湖旅游发展总体规划编制。有序推进长寿湖文化产业园、万顺温泉等一批重点文旅项目。长寿湖创建国家级旅游度假区接续开展。五华山康养休闲旅游度假区项目纳入川渝合作重大事项，川渝文化交流活动频繁，共同打造巴蜀文化旅游走廊迈出坚实步伐。

四、文旅产业发展提质增效

长寿湖旅游景区荣获首批市级文明旅游景区，菩提古镇荣获首批重庆夜间文旅消费集聚区，清迈良园荣获市级智慧旅游乡村示范点。全年文化产业增加值12.86亿元，旅游产业增加值18.81亿元，接待游客923万人次，旅游接待收入81.2亿元。

五、公共服务供给更加丰富

19个公共文化服务超市、晏家文体公园、长生桥社区文化广场等重点民生项目投入使用，每万人占有公共文化设施面积达710平方米。"长寿区公共文化服务超市阅读推广活动项目"获得全国阅读推广示范项目奖。区文化馆被评为国家一级馆。成功举办长寿区庆祝建党100周年文艺晚会、全民艺术普及、全民阅读等群众文化活动150场次。

六、文化遗产保护利用不断加强

杨克明故居、晏家聂氏宗祠、扇沱王爷庙等本体文物修缮项目竣工。入选重庆市不可移动革命文物名录8处，新增市级革命文物单位2处。划定并公布市级、区级文保单位保护范围和建设控制地带。成功举办中国"文化和自然遗产日"主题系列活动、川渝文旅消费季非遗文化赶场系列活动。

七、文旅行业治理效能持续提升

加强对文旅行业重点场所的新冠疫情防控和安全管理，妥善处置了文旅市场关停引发的社会不稳定问题，全区文旅行业未发生一起安全生产责任事故，未发生一起安全播出责任事故，在2019—2021年度全市文化市场综合执法案卷评查中获评案卷办理规范性、门类齐全的优秀单位，获评2021年全市文物工作考核优秀单位。

江津区2021年文化和旅游工作亮点

江津区文旅委

2021年是中国共产党成立100周年，是"第二个百年"新征程开启之年，也是实施"十四五"规划的开局之年。江津区坚持以习近平新时代中国特色社会主义思想为指导，认真贯彻落实市委、市政府决策部署和工作安排，统筹推进新冠疫情防控和经济社会发展，迎难而上、真抓实干，文旅工作成绩喜人。

2021年，区文化旅游委被评为全国新闻出版广播影视系统先进集体、2020年度基层广播电视统计工作优秀集体；江津入选第八届文化和旅游融合创新论坛"2021文化旅游优选目的地"；区文化馆获第五次全国文化馆评估一级馆；先锋镇保坪村被评为第三批全国乡村旅游重点村；2021年，优秀文艺作品荣获各级奖项45个，其中国家级奖项4个，市级优秀组织奖6个。舞蹈《铁甲铁甲》荣获第十一届"小荷风采"全国少儿舞蹈展演"小荷之星"金奖；市级非遗代表性项目《小彩龙舞》入选2021年国家文化和旅游部"非遗过大年·文化进万家"视频直播家乡年活动；歌曲《红梅心中开》入选国家文化旅游部公共服务司主办的全国群众歌曲征集展示活动百首优秀作品；舞蹈《丰收果实献给党》入围2021年第三届"戴爱莲杯"人人跳全国舞蹈展演活动。

一、公共文化服务量质齐升

持续推进城乡一体化公共设施建设，充分保障公共文化服务供给。2021年，江津区公共文化设施增量面积达11933.18平方米。新建6个应急广播补点站，改建1个应急广播补点站。区级场馆、镇街综合文化服务中心开展免费开放活动共计1253场，服务群众110.45万人次，开展流动文化服务692场，服务群众30.6万人次。同时，依托新时代文明实践志愿服务开展展览展示、文艺演出等活动774场次，公共文化服务卓有成效。

二、产业发展迸发活力

在全域旅游发展的大背景下，优化全区文旅产业布局，发挥文化和旅游高质量发展激励政策对文化旅游发展的引导作用，完成2020年文化和旅游高质量发展激励政策评审工作，兑现激励资金2850.36万元。加快推进重庆影视城（江津白沙）、3539文创园等文旅项目建设。提质升级五条旅游精品线路。2021年4月，聂荣臻故里景区提档升级，成功创建国家4A级景区。完成中咀美食街环境氛围提档升级项目，打造"麻麻鱼"示范点1个。完成杜市花卉小镇、滨江爱情文化长廊项目，打造新场三岔路口、太公山景区入口、杜市里老街3个片区景观，完成新场三岔路口旅游驿站建设。2021年，全区累计接待游客1741.5万人次，同比增长35.61%，旅游综合收入93.86亿元，同比增长24.12%。

三、宣传营销成绩斐然

创新推动全区文旅资源营销推广，持续扩大江津文旅影响力，全年共开展各类营销推广活动10场次，参加西旅会、海南休博会等各类展销会11场次，分别加入川南渝西旅游营销联盟和渝南黔北旅游联盟。积极持续与各类媒体开展合作，2021年发布文旅宣传推广信息1200余条，其中中央媒体刊发5次，市级媒体刊发90余次。持续开展云上"中山千米长宴""东方七夕爱情节"等文旅宣传推广活动。

四、文化遗产保护传承成效显著

开展全区不可移动革命文物专项调查，冉钧烈士墓、聚奎书院等5个文保单位入选第二批革命文物名录。完成石门大佛寺摩崖造像保护修缮工程和消防安防工程。完成双峰寺、王政平民居保护修缮工程。启动廷重祠保护、钟云舫旧居修缮工程。组织大中小学生开展《小小考古学家》《江津古城知多少》等社教活动100余场，开展非遗"三进"活动10场。江津烧酒酿造技艺非遗代表传承人王河川荣获"巴渝特级技师"称号。非遗制作技艺白沙朊子面、江津尖椒鸡等成功入选重庆老字号。

五、文化旅游市场平稳有序

狠抓文化市场专项整治行动，全年开展各类专项行动6次，联合执法行动5次，已立案侦办25件违法案件，依法对安全生产违法行为进行行政处罚3家次，确保全年文化市场安全事故零发生。加大旅游市场集中整治，积极与公安、交通、市场监管等部门开展联合行动，及时对1例未经许可、经营以签订养生服务合同形式提供包价旅游的违法行为进行责令改正，并给予罚款1万元的行政处罚，该案例列入国家文化和旅游部专项整治指导性案例。全年共处理有效旅游投诉15件，办结15件，办结率100%，有效提升了旅游综合满意度。

六、巴蜀文化旅游走廊建设持续推进

积极融入成渝双城经济圈建设，加强与四川比邻区县共商共建共享，携手推进巴蜀文化旅游走廊建设工作。加入川南渝西旅游营销联盟，抱团参加重庆"一会一节"，在解放碑商圈集体亮相并做专场推介；"四面山水　人文江津"文旅四川推介会走进成都。加强景区协作，四面山景区与蜀南竹海景区、福宝景区签订川渝景区盟约。与四川雅安、泸州、宜宾、内江、遂宁及重庆合川、潼南、铜梁等文化馆联合举办精品节目展演、音乐会、展览等交流活动6次。

合川区2021年文化和旅游工作亮点

合川区文旅委

2021年，在区委、区政府的正确领导和市文化旅游委的精心指导下，合川区文旅委严格服从新冠疫情防控工作大局，深耕细作、锐意进取，文旅事业亮点纷呈。

一、匠心打造文旅惠民品牌

推进活动惠民。承办全国"村晚"示范展示点——"河马村晚"等市级及以上文化活动6场，开展建党100周年活动周暨群众演出季、"送文化下乡"、云上展览等惠民活动2000场（期），直接服务群众140余万人次。推进艺术惠民。开放钓鱼城文化旅游村，进驻"漆刚书法工作室""邓建强水墨工作室"。加强校地合作，儿童画、书法、摄影等参展、获奖210余件。编印《合川历代旅游风情楹联选注》等刊物3本。推进品牌打造。全力打造钓鱼城、儿童画、陶行知、卢作孚等本土文旅品牌。有声节目《钓鱼城说》获喜马有声响年度声量榜2021年度人文奖。

二、精心营造宣传营销热点

精准节会营销。举办双凤赏花节、古楼枇杷节等乡村旅游节会8场（次）。古镇古迹文旅二日游线路入选全国推介线路。精准活动营销。赴主要客源地开展合川文旅大篷车巡游四川推介活动，举办"乡村阅读之星"挑战赛等大型营销活动22场次，成功接旗"2022年巴蜀合唱节"。精准线上营销。新开通"合川文旅""合川有名堂"视频号、抖音号。通过《人民日报》（人民网）、新华社（新华网）、《中国旅游报》等网站发布文旅宣传1500余条，线上点击量破亿。

三、细心守护历史文脉传承

加强文物保护利用。积极打造具有国际影响力的历史文化名城，成功创建市级历史文化名城。争取上级资金3776万元，实施文物保护修缮工程8项，17处不可移动文物入选重庆市革命文物名录。合理推动考古前置。育才学校旧址复原展陈，钓鱼城遗址五年考古计划获国家批复，钓鱼城遗址考古发掘项目荣获重庆市"十三五"期间重大考古发现特别奖。有序推动非遗传承。公布区级非遗传承教育基地3处，指导非遗传承人筹建非遗博物馆2处，创建民俗学教研实践基地1处，完成非遗理论研究著作1部。

四、潜心推动文旅深度融合

抓顶层设计。编制完成《文化强区》规划纲要，《合川区"十四五"文旅融合发展规划》以及旅游业发展、文化事业、文化遗产保护与利用"1+3"规划编制完成征求意见稿。抓产品投运。钓鱼城合院及3D影院投入市场，三江游推出盐井—草街新航线，推出江游卡、豪华游轮等特色产品，文峰古街新增10处打卡景观，实施文创产品的设计45组，串起全域旅游价值链。抓项目协建。东津沱数字文创园争取国开行"城市更新"项目融资资金9亿元，钓鱼城小镇项目、雨台山避暑康养项目、草街渔村项目稳步有序推进。

永川区2021年文化和旅游工作亮点

永川区文旅委

一、规划体系更加健全

编制完成《重庆市永川区文化旅游体育发展"十四五"规划》《重庆市永川区全域旅游发展规划》《重庆市永川区乡村旅游发展规划》《重庆市永川区黄瓜山乡村旅游区总体规划修编》，为全区文化、旅游和体育事业高质量发展明确了思路。

二、旅游提质成效初显

茶山竹海完成非遗产业体验园一期、十面埋伏民宿改建以及"中国杯"定向越野赛重庆示范基地于2021年5月恢复开园。乐和乐都提档升级项目完成碰碰车建设，加快推进儿童爬山车项目，同时推进火焰山和古堡酒店招商，启动两江酒店升级改造。松溉古镇综合开发项目完成古镇核心游线街区房屋外立面整改、邵家坝子入口改造、玉皇观新建、古戏楼改造等工作，于2022年1月27日正式开街。

三、文化阵地日臻完善

以国家一级图书馆为建设标准，完成永川图书馆新馆建设工作，并于2022年1月4日正式开馆，迅即成为永川文化新地标。建成投用"三河汇碧·玉屏书院"图书分馆，完成永川体育中心城市书房建设，公共文献信息资源共享服务网络进一步完善。

四、文艺创作精品迭出

创作《六运好运》《幸福永川》等优秀文艺作品，舞蹈《书记，爸爸》、小品《军礼》《宅家记》入选第十九届全国群星奖重庆选拔活动重点打磨提升作品，《书记，爸爸》赴广州参加第十三届全国舞蹈展演。

五、文化传承持续加强

创新文物保护单位利用形式，建成投用永川博物馆板桥分馆。新公布区级非物质文化遗产项目12个，认定命名永川区级代表性传承人21名。

六、文旅活动精彩纷呈

采购公共文化服务进基层演出504场次。开展"川剧进基层""川剧月月演"活动20场。围绕庆祝建党100周年主题，举办纪念周恩来总理珍品展、永川区庆祝中国共产党成立100周年"奋斗者之歌"文艺展演等群众文化活动500余场。创新开展第九届茶文化旅游节，成功登上微博热搜。

七、文旅产业不断壮大

以大数据产业园为依托，加大动漫、游戏、电竞、影视制作等新兴文化产业培育力度。永川大数据产业园成功申创第六批市级文化产业示范园。永川博物馆成功创建国家3A级旅游景区。2021年，全区共接待游客2635.75万人次，实现旅游收入185.57亿元，分别同比增长9.13%和13.23%。

八、宣传营销成果丰硕

邀请围棋世界冠军古力出镜，精心拍摄永川文旅宣传片。在2021中国旅游特色商品大赛上，永川秀芽、永川豆豉获金奖；在2021"重庆好礼"旅游商品大赛上，永川秀芽、永川豆豉获金奖，永川秀芽、桢楠香品礼盒入选外事礼品，永川文化旅游委获优秀组织奖；在第八届文化和旅游融合创新论坛上，永川区荣获"2021文化旅游优选区"荣誉。

南川区2021年文化和旅游工作亮点

南川区文旅委

一、啃下"硬骨头"，全面完成金佛山经营体制改革

由于历史原因，金佛山"一山二主、各自为政"成为制约景区旅游发展的痛点、堵点。南川区坚定不移推进金佛山经营管理体制改革，历经艰辛谈判，惠农文旅集团全资收购金旅公司资产、81%控股山水公司，实现核心旅游资源区属主导和统一规划、统一建设、统一管理、统一运营、统一营销，2021年冰雪季景区旅游人次、综合收入同比分别增长21.2%、62.5%。

二、构建"产业链"，书写景城乡全域旅游精美篇章

构建以"金佛山、东街、大观原点"为支撑的景城乡一体化发展格局，实施金佛山"九大提升工程"，金佛山景区获评首批国家级文明旅游示范单位，金佛山大环线入选全国"2021体育旅游精品线路"。东街2021年春节开街以来累计访客达723万人次，综合收入近10亿元，带动全区过夜游客同比增加168%，获评"重庆新地标10强"、首批市级"旅游休闲街区"。大观原点成为网红打卡地，自2021年10月投用以来接待游客12万人次，带动大观园全年接待游客同比增长35%，入选"重庆乡村振兴十大示范案例"。

三、聚焦"新动能"，打造重庆康养看南川新高地

聚焦"森林、文旅、运动、中医药"四大康养业态，打造良瑜养生谷、

中海黎香湖等八大康旅综合体，年销售康养度假物业22万平方米、销售收入16亿元，销售面积、销售额年增长30%以上，获评"中国康养产业可持续发展能力100强区县"，"重庆康养看南川"蓄势而发。"3+2"特色产品（方竹笋、中药材、古树茶+南川米、蓝莓）成为深受游客喜爱的"南川好礼"，文旅带动3.5万人致富，绿水青山正在变成金山银山。

四、发出"好声音"，"金佛山·福南川"成功出圈

金佛山冰雪运动亮相央视直播等主流媒体，打响"南国雪原"品牌，成功举办国际山地旅游日世界遗产名山（金佛山）峰会等品牌活动，龙岩城申报世界文化遗产拉开序幕。与都江堰、乐山等城市缔结友好，举办互动活动20余场次，合作四川旅行社12家，金佛山景区获评"巴蜀文化旅游走廊新地标"。2021年，全区接待游客3103万人次，综合收入170亿元，分别同比增长50%、99%，金佛山景区购票游客突破110万人次，新冠疫情背景下实现逆势增长。

五、绘就"新版图"，构建"1小时从主城上金佛山"同城化时空

围绕构建"1小时从主城上金佛山"同城化时空，打造1小时通勤圈和1日生活圈，突出交通先行，金佛山大环线升级改造竣工投用，景城大道、北坡快速路加快建设，南坡进山应急道路、金山湖左岸公路、山王坪度假区道路、北坡3S索道改造等项目全面启动，金佛山"快进、畅行、慢游"体系逐步形成，重庆城里金佛山"新版图"正在加快构建。

綦江区2021年文化和旅游工作亮点

綦江区文旅委

2021年，在区委、区政府的坚强领导下，在市文化旅游委的精心指导下，我区在攻坚克难中开拓奋进，在把握机遇中再谱新篇，深入推进文化与旅游深度融合发展，全区文化旅游业呈现出良好向上发展态势。

一、聚焦文化"兴"做文章，公服效能持续提升

投入155万元建成24小时城市书房、市民服务中心微型图书馆。建成区图书馆通惠新馆并顺利开馆。投入229万元补齐基层综合文化服务中心以奖代补资金，巩固基层综合文化服务中心建设。完成6个图书馆分馆建设，免费开放服务接待25万人次。指导街镇完成流动文化服务进村，购买公共文化演出服务1299场次，充分丰富群众文化生活。围绕建党100周年完成书法、摄影等文艺创作510余件，参加国家级、市级展演比赛获奖26次。主办"唱支山歌给党听"庆祝建党百年群众合唱音乐会25场次，掀起全区干部群众述党史、感党恩的热潮。

二、聚焦文物"活"抓保护，文博传承持续推进

牢牢把握长征国家文化公园建设契机，全面完成王良同志纪念馆、中共綦江支部旧址、红一军团司令部旧址等文物修缮和布展，2条路线入选市精品红色旅游线路，推出"长征路上学党史"等主题活动助力党史学习教育，参观人数逾20万人。王良故居入选我市第七批爱国主义教育基地，《王良军

长》电影全国公映，央视报道，反响热烈。开展非遗线上线下展览26次，非遗进校园活动走进6所学校。开展国家、市级送展8次，获市级以上奖项作品18件。依托农民版画，綦江再获2021—2023年度"中国民间文化艺术之乡"称号。

三、聚焦旅游"热"强措施，全域旅游持续拓展

围绕"多彩綦江·创新之城"的形象定位，编制《綦江区文化和旅游发展"十四五"规划》，精确标定"知名康养休闲目的地、重庆重要红色文化高地"目标定位，初步形成"一轴两核四组团"全域旅游发展格局。紧紧围绕"三山一坝子，一河一古镇"有序推进旅游品牌建设，成功完成古剑山市级旅游度假区复核，启动横山国家级旅游度假区创建工作。横山原乡农旅小镇、高庙北纬29°康旅示范小镇等重大项目快速推进，成功创建1个市级乡村旅游重点村。成功组织召开主城都市区文旅协作组织联席会2次，参加澳门旅游推介会6次，策划二十四节气綦江美物宣传活动，微博话题阅读量超3000万人次，获得IAI国际旅游营销创新银奖。全年接待游客923.4万人次，实现旅游综合收入45.1亿元，同比分别增长47.19%、44.4%。

大足区2021年文化和旅游工作亮点

大足区文旅委

2021年以来，大足始终把保护研究利用好大足石刻作为推动全区经济社会发展的"一号工程"，全域建设大足石刻文化公园，全力建设国际文旅名城。现将我委2021年工作亮点报告如下。

一、旅游发展质效稳步提高

2021年，实现旅游总收入150亿元、同比增长22.4%，旅游综合服务满意度进入全市前三。文化旅游产业投入62亿元，完成年度计划投资的103.3%，鼓励文旅企业升规入统，全区规上文旅企业达37家。文化及相关产业增加值总量为29.78亿元，占GDP比重为3.72%、增速40.5%；旅游产业增加值为19.23亿元，占GDP比重为2.4%、增速12%。

二、"一号工程"建设有序推进

一是制成精品加大宣传。"殊胜大足——大足石刻特展"亮相国家博物馆，大足石刻综艺首秀《万里走单骑——遗产里的中国》登陆浙江卫视，"大足石刻华服周"视频播放量超1.7亿次。大足石刻首次进入国家统编历史教材。大足石雕入选国家级非遗项目。二是制作文创加快流通。联动故宫文创将千手观音、莲花童子、猫鼠图、六道轮回等大足石刻元素巧妙运用于茶具、移动电源等文创产品。三是精心策划提升品质。《大足石刻宝顶山景区总体策划方案》正在进一步完善。游客中心即将投用。

三、大足石刻文化公园建设成效初显

重汽博物馆建成投用，十里荷棠·山湾时光、隆平五彩田园等乡村旅游景点成为游客休闲旅游的好去处。环龙水湖半程马拉松赛、大足石刻杯国际足球邀请赛、"天下大足·醉美乡村"二十四节气民俗文化活动等成功举办。国梁镇大有田园景区成功创建国家3A级旅游景区，龙水湖成功创建市级旅游度假区，大足区成功创建市级全域旅游示范区。

四、巴蜀文化旅游走廊建设纵深推进

制定两个顶层设计。《资阳大足文旅融合示范区总体方案》已印发实施，《资阳大足文旅融合发展示范区规划》已形成初稿。建立两个对话机制。建立由资阳市、大足区党委或政府主要负责人任组长的示范区建设领导小组及联合办公室，建立两地联席会议制度。两地党委政府分管领导6次率队对接工作，协同召开工作推进会10次，互派处级干部挂职2名。实现三个行业的一体化发展。推进两地文化、旅游、体育交流与合作，签订《文旅联动融合发展备忘录》，共计签订专项合作协议15个，联合推出精品旅游线路及主题旅游商品20余种，互邀参加文旅活动10余次。

五、公共服务质效明显提升

大足石刻博物馆、区文化馆、区图书馆达国家一级馆标准。基层综合文化服务中心覆盖率达100%，免费开放时间均达每周56小时。围绕"决胜全面小康　决战脱贫攻坚"等主题，开展送流动文化服务进村629场次，惠及群众近10万人次。全区新增体育场地面积为46万平方米，公共体育设施面积达193.63万平方米，人均体育场地面积2.32平方米。社会和政府公共体育设施开放率达100%。区体育局、青少年体育运动学校被国家体育总局表彰为2017—2020年度全国群众体育先进单位。

璧山区2021年文化和旅游工作亮点

璧山区文旅委

2021年，区文化旅游委班子坚持习近平新时代中国特色社会主义思想，认真贯彻落实新发展理念，围绕中心、服务大局，奋发进取、担当作为，推进文体旅游事业高质量发展。

一、坚持加强党的建设，推进文旅工作守正创新

坚持和加强党的全面领导，认真学习贯彻习近平新时代中国特色社会主义思想，全年组织中心组集中学习12次，深入学习习近平总书记七一重要讲话精神、十九届六中全会精神，从百年党史中汲取智慧和力量。认真学习贯彻落实习近平总书记关于文化、文物、旅游、体育等工作的重要论述精神，推进文化旅游工作守正创新。落实意识形态工作责任制，加强"扫黄打非"，抓好文化市场、重大活动和重要节点意识形态管控。

二、推进文化设施建设，提升公共文化服务

区美术馆观音塘馆区于七一前揭牌开放，文化馆成功获评国家一级文化馆，完成璧山博物馆建设方案；划拨专项经费133余万元，推进基层综合文化服务中心标准化建设。持续推进惠民演出，开展送流动文化服务进村共计600场，大剧院引进7场精品剧目惠民演出。以庆祝中国共产党成立100周年为主题，开展"百名画家画百年·百名画家画璧山""唱支山歌给党听"等大型文化活动30余场次。

三、推动文化传承，加强文化遗产保护利用

完成全区7处市级文物保护单位的两线划定工作。开展革命文物的调查和保护利用，摸清全区革命文物资源底数，谢唯进故居、璧山烈士陵园入选市级革命文物名录。实施广普谢氏民居、大兴朝元寺牌坊2个市级文保单位和八塘狮子桥牌坊、三合大竹林王家宅、回龙湾谢氏民居3个区级文保单位修缮保护工程。开展申报第五批璧山区级非遗项目及第七批市级非遗项目工作，新增区级非遗项目12项。

四、促进提质增效，推动文旅融合发展

成功创建国家4A级、3A级旅游景区各1个，七塘喜观村、丁家石垭村分别入选2021中国美丽休闲乡村、市级乡村旅游重点村名录。新增数字主题文旅项目3个，数字文旅示范场景现有5个。成功举办第十三届中国西部动漫文化节、第三届重庆国际房车露营展览会、首届国风文化旅游节、重庆乡村艺术集及樱桃、葡萄采摘等品牌节会活动15场次。打造红色旅游线路1条，璧山秀湖公园（儿童公园、古道湾公园）纳入"重庆市十大旅游精品线路"。

五、统筹发展和安全，文旅产业高质量发展

落实文化旅游行业系统安全生产责任制和新冠疫情防控措施，联合多部门开展火灾隐患排查及建筑安全、文化娱乐场所专项治理行动等，确保文旅市场安全稳定。2021年文化及相关产业增加值为46.63亿元，旅游及相关产业增加值为26.58亿元，分别同比增长19.3%、20.5%，占GDP的比重为5.33%、3.04%。

铜梁区2021年文化和旅游工作亮点

铜梁区文旅委

2021年，在市文化旅游委和区委、区政府的领导和指导下，在区级各部门、各镇街和各单位的大力支持下，铜梁区文化旅游工作取得可喜成绩。现将2021年亮点工作汇报如下。

一、文化旅游名片持续擦亮

铜梁区被文化旅游部确定为全国文化和旅游市场信用经济发展试点地区，铜梁成功获评"中国民间文化艺术之乡"，"铜梁龙灯彩扎"列入国家级非遗名录，铜梁舞龙队在2021年中华龙狮大赛、第十三届全国舞龙舞狮锦标赛等各项国家级赛事中取得10个第一的好成绩，实现"十全十美"。土桥镇获评"全国乡村旅游重点镇"，土桥镇庆林村、河水村获评"重庆市乡村旅游重点村"，铜梁已逐渐成为都市人快旅慢游、周末度假目的地。

二、文旅产业品质不断增强

龙文化传媒公司被评为市级文化产业示范基地，铜梁龙灯彩扎车间被评为"彩扎制作扶贫车间示范项目""重庆市非遗扶贫就业工坊"，解决村民就业40余人，年产值约500万元。新研发龙灯系列文创产品、文创商品和特色商品品牌20余种，美瓷实木手柄陶瓷刀荣获2021中国特色旅游商品大赛金奖，"五龙献瑞"等文创产品参加2021"重庆好礼"旅游商品（文创产品）大赛，入选重庆外事好礼。新发展安居黄家坝露营基地、围龙镇水蜜桃观光采摘园区等新业态。西来村会客厅、玫瑰岛等多个景点成为"热搜"网红景点，安居古城、西郊花语悠游谷入选"主城都市区十大精品旅游线路"。2021年全年接待游客1500万人次，同比增长44.5%；实现旅游综合收入85亿元，同比增长87.4%。

三、公共服务质量稳定提升

深入推进文图两馆总分馆制，已建成图书馆分馆40个、文化馆分馆32个，镇街一级实现全覆盖。全年开展文化进万家、送演出进基层活动84场次，流动文化服务进村活动1253场次，服务群众28.5万人次。创作《原乡》《我曾问何日君再来》《我的原乡》等一大批富有时代精神的精品佳作，打造"追梦·铜梁龙"山水实景演出，《焰火龙》荣获第十五届中国民间文艺"山花奖"。成功举办中华龙狮大赛、原乡文化旅游周、安居古城端午龙舟汇、玄天湖周周龙舞汇等系列活动，实现文化旅游融合发展生动局面。

潼南区2021年文化和旅游工作亮点

潼南区文旅委

2021年，潼南区文化旅游委抢抓成渝地区双城经济圈建设和全市"一区两群"协调发展重大机遇，在产业发展、文旅惠民、宣传营销、行业监管等多个方面下功夫抓落实，全力推动文化旅游体育事业高质量发展。

一、文旅核心竞争力持续加强

以建设涪江休闲旅游度假区为核心，提档升级大佛寺、双江古镇等重要景区，拓展陈抟故里、太安—柏梓、龙多山等乡村旅游基地建设。塘坝镇天印村入选"中国美丽休闲乡村"，崇龛镇明月社区获评"全国乡村旅游重点村"。"潼南区古镇民居观光农业二日游"被国家发展改革委、文化和旅游部纳入全国300条旅游精品线路。

二、文旅产业提质增效

文化产业增加值14.87亿元，现价增速29.7%，旅游产业增加值15.47亿元，现价增速15.4%。其中，文化体育娱乐业规上企业完成营业收入3.15亿元，同比增长40.6%；规模以上文化工业完成产值21.45亿元，同比增长35.73%；规模以上文化商贸批零业完成销售额0.41亿元，同比增长6.9%。体育彩票专营店26家，营业收入19083万元，同比增长13%。

三、文旅消费不断升级

成功举办菜花节、龙舟赛、国际柠檬节、大佛寺迎春庙会、大佛寺养心音乐会等节会赛事20余个，以节会"盛宴"释放文旅消费市场新活力。全年共接待游客1124.85万人次，同比增长53.5%；综合收入73.11亿元，同比增长67.04%。

四、文化软实力得到提升

正式挂牌重庆市潼南区文物局，成功举办重庆市第二期田野考古培训班。在全国第五次文化馆评估定级中，区文化馆继续保持国家一级馆等级。新建9座旅游厕所，目前全区共有114座旅游厕所，全部达到A类标准。开展"书香满校园""闇公杯"品牌系列活动等群众文化活动160余场，开展线上活动72场，惠及群众6万余人。成功举办2021年潼南区原创歌曲大赛，评选出32首优秀歌曲，围绕获奖歌曲打造了7个MV。

五、体育强区建设步履铿锵

全区新增公共体育场地211处，面积达18.91万平方米，人均体育场地面积达到2.08平方米（全市2020年人均体育场地面积为1.89平方米）。涪江龙舟赛被授予"2021年度川渝体育旅游精品赛事"称号。区老年人体育协会被国家体育总局评为"全国群众体育工作先进集体"。

荣昌区2021年文化和旅游工作亮点

荣昌区文旅委

2021年，荣昌区抢抓成渝地区双城经济圈国家战略机遇，以改革创新为动力，以抓大文旅促品质化、抓文旅融合促产业化、抓公共服务促均等化为着力点，唱响"一都三城"文旅品牌，推动文化和旅游高质量融合发展，不断满足人民日益增长的美好生活需要。

一、坚持普惠共享，公共文化事业日趋繁荣

一是文化空间不断拓展。推动新建小区配套公共文化设施，新建小区文化活动室6个、24小时城市书房1个，不断提升城市文化氛围。创新体制机制和方式手段，充分吸纳社会力量参与公共文化服务体系建设，全市首家清华大学校地联建图书分馆落地荣昌，全区首家乡村民办图书馆——河包镇空书包儿童图书馆建成运营，政府主导、社会参与的文化共建共治共享新格局逐渐形成。二是文化活动丰富多彩。创新文化惠民方式，持续丰富"书香荣昌""印象荣昌""欢乐荣昌""运动荣昌"互送共享文化惠民服务品牌活动内容，围绕"建党100周年"等重要时间节点全年开展"周末文艺荟"、广场故事会、送流动文化进村等系列活动500余场，惠及群众30余万人次。三是管理服务水平提升。按照"建、管、用"并重原则，健全公共文化设施管理与服务标准，制定出台《荣昌区提升公共文化服务体系建设重点工作（2021—2025）》《城市公共文化服务示范点管理办法》，不断强化公共文化设施免费开放的保障力度。

二、坚持守望传承，文化遗产保护扎实有效

一是文物保护扎实有力。投入资金近400万元，对凉坪白塔、罗汉寺牌坊等市级文化保护单位开展保护性修缮，让"沉睡"的文物重新"活"起来。创新文物保护宣传形式，策划播出《荣昌有文化·荣昌文物故事》短视频16期，均入选"学习强国"平台，获评2021年度重庆市广播电视创新创优引导扶持类节目唯一一个节目。二是非遗领域传承有序。完成《荣昌陶器》《荣昌夏布》《荣昌折扇》国家级非遗学术性研究系列丛书编撰，为非遗理论研究与传播推广奠定了基础。安富街道（荣昌陶器制作技艺）获评2021—2023年度"中国民间文化艺术之乡"。三是对外交流成果显著。打开荣昌非遗对外交流的窗口，举办"荣昌陶大讲堂"、"走进四季"渝港澳青少年自然探索大赛——荣昌非遗"三秀"中国草体验活动等对外交流活动；组织区内非遗企业参加2021年重庆国际文化旅游产业博览会、第十七届中国（深圳）文化产业博览会等展示展销活动，2021年全区非遗代表性传承人获得国家级、市级比赛金奖36人次、银奖60人次、铜奖36人次。

三、坚持守正创新，文旅融合助推产业升级

一是重点项目稳步推进。完成文化旅游固定资产项目136个，总投资38.5亿元。实施安陶小镇基础设施建设等旅游重点项目10个，总投资2亿元。策划包装"一带一路国际陶艺村""巴蜀文化民俗村"项目，均纳入2021—2023年市级重点文旅产业项目。二是旅游消费人气攀升。以打造"成渝地区政德研学首选地"为目标，重点推出喻茂坚纪念馆等54个研学点，吸引四川、贵州、西藏等地区游客来荣研学。成功举办2021"重庆好礼"旅游商品（文创产品）大赛，累计接待游客13万余人次。开展"荣昌有耍事"、旅游宣传"大篷车"等系列文旅推荐活动，不断激发文旅市场消费活力。三是文旅产业快速发展。2021年全区文化产业增加值29.23亿元，占全区GDP的比重为3.59%，增速5.7%。接待游客1108万人次，同比增长35.48%；旅游总收入55.4亿元，同比增长30.72%。

开州区2021年文化和旅游工作亮点

开州区文旅委

　　2021年，开州区成功创建4A级旅游景区1个、3A级旅游景区2个，接待游客1242万人次，实现旅游综合收入77.69亿元，同比分别增长13.9%和18.46%，完成招商引资协议签约10.8亿元、落地5亿元，完成文旅产业固定资产投资约43亿元，文化产业增加值增速8.2%、旅游产业增加值增速达18.8%。

　　一是文旅项目更有亮点。开州故城一期、二期全面完工，三期完成主体工程80%；完成雪宝山满月度假区音乐营地建设；完成竹溪生态乐园建设，建成遇见云上、南山忆等优质旅游民宿10家。

　　二是景区打造更有品质。开州博物馆成功创建国家4A级旅游景区，童话森林王国、长生宋奇迹乐园成功创建国家3A级旅游景区；接待万达开等地中小学生研学旅行2.5万余人次，实现研学旅行收入约300万元，盛山植物园入选成渝地区十佳科普研学线路；旅游精品线路开州红色文化自然科普二日游入选文化旅游部和国家发展改革委联合推出300条乡村旅游学习体验线路。

　　三是文旅推介更有颜值。播出《开州文旅在线》专栏36期；围绕建党100周年主题，开展"百听、百图、百诗"活动，录播"百听"视频38期，制发"百图""百诗"画册1000册；举子红伴手礼和开州汉绣·山茶花开套组获2021中国特色旅游商品大赛铜奖及市级银奖、铜奖。

　　四是全民健身更有活力。投入资金320万元，建成西南地区首条人脸、芯片识别双系统智慧步道5000米，1个集体和2名个人获评全国体育"双先"，参加第十四届全运会获武术套路团体银牌，参加市六运会获得18金14银29铜、排名全市第18名。

　　五是区域联动更有成效。联合万州、达州编制《万达开国际户外运动基地建设暨文体产业合作方案》，共同推出巴文化旅游、红色文化旅游、高峡平湖旅游、美丽乡村旅游4条精品线路；实施"万开云"户籍市民三地国有景区门票五折优惠，启动"万开云"旅游图书借阅、公共体育场馆使用一码通工作；2021年开州区文化旅游发展质效考核位列渝东北片区第一位。

梁平区2021年文化和旅游工作亮点

梁平区文旅委

2021年，梁平区再次被文化和旅游部授予中国民间文化艺术之乡，竹山镇获评全国乡村旅游重点镇，区文化综合执法支队、区图书馆同时获评第九届全国服务农民、服务基层文化建设先进集体，区文化馆被评为国家一级文化馆。文旅市场安全平稳有序，全区共接待海内外游客1100.01万人次，实现旅游总收入65.52亿元，同比分别增长3.74%、23.24%；完成固定资产投资47亿元。

一、公共文化服务成效显著

累计开展流动文化服务进村1100余场，惠及45万余人次；成功举办梁山灯戏培训班，培训学员30名。图书馆每周免费对外开放77小时以上，接待读者30万余人次，文献外借量达15万册次；开展乡镇（街道）分馆业务辅导35次；积极开展全民阅读推广工作，打造"都梁大讲坛"等系列阅读品牌，探索"阅读+旅游"创新服务模式，大力开展数字信息智能化建设。博物馆对外免费开放，累计接待游客29.2万人次，举办展览6场，开展青少年教育活动87场。完成无线数字化改造建设。非遗项目达100项，非遗传承人达245名，国家级传承人徐家辉被命名为首批"巴渝特级技师"；创作一批陶瓷杯具、陶瓷画等文创产品。

二、重点项目建设持续提升

百里竹海国家级旅游度假区创建工作总体推进顺利，万石耕春·五朵金花农旅休闲项目渐成体系，提质升级观音洞、滑石古寨等景区，川西渔村创成3A级景区，矿山咖啡遗址公园、桂香天地·乐欢天、荷塘月色等新兴景点建成投运，竹山镇正直社区、安丰社区获评市级乡村旅游重点村。建成开放双桂堂历史文化陈列馆，完成红色革命文物李光华烈士墓抢险排危工程，市民文化艺术中心建设正在有序推进；赤牛城考古取得重大进展，发现锁口丘水坝遗址，填补了山城防御体系中水利设施的空白。

三、双城经济圈建设有序推进

与垫江县及四川省邻水县、达川区、大竹县、开江县就文旅发展规划、文旅产业项目、文旅宣传营销、文旅公共服务、文旅市场执法等合作内容签订《明月山绿色发展示范带文化旅游联盟合作协议》，携手打造巴蜀文化旅游走廊，共建明月山绿色发展示范带。联合明月山周边7个区县举办首届耕春节、万石耕春·五子登科梁平潮集等大型旅游节会活动，围绕"一区两群"发展布局，紧盯服务川渝主城都市区和渝东北三峡库区城镇人群，推出红色旅游、非遗旅游、民宿体验游等精品文旅线路10余条。

四、宣传营销推广有声有色

成功举办第四届晒秋节、明月山乡村音乐会等大型活动，生动展示了梁平"农文旅"发展成果，直接带动文旅消费近5亿元。联合璧山区拓展文化旅游市场，吸引璧山区游客近万人次，直接拉动消费800余万元。在人民网、新华网等国家级媒体上稿文化旅游宣传信息162条，在《重庆日报》、华龙网等市级媒体宣传报道梁平文旅信息459条，参加市内外营销活动100余场次。以"三峡农特汇"为契机，展示展销川渝东北毗邻区县特色农产品，吸引川东北、重庆主城等市内外游客，推动农旅、交旅、文旅融合发展。

五、文艺精品创作成果丰硕

创排梁山灯戏《江姐》《誓言》剧目2部、红色戏歌3首，成功举办庆祝建党100周年红色灯戏专场，梁山灯戏《西郭先生》入选第十九届全国群星奖重庆选拔活动优秀作品，梁山灯戏《誓言》获评"第四届青年戏剧演出季"优秀展演剧目（小戏类）。创作多件美术书法摄影作品，其中美术作品《山果》获第二十届美术书法摄影联展一等奖，摄影作品《乡村振兴幸福年》获第六届重庆市社区艺术节手机摄影展一等奖。

武隆区2021年文化和旅游工作亮点

武隆区文旅委

　　2021年，武隆区"十四五"文旅事业发展取得良好开局。全区接待游客4074.58万人次，旅游综合收入197.74亿元，同比分别增长10.08%和10.01%。成功申报国家级文化旅游市场信用经济发展试点地区，区文化馆获评国家一级馆，区博物馆升级为三级博物馆，区文旅委获评"全国文化和旅游系统先进集体单位"，1人获评全国群众体育先进个人并受到习近平总书记亲切接见，武隆区荣获由联合国环境规划基金会、中国环境保护协会、香港环境保护协会、澳门绿色环境保护协会联合主办的"2021绿色亚太环保成就奖"——"杰出绿色健康旅游目的地奖"。

一、品牌创建再上层楼

　　归原小镇成功创建为国家4A级旅游景区，喀斯特旅游区和天尺情缘景区创建市级文明旅游示范单位通过复核，正积极申报仙女山国家级滑雪旅游度假地。仙女山街道成功创建首批全国乡村旅游重点乡镇，仙女山街道仙女村、白果村以及沧沟乡大田村成功创建市级乡村旅游重点村。

二、文旅项目有序推进

　　全年完成文旅固定资产投资51.03亿元，成功签约仙山观云旅游度假酒店及精品民宿项目1个，签约额1.5亿元。

三、节会互动营销成效显著

成功承办2021·中国武陵文旅峰会；成功举办2021中国·重庆（武隆）绿色发展实践论坛、2021重庆武隆仙女山马拉松赛；成功开展北京等多个仙女山机场航线通航城市"武隆旅游推介会"；成功组织区内涉旅企业，参加第九届澳门国际旅游（产业）博览会等行业展会活动共计20余次。

四、巴蜀文化旅游走廊建设纵深推进

当选巴蜀文化旅游推广联盟理事会理事长单位，牵头组织巴蜀文化旅游走廊宣传推广联盟推介及发布巴蜀文化旅游走廊冬季精品旅游线路。接棒渝东南联盟轮值主席单位，牵头组织开展渝东南对外系列宣传推广活动。受市文旅委委托，牵头开展《巴山渝水踏歌行》2021重庆文旅全国巡回推介等宣传营销活动。先后与乐山市、九寨沟县、大邑县等地签订旅游合作协议，建立了良好的合作机制。推出20条主题精品线路，开通跨省游"熊猫专列"，牵头成立"武陵山·峨眉山"区域公共图书馆联盟，承办川渝"阅读之星诵读大赛"复赛，武陵山区（渝东南）土家族苗族文化生态保护实验区建设加快推进。

五、提升乡村旅游助力乡村振兴

完成了大田湿地人家、凤舞黄渡2个区级乡村旅游示范点一期工程建设，并相继开园迎客。对避暑康养游和古寨风情游2条乡村旅游精品线路进行提档升级，全年乡村旅游接待游客1400万人次，综合收入28亿元，同比分别增长16.67%和16.74%。

六、公共服务效能全面提升

启动数字文化馆规划设计，完成区文化馆（老馆）功能教室改建和提档升级。完成送文化活动156场次。建成3个村级综合文化服务中心、3个城市微书房、1个24小时自助图书馆、1个乡村红色图书室、2座旅游厕所。

七、文化遗产保护利用明显提升

武隆博物馆年接待观众21万人次，成功申报为市级人文社会科学普及基地，实现武隆区零突破；"后坪坝苏维埃政府史迹展览"荣获重庆市博物馆展览扶贫主题特别奖。强化非遗项目抢救性保护，制作《乌江船工号子》纪录片，开办"苗鼓"和"摆手舞"2个非遗培训班。

八、文化事业蓬勃发展

印象武隆累计演出约3000场次，观看人次超400万，实现门票收入超5亿元。全民阅读推广活动93场次，文物展览及讲座30场次，全民艺术普及免费培训班60个，全区开展中国共产党成立100周年庆祝活动等各类群众文化活动总数超过1000场次；《怕你人乖心不乖》《隔山隔水妹心焦》入选2021中国原生民歌节重庆推荐节目。

九、行业领域监管规范有序

全年无旅游安全事故发生，意识形态领域得到有效监管。

城口县2021年文化和旅游工作亮点

城口县文旅委

一、文旅发展顶层设计不断优化

基本形成包括体制机制、政策措施、方向定位、规划思路在内的文旅发展顶层设计体系。

从旅游发展攻坚战领导小组到文旅融合发展新队伍，从"奉巫巫城"大三峡旅游联盟到城宣万革命老区振兴发展示范区和大巴山国际旅游度假区，从大巴山森林人家到大巴山森林人家集群片区，从打造"全域旅游示范县"到打造"农文旅融合发展示范县"，从重点景区规划、片区规划到"城口县文化和旅游发展'十四五'规划"，通过自上而下逐级落实，文旅发展顶层设计逐步完善，有力地指导和推动了全县文旅事业发展。

二、公共文化服务设施与体系逐步完善

基本形成覆盖城乡、结构合理、功能健全、使用高效的公共文化设施服务体系。

确保乡镇综合文化服务中心、乡村体育健身活动中心服务功能齐全，能够满足城乡群众基本精神文化体育活动需求。以鸡鸣、沿河2个原深度贫困乡镇为依托，建成全县乡镇（街道）标志性综合文化服务中心。全县所有村和社区都建有农家书屋、活动室和部分文化活动场所。

三、文艺作品创作展演实力明显增强

基本形成包括服务方式、培训方式、创作方式、宣传方式在内的文艺作品创作展演体系。

创新开展"送文化下乡"系列活动,变"配送制"为"点单制",实现文艺活动供需端精准对接。加大教育培训力度,着力提升全民文化素养,累计组织文化文艺培训超过500场次,年均惠及群众近20000人次。加大为民服务力度,结合脱贫攻坚、党史学习教育、庆祝中国共产党成立100周年、文明城市创建等主题,依托新时代文明实践文化文艺志愿服务队,累计开展了200余场次志愿服务活动。

四、文物保护利用工作不断强化

基本形成涵盖政策机制、底数台账、项目工程、保护措施的文物保护利用体系。

按照属地管理原则分别与25个乡镇(街道)签订文物管理安全责任书,形成行业主管部门、乡镇(街道)、文保单位三方共同监管的保护机制,进一步厘清文物保护主体责任。开展了全县建筑类文物摸底核查,共计核定不可移动文物171处,全部实行动态台账管理。将红三十三军指挥部旧址群成功申报为重庆市第三批市级文物保护单位。

五、非遗保护传承工作成果显著

基本形成包括项目申报、传承实践、经验推广、文化展现在内的非遗保护传承体系。

全县市级非遗项目累计达到12项,县级非遗项目达到93项。提炼非遗扶贫经验,在原深度贫困乡镇创建扶贫车间2个,组织非遗企业参加了中国—阿拉伯国家博览会、重庆市第六届非遗文化节暨老字号博览会等,极大地提升了我县非物质文化遗产的知名度和影响力。

六、文旅产业规模化标准化程度明显提升

基本形成涵盖项目建设、招商引资、品牌塑造、市场监管的文旅产业发展体系。

成功创建2个4A级景区、1个3A级景区、1个市级旅游度假区、1个市级乡村旅游示范村、6个大巴山森林人家集群片区，大巴山森林人家累计达到2000家。高楠镇方斗村获"国家级传统村落"称号，东安镇兴田村获"中国最美休闲一品乡村"称号，坪坝镇光明村、河鱼乡平溪村获"全国一村示范村镇"称号，岚天乡、河鱼乡、东安镇获"重庆市特色旅游景观名镇"称号。中国大巴山（重庆·城口）"消夏养生节""彩叶文化节"逐步成为县内外知名文旅节庆活动品牌。2021年，全县累计接待游客430.28万人次，实现旅游综合收入8.84亿元，同比分别增长10.98%和8.49%。

丰都县2021年文化和旅游工作亮点

丰都县文旅委

一、旅游在提档升级中持续火爆

南天湖景区获评"武陵山十佳人气景区"，名山、雪玉洞、南天湖景区列入"武陵山十大精品旅游线路"。南天湖景区新开发轨道滑车、"天湖瑶池"等景点，成为游客打卡新的网红地；投资2.49亿元实施55个提升工程项目，提升南天湖国家级度假区旅游品质；投资30亿元的南天梦想城签约落地，丰都邮轮港—南天湖—仙女山机场高速公路完成招商签约。名山旅游区单日接待游船超10条、旅游大巴超40台、团队超75个，单日接待人数突破10000人；名山景区登上央视《记住乡愁》栏目，文旅融合做法在《人民日报》刊登，旅游影响力不断扩大。三建乡绿春坝村和武平镇雪玉山社区被评为重庆市乡村旅游重点村。2022年，全县累计接待游客2300万人次、旅游综合收入115亿元，同比均增长22%以上。市场管理工作在全市文化旅游行业管理大会上作先进经验交流发言。

二、文化在丰富多彩中繁荣发展

国家文化和旅游部正式命名丰都"巾帼夜校"为国家第四批公共文化服务体系示范项目，全市仅2个区县获此殊荣。精心策划举办广场舞展演、群众合唱音乐会、美术书法摄影联展等庆祝中国共产党成立100周年系列活动。在第二十届重庆市美术书法摄影联展活动中推送30件优秀作品参加市级选拔，我县获得2个一等奖、2个三等奖，同时荣获组织工作奖，居参赛各区县前列。2021年重庆市社区艺术节颁奖活动和2021年重庆市"红岩少年"阅读大赛片区赛2个全市重大活动在我县成功举办，全市手机摄影赛我县参赛作品获得一等奖、二等奖、三等奖各1个，"红岩少年"阅读大赛片区赛我县选送3名选手均进入全市决赛。文化志愿者林登安获评2021年度国家文旅部全国乡村文化和旅游能人，全市仅6人。栗子乡中心小学教师蒋国琴获评2021年国家文旅部全国"圆梦工程"优秀志愿者，全市仅2人。策划举办2021年丰都原创鬼面舞全国邀请赛，全国40多支专业队伍参赛；参加2021重庆市街舞大赛，我县参赛队伍荣获亚军，是唯一进入总决赛也是唯一获奖的县。我县红花坡广播电视发射台被重庆市文化旅游委作为全市主推名额报送到国家广电总局，参加中宣部、文化和旅游部、国家广电总局组织开展的"第九届全国服务农民、服务基层文化建设先进集体"评选。

三、遗产在保护传承中活化利用

现有不可移动文物点1068处1104个点，其中国家级文物保护单位3处12个点、市级文物保护单位10处28个点、县级文物保护单位55处64个点。现有可移动文物17267件套（54395件），其中珍贵文物740件套（754件），巴式剑、带鞍汉马等馆藏文物极具历史研究价值。小官山文物修缮项目竣工，基础设施保护项目2022年3月竣工。利用小官山古建筑群进行陈列布展，打造小官山民俗文化园，已开放接待游客，2021年接待游客5000余人。2021年，新评审认定11个项目纳入县级第五批非遗项目名录，目前全县拥有非遗项目67项，建成丰都麻辣鸡块、荣昌夏布等非遗工坊2个，推动非遗活化传承，积极探索"非遗+旅游"路子。

四、营销在整合资源中扩大影响

联合我县4家4A级景区筹集150万元，2021年在重庆北站和成都东站集中投放景区形象广告19幅。精心策划举办丰都庙会"天子娘娘"全国海选活动，累计报名达1025人，累计点赞达731.68万人次。丰都麻辣鸡块荣获

2021"重庆好礼"旅游商品（文创产品）大赛金奖，并荣获2021中国特色旅游商品大赛金奖。新华网、人民网、《工人日报》、华龙网等主流媒体报道丰都文旅100多篇（条）。

垫江县2021年文化和旅游工作亮点

垫江县文旅委

2021年以来，垫江以打造"山水牡丹故里""温泉康养胜地""群众体育名城""全域旅游强县"为抓手，全年接待游客700万人次，同比增长33%；实现旅游收入45亿元，同比增长52%。

一、聚焦百年党史抓政治引领，党建工作"实"起来

以庆祝中国共产党成立100周年为契机，抓实抓好机关和干部队伍政治建设、思想建设和理论学习。开展党史学习教育集中学习18次，红色教育基地参观学习1次，撰写心得体会80篇。召开专题民主生活会1次，组织生活会3次，研究党建工作4次，考察转正3名预备党员，培养入党积极分子3名。开展集体交心谈心2次，上党课16次。召开党委会专题研究意识形态工作1次、风险研判1次，召开职工会安排落实意识形态工作5次。成立文化旅游行业党委，完成文化馆、图书馆、体校3个支部换届。

二、聚焦公共服务抓基层基础，文体活动"活"起来

县文化旅游委荣获国家体育总局"2017年至2020年度全国群众体育先进单位"称号。参加市六运会，获12枚奖牌。举办第二届"牡丹花马"，各项文体活动直播在线观看总人数超1500万人次。体育彩票销售刷新历史达4060万元，为我县筹集体彩公益金180余万元。建成9个农体工程，完成桂溪街道等3个健身路径，建成新民镇十八挑五人制足球场和垫江一中网球教学基地，

推进体教融合。在做好新冠疫情防控保障的前提下，不断丰富线上线下活动，全年开展送流动文化进村5331场，其中送演出进村1213场，送图书阅览进村（含青少年校外活动）269场，送展览、讲座培训、法规政策宣传进村3849场，惠及群众33.5万人次。举办2021年线上春节联欢晚会、第二十二届牡丹文化节、农民丰收节文艺演出、原生民歌进景区、优秀剧目《江姐》展播、"美丽乡村秀"、重庆乡村"村晚"、诗歌朗诵会等重要文化活动10场次，彰显庆祝中国共产党成立100周年主题。投入900余万元完成禹王宫修缮保护工程、峰门铺生态修复和文物保护工程。划定县级文物保护单位保护范围和建设控制地带50处。革命烈士陵园、严家乡烈士纪念塔、夏于德革命烈士纪念碑3处革命文物入选全市不可移动革命文物名录。

三、聚焦重点项目抓文旅融合，品牌打造"亮"起来

全县在建文旅项目88个，累计完成投资41.5亿元，全县文化企业达1140个，其中规上企业26个，规上文化企业产值8.48亿元，同比增长13.24%。"巴谷·宿集"成功获评全国首批甲级旅游民宿，成为全市唯一入选单位。沙坪镇毕桥村成功入选2021年重庆市智慧旅游乡村示范点创建名单。沙坪镇毕桥村和太平镇牡丹村成功创建第二批市级乡村旅游重点村。太平镇等15个单位成功创建重庆市休闲农业和乡村旅游示范镇、村、点，全县市级休闲农业和乡村旅游示范单位达46个，数量位居全市前列。参加"西旅会"获"最佳人气奖"；参加全市群众大合唱获"最佳组织奖"；参加市六运会获"体育道德风尚奖"。川久蒸鸭"蒸蒸日上"礼盒、翔龙角雕"牛角、紫檀木"五件套保健用品礼盒获2021"重庆好礼"旅游商品（文创产品）大赛铜奖；"树臣"牌赵牛肉150克小礼盒（牛肉）入围2021"重庆好礼"外事礼品名单；川久蒸鸭"蒸蒸日上"礼盒获2021中国特色旅游商品大赛铜奖。

四、聚焦新冠疫情防控抓行业管理，执法建设"强"起来

推进文娱领域综合治理，全年出动执法人员1180人次，检查文化旅游等

各类主体单位及经营行为556家（场）次，对网吧、娱乐场所开展自发"双随机"抽查4次，开展各类专项整治行动18次，销毁非法出版图书383本、音像制品1064张、非法宗教类印刷品980份，办结网吧、娱乐场所、版权等类别案件14件。全年未发生安全生产责任事故。指导县融媒体中心完成广播电视转播塔改扩建工程验收，完成县融媒体中心信息网络传播视听节目许可证申办、综合频道创办评审、城市管线（广电线缆）基础信息排查等工作，连续5年无安全播出责任事故。

忠县2021年文化和旅游工作亮点

忠县文旅委

2021年，全县累计接待游客1156.45万人次，实现旅游综合收入61.28亿元，同比分别增长14.87%、19.22%。全县新入库规上企业1家，规上文化、体育和娱乐业实现营业收入23.24亿元，完成固定资产投资1.188亿元。电竞产业实现总收入46.94亿元，实现税收2.09亿元。

一、公共服务更"优"

一是公共服务网络织密织牢。建成24小时智能微型图书馆、全县数字应急广播系统和4个文图分馆，培育文化活动品牌2个，建成乡情陈列馆3个、文化大院1个。二是建党百年活动精彩纷呈。承办市级广场舞片区展演、"红岩少年"阅读大赛少儿讲故事比赛等，开展送演出进基层、送戏曲进乡村29场次，组织流动文化进村服务1200余场次。三是区域合作持续升温。与大渡口开展文化交流活动，联合选送合唱节目获得首届巴蜀合唱节二等奖，与川渝两地20多家图书馆携手成立"武陵山·峨眉山"区域公共图书馆联盟，共建巴蜀文化旅游走廊。

二、品牌营销更"响"

一是唱响"三峡库心·长江盆景"品牌。联动万州、石柱推出"三峡库心"精华游等旅游线路5条，发布库心游惠民大礼包，成功举办皇华仙稻收割季、饱览江村美景等活动，江北嘴主题灯光秀、巴渝美景全媒体推介活动轮番上阵，不断提升库心影响力和知名度。二是唱响农文旅融合发展品牌。全年开展特色乡村文化旅游节会10余场，发布10条忠县夏季乡村休闲旅游精品线路，黄金镇桃花村成功入选第二批市级乡村旅游重点村，三峡橘乡国家级田园综合体入选重庆乡村振兴十大示范案例。三是唱响忠县"好礼"品牌。2021"重庆好礼"旅游商品（文创产品）大赛斩获4项大奖共5个奖项，新橙元NFC橙汁在2021三峡库区文创产品创意设计大赛斩获金奖，石宝寨牌忠州豆腐乳礼盒在2021中国特色旅游商品大赛上斩获银奖。

三、文保工作更"实"

一是文物资源保护扎实推进。完成三峡文物"起底式"调查，调查国有可移动文物（含资料）23370件套，完成忠州博物馆137件套馆藏重要出土文物保护修复，49套（81件）馆藏珍贵纸质文物修复。二是博物馆创新活力迸发。策划推出原创展览8个，与万州博物馆、达州博物馆等联合举办《丹青绘巴山·翰墨写蜀水——庆祝中国共产党成立100周年巴渝名家书画展》，《烈烈忠风》忠文化展览荣获重庆市博物馆内容设计奖单项奖。三是考古工作实现新突破。皇华城遗址完成考古调查面积5万平方米，勘探面积32万平方米，考古发掘面积5500平方米，考古发掘各类遗迹80处，出土各类遗物及标本186袋，成功举办《忠县中坝》首发式和汉阙文化研讨会。

云阳县2021年文化和旅游工作亮点

云阳县文旅委

2021年，全县共接待游客2400万人次，实现旅游综合收入100亿元，同比分别增长50%和42.8%。文化产业、旅游产业增加值分别达9.43亿元、29.4亿元，同比分别增长15%、20%。新增文化旅游市场主体259家，新增规上企业10家，实现体彩销售2.4亿元。

一、持续打造旅游名片

围绕"景区景点、全域全季"，持续打造"六张名片"，制发《云阳县清水国家级旅游度假区创建实施方案》，签约落地普安侏罗纪世界（中国）恐龙公园项目，成功创建歧山草原国家4A级旅游景区，开街三国印巷文化主题街区，启动创建张飞庙国家5A级景区、环湖绿道国家4A级景区。

二、持续优化旅游环境

加快打造"快旅慢游"环境，成功创建三峡风四星级旅游饭店，举办文化旅游行业标准化培训班，投用三国印巷、渝峰乌天麻旅游购物店2个，2项旅游商品入选2021"重庆好礼"外事礼品名单。完成智慧旅游项目机房和旅游应急指挥中心建设。完成龙缸景区智慧化系统、标识标牌等基础设施提档升级。

三、持续深化融合发展

建成开放全市区县首个数字博物体验馆，推出云阳重点文物纪录片《胸忍风华》，开发打造"江上风清"系列文创产品40余种。推进"产业融合化、园区景区化、乡村旅游化"，创建市级休闲农业与乡村旅游示范镇、村、点16个，总量达59个；市级乡村旅游重点村1个。

四、持续发展文体事业

新建"梯城·悦读吧"3个，完成12个乡镇数字应急广播系统建设项目。开展线下文艺培训辅导40期，累计培训2500人次。举办第三届"唱响梯城·舞动云阳"文艺表演团体展演预决赛等大型文化活动10余场次；开展100余场次演出活动庆祝中国共产党成立100周年；开展线上线下全民阅读推广活动200余场次。完成体育场塑胶跑道及足球场整修，新建农体工程10个、社区健身点10个、多功能运动场7个，为部分乡镇（街道）配置健身器材150余件。举办全国沙滩排球冠军赛、"万里长江·天生云阳"2021云阳山水铁人多项赛等大型赛事活动5场，开展全民健身系列活动40场，获得"全国群众体育先进集体"称号。

五、持续宣传大美云阳

创新举办全国研学旅行实践教育专业论坛，推动学旅融合宣传。举办10余个乡村旅游节会活动，推出12条乡村一日游精品线路，打造"佑见张飞"大型沉浸式光影演艺，举办龙缸国际文化旅游爱情节等品牌活动，助推文旅融合发展。推出云阳城市IP兴云兔，策划开发兴云兔系列文创产品，创新推出云端彩虹秋千系列文创产品。以短视频、电视打卡、网络直播等形式，宣传推介我县环湖绿道。加强与重庆卫视、华龙网、《三峡都市报》、县融媒体中心等主流媒体合作，加大营销力度。

奉节县2021年文化和旅游工作亮点

奉节县文旅委

　　2021年，在市文化旅游委的全力帮助和关心支持下，全力创建白帝城·瞿塘峡5A级景区，高质量举办第五届"中国·白帝城"国际诗歌节、第三届大三峡一体化旅游营销大会、首届"中国·奉节"编剧年会，五度联手《中国诗词大会》，精彩呈现奉节生态人文，提升奉节旅游知名度和朋友圈，实现全县接待游客2285万人次，同比增长11.68%；购票游客153万人次，同比增长16.41%；旅游综合收入116亿元，同比增长14.06%；过夜游客132万人次，同比增长26.16%。夔州木雕被国务院命名为第五批国家级非遗名录，"壮美三峡　安逸乡村"被评为"建党百年红色旅游百条精品线路"，兴隆镇回龙村被评选为全国第六批乡村旅游重点村，连续两年上榜全国县域旅游发展潜力百佳县，获评市级第二批全域旅游示范区，三峡原乡创建为4A级景区，县文化旅游委被表彰为全国文化和旅游系统先进集体。

一、文旅产业加快发展

　　出台《全域旅游发展奖励补助办法》，调动各类社会资本在我县投资发展旅游业积极性，新开建重点文旅项目5个，完成投资7000万元。建成6家县图书馆分馆。新增文化旅游企业64家，新增规上文化旅游企业14家。文化、旅游增加值增速分别排渝东北第一名。奉节白茶获得全国、全市旅游商品大赛银奖、金奖；奉节白茶、白帝橙酒、胜兰刺绣被评定为2021"重庆好礼"外事礼品。

二、文化活动亮点纷呈

高水平举办诗和远方——夔州书画展，实现了文化搭台、旅游赋能、经济唱戏的高效融合；成功举办建党百年文艺晚会，乡村"村晚"4场，开展流动文化服务进村（社区）活动3594场次。承办2021中国美丽乡村休闲旅游行（春季）活动和第六届重庆市社区艺术节，荣获一等奖、优秀组织奖。完成2022中国诗词大赛陆海新通道赛区百人团选手海选及《2022中国诗词大会》外景拍摄工作。

三、加强旅游联盟协作

"奉巫巫城旅游金三角"再抱团，组团开展"川渝一家亲·欢乐三峡行"活动，走进四川成都、乐山、宜宾、泸州，推介奉节文旅，实现产品互推、景区互通和游客互送，开启大联盟、大合作、大营销旅游新时代。到成渝地区"五绝九城"旅游联盟城市对接，与天府行国旅、成都海外公司等4家旅行社达成初步合作意向。

四、文博事业持续发展

市级非遗名录增至27项，代表性传承人13名，传承基地3个，传习所27个。成立县文物局，明确机构、编制和职能，文物保护工作和事业迈上新的台阶。完成革命文物、石窟寺文物资源调查，划定县域余有爵石刻像等30处文物保护单位文物保护范围及控制地带，建成县级以上文保单位"四有"档案，推进甲高中学教学楼旧址保护修缮方案编制工作。白帝城碑刻文物精品展获重庆市博物馆展览综合效益奖，皇宋中兴圣德颂拓片在国家博物馆展出。

五、文旅市场监管有力

深入开展农村演出市场、印刷复制出版发行、娱乐场所、网吧及旅游市场等公共娱乐场所专项整治，全年检查文化旅游经营单位1500余家次，查缴各类非法出版物1万余册（张），办结案件36件；取缔无证、扰民、未备案演出80余场次，备案登记11000余场次。24小时旅游咨询投诉热线，全年受理和处理各类涉旅纠纷177起，接受游客涉旅咨询11000余人次，"无理由退货和先行赔付"35起，全年退赔游客货款33150元，切实保护好游客合法权益，提高游客满意度，塑造奉节旅游良好形象。实现"五零目标"，即全系统新冠疫情"零感染"，舆情"零事件"，安全"零事故"，信访"零到市、进京上访"，稳定"零预警"。

巫山县2021年文化和旅游工作亮点

巫山县文旅委

一、品牌创建再谱新篇

五里坡成功列入世界自然遗产。巫峡·神女景区创5A工作有序推进。下庄村和白坪村、石院村分别创建为国家级、市级乡村旅游重点村，下庄村、白坪村和安静村入选"建党百年红色旅游百条精品线路"。

二、品牌营销再结硕果

坚持"走出去"与"请进来"结合，组织县内旅游企业先后赴四川、杭州、广东、河北等多个省市拓展市场，邀请四川、山东、杭州等地重点旅游企业到巫山实地考察，成功签约89家组团商，同比增加24家。推出"打卡巴渝美景·走进恋城巫山"等线上直播展播，吸引线上游客观看300余万人次。推出《巫山文旅系列短视频》30期、《巍巍巫山——北纬30度上的明珠》系列报道8集，浏览量超2亿人次，"神女恋城·红叶巫山"品牌越擦越亮，全年实现接待游客2226万人次，实现旅游综合收入96.4亿元，同比分别增长13.7%、6%。

三、项目建设再提速度

5G数字影视孵化基地正式招商入驻，动画片《1992我出生在中国》完成默片制作。三峡国际游艇基地、三峡175文创园、三峡国际艺术区等文旅招商重大项目加快落地。三峡里·竹枝村、高唐梦园、神女公社、博物馆二期等项目扎实推进。打造城市6张名片，文旅产城融合发展示范地、旅游目的地策划规划基本成型。大昌古镇对外开放，下庄院子投入营运，柑园村、权发村业态升级，乡村旅游蓬勃发展。

四、"旅游+"融合再上台阶

惊艳启幕"三峡之光"情境夜游。成功举办第十五届巫山红叶节，累计接待游客97.6万人次，实现旅游综合收入8.78亿元，品牌效应日渐凸显。长江旅游黄金水道方兴未艾，高速公路四通八达，巫山机场通航10地，郑万高铁即将通车，实现"1小时城景通、景景通"。推出"一部手机游巫山"，提升"吃住行游购娱"智能化、便捷化水平。成立巫山民宿产业协会打造三峡宿集，新建酒店1家、提档升级12家，年度新增床位3200张。加快建设江东新城红叶广场、烟雨公园，规划建设文化旅游消费圈和美食街。

五、文化事业再立新功

参加重庆市庆祝中国共产党成立100周年大家唱群众歌咏活动获节目一等奖。原创作品故事《山的高处你是峰》荣获重庆市社区艺术节"学党史、知党恩、跟党走社区故事会"三等奖，原创产品"巫山神女·石板画"获2021三峡库区文创产品创意设计大赛银奖。推出下庄精神、李季达故居等精品陈列展览，举办全县庆祝中国共产党成立100周年文艺晚会，反响强烈。完成三峡库区（巫山县）历史文化遗产资源调查，建成竹贤乡石院村非遗竹艺工坊。大溪文化遗址被评选为"百年百大考古发现"，龙骨坡遗址作启动世界文化遗产申报，李季达旧居、龙溪地下党组织联络站旧址和巫山烈士陵园入选重庆市不可移动革命文物名录。

巫溪县2021年文化和旅游工作亮点

巫溪县文旅委

　　巫溪县文化旅游事业加快发展，公共文化服务体系逐渐完善，旅游景区品质和文化内涵不断提升，2021年共接待游客859.79万人次，同比增长15.48%；旅游综合收入44.64亿元，同比增长16.29%。

一、顶层谋划全域推动

　　一是成立书记、县长任双组长的旅游发展领导小组，定期召开领导小组会议，逐步完善顶层设计。二是推行核心景区"景长负责制"，由县领导挂帅统筹推进重点景区创建、开发建设运营等工作。三是聘请品牌策划、景区创建专家担任"巫溪县旅游发展顾问"，统筹谋划指导全县旅游工作。四是召开"2021年巫溪县旅游发展大会"等文旅专题会议，与乡镇部门签订全域旅游创建目标责任书，切实压实创建主体责任。

二、规划引领绘就蓝图

　　一是完成《巫溪县"十四五"文化旅游发展规划》《宁厂历史文化名镇保护与发展规划（修编）》等10余个规划策划。二是明确按照"每年1个4A级、2个3A级"景区创建时序，力争到2026年底，形成1个国家5A级旅游景区、5个国家4A级旅游景区、10个国家3A级旅游景区的景区矩阵，年接待游客量突破1800万人次，旅游综合收入达到100亿元，旅游业增加值占本地GDP比重达到10%，旅游业初步成为全县第一支柱产业。

三、建管并重提档升级

一是以创建国家级旅游示范区为统揽，加大全县重点景区建设力度，梳理细化《巫溪县文化旅游发展重大项目库》，共计4个大类43个项目。二是联动谋划红池坝镇、红池坝景区旅游开发，打通红池坝镇至红池坝景区旅游公路，建成华侨城巴渝民宿一期工程，启动红池坝景区红池小镇规划设计，大力推进红池坝天子山滑雪场项目建设。三是县融媒体中心建设列入了国家试点，新改建旅游综合服务中心（站）1座、旅游标识系统1套、旅游厕所3座，实现全县32个乡镇（街道）应急广播全覆盖。

四、宣传推介营造氛围

一是以"逍遥巫溪"为品牌形象定位，发布组团旅游优惠奖励政策，在重庆北站等地设立大型文旅宣传牌。二是积极开展打卡巴渝美景、醉美七彩林·心动红池坝、文旅网络宣传月等文旅专场推介，与20余家旅行商签订组团协议。三是利用华龙网、抖音短视频等平台推介巫溪旅游，其中2021年文旅网络宣传月期间，相关话题累计浏览超1亿人次，"兰英大峡谷"占据抖音热度榜长达1个月。

五、文物保护力度渐强

一是完成全县37处县级以上文物保护单位两线划定工作，划线率达到100%。二是完成吴王庙、刘明楚庄园文物修缮工程，建成非遗展示厅1座、非遗扶贫工坊2座。三是国保单位大宁盐场中"盐工俱乐部、秦家老屋、供销社"3处获得国家文物局立项批复。四是花台乡和平遗址考古工作有新发现，出土发掘新石器晚期和商周时期陶器、兵器等文物。

六、文旅融合成效初显

一是巫溪嫁花成功列入第五批国家级非遗项目名录，县文化馆获评国家一级文化馆，龙凤公司吴纯清荣获文旅系统全国劳动模范称号，王国翔同志荣获全国群众体育先进个人称号。二是乡村旅游加快发展，通城镇龙池村、红池坝九坪村创建市乡村旅游重点村，红池坝国际山地自行车赛获得"川渝体旅精品赛事"称号，胜利乡胜利村等14个村成功列入市级美丽宜居村庄。三是积极承办全市广场舞片区赛，歌咏、广场舞、街舞、摄影、故事会比赛分获市级奖项，创近年来"市级大型文艺赛事活动"历史最佳成绩。

石柱土家族自治县2021年文化和旅游工作亮点

石柱土家族自治县文旅委

2021年，石柱县全力推动文化旅游事业发展，文化事业更加繁荣，文化旅游品牌打造进入快车道，康养休闲旅游业提档升级，全年接待游客1715万人次，创旅游综合收入127.8亿元。

一、紧扣主题，文化事业更加繁荣

以建党100周年为主题，不断丰富文化供给。一是主题活动丰富多彩。举办了"永远跟党走"——石柱县庆祝中国共产党成立100周年文艺晚会、中益乡"巴渝儿女歌唱党"分会场等活动，积极参与市级庆祝中国共产党成立100周年相关活动并荣获多项奖项。二是文艺作品不断提质。在市第六届社区艺术节中，民俗表演《吉祥舞狮·高台舞狮》、二胡齐奏《蚂蚁》分获家庭才艺秀一等奖、二等奖，杂技表演《高台舞狮·高空采青》获文艺团队才艺秀一等奖。成功承办了2021中国原生民歌节石柱展演。三是公共文化服务更加完善。文化馆获评国家一级馆，平均每万人拥有"三馆一中心"建筑面积663.66平方米，实施流动文化服务进村1000场，全年安全播出零事故。四是保护传承更加有力。秦良玉陵园修缮加速，建成并开放西乐坪战斗纪念馆（四川三路红军陈列馆）、三根树革命纪念馆。文化生态保护实验区建设持续推进。

二、主动作为，康养旅游提档升级

持续提升康养旅游发展水平，获评市级全域旅游示范区。一是顶层设计更加优化。加速规划编制，巴盐古道、巾帼土司城纳入市"十四五"规划纲要重大项目储备清单。二是项目引领更加强化。文化旅游招商合同引资33.5亿元，固定资产投资完成25.6亿元。三是产品供给更加丰富。加速"网红景点"——刀背梁、卢家坝子开发，广寒宫获评国家4A级旅游景区，秘境黄水乐园丰富了夜游互动体验性项目。四是品牌营销更加提质。高质量举办了中国·重庆（石柱）第五届康养大会，黄水铁人三项公开赛升级为国家A级赛事，黄水国家级旅游度假区创建全面加速。

三、充分赋能，文旅融合走向深入

融合发展格局持续优化，积极赋能助力乡村振兴。成功承办"世界蜜蜂日（5·20）"主会场活动和第六届重庆文化旅游惠民消费季，冷水镇八龙村、桥头镇瓦屋村获评全市乡村旅游重点村。冷水风谷休闲度假营地被认定为首批"全国4C级自驾车旅居车营地"，不舍·九洞水民宿获评全国乙级旅游民宿。

秀山土家族苗族自治县2021年文化和旅游工作亮点

秀山土家族苗族自治县文旅委

一、产业发展迈上新台阶

高质量编制完成《文旅体广事业及产业"十四五"规划》，描绘秀山文旅发展新蓝图。全年接待游客2120万人次，实现旅游综合收入123亿元，完成综合涉旅固定资产投资43.78亿元，同比分别增长17.24%、21.42%、10.65%；完成文旅企业升规3家，文化旅游从业人数达到3.07万人，全县文化旅游产业呈现出持续健康发展态势。完成征地4397.35亩。报批获得土地304亩、社保指标459个，其中川河盖景区获批土地105亩、社保指标148个，洪安边城景区获批土地199亩、社保指标311个。获得金融机构授信13.35亿元、政府专项债券4.3亿元，用信17.41亿元。

二、文旅产品结出新硕果

特色文化资源与旅游资源实现充分结合。一是文旅品牌创建成效明显。洪安边城成功创建国家4A级旅游景区，先后荣获"中国美丽休闲乡村""中国美丽田园景观""最美游步道"等国家级、市级旅游品牌20余个。成功申报国家级非遗项目苗族羊马节。川河盖积极创建市级旅游度假区。新增全国围棋之乡称号，"中国书法之乡""中国楹联文化先进县""全国文化先进县"创建成果持续巩固，内涵不断丰富，县文化馆、图书馆获评国家一级馆。二是文旅产品不断丰富。推出了"赏灯秀山""踏歌武陵""盖揽川河""寻梦边城"精品旅游线路4条。利用"乡旅学堂"开展乡村旅游培训，累计培训近20次3500余人次。第2个城市书屋建成投用。在县图书馆开辟法制图书室。三是公共服务效能不断提升。县文化馆、图书馆获评国家一级馆。配合完成县文化馆内科技馆建设。县博物馆免费开放列入县财政专项经费保障。完成边远自然村60个文体中心户文体器材配置，打通了公共文体服务"最后一公里"。四是文旅助力乡村振兴取得新成绩。县民族宗教委实施了23个少数民族特色村寨保护工程；县规划自然资源局完成了洪安镇、石堤镇2个市级历史文化名镇，梅江镇民族村等5个市级历史文化名村历史建筑保护规划；龙池镇洞坪村入选重庆市第二批乡村旅游重点村名单；清溪场街道组织举办了第九届龙凤花海文化旅游节等节会活动；妙泉镇特色乡村旅游重点村建设进入规划阶段；石耶镇积极推进鱼梁村等乡村休闲旅游建设，实施农房民宿改造，开发农事体验项目，积极发展乡村旅游；妙泉镇以"相遇乡愁，妙彩妙泉"为主体，积极推进全域旅游发展，热水塘温泉山庄项目、妙泉湖景区加快建设；紫砂石壶、土家织锦入选2021"重庆好礼"外事礼品名单。

酉阳土家族苗族自治县2021年文化和旅游工作亮点

酉阳土家族苗族自治县文旅委

2021年，我县深学笃用习近平新时代中国特色社会主义思想，认真贯彻落实习近平总书记对重庆发展的"两点"定位、"两地""两高"目标要求，紧紧围绕"全域桃花源·满满幸福感"主题定位，按照"一域两带三十景"规划布局，立足"生态"和"人文"两个宝贵资源优势，按照"五个一切"工作举措和"六个提升"工作目标，瞄准新发展态势，贯彻新发展理念，构建新发展格局，推动我县文旅事业高质量发展。2021年，全县接待游客2006.21万人次，实现旅游综合收入85.15亿元，同比分别增长33.63%和39.40%。

一是坚持大保护、微开发、巧利用，完成桃花源游客集散中心、轨道观光车、叠石花谷"高速+旅游"开放式服务区等项目建设，桃花源景区、龚滩古镇、叠石花谷、松鼠丛林乐园成熟运营。二是加快推进文化生态保护实验区核心项目——龚滩"非遗小镇"和菖蒲·花田旅游度假区文旅融合项目建设，将龚滩古镇作为乌江画廊游客集散中心规划打造，按照国家5A级景区标准规划建设南腰界红色经典景区，国家长征文化公园（酉阳段）建设快速推进。三是推进"创A增星"，全面启动龚滩古镇、龙潭古镇2个国家5A级旅游景区和花田梯田、叠石花谷、南腰界3个国家4A级旅游景区等品牌创建工作。四是规划提升了毛坝群贤居、河湾山寨、两罾金丝楠木等19个乡村旅游示范点；积极融入武陵山民族人文、饕餮盛宴精品旅游线路，精准策划推出了4条特色乡村旅游精品线路。五是成为2022·中国武陵文旅峰会举办地，成功举办"希望花田"中国西阳乡村艺术季和第六届全国高校师生龚滩古镇写生艺术季活动。六是酉阳县土家面具阳戏入选国家级非物质文化遗产代表性项目名录，我县国家级非遗项目名录增至4项；国家级文化旅游品牌增至13类53个；酉州古城入选市级旅游休闲街区，重庆市文化旅游乡村振兴学院在车田乡成功开课，车田乡成功入选"2021年世界旅游组织——旅游扶贫助力乡村振兴经典案例"。

彭水苗族土家族自治县2021年文化和旅游工作亮点

彭水苗族土家族自治县文旅委

2021年，彭水县文化和旅游委聚焦"山水之城·美丽之地"目标定位和"行千里·致广大"价值定位，立足"品牌引领、活动助推，全域建设、跨县联动"工作思路，落实"八做两加大一推动"工作要求，连续3年入选全国县域旅游综合实力百强县，摩围山挂牌"国家青少年自然教育绿色营地"，成为市首批2个国家青少年自然教育绿色营地之一，全力完成市对县涉及文化旅游考核指标，加快打造文化旅游融合发展"升级版"，全年累计接待游客2298.66万人次，旅游综合收入116.32亿元。

一、节赛活动亮点纷呈

围绕建党100周年、举办"一节一赛"10周年等重要时间节点，组织开展"唱支山歌给党听""我们的十年——节赛果"主题文艺演出、中国乌江苗族踩花山节开幕式、中国·彭水摩托艇大奖赛暨中国·彭水桨板公开赛、"摩托艇好在彭水"十周年成果展等活动。策划全国三亿青少年进森林研学教育活动重庆启动仪式、绿色中国自然大课堂走进摩围山、绿色中国行——走进世界苗乡·养心彭水暨第五届渝东南生态民族旅游文化节开幕式主题公益晚会。以"歌唱美好新生活"为主题的2021中国原生民歌节在蚩尤九黎城开幕。

二、产业发展不断融合

2021年创作各门类文艺作品600余件，《晒花鞋》入围全国第十九届群星奖重庆选拔赛。深化与腾讯公司的战略合作，利用"山海九黎·文创新光"主题设计大赛成果，推出了九黎音箱夜灯、蚩尤QQ搪胶公仔、苗族阿哥QQ方形卡套、蚩尤QQ异性卡套等10余款新文创产品。

三、文旅赋能乡村振兴

推动腾讯公司全面定点帮扶战略合作向全面推动乡村振兴战略合作转变，有序开展为村·暖心小站、未来教室、"春暖行动"、乡村振兴人才培训等合作项目。整合旅游发展资金，策划泉水渔都接待中心改扩建等6个项目。举办"鲁渝协作"非遗苗绣技艺培训班，培训164人，其中已脱贫户97人。

四、公服能力有效提升

切实落实免费开放政策，错时开放，保证时长，2021年，县文化馆进馆人次逾8万，县图书馆进馆10万人次。开展送演出等流动文化进基层1500场次。深化全民艺术普及，建立基层文化活动基地12个。组织举办300余场篮球赛事活动，举行"永远跟党走"——2021"欢跃四季·舞动山城"重庆市广场舞（彭水）片区展演活动，丰富群众生活。

五、文化遗产保护有力

2021年，开展"非遗过大年　文化进万家"视频直播家乡年活动11场次，开展非遗传承人传承展示活动50余场次，完成74处县级文物保护单位"两线"划定、9处市保单位保护标志碑更换以及35处县保单位保护标志碑立碑工作，完成市保单位文物周边环境整治及安全隐患整改，推进黄家镇红三军司令部旧址（万天宫）文物保护利用项目以及新城文物迁移保护工程。

两江新区2021年文化和旅游工作亮点

两江新区社发局

一、强基固本，健全制度体系"指挥棒"

推进两江新区"十四五"文化发展专项规划编制，提出"两江新区文化提质领跑计划"，赋能新区高质量发展高质量生活。出台《两江新区基层公共文化服务绩效评估指标体系》，推动新区基层公共文化服务设施和机构规范运行。

二、文化引领，推动公共服务"见实效"

推进市青少年活动中心、区级文化馆、图书馆、金山街道综合文化服务中心、2处24小时城市书房试点项目建设，搭建公共文化服务阅读体系线上阅读平台。开展文化干部专题培训。加强校地合作，拟订"1+8+N+X"政校合作模式方案，促进高校与地区联动发展。

三、亮点纷呈，唱响文化活动"主旋律"

举办庆祝中国共产党成立100周年文艺演出；开展学党史"阅见百年·书香两江"全民阅读活动，实施"书香两江阅读筑梦"公益读书进基层活动20场；举办"发现两江之美"城市艺术月品牌活动，对接天府新区、万州区，加强文明交流互鉴；组织各基层文化单位参加市级文化及作品征集活动，荣获"优秀队伍"称号2次，荣获"三等奖"奖项作品7幅，社发局荣获"优秀组织奖"。

四、多点开花，展现文化产业"新成效"

两江新区数字经济产业园·软件园、海王星数字文化创意产业园、重庆甲辰动画影视有限公司荣获重庆市第六批文化产业示范园区（基地）荣誉称号。目前，新区已有重庆市文化产业示范园区4个、文化产业示范基地9个，位居全市第一。持续推进文化行政审批事项"减程序、减材料、减时限"，让办事企业和群众有更多获得感。

五、强化执法，管理水平再上"新台阶"

全年文化市场行政执法出动1092人次，开展校园周边、巴渝清朗、版权等10余项专项整治行动；清查文化市场经营单位500余家次。累计下发责令改正通知书57份，行政立案查处案件15起，收缴非法出版物、光盘等非法财物1000余册（份），执行罚没收入15.5万元。

六、瞄准靶向，筑牢文物保护"基础桩"

完成石窟寺及三峡库区历史文化遗产资源专题调查；建立文物安全工作联席会议制度；签订文物安全目标责任书，签订率100%；加强信息平台建设，落实文物安全巡查看护工作；划定4处区级文保单位保护范围和建设控制地带；推进系列文物保护项目，改善文物保护现状。

万盛经开区2021年文化和旅游工作亮点

万盛经开区文化和旅游发展局

2021年，万盛经开区一手抓新冠疫情防控，一手抓文旅发展，全年接待来区游客2650万人次，同比增长6.94%。文化和旅游市场管理水平考评排名全市第一，文物工作考核被评为全市优秀单位。表演唱《阿咾咪彩》荣获第十九届全国"群星奖"重庆选拔赛三等奖。金桥镇被文化旅游部命名为2021—2023年度"中国民间文化艺术之乡"。"以文塑旅，以旅彰文"成效显著。

一、文旅发展擘画新蓝图

高质量编制了《万盛经开区文化和旅游发展"十四五"规划（2021—2025年）》。该规划以打造"世界旅游目的地"为战略愿景，规划到2025年文化强区建设取得重大进展，文化和旅游深度融合发展。

二、度假区创建取得新进展

黑山国家级旅游度假区创建纳入了市政府綦江—万盛一体化发展规划。对标创建标准，推进度假区建设。积极向市文旅委汇报争取支持，考察学习借鉴其他区县度假区创建经验。全力宣传黑山旅游度假区，度假区知名度显著提升。

三、宣传营销取得新成效

推出的万盛首档文旅微综艺全平台共计播放近6000万次，该案例被评为2021年度中国旅游影响力营销案例。与都江堰市、开州区签订文旅产业发展合作协议，开展"成渝地·巴蜀情"等文化活动，实现宣传资源共推、特色线路共建、优惠政策共享、项目招引共抓、文化活动共促。

四、招商引资实现新拓展

全年接待50余批次投资方来区考察，签订了万盛直升机空中观光等文旅项目。启动重庆煤矿文化产业园项目策划。万盛星台"三旅"主题基地、草帽农场农旅体验项目进展顺利。推动板辽金沙滩等景区景点提质增效。

五、开创文化强区新局面

以庆祝中国共产党成立100周年为主题主线，扎实开展系列群众文化活动，营造了"党的盛典，人民的节日"的浓厚氛围。基层文化服务中心覆盖达100%。参加各级各类非遗活动20余场次。47项作品获得各级奖励。成立区文物审查委员会，制定文物联席会议制度。完成5000余枚宋代钱币修复。完成36处不可移动文物二维码讲解系统上墙。投入资金250余万元完成全区应急广播系统建设，建成区级应急广播调度指挥中心。

六、乡村振兴展现新作为

重点推动丛林镇绿水村市级乡村振兴示范村项目建设，以蘑菇总动员景区为核心，打造蘑菇主题旅游区，培育乡村民宿、农家乐20余家，推出食用菌主题研学旅游线路。实施流动文化服务进村活动92场。

七、文旅管理实现新提升

加强行业领域新冠疫情防控、服务质量暗访、旅游投诉处理、职业技能提升、文明旅游志愿服务、标准化建设等工作。旅游服务综合满意度保持全市前列，全年文化旅游行业新冠疫情防控有效有力，文化旅游行业未发生安全事故，文旅市场无有效投诉。

八、智慧文旅实现新突破

智慧文旅平台及应用体系建设走在全市前列，全区封闭式景区实时人数统计系统实现全覆盖，万盛文旅大数据分析平台对22个景区景点实现全域精准分析、全时高效管理，在新冠疫情防控、气象服务、交通组织、游客承载量等方面发挥重要支撑作用。

高新区2021年文化和旅游工作亮点

高新区公共服务局

一、公共空间与智慧阅读互联，提升服务水平

一是因地制宜打造特色公共阅读空间。持续加快布局24小时智慧书房，根据镇街文化资源特色、发展需求，新建、投用5个不同风格的24小时智慧书房，提供近9000册藏书，共接待群众8万余人次，推动15分钟公共阅读圈建设。二是建立线上线下阅读联动平台。建设高新区数字图书馆，提供藏书近20万册，总访问次数达40万次。创新开发书房线上线下联动系统，将图书自动化管理系统与高新区数字图书馆智能接轨，实现线上线下通借通还，进一步提高阅读的便捷性、可达性，提升文化服务质量及供给效率。

二、城市开发与保护传承同步，厚植历史底蕴

一是抓牢文物安全底线，助推建设发展。积极配合工业项目"标准地"出让改革试点工作，主动作为，投入约120万元完成部分工业用地聚集区的文物影响评价工作，为建设单位节约至少6个月时间，力争实现"交地即开工"。同时，通过采购文物巡查服务和消防安全服务，建立三级巡查机制，抓牢大开发大建设时期工程范围文物及古镇文物安全。二是紧抓非遗文脉传承，助力文化兴城。加强非遗传承人队伍建设，开展重点项目传承人技艺培训和比赛，夯实传承人群体技艺水平；加快学生群体培育，持续开展走马镇民间故事、川剧等重点非遗项目在全区近10所学校的特色课程、精品课程实施，深化"非遗进校园"活动，推进"一校一品"非遗文教品牌建设；加大

群众教育普及，开展 "非遗+" 演出活动，让非遗项目登上区级送文化进基层的舞台累计20余次，扩大传统文化的影响力和美誉度。

三、弘扬核心价值与创造经济价值并重，擦亮城市名片

一是重大活动质效提升。围绕建党100周年主题，大力实施公共文化及文艺院团培训和文化惠民工程，组织开展1003场流动文化进基层活动，唱响主旋律，弘扬正能量；加强艺术渗透，激发人民群众创作热情，获市级文化活动奖项7项。积极参加第七届西旅会，展示文化贸易采购平台、5G技术等智慧文旅应用，获组委会评定"最佳人气奖"。二是产业发展总体向好。截至2021年末，文旅市场主体3460家，同比增长15.56%，规上企业21家，同比增长23.53%；旅游接待量为3217.56万人次，同比增长12.11%；旅游收入4.37亿元，同比增长23.4%。高新区文旅市场总体情况平稳、复苏。

特　载　篇

2021年规范性文件

重庆市文化和旅游发展委员会关于印发《重庆市旅游度假区管理办法》的通知

渝文旅规〔2021〕1号

各区县（自治县）文化旅游委、两江新区市场监管局、高新区公共服务局、万盛经开区文化旅游局，委属各单位：

《重庆市旅游度假区管理办法》已经2020年12月29日市文化旅游委第15次主任办公会议审议通过，现印发给你们，请遵照执行。

重庆市文化和旅游发展委员会

2021年1月14日

重庆市旅游度假区管理办法

第一章 总 则

第一条 为规范重庆市旅游度假区管理，保护和合理利用度假资源，促进旅游度假区高质量发展，满足人民日益增长的旅游度假休闲需求，依据《中华人民共和国旅游法》《重庆市旅游条例》《旅游度假区等级划分》

（GB/T 26358）和《国家级旅游度假区管理办法》有关规定，特制定本办法。

第二条　本办法所称旅游度假区，是指具有良好的资源和环境条件，以提供住宿、餐饮、购物、康养、休闲娱乐等多样化的休闲度假旅游服务为主要功能，度假设施相对完善，有明确空间边界和独立管理运营机构的综合集聚区。

第三条　重庆市范围内旅游度假区建设与管理，坚持以习近平新时代中国特色社会主义思想为指导，以人民为中心，弘扬社会主义核心价值观，提升度假休闲旅游发展水平，推动旅游业转型升级；坚持统一规划、科学管理、注重特色、生态优先、安全运营的原则，实现经济效益、社会效益、生态效益和文化效益的有机结合。

第四条　鼓励旅游度假区按照本办法和《旅游度假区等级划分》（GB/T 26358）及相关细则要求，积极开展旅游度假区的建设和申报工作。

第五条　重庆市文化和旅游发展委员会通过多种渠道和方式，对旅游度假区加强旅游基础设施建设、旅游公共服务、品牌建设和形象推广等予以支持。

第六条　鼓励区县（自治县）文化和旅游主管部门协调相关部门，在土地使用、资金支持、人才引进、宣传推广等方面，对旅游度假区提供支持与服务，为旅游度假区建设和发展营造良好环境。

第七条　重庆市文化和旅游发展委员会依照《国家级旅游度假区管理办法》《旅游度假区等级划分》（GB/T 26358）及相关细则和本办法，开展重庆市内国家级旅游度假区的初审推荐、日常管理以及市级旅游度假区的认定和管理。具体工作由重庆市文化和旅游发展委员会规划发展处承担。

第二章　国家级旅游度假区初审推荐和日常管理

第八条　重庆市内申报国家级旅游度假区的单位，应当经区县（自治县）文化和旅游主管部门向重庆市文化和旅游发展委员会提交《国家级旅游度假区管理办法》规定的申报材料。

第九条　重庆市文化和旅游发展委员会按照下列程序开展国家级旅游度

假区的初审推荐工作：

（一）对申报材料进行审核；

（二）组织专家评审组按照旅游度假区等级基础评价评分细则，对通过材料审核的旅游度假区进行基础评价；

（三）组织专家评审组按照旅游度假区等级综合评分细则，对通过基础评价的旅游度假区以明察与暗访相结合的形式进行现场检查；

（四）对通过现场检查的旅游度假区进行审议，提出推荐名单，经重庆市文化和旅游发展委员会审核后向文化和旅游部推荐申报国家级旅游度假区。

第十条　重庆市内国家级旅游度假区变更名称、管理机构或者调整空间边界的，应当自变更或者调整之日起2个月内，经重庆市文化和旅游发展委员会报文化和旅游部备案。

第十一条　重庆市内受到文化和旅游部通报批评的国家级旅游度假区，应当及时认真进行整改。整改期限原则上不超过1年，具体期限以文化和旅游部整改通知要求为准。整改期限届满后，应经重庆市文化和旅游发展委员会报文化和旅游部检查验收。

第三章　市级旅游度假区的认定和管理

第十二条　重庆市市级旅游度假区的认定和管理坚持公正、公平、公开，遵循自愿申报、规范认定、动态管理和示范引领的原则。

第十三条　申报市级旅游度假区，应当具备以下条件：

（一）符合《旅游度假区等级划分》（GB/T 26358）旅游度假区基本条件、省级旅游度假区条件及相关细则要求；

（二）符合国家有关生态环境和自然资源保护、自然保护地管理、文化遗产保护等方面的法律法规的规定；

（三）应具有经过批复、环境影响评价并且符合国土空间规划的旅游度假区总体规划，并与文化和旅游发展规划、环境保护规划、林地保护利用规划、自然保护地规划、水利规划等相关规划相衔接；

（四）主要经营主体近3年无严重违法违规等行为记录。

第十四条　申报市级旅游度假区，应当经区县（自治县）文化和旅游主管部门向重庆市文化和旅游发展委员会提交下列材料：

（一）区县（自治县）人民政府初评意见；

（二）区县（自治县）文化和旅游主管部门推荐文件；

（三）市级旅游度假区认定申请报告书，包括旅游度假区基本信息（含名称、管理机构、空间范围、面积、总览图等）、度假设施分布和经营状况、旅游公共信息服务体系、游客满意度、知名度和品牌影响力等内容；

（四）旅游度假区总体规划、自评报告及相关说明材料（含文字、图片和视频）；

（五）区县（自治县）有关主管部门关于旅游度假区土地使用符合法律法规有关规定的相关材料、关于旅游度假区近3年是否发生重大环保事故、是否受到环境行政处罚、是否符合生态保护红线管控要求的相关材料、关于旅游度假区建设和开发是否符合饮用水源地保护有关规定的相关材料、关于旅游度假区建设和开发是否符合林地和各类自然保护地管理有关规定的相关材料以及重庆市旅游投诉中心关于旅游度假区游客有效投诉的记录材料；

（六）旅游度假区管理机构关于旅游度假区近3年未发生重大旅游安全责任事故和旅游度假区内主要经营主体近3年无重大违法违规经营行为的承诺书；

（七）重庆市文化和旅游发展委员会要求的其他材料。

第十五条　市级旅游度假区的认定按下列程序进行：

（一）申报单位依据《旅游度假区等级划分》（GB/T 26358）及相关细则要求、本办法第十三条进行自检。自检结果满足所述条件的，向所在区县（自治县）文化和旅游主管部门提出申请；

（二）由区县（自治县）文化和旅游主管部门报本级人民政府依据《旅游度假区等级划分》（GB/T 26358）及相关细则要求组织初评；

（三）初评合格的，经所在区县（自治县）文化和旅游主管部门向重庆市文化和旅游发展委员会提交本办法第十四条规定的材料；

（四）重庆市文化和旅游发展委员会对申报材料进行审核。如发现申报材料造假，取消申报单位当年申报资格，且2年内不得再次申报；

（五）组织专家评审组按照旅游度假区等级基础评价评分细则，对通过材料审核的旅游度假区进行基础评价；

（六）组织专家评审组按照旅游度假区等级综合评分细则，对通过基础评价的旅游度假区以明察与暗访相结合的形式进行现场检查；

（七）对通过现场检查的旅游度假区进行审议，确定公示名单；

（八）对确定的公示名单，在重庆市文化和旅游发展委员会官方网站公示5个工作日；

（九）对公示无异议或者经核实异议不成立的，由重庆市文化和旅游发展委员会发布认定公告。

第十六条　市级旅游度假区等级标识、标牌样式，由重庆市文化和旅游发展委员会统一设计。市级旅游度假区可根据重庆市文化和旅游发展委员会统一设计的等级标识、标牌样式，自行制作简洁醒目、庄重大方、具有自身特点的等级标牌。

旅游度假区应当将等级标牌置于旅游度假区主要入口醒目位置，并在宣传推广中正确使用其等级标识、标牌。

未被认定或者取消等级的旅游度假区，不得使用相关称谓和等级标识、标牌。

第十七条　市级旅游度假区变更名称、管理机构或者调整空间边界的，应当自变更或者调整之日起2个月内，经区县（自治县）文化和旅游主管部门报重庆市文化和旅游发展委员会备案。

第十八条　重庆市文化和旅游发展委员会建立动态管理机制，每年采取部分复核与重点抽查相结合、明察与暗访相结合的形式，或者委托专业机构对旅游度假区开展社会调查、游客意见反馈等方式，对市级旅游度假区进行管理和复核，原则上每3年进行1次全面复核。

第十九条　市级旅游度假区有下列情形之一的，重庆市文化和旅游发展委员会给予通报批评处理，并要求限期整改：

（一）经检查或者复核，部分达不到《旅游度假区等级划分》（GB/T 26358）及相关细则规定的省级旅游度假区标准的；

（二）旅游公共信息服务体系不健全的；

（三）游客投诉较多或者旅游市场秩序混乱，且未及时有效处理的；

（四）因管理失当，造成严重不良社会影响的；

（五）发生较大旅游安全责任事故的；

（六）变更名称、管理机构或者调整空间边界未及时备案的；

（七）未按文化和旅游部、重庆市文化和旅游发展委员会要求将相关信息录入"旅游产业运行监测平台数据填报系统"，并及时进行数据更新的；

（八）重庆市文化和旅游发展委员会认定的其他情形。

第二十条　市级旅游度假区有下列情形之一的，重庆市文化和旅游发展委员会给予取消等级处理：

（一）经检查或者复核，与《旅游度假区等级划分》（GB/T 26358）及相关细则规定的省级旅游度假区标准差距较大的；

（二）严重违背社会主义核心价值观的；

（三）资源环境遭到严重破坏的；

（四）发生重大违法违规行为的；

（五）发生重大旅游安全责任事故的；

（六）申报过程中弄虚作假的；

（七）重庆市文化和旅游发展委员会认定的其他情形。

第二十一条　市级旅游度假区受到通报批评处理的，应当及时认真进行整改，整改期限原则上不超过1年，具体期限以重庆市文化和旅游发展委员会整改通知要求为准。整改期限届满后，经区县（自治县）文化和旅游主管部门报重庆市文化和旅游发展委员会检查验收。通过检查验收的，下达整改合格通知；未通过检查验收的，给予取消等级处理。

第二十二条　市级旅游度假区受到取消等级处理的，自取消等级之日起2年内，不得重新申请认定市级旅游度假区。

第四章　附　则

第二十三条　本办法由重庆市文化和旅游发展委员会负责解释。

第二十四条　本办法自发布之日起实施。

重庆市文化和旅游发展委员会
重庆市规划和自然资源局
关于公布烟墩堡遗址等345处文物保护单位保护范围和
建设控制地带的通知

渝文旅规〔2021〕2号

各区县（自治县）政府，有关部门：

根据《中华人民共和国文物保护法》《中华人民共和国文物保护法实施条例》的规定，经市政府同意，公布烟墩堡遗址等345处文物保护单位保护范围和建设控制地带，请各区县（自治县）政府、有关部门严格按照文物保护相关法律法规，做好文物保护和管理工作。

附件：烟墩堡遗址等345处文物保护单位保护范围和建设控制地带四至说明和图则（略）

重庆市文化和旅游发展委员会 重庆市规划和自然资源局

2021年2月26日

重庆市文物局关于印发《重庆市文物督察约谈办法》的通知

渝文物〔2021〕171号

各区县（自治县）文化旅游委、两江新区社发局、重庆高新区公共服务局、万盛经开区文化旅游局，委属有关单位：

《重庆市文物督察约谈办法》已经市文化旅游委2021年第9次主任办公会议审议通过，现予印发，请认真遵照执行。

重庆市文物局

2021年7月16日

重庆市文物督察约谈办法

第一条　为规范全市文物督察约谈工作，督促本市区县（自治县）、乡镇人民政府（街道办事处）及其有关行政主管部门，有关单位切实履行文物保护责任，根据《中华人民共和国文物保护法》《国家文物局文物督察约谈办法（试行）》（文物督发〔2018〕28号）等规定，结合实际，制定本办法。

第二条　本办法所称文物督察约谈（以下简称约谈），是指市和区县（自治县）文物主管部门有关负责人约见因保护不力造成文物破坏或者安全隐患的区县（自治县）、乡镇人民政府（街道办事处）负责人，有关行政主管部门负责人，文博单位负责人，文物管理使用单位负责人，文物保护工程有关单位负责人，考古发掘单位负责人，就文物保护、合理利用及文物安全有关问题进行提醒、告诫，督促整改的一种行政监督措施。

第三条　约谈由市和区县（自治县）文物主管部门实施，必要时可邀请文物管理使用单位的上级主管部门共同实施。

根据约谈工作需要，可邀请监察机关、检察机关、公安机关、文化行政执法机构、有关专家、新闻媒体、公众代表等列席约谈。

第四条　有下列情形之一，文物保护主体责任、监管责任、直接责任落实不到位的，予以约谈：

（一）发生文物安全事故或违法行为，造成文物损毁、流失、灭失或历史环境风貌受破坏等后果的；

（二）行政区域内连续多次发生文物安全事故或违法问题的；

（三）对文物安全事故或违法问题隐瞒不报、迟报谎报或者查处不力的；

（四）发生文物安全事故或违法问题，社会影响较大的；

（五）对文物主管部门重点督办文物违法案件落实不到位的；

（六）不依法履行文物保护责任或文物保护不力的；

（七）存在其他文物保护及安全隐患突出问题的；

（八）针对上级提出的督察整改意见拒不落实或者多次督办仍然不到位的；

（九）需要约谈的其他情形。

第五条　有下列文物安全事故和违法问题的，由市文物主管部门负责人约谈区县（自治县）人民政府负责人。

（一）全国重点文物保护单位发生文物安全事故或违法案件的；

（二）市级文物保护单位发生重大文物安全事故或情节严重、社会影响恶劣的文物违法案件的；

（三）文物收藏单位发生一级文物被盗、损毁、灭失的。

第六条　有下列文物安全事故和违法问题的，由市文物主管部门职能处室负责人约谈区县（自治县）有关行政部门、有关单位负责人。

（一）市级文物保护单位发生文物安全事故或违法案件的；

（二）区县级文物保护单位发生重大文物安全事故或情节严重、社会影响恶劣的文物违法案件的；

（三）文物收藏单位发生二级、三级文物被盗、损毁、灭失的；

（四）文物发掘单位发生文物安全事故的。

第七条 市文物主管部门开展约谈工作，由相关业务处室提出，报请分管领导批准，文物督察处负责约谈工作的统筹。

第八条 区县（自治县）文物主管部门有关负责人负责本行政区域内文物安全事故和违法问题的约谈工作。

第九条 开展约谈工作，应当制定约谈方案，明确约谈时间、地点、事由、对象、约谈人及其他参加单位和人员等。

被约谈方应根据约谈方案确定的约谈事由准备书面材料，陈述约谈事由基本情况、主要原因、存在的问题以及计划采取的整改措施等。

第十条 约谈应以会议形式进行。会议一般包含如下程序：

（一）约谈方说明约谈事项和目的，解读法律法规和相关政策要求，指出被约谈方存在的主要问题；

（二）被约谈方就约谈事项进行陈述、说明；

（三）约谈方就被约谈方的说明情况进行询问；

（四）约谈方提出整改要求及时限；

（五）被约谈方明确整改措施，就落实约谈要求进行表态。

第十一条 约谈由约谈方形成会议纪要。

被邀请参加单位提出明确整改要求的，可以联合印发会议纪要。

第十二条 被约谈方应当根据约谈纪要确定的整改措施，整改落实有关工作。

被约谈方应在会议纪要确定的整改期限届满后10个工作日内向约谈方书面报告整改措施的落实情况。

第十三条 约谈方应当对整改措施的落实情况对照审核，必要时可进行现场核查。

对约谈整改措施落实不到位的，提出进一步的处理措施。

第十四条 被约谈方拒不参加约谈会议或未按会议纪要落实整改要求的，文物主管部门可提请本级人民政府或上级文物主管部门督办，或将有关情况向纪检监察机关和检察机关通报，或向社会公开曝光；涉及违法线索的，依法移送有关单位。

第十五条 本办法自印发之日起施行。

重庆市文化和旅游发展委员会关于废止《重庆市文化和旅游发展委员会关于印发〈关于支持特色文化产业加快发展实施意见〉的通知》《重庆市文化和旅游发展委员会关于印发〈重庆市特色文化产业项目认定管理办法〉的通知》的通知

渝文旅规〔2021〕3号

各区县（自治县）文化旅游委、两江新区市场监管局、重庆高新区公共服务局、万盛经开区文化旅游局，委属各单位：

根据《重庆市行政规范性文件管理办法》（重庆市人民政府令第329号）规定，经市文化旅游委2021年第8次主任办公会议研究，决定将《重庆市文化和旅游发展委员会关于印发〈关于支持特色文化产业加快发展实施意见〉的通知》（渝文旅规〔2019〕12号）、《重庆市文化和旅游发展委员会关于印发〈重庆市特色文化产业项目认定管理办法〉的通知》（渝文旅规〔2019〕13号）予以废止，自本通知印发之日起不再施行。

重庆市文化和旅游发展委员会

2021年7月6日

重庆市文化和旅游发展委员会关于印发《重庆市文化和旅游标准化工作管理办法》的通知

渝文旅规〔2021〕4号

各区县（自治县）文化旅游委、两江新区市场监管局、高新区公共服务局、万盛经开区文化旅游局，委属各单位，机关各处室，有关单位：

《重庆市文化和旅游标准化工作管理办法》已经2021年市文化旅游委第15次主任办公会议审议通过，现印发给你们，请遵照执行。

重庆市文化和旅游发展委员会

2021年11月23日

重庆市文化和旅游标准化工作管理办法

第一章　总　则

第一条　为进一步加强全市文化和旅游标准化工作的管理，大力推进文化和旅游标准化工作，根据《中华人民共和国标准化法》《中华人民共和国标准化法实施条例》《重庆市地方标准管理办法》等有关法律法规规章，特制定本办法。

第二条　本办法适用于全市文化和旅游标准的立项、起草、宣贯、实施和监督等工作。

第三条　文化和旅游标准化工作任务主要包括：建立和完善全市文化和旅游标准体系；组织贯彻国家标准、行业标准；统筹协调地方标准立项、起草和实施；培育满足文化和旅游市场需求的团体标准，指导企业制定和实施标准；对各项标准的实施进行监督，为全市文化和旅游发展提供技术支撑。

第四条 文化和旅游标准化工作是全市标准化工作的重要组成部分。重庆市文化和旅游发展委员会（以下简称市文化旅游委）负责管理全市文化和旅游地方标准，负责地方标准项目提出、组织起草、组织实施和监督检查，接受市标准化行政主管部门的统一管理和业务指导。

第五条 文化和旅游标准化工作是文化和旅游市场监督和质量管理工作的重要内容。市、区县（自治县）文化旅游行政主管部门应建立健全标准化工作机制，推动标准化工作开展，促进管理与服务水平的提升。

第六条 鼓励企事业单位、高等院校、科研院所以及社会团体等开展或参与全市文化和旅游标准化工作。

第二章　组织机构和职责

第七条 市文化旅游委标准化工作职能处室，负责管理、组织和协调全市文化和旅游标准化工作，主要职责是：

（一）贯彻执行国家和重庆市标准化法律法规、方针政策，制定本行政区域文化和旅游标准化工作管理办法；

（二）研究分析文化和旅游标准化工作需求，制定全市文化和旅游标准化发展规划、年度计划和工作措施，建立和完善地方标准体系；

（三）负责文化和旅游标准化组织机构的建设，协调配合市标准化行政主管部门做好市文化和旅游标准化技术委员会（以下简称市文化旅游标委会）的组建、专家推荐、监督检查及日常管理等工作；

（四）负责全市文化和旅游地方标准的起草工作，并协调市标准化行政主管部门立项、审查、发布文化和旅游地方标准；

（五）负责文化和旅游国家标准、行业标准、地方标准在全市范围内的宣传贯彻和监督实施，并规范、引导和监督全市文化和旅游团体标准、企业标准的制修订和贯彻实施；

（六）协助市标准化行政主管部门，组织全市文化和旅游地方标准的复审工作，提出标准继续有效、修订或废止的建议；

（七）指导全市各级文化旅游行政管理部门、行业协会、企业及相关单位开展文化和旅游标准化工作；

（八）组织全市文化和旅游标准化工作人员的专业培训，负责全市文化和旅游标准化工作信息交流、咨询服务、总结推广和表彰奖励；

（九）参与、配合文化和旅游部标准化项目，承办文化和旅游部委托的其他文化和旅游标准化工作。

第八条 市文化旅游委各业务处室标准化工作职责：

（一）提出本处室业务范围内的标准项目及标准化工作建议；

（二）根据文化和旅游标准年度制修订项目计划，参与有关标准制修订的调研、起草等工作；

（三）参加与本处室职能职责有关的地方标准的制修订、复审，并负责与职能职责相关标准的宣传、实施、监督等工作。

第九条 市文化旅游标委会按照法律法规和《重庆市文化和旅游标准化技术委员会章程》的规定，承担或者参与地方标准的研究、制定、咨询和推广工作。

第十条 区县（自治县）文化旅游行政主管部门负责本行政区域内本部门、本行业地方标准的组织实施和监督检查，明确工作机构或人员负责日常工作。主要职责是：

（一）贯彻执行标准化法律法规、方针政策、国家标准、行业标准和地方标准；

（二）负责制定本辖区文化和旅游标准化发展规划、年度计划和实施办法；

（三）负责本辖区范围内文化和旅游国家标准、行业标准、地方标准的监督实施、经验交流等工作；

（四）组织征集本地区所需文化和旅游标准制修订项目，提出立项建议；

（五）参与配合文化和旅游标准的制修订及相关工作，完成标准化行政主管部门下达的标准制修订起草任务；

（六）指导文化和旅游企业及相关经营单位建立文化和旅游标准化工作

机构，开展文化和旅游标准化工作；

（七）承办市文化旅游委交办的其他标准化工作。

<h2>第三章　标准的立项</h2>

第十一条　文化和旅游标准分为国家标准、行业标准、地方标准、团体标准和企业标准。文化和旅游标准立项应遵循以下要求：

（一）对需要在全国范围内统一的技术要求，可逐级上报申请制定国家标准；

（二）对没有国家标准而又需要在全国文化旅游行业范围内统一的技术要求，可逐级上报申请制定行业标准；

（三）对没有国家标准和行业标准而又需要在全市或各区县范围内统一的技术要求，向市标准化行政主管部门申请立项，按规定制定相应的地方标准，由市文化旅游委归口管理。

第十二条　市文化旅游委根据全市文化和旅游发展实际，以全市文化和旅游标准化发展规划为主要依据，采取自上而下与自下而上相结合的方式，提出全市文化和旅游地方标准和标准化指导性文件的制修订项目计划。

第十三条　市文化旅游委应当按照市标准化行政主管部门征集地方标准立项建议的要求，向文化旅游标委会、企业、社会团体和教育、科研机构等单位广泛征集本部门、本行业的立项建议，并对立项建议进行审核汇总后送市标准化行政主管部门审查。

第十四条　对于全市文化和旅游领域急需和重点的地方标准项目，由市文化旅游标委会直接组织编写标准项目建议，报市文化旅游委审核后，送市标准化行政主管部门审查。

<h2>第四章　标准的制定</h2>

第十五条　市文化旅游委有关业务处室、区县（自治县）文化旅游行政主管部门、行业协会、有关研究机构应当配合市标准化行政主管部门组织文

化和旅游领域地方标准制修订工作。

第十六条　文化和旅游地方标准的制修订工作遵循下列基本要求和程序：

（一）标准制修订计划项目承担单位负责编制标准制修订计划和实施方案，起草标准征求意见稿，向文化和旅游领域的生产、科研、教育、企事业和管理部门等有关单位广泛征求意见；

（二）标准制修订计划项目承担单位对各方面的反馈意见进行认真分析研究，修改完善征求意见稿，形成标准送审稿，连同编制说明、征求意见汇总表、技术审查申请及有关附件，报送市文化旅游标委会，由市文化旅游标委会组织专家对标准送审稿进行形式审查，审查合格并报市文化旅游委同意后，送市标准化行政主管部门进行技术审查；

（三）标准制修订计划项目承担单位应根据专家技术审查的意见，对标准送审稿进行认真修改，完成标准报批稿及其他报批材料，报市文化旅游标委会初核后，送市文化旅游委复核，市文化旅游委复核通过后向市标准化行政主管部门报批；

（四）标准制修订计划项目承担单位应当对标准编制的质量和进度负责，并参与标准解释、实施情况的收集与整理等工作；

（五）地方标准制修订应注意与各有关标准之间协调配套，地方标准不应与国家标准、行业标准等相抵触。

第十七条　鼓励学会、协会、商会、联合会、产业技术联盟等社会团体协调相关市场主体共同制定满足市场和创新需要的团体标准，由本团体成员约定采用或者按照本团体的规定供市场自愿选用。

第十八条　鼓励企业制定高于国家标准、行业标准、地方标准，具有竞争力的企业标准，并落实企业产品和服务标准自我声明公开和监督制度。

第十九条　文化和旅游标准的编写应符合《标准化工作导则第1部分：标准化文件的结构和起草规则》（GB/T 1.1—2020）的相关要求。

第二十条　标准起草过程中征求意见一般由项目承担单位负责实施。必要时也可由市文化旅游标委会或者市文化旅游委向全社会公开征求意见。

第二十一条　全市文化和旅游地方标准由市标准化行政主管部门立项、批准、编号、发布。

第二十二条　文化和旅游地方标准发布实施后，应根据技术进步和行业发展适时进行复审。复审周期一般不超过5年，以确定现行标准继续有效或者修订、废止。

第五章　标准的实施与监督

第二十三条　市文化旅游委全面负责文化和旅游标准的组织实施和监督检查。区县（自治县）文化旅游行政主管部门应根据市文化旅游委的统一部署，加强对标准贯彻实施的监督检查。对重要标准的实施情况，及时向市文化旅游委报告。

第二十四条　支持开展文化和旅游标准化试点示范和宣传工作，传播标准化理念，推广标准化经验，推动文化和旅游领域运用标准化方式组织生产、服务、经营和管理，发挥标准对促进转型升级、引领创新驱动的支撑作用。

第二十五条　市文化旅游委根据标准化工作的需要，指导、监督行业有关技术机构开展质量、资格等认定工作。

第二十六条　鼓励文化和旅游企事业单位将贯彻实施标准过程中需要具备的物质、技术条件，纳入本单位的建设、培训、技术改造计划统筹考虑。

第二十七条　文化和旅游各类标准均属于科技成果，对技术水平高并取得显著成效的标准，市文化旅游委将向有关部门推荐申报科技成果奖励。

第二十八条　全市各级文化旅游行政管理部门、企事业单位对在标准化工作中做出突出贡献的单位和个人，可按有关规定予以表彰或奖励。

第二十九条　对标准化违法行为，依据《中华人民共和国标准化法》等法律法规予以处罚。

第六章　工作经费

第三十条　市文化旅游委设立标准化工作专项经费，开展标准化工作所需经费从专项经费中列支。

第三十一条　各区县（自治县）文化旅游行政主管部门开展标准化工作所需经费，可由本单位专项经费列支。

第七章　附　则

第三十二条　本办法由市文化旅游委负责解释。

第三十三条　本办法自2022年1月1日起施行。

重庆市文化和旅游发展委员会关于新设立娱乐场所和互联网上网服务营业场所审批有关事项的通知

渝文旅规〔2021〕5号

各区县（自治县）文化旅游委、两江新区社发局、重庆高新区公共服务局、万盛经开区文化和旅游发展局：

为贯彻落实《中华人民共和国未成年人保护法》有关规定，按照《文化和旅游部关于调整娱乐场所和互联网上网服务营业场所审批有关事项的通知》（文旅市场发〔2021〕57号）相关要求，结合实际，现就娱乐场所、互联网上网服务营业场所审批有关事项通知如下：

一、学校周边不得设置娱乐场所和互联网上网服务营业场所。娱乐场所和互联网上网服务营业场所任一出入口距学校任一出入口以现有交通条件的交通行走距离不低于200米。

二、幼儿园周边不得设置娱乐场所和互联网上网服务营业场所。娱乐场所和互联网上网服务营业场所任一出入口距幼儿园任一出入口以现有交通条件的交通行走距离不低于100米。

娱乐场所、互联网上网服务营业场所任一出入口，是指娱乐场所、互联网上网服务营业场所用于经营管理和实际控制的区域（含同一场所兼营项目的管理和控制区域）任一出入口；学校、幼儿园任一出入口，是指由学校、幼儿园设置，通过物理隔离，可开合，主要用于学生、幼儿出入的交通通道闸口，不供人员日常通行，仅在特殊情况下使用的应急通道、消防通道等除外。实地测量时，应以通道闸口外边沿为基线；未设控制通道闸口的开放式学校、幼儿园，以其用地控制线外边沿为基线。交通行走距离测量路线应严格按照交通规则执行。

出入口界定模糊、具有争议的，应以学校、幼儿园和娱乐场所、互联网上网服务营业场所产权证明、租赁合同（协议）、规划或建设等法律手续（资料）为准。

三、各区县（自治县）文化和旅游行政部门应当与同级公安、应急管理、生态环境等部门进行沟通会商，做好行政审批材料的调整衔接工作，探索实施申请人承诺制等方式，畅通审批流程，保障申请人的合法权益。

娱乐场所、互联网上网服务营业场所在经营过程中必须严格落实噪声污染防治和消防安全相关要求。

四、本《通知》所指的"学校"为《中华人民共和国未成年人保护法》第一百三十条所规定的"学校"，"幼儿园"为《幼儿园工作规程》第二条所规定的"幼儿园"。

五、各区县（自治县）文化和旅游行政部门要严格按照娱乐场所和互联网上网服务营业场所设立审批的申请条件、审批标准和办理程序，依法开展行政审批工作，广泛宣传教育培训，加强行政审批指导服务，不断优化营商环境，积极促进行业规范健康发展。

特此通知。

重庆市文化和旅游发展委员会

2021年12月23日

重庆市文化和旅游发展委员会关于废止重庆市旅行社行政许可委托实施办法和重庆市"十三五"旅游营销奖励办法的通知

渝文旅规〔2021〕6号

各区县（自治县）文化旅游委、两江新区市场监管局、重庆高新区公共服务局、万盛经开区文化旅游局，委属各单位：

根据《重庆市行政规范性文件管理办法》（重庆市人民政府令第329号）规定，经市文化旅游委2021年第17次主任办公会议研究，决定废止《重庆市旅游局关于印发〈重庆市旅行社行政许可委托实施办法〉的通知》（渝旅〔2012〕9号）和《重庆市文化和旅游发展委员会关于印发重庆市"十三五"旅游营销奖励办法（修订版）的通知》（渝文旅发〔2018〕42号），自本通知印发之日起不再施行。

重庆市文化和旅游发展委员会

2021年12月30日

2021年大事记

1月11日

2020年全市文化旅游行业回暖复苏。一是金融助力加速复工复产。为全市文旅企业发放贷款71.58亿元，落实地方政府专项债券支持10亿元和贷款贴息1031.66万元，140家规上文旅企业新增融资14.76亿元，暂退旅游服务质量保证金1.3亿元。二是创新营销刺激文旅消费。为500多家文旅企业实施"重庆文旅数字赋能帮扶行动"。举办专场招商推介会10场，100余个项目落地区县。"双晒"第二季全媒体覆盖37亿人次，实现直接文旅消费上亿元。举办首届山水重庆夜景文化节拉动文旅消费2.8亿元，2020年全市文化产业实现增加值955亿元，同比基本持平；旅游产业实现增加值975亿元，同比恢复95%。三是投资拉动夯实产业根基。72个文化旅游市级重大项目完成投资166.9亿元，推介文旅产业项目186个，总投资超4000亿元。新增市级文化产业示范园区8个，全市文化产业园区、基地总产值增至790.6亿元。

1月18日

我市创新打造"红岩革命故事展演"精品项目。展演由红岩革命历史博物馆与重庆大学合作共建，得到国家文物局局长批示肯定，将面向全国推广。一是"以文物为本"凸显特色。围绕文物活化利用，从红岩革命历史博物馆10万件藏品中精选历史图片53张、档案资料136份、文物复制品18套，以文物讲故事，增强真实感、厚重感。二是"以红岩为魂"彰显导向。围绕"传承弘扬红岩精神"主线，集合《周恩来与重庆大学师生》等12个剧目，展现南方局老一辈无产阶级革命家光辉事迹和红岩英烈的英雄壮举，诠释红岩精神的思想内涵。三是"以传播为道"扩大影响。新媒体、传统媒体同步发力，《人民日报》等17家媒体集中宣传报道，抖音、快手网上直播，学生群团现场直播，22场展演网络观看超60万人次，社会反响热烈，效果较好。

1月26日

三峡博物馆推进《巴渝文库》重大文化出版工程，召开专家委员会会议10次，研究完善《陪都十年建设计划草案》等10余个项目，制定2021年规划项目58个。

2月8日

首批重庆市夜间文旅消费集聚区名单公布，大九街都市文化旅游特色街区（江北区）等7个集聚区上榜。

2月10日

《2021重庆市春节联欢晚会》完成录制。晚会以"在重庆过年"为口号，紧扣"全民抗疫""决战决胜脱贫攻坚，全面建成小康社会""成渝地区双城经济圈""建党100周年"四大主题，以时尚、青春的风格，展现重庆正青春的城市风貌，营造了喜庆、团圆、祥和、奋进的春节氛围。

2月22日

奉节县亮相央视中文国际频道（CCTV-4）第二季《中国地名大会》节目，县长祁美文现场进行城市推荐，通过演讲的形式进一步展示诗城的特色文化底蕴，让观众深度了解奉节的独特魅力。

2月23日

《重庆长江三峡地区旅游一体化发展规划》（以下简称《规划》）印发实施。《规划》提出到2035年，将重庆长江三峡打造成为具有国内竞争力和国际影响力的世界知名旅游目的地发展目标，并着重从产品体系建立、公共服务体系完善、宣传营销推广、体制机制创新等方面探索一体化发展路径。围绕发展目标，《规划》策划了旅游景区、交通配套设施、品牌节事活动等重大项目156项，推出了涵盖三峡游轮观光、三峡腹地自驾、特色文化体验等十大旅游线路。

3月8日

大足石刻进入最新修订的国家统编教材《中国历史》七年级下册第12课《宋元时期的都市和文化》中。从2022年秋季学期起，全国广大青少年就能从历史课本中领略大足石刻的文化艺术魅力。

3月17日

我市研究推出9类21条红色旅游精品线路。为营造庆祝中国共产党成立100周年的浓厚氛围，充分展示中国共产党带领全国各族人民在中国革命、建设和改革历史进程中取得的重大成就，市文化旅游委研究推出9类21条红色旅游精品线路。分别是踏寻红岩足迹缅怀革命先烈、访寻伟人故地传承红色基因、探寻红色印记感怀峥嵘岁月3类红色旅游专题线路，追忆光辉历程之开天辟地历史一页、民族抗争历史丰碑、百废待兴开发西南、社会主义探索成就、改革开放跨越发展、新时代脱贫攻坚6个不同历史时期中国共产党的光荣历程线路，涉及100余个红色旅游景区景点。

3月22日

成渝两地深化双城经济圈文化旅游领域"放管服"改革，双方将在文化领域"一卡通"，电子证照互认互信、共享应用和跨区域协同执法等方面展开深入合作。

3月25日

我市武陵山文旅发展联盟成立。为加快推进渝东南武陵山区文旅融合发展，市委宣传部、市文化旅游委召集黔江区、涪陵区、武隆区、忠县、石柱县、秀山县、酉阳县、彭水县8个区县与9个市级部门及相关企业，组建成立武陵山文旅发展联盟。围绕"共商发展规划、共建重大项目、共享发展资源、共推文旅品牌、共同招商引资、共创发展氛围"6项内容，整合各方资源、加快优势互补、打造整体形象，推动跨区协作，打好"大武陵"旅游品牌，助推武陵山区域建设成为全国知名的生态民俗文化旅游目的地。

3月30日

市区两级合力推动大足石刻研究院建设世界知名研究院。一是加强顶层设计。16个市级部门会同大足区建立联席会议制度，研究制订实施方案，分解落实30项重点任务，启动5年行动计划。修订完善《大足石刻保护条例》，强化法治保障。二是明确目标任务。到2025年完成建设目标，文物保存良好率90%以上，完成省部级以上科研课题30项，发表高质量学术成果100项，举办国际国内学术会议15次、世界巡回展10场，年均接待国外游客10万人次以上。三是打造样板工程。推动大足区创建国家文物保护利用示范区，建设大足石刻文化公园，设立"大足学"学术研究中心，打造石质文物保护科研基地，共建川渝石窟寺国家遗址公园，努力将大足石刻打造成为文物保护、传承利用和文旅融合的标杆样板。

4月2日

川剧《江姐》巡演首场演出在川剧艺术中心上演，计划在全国各地巡演50余场。

4月6日

24小时自助图书馆建设实现区县全覆盖。我市24小时自助图书馆建设工作自2016年开始推动以来，目前已实现区县全覆盖。据统计，全市共建成24小时自助图书馆94家，建成面积11541平方米，藏书59.39万册，阅读座席3795个，总投入资金5616万元。

4月13日

第25届重庆都市文化旅游节暨城际旅游交易会成功举办。4月9日至11日，第25届重庆都市文化旅游节暨城际旅游交易会在解放碑、观音桥步行街同步举行。本次节会以"乘上春天列车，共享诗和远方"为主题，配套举办了2021城际旅游交易会、2021全国旅游产品（重庆）采购大会等活动，吸引了300多家文旅企业、景区景点参展。此外，来自日本、意大利等7个国家的领事机构、国际商协会办事机构，以及四川、贵州、云南等10多个省（自治区、直辖市）的文旅部门也组团参展。

文化和旅游部民族民间文艺发展中心西南研究院在重庆挂牌成立。该院将致力于西南地区非遗保护传承，促进传统文化的创造性转化发展。

4月20日

长征国家文化公园重庆段主体区建设有序推进。綦江区：石壕红军烈士墓和红一军团司令部旧址保护修缮工作分别完成60%和70%工程量，4月底完工。启动红一军团二团指挥部旧址和红军路保护修缮。完成重庆红军长征纪念馆初设和陈列大纲编制。城口县：红三十三军297团医务所等3处市保修缮项目进入实施阶段。安排部署川陕苏区城口纪念馆新馆和川陕红军干部学院建设工作。组织开展革命文物排查和评估工作，建立全县革命文物保护利用重点项目库。酉阳县：完成《长征国家文化公园（重庆酉阳段）建设规划》编制初稿。强化资源摸底，补充完善长征文物资料17处，收集红三军在南腰界发生的历史故事26个。完成南腰界红三军司令部旧址等3处文物保护修缮项目建设，启动大坝祠堂等4处文物保护修缮，筹划8处文保单位展陈项目。

4月25日

大足石刻研究院与乐山大佛石窟研究院签订合作协议，双方将在石质文物保护科研、博物馆馆际展陈、人才队伍建设、石质文物保护国际交流、遗产宣传展示和游客引流等方面加强合作，共建石质文物保护实验室。

4月29日

文化旅游委推动文化和旅游领域地方立法工作，《重庆市文化产业促进条例（制定）》《重庆市实施〈中华人民共和国文物保护法〉办法（修订）》《重庆市文化和旅游市场监管办法（制定）》三部立法调研项目纳入2021年度市政府立法计划。

5月7日

温泉康养文化与水中运动康复高端论坛暨第六届重庆文化旅游惠民消费季（春夏）——全市非遗大集活动在巴南举办，全市120多家优秀非遗企业参加集中展销活动。

5月10日

重庆杂技艺术团魔术节目《仙豆》荣获中国杂技界最高奖项——"金菊奖"金奖。由重庆杂技艺术团打造的原创魔术节目《仙豆》在第十一届中国杂技金菊奖全国魔术·滑稽比赛上斩获金奖，这是重庆杂技艺术团继2018年第十届杂技金菊奖比赛后再次赢得该项大奖，实现了最高奖项的蝉联。中国杂技金菊奖是由中国文学艺术界联合会和中国杂技家协会共同主办的全国性文艺专业比赛，是中国杂技界的最高奖项。此次比赛共有21个省（自治区、直辖市）包含香港、澳门在内等53个杂技团（校）和新文艺群体的59个节目报名参加。

5月19日

我市公布第二批市级全域旅游示范区名单，南川区、奉节县、大足区、石柱县、北碚区、沙坪坝区入选。目前，我市共有2个国家级全域旅游示范区、7个市级全域旅游示范区。

我市开展"辉煌百年路　阔步新征程——重庆市庆祝中国共产党成立100周年暨党史学习教育优秀舞台剧目展演巡演活动"，共有15部优秀舞台艺术作品参演。

5月27日

"雾界而生"抗建堂·中国话剧黄金岁月精品文旅驻场演出项目发布会在抗建堂举行，市话剧院利用5年时间，推出5部经典抗战作品进行驻场演出。

6月17日

第七届中国西部旅游产业博览会暨2021重庆文旅会在重庆悦来国际博览中心开幕。本届展览会以"文旅融合　美好生活"为主题，通过展览展示、高峰论坛、文化表演、商务考察、互动活动等形式，全方位展示重庆以及国内外文化旅游产业发展新风貌。本届展览会有近30个省市和地区、千余家文旅企业参展，开展百余场主题活动。国际方面吸引了巴基斯坦、意大利、埃塞俄比亚等驻蓉、驻渝使领馆及旅游推广机构参与。

6月25日

"初心　使命　奋斗——中国共产党重庆100年光辉历程展"在红岩革命纪念馆举行开展仪式，展览围绕"新民主主义革命时期""社会主义革命和建设时期""改革开放和社会主义现代化建设新时期"及"中国特色社会主义新时代"四大主题，展出533张图片和24件文物。

6月28日

我市加强文旅产业供需对接签约金额249亿元。由市文化旅游委、渝中区政府主办的文化产业和旅游产业供需对接会成果丰硕，北京市、天津市等文化旅游部门、市级相关部门、部分区县政府及文化旅游部门、市内外金融和投资机构、文化旅游企业和媒体代表共550余人参加。组委会分类组织了文旅金融投资、文创设计、文旅装备和数字文创4个重点领域的专场对接会，并为重庆融创文旅城、重庆永川大数据产业园等10个第六批市级文化产业示范园区，以及重庆市武隆区仙女山旅游投资有限公司等7个市级文化产业示范基地进行了授牌。会上，山城巷传统风貌区、西部翡翠产业园、中卫沙漠之城等16个精品文旅项目进行了现场路演推介，重庆大行道动漫产业园等28个文旅项目现场签约，签约金额达249亿元；同时人民银行重庆营管部组织市内13家银行，为13家文旅企业提供放贷、授信和债券承销等支持共计66亿元。

6月30日

重庆市庆祝中国共产党成立100周年文艺演出圆满举行。演出分为序《致敬百年》、上篇《星火燎原》、中篇《中流击水》、下篇《砥砺奋进》、尾声《走向复兴》五个篇章，1200多名演员以音乐、舞蹈、朗诵、合唱、情景表演等形式，通过18个节目精彩呈现中国共产党的百年历史征程，深情表达了巴渝儿女感党恩、听党话、跟党走的信心和决心，抒发出对伟大的党、伟大祖国的热爱之情、礼赞之情。

7月4日

我市举办"百年风华　百花齐放——庆祝中国共产党成立100周年第8届重庆市美术作品展览"。展览围绕"开天辟地——苦难中铸就辉煌""改天换地——探索中获得成功""翻天覆地——转折中开创新局""惊天动地——奋斗中赢得未来"4个篇章，从全市2500余件来稿中精心遴选715件并特邀100件作品公开展出。

7月13日

2021"重庆好礼"旅游商品（文创产品）大赛于7月9日至11日在荣昌区举行。此次活动以"创意赋能·品质兴旅"为主题，同步开展旅游商品（文创产品）大赛、外事礼品征集、旅游商品（文创产品）集中展示和现场推介，以及成渝地区双城经济圈旅游产品发展专题培训等系列活动，共有19个大类、500余套、1000余件作品参赛，评出金奖、银奖、铜奖和优秀组织奖100个，展示展销设置展位260个、展区面积1万余平方米，通过"以赛促学、以展促销"，大幅提升全市旅游商品（文创产品）开发水平，丰富文旅产品供给，刺激拉动文旅消费。

7月19日

重庆图书馆会同国家典籍博物馆推出"珠还合浦　历劫重光——《永乐大典》的回归和再造"大型线上展览，共分"大典犹看永乐传""合古今而集大成""久阅沧桑惜弗全""遂使已湮得再显""珠还影归惠学林"5个单元，展现中华典籍优秀传统文化魅力。

7月22日

2021巴蜀文旅融合发展论坛在巴南区举办，此次论坛以"同根·聚力、同源·筑梦"为主题，举办了主旨演讲、圆桌论坛、文旅交流合作签约、文旅推介、参观天坪山民宿等系列主题活动。

7月28日

7月27日至28日，文化和旅游部在渝召开2021年全国文化和旅游市场管理工作会议，文化和旅游部党组成员、副部长杜江出席会议并讲话，市政府副市长蔡允革出席会议并致辞，全国各省市和行业协会代表参加会议。会议总结了上半年全国文化和旅游市场管理工作，部署了下半年重点工作：一是要深入学习贯彻习近平总书记"七一"重要讲话精神，锚定目标任务，强化担当落实，争取更大成效。二是要结合地方实际，创造性开展工作，加大先行先试力度，在市场管理的重点领域和关键环节实现新突破。三是要深化对市场管理工作新形势新要求的认识，加快提升市场管理能力，注重提升管理效能，推动文化和旅游行业高质量发展。会议期间，副部长杜江实地调研指导我市文化和旅游市场管理工作，会议代表现场观摩歌乐山景区文化旅游市场管理经验做法。

7月30日

"文载百年路　书写新征程"——庆祝中国共产党成立100周年川渝红色文献特展在渝开幕。展览分为感悟思想伟力、党章宣誓初心、理论创新成果、讲述革命历程、繁荣红色文艺5个单元，展出红色文献172种、实物文献42种和相关文物5种。

8月2日

巴蜀文化旅游走廊建设规划编制推进会在渝召开，会议充分讨论了规划空间格局和规划文本体例，并对巴蜀文化保护传承和利用等5个方面内容提出了修改意见和建议。

我市发布革命文物保护利用成果。党的十九大以来，我市建立健全文物保护议事协调机制，共实施革命文物保护展示项目218个。大力开展红岩村、曾家岩、虎头岩"红色三岩"保护提升,红岩文化公园首期项目基本建成,红岩干部学院改造基本完工、31栋红岩革命文物修缮开放。加快推进长征国家文化公园重庆段建设,出台建设方案和规划,完成重庆红军长征纪念馆设计,实施文物保护修缮等项目43个。积极推动革命文物资源和旅游融合发展,依托革命旧址、革命纪念馆建成红色旅游A级景区24家,策划推出21条精品红色旅游线路,打造市级党史学习教育基地40个、研学线路7条,遴选"四史"讲解员500名,推出百年百篇留声复兴之路、红色文物话百年等大型全媒体宣传报道。红岩革命故事展演特色思政课进学校、进机关、进军营336场次,网络直播点击量527万人次。

8月17日

重庆市首届少儿艺术展演活动拉开序幕,500余名选手报名参选,59名选手入围展演。

8月24日

8月23日,"中国—上海合作组织数字经济产业论坛智慧旅游分论坛"在重庆国际文旅之窗顺利举办。本次论坛围绕"数智赋能:中国—上合组织国家文旅融合新时代"主题,邀请到上海合作组织近10个国家的150余名嘉宾线上线下同时出席,并在文化和旅游部国际交流合作局、中国驻莫斯科旅游办事处设置2个线上会场。其间,还举行了"中国(重庆)—上海合作组织智慧旅游中心"和"重庆国际文旅之窗"授牌仪式,并宣布上线"重庆—发现上合之旅多语种云展厅"。

9月6日

区县联动打造大三峡旅游集散中心。一是整合资源打造。在万州区建成大三峡旅游集散中心,总建筑面积2万平方米,设有旅游运输、餐饮、游客接待中心等5层功能区,实现万州机场"零距离换乘",为游客提供"吃、住、行、游、购、娱"全要素"一站式"服务。二是突出功能创新。运用5G、大数据、VR等技术,嵌入"渝东北文旅大数据监测平台"、"畅游三峡,万州出发"智慧体验区和"惠游大三峡App"等板块,实现景点预览、景区预约、路线推荐、资讯查询、线上购物等10余项智慧旅游功能。三是联动营销拓展。设置万州、云阳、巫山、奉节、忠县5个服务展区,向游客展示核心景区景点和特色旅游商品、文创产品。重轮集团、万运旅游、湖北神旅股份等3家涉旅企业入驻，开发邮轮游、周边游、特色游、定制游等30余条大三峡旅游线路，开通万州至云阳、开州、巫溪等城际快车和景区直通车，日均客流量达2万人。

9月14日

川渝文物部门合作启动涪江流域考古调查，市文物局联手四川省文物局计划利用3年时间，重点围绕新旧石器时代遗存、商周时期巴蜀文化遗址、汉晋六朝崖墓、汉唐宋元郡县故城遗址4个方面开展考察，推进建立涪江流域乃至嘉陵江地区古代文化序列。

9月17日

我市启动2021年"魔幻重庆"大型城市剧场沉浸式旅游活动。活动将贯穿十一假期，以4条沉浸式主题旅游线路把洪崖洞等16个景区景点串联起来。通过对重庆历史文化的深度解读、地形地貌的充分利用，创造出一个具有高度本土文化黏性和深度参与性的角色体验旅游项目。

9月26日

第六届全国少数民族文艺会演由国家民族事务委员会、文化和旅游部、国家广播电视总局、中央广播电视总台和北京市人民政府联合主办，在京举行，习近平总书记等党和国家领导人出席。市歌剧院创排的歌剧《尘埃落定》获评该次活动最佳剧目奖、最佳编剧奖。本次会演评出了最佳剧目奖10个、优秀剧目奖15个、剧目创新奖9个，以及最佳编剧奖、最佳导演奖等单项奖16个。

9月29日

由文化和旅游部主办，市文化旅游委承办的2021年全国文化旅游资源普查工作会在我市大足区举办。此次会议以理论授课、现场教学相结合的方式，交流了特品级旅游资源名录建设、古籍资源转化利用、3S技术在旅游资源普查中的应用等内容，分享了重庆、四川、海南、青海在文化和旅游资源普查以及吉林省在冰雪专项旅游资源普查、浙江省嘉兴市在红色专项旅游资源普查中的先进经验。我市作为全国旅游资源普查首批试点城市，历时2年时间，共普查出旅游资源单体15026处，建立了重庆市旅游资源数据库，形成了《重庆市旅游资源普查报告》以及《40个普查单位旅游资源普查报告和图集》等一系列转化价值高、推广意义大的普查成果，为建设文化强市和世界知名旅游目的地奠定了基础。

10月8日

重庆文化旅游新地标渝中区十八梯对外开放，十八梯传统风貌街区占地面积约88亩，建筑面积约18万平方米，总投资约20亿元，打造了传统文化体验主题区、国潮文创体验主题区、国际交流中心主题区和生活方式中心主题区四大特色区域，实现"文化+旅游""文化+创意"的全景体验发展。

10月12日

渝鄂联动深入推进长江三峡区域旅游合作。一是打造三峡文旅核心产品。我市策划"十四五"期间"大三峡"旅游发展重点项目159个，概算投资2322亿元。渝东北三峡库区城镇群创建A级旅游景区84家，市级以上旅游度假区6家，重庆籍长江游轮达到32艘。湖北省将"建设长江黄金旅游带"纳入"十四五"规划，加强"两坝一峡"旅游资源开发利用，三峡大坝被评为"全国研学旅游示范基地"。二是统筹三峡文旅共建共享。共同开展三峡历史文化资源专项调查，规划建设长江三峡文物保护利用示范区。加快实施渝鄂核心景区景点交通畅达工程，探索推出"三峡游轮+水上巴士+陆上景区"联动线路。在湖北省政府支持下，巫山五里坡自然保护区成功"申遗"。三是提升三峡文旅品牌影响。两地16个区（市县）、单位建立完善合作发展机制，6个区（市县）共办旅游节会，8个区（市县）组团赴外营销。举办长江三峡旅游一体化宣传营销大会，构建"大三峡"线上线下全媒体立体宣传推广体系。持续开展"三峡游"渝鄂旅游联合执法行动，维护三峡坝区旅游秩序，擦亮金字招牌。

10月13日

抖音发布的2021年《抖音国庆旅游数据报告》显示，继五一后，重庆再次成为最受欢迎的旅游城市。入围前十的为：重庆、北京、上海、成都、深圳、杭州、广州、西安、郑州、武汉。

10月18日

川渝携手推进巴蜀文化旅游走廊建设成效显著。一是"一家亲"格局逐步形成。川渝省级文旅部门联合成立专项工作组，建立毗邻地区党政联席会议机制。巴蜀文化旅游推广联盟吸引两地164家文旅部门、企业参与。先后成立11个行业联盟，推动合作常态化。二是"一盘棋"制度不断固化。加强项目共推，川渝联动争取7个方面19项重大项目纳入《巴蜀文化旅游走廊建设规划》。打造共建示范，资阳大足文旅融合发展示范区等10个功能平台建设有序推进。实施"川渝通办"，行政审批提速70%，网络文化经营和营业性演出实现"就地办、异地办"。三是"一体化"行动高效一致。共办首届巴蜀合唱节等国家级文旅项目，组团参加第八届澳门国际旅游（产业）博览会，实现两地首次境外联合推介。"重庆文化旅游惠民消费季"累计向川渝两地市民游客发放惠民消费券140余万张，拉动文旅消费5.75亿元。

11月4日

文化和旅游部、国家发展改革委、财政部联合公布第二批国家文化和旅游消费试点城市名单，全国55个城市上榜。其中，重庆市江北区、南岸区、九龙坡区成功入选。至此，重庆市已创建国家文化和旅游消费示范城市1个、试点城市5个。

11月8日

世界旅游联盟、中国国际扶贫中心和世界银行共同发布《2021世界旅游联盟——旅游助力乡村振兴案例》，全国31个省（自治区、直辖市）50个典型案例入选，我市酉阳县车田乡乡村振兴实践案例位列其中。

11月15日

文化和旅游部公布2021—2023年度"中国民间文化艺术之乡"名录，我市铜梁区（龙灯龙舞）、綦江区（农民版画）、梁平区梁山街道（梁山灯戏）、荣昌区安福街道（荣昌陶器制作技艺）、万盛经开区金桥镇（金桥吹打）5地被命名为2021—2023年度"中国民间文化艺术之乡"。

11月16日

2021年西南地区暨成渝双城文化和旅游公共服务产品采购大会线上活动有序展开。一是搭建线上服务平台。依托"重庆群众文化云"平台，开辟"文采会"专题板块，连通国家公共文化云以及西南地区6个省级、副省级数字文化服务平台，对接供需双方。二是开展线上文旅活动。举办重庆、四川、云南、西藏等地数字文化资源展播，宣传推介最美文化空间大赛优秀作品，开展直播带货活动。三是推进线上交易采购。开展创作展演等10余项线上产品展示交易，线上展示交易单位（商家）达624家，参展商品2234件，达成交易意向159个，签约意向金额3268.4万元。

11月22日

我市推动优秀传统文化传承发展。一是传播优秀文艺作品。加强重点文艺题材规划扶持，推出具有重庆人文特色的优秀作品16部。开展中华文化教育培训，实施"中国非物质文化遗产传承人群研修研习培训计划"3期。依托广电网络传播，播出中华优秀传统文化主题广播、电视公益广告共计2680条次。二是加强对外宣传推广。高质量完成"美丽中国"等国际品牌活动推广任务，《"这里视中国"社交媒体海外传播项目》《放心中国游·海外大V拍重庆》入选国家广电总局2021年度"视听工程"项目库。三是拓展国际文化贸易。"泓购"对外文化贸易跨境电商平台上线商家600余户，涵盖20个大类5000余种文化产品；重庆（西永）对外文化贸易基地着力打造"四个中心"，全力推广中国传统文化、产品及文化创意服务外包，拓展国际文化贸易市场。

12月2日

人力资源社会保障部、文化和旅游部联合表彰全国文化和旅游先进集体、先进工作者和劳动模范，全市获评先进集体表彰单位5个、先进工作者11名、劳动模范5名。

12月8日

我市公布第三批重庆市传统村落名录，万州区恒合乡五星村冒水井等34个村落入选。截至目前，全市共有75个传统村落。

12月14日

"推动成渝地区双城经济圈广播电视发展战略联席会议"在渝举行，两地广播电视部门审议了2021年广播电视工作情况，研究部署2022年重点实施项目。

12月16日

钓鱼城遗址2021年度主动性发掘取得重要收获。一是全面揭露了大草房遗址分布情况，初步廓清了大天池遗址分布范围，对大遗址整体结构布局和功能分区的认识进一步加深。二是新发现水沟、房址、墓葬等各类遗址43处，对探讨南宋城市规划及"子城"制度具有重要意义。三是出土各类文物300余件，为明确遗址建造时代提供了准确资料。四是对遗址内石窟寺造像、碑刻及摩崖题刻资料实施了系统收集与整理，进一步丰富了钓鱼城遗址文化内涵。本年度考古发掘为钓鱼城大遗址考古"一张图"和国家考古遗址公园建设奠定了基础，也为申报世界文化遗产提供了重要支撑。

12月21日

中国旅游研究院、马蜂窝旅游联合发布《中国红色旅游消费大数据报告（2021）》，重庆上榜2021"红色旅游"热门城市TOP10和2021"红色旅游"客源地TOP10。

大足石刻研究院与四川广汉三星堆博物馆在文化遗产保护、学术科研交流、展览交流、文物保护、社会教育、公众服务等领域开展合作。

12月27日

长征国家文化公园（重庆段）建设进展顺利。三个主体建设区有序推进保护管控、主题展示、文旅融合和传统利用四个功能区布局建设，展示体系逐步完备。截至目前，实施文物保护纪念馆建设、文旅开发基础设施配套、环境整治等项目43个，完工18个。重庆红军长征纪念馆等9个项目纳入国家"十四五"文化保护传承利用工程项目储备，推出3条红色旅游经典线路。2021年以来，长征国家文化公园（重庆段）相关景区景点共接待游客427.8万人次。

12月30日

首届中国温泉产业博览会在北碚举办，以"健康生活·温泉赋能"为主题，吸引意大利、俄罗斯等近20个国家和地区的温泉推广机构和行业企业参加，推介20个优质温泉项目，合计投资规模约475亿元。

2021年，市级重大文旅项目超额完成投资任务。86个市级重大文旅项目全年计划投资144.27亿元，实际完成投资152.64亿元，投资完成率105.8%。其中，由市文化旅游委牵头的市级重大建设项目6个，全年计划投资3.01亿元，实际完成投资5.22万元，投资完成率173.4%，超额完成全年目标任务。

后 记

　　《重庆蓝皮书·重庆文化和旅游发展报告》是了解重庆文化旅游发展的重要读本。2009年以来，由重庆市文化和旅游发展委员会（原重庆市文化委员会）每年编辑出版1辑，目前已出版12辑。《重庆蓝皮书·重庆文化和旅游发展报告》主要内容分为综合篇、专题篇、区县篇、特载篇4个部分，旨在全面展示重庆文化旅游业的发展现状，客观分析重庆文化旅游业的发展形势，积极探索重庆文化旅游业的改革发展规律。《重庆蓝皮书·重庆文化和旅游发展报告（2021）》同样设置综合篇、专题篇、区县篇、特载篇4个篇章，收录77篇文章、7个重要文件和全年大事记。

　　《重庆蓝皮书·重庆文化和旅游发展报告（2021）》的编辑出版得到了各方面的大力支持和鼎力相助。重庆市文化和旅游发展委员会领导高度重视，重庆市文化和旅游发展委员会党委书记、主任刘旗和其他委领导分别担任主编、副主编，为本书倾注了大量心血。重庆市文化和旅游发展委员会相关处室、部分委属单位以及各区县（自治县）文化和旅游发展委员会积极参与本书各项课题的调研撰写，积极提供文稿。在此，对为本书编辑出版工作付出辛勤劳动的领导和同志表示衷心的感谢！

　　由于编辑工作能力和水平有限，难免存在疏漏和不足，敬请广大读者批评指正。

《重庆蓝皮书·重庆文化和旅游发展报告（2021）》编辑部

2022年7月